세계화의 과제들

세계화의 과제들

조태훈 지음

인간사랑

차례

머리말

이 책을 일관하고 있는 지향은 현행의 대변혁을 '세계화' 라는 개념을 통하여 독해하려는 것이다. 필자는 새로운 카오스, 문명의 충돌, 맥도널드화, 제4의 물결 등으로 묘사되곤 하는 변화의 급류와 더불어 지구촌, 하나의 장소, 문명의 공존, 세계주의, 신천지, 신인류 등으로 그려지고 있는 새로운 세계상에도 주목하였다. 흐름의 소용돌이와 그것이 이루어내는 침전물들을 아울러 보려는 것이다.

통계에 의하면 약 65억의 사람들이 살고 있는 우리의 지구에는 현재 서로 다른 5천여 개의 문화와 6천여 개의 언어가 활용되고 있다. 세계화의 급류는 이들 간의 존재간격을 어떻게 변모시키게 될 것인가? 일양화로 내몰 것인가, 아니면 양극화 또는 다양화로 이끌 것인가? 그 같은 추세는 우리의 삶을 완고하게 제약할 것인가, 반대로 풍요로움에로 안내할 것인가? 지금으로서는 경제적 일양화론, 문화적 동질화론 · 양극화론 · 잡종화론, 문화제국주의, 문화상대주의, 세방화, 자문화중심주의 등등의 진단과 예측이 저마다의 합리적 설득력을 발휘하고 있다.

'세계화' 개념은 매우 다의적이고 또 매우 복합적이다. 인류학, 경제학, 정치학, 철학 등의 전문분야에 따라 '세계화'를 관측하는 시각과 그 결과적 입론이 각기 다르다. 여기서는 대체로 철학적 관점에 입각하고자 하였다. 특히 이질적인 믿음과 양식과 가치들이 상충을 빚는 영역들에서 변증적 지양과 화쟁적 융화가 가능할 것인지, 가능하다면 그것은 어떤 구조적 기틀을 마련해 줄 것인지를 보다 심층적으로 알아보고자 하였다. 이러한 노력들에서는 특히 아펠의 의사소통공동체이론이나 하버마스의 의사소통행위론(담론윤리) 등에 크게 의존하였다. 그러면서 종래의 철학들이 자주 보편화나 추상화에로 경도되어 온 점을 감안하면서 가능한 한 구체적이며 실제적인 사례들을 많이 살피고자 하였다.

세계화를 바람직한 방향으로 촉진시키고 또한 세계화의 진척에 실효성 있게 대응해 갈 수 있기 위해서는 기존의 세계화론에 대하여 비판적이며 동시에 보완적인 시각을 마련할 필요가 있다. 여기서는 그러한 보완적 시각도 아울러 점검한다.

끝으로 바쁜 와중에서도 이 책의 출간을 위해 애써준 김연숙 교수께, 그리고 빈약한 내용의 글들을 아담하고 기품 있는 작품으로 탈바꿈시켜 주신 인간사랑 여국동 사장님과 편집부 관계자 여러분께 감사의 인사를 드린다.

2010년 8월

조태훈

1장

근대화의 산물들

1. 머리말

근대사회를 특징짓는 문법체계로서의 '근대성'은 서구에서 처음 형성되어 그곳의 특수한 담론으로 발전해 왔으나 오늘의 생활세계 및 미래사회와의 직접적 관련 하에서는 전 세계적이며 전 인류적 과제를 지니게 되었다. 오늘날 흔히 운위하는 근대성의 위기, 이른바 포스트모던적 현상 또는 현대사회의 병리현상들, 이를테면 생태계의 훼손, 자원고갈, 남북 간의 빈부격차, 삶의 질 저하 등을 위시하여 마르크스적 의미의 '인간소외', 베버가 말하는 합리화의 역설 · 의미 상실 · 자유 상실, 루카치가 지적하는 '사물화' 등은 모두가 근대화의 범주로 수렴되는 것들이다. 현대 사회철학의 역사적 배후에는 근대화라는 대사변이 자리해 있다. 따라서 현행 삶의 문제를 완화시키거나 해결하기 위해서는 지금까지 역사를 추동시켜 온 근대화의 과정을 비판적으로 음미해 볼 필요가 있다. 경과에 대한 진단을 통해서만이 미래를 향한 처방이 가능할 것이기 때문이다. 근대화는 어떻게 진척되었던가?

이 글은 근대화가 결과한 과제들 중에서도 특히 인간(성) 혹은 인간의 삶과 관련되는 이른바 인간학적 과제들을 점검해 보는 데 목적을 둔다. 즉 탈근대적 자아정체성 문제, 이성 및 합리성에 대한 불신, 도덕적 합의에 대한 거부 등 '탈근대적 병리현상들'로 지칭되고 있는 현실을 초래시킨 그간의 사상사적 맥락을 조명해 보자는 것이다.

여기서는 근대와 현대를 구별하지 않기로 한다. 그것은 근대와 현대가 시간상 원근의 차이 외에 달리 질적 분리를 용납하지 않는 것이라고 보기 때문이다. 근대와 현대라는 대비적 개념구도 대신에 근대와 탈근대의 구분법을 선택·활용하게 될 것이다. 이들 양자는 물론 동일선상의 전후관계로 이해되어야 한다. 그리고 여기서의 '근대화'는 합리화·산업화·자본주의화의 길을 밟아온 역사적 도정의 진행을 지칭하는 것으로, '근대성'은 근대화의 과정이 결과한 시대적 특성을 가리키는 뜻으로 사용할 것이다. 더 나아가 근대와 탈근대의 연속적 논의는 '세계화' 또는 '지구화'와도 연결되어야 할 것이나 이 글에서는 '탈근대화를 포괄하는 근대화에 대한 논의'로 한정시키기로 한다.

2. 근대화와 그 병리적 현상들

우선 '근대화'의 의미 또는 성격부터 살펴보자. 아렌트[1]는 일반 역사적 시각에서 "근대와 그 특성을 규정해 주는 것으로 ① 아메리카의 발견과 뒤이은 전 지구에 대한 탐사, ② 교회 및 수도원 소유를 몰수함으로써 개인적 점유와 사회적 부의 축적이라는 이중과정을 출현시킨 종교개혁, ③ 망원경의 발명과 새로운 과학의 발달로 우주라는 관점에서 지구의 본성을 살피게 된 것"을 든다.

파슨스[2]는 서구의 근대화 현상을 구조적 분화의 관점에서 정리한다. 그의 이해에 따르면 근대사회의 연속적 발달은 ① 산업혁명, ② 민주혁명, ③ 교육혁명 등 세 가지 혁명적 구조변경을 포함하였다. 근대로의 이행과 근대사회들의 발전에 관한 파슨스의 실질적 설명은[3] 베버의 '서양문화의 합리화' 개념에 크게 의존하고 있다. 뿐만 아니라 파슨스는 생활세계의 합리화와 체계분화 과정을 동일시한다. 그의 설명에 따르면 근대사회의 발전은 ① 조정능력, 매체에 의해 조정되는 하위체계의 분화, 포용성, 가치의 일반화를 포괄하는 내적 복합성의 증대와 ② 사회통합의 보편적 양식들 및 비강제적 방식으로 제도화된 개인주의를 결과하였다.[4]

기든스[5]는 근대사회와 전통사회를 구분짓는 준거를 들어 근대의 특성을 드러내고자 한다. 그에 의하면 이들 구분의 준거로는 ① 변화의 속도, ② 변화의 범위, ③ 근대의 제도들이 지닌 고유한 본성(예컨대 국민국가라는 정치제도, 생산이 무생물적 힘의 자원에 전적으로 의존하는 것, 생산과 임금노동의 철저한 상품화)을 들 수 있다. 그리고 그는 근대성의 제도적 차원으로 ① 자본주의(경쟁적인 노동 및 시장이라는 맥락 안에서의 자본축적), ② 산업주의(자연의 변형과 창조된 환경의 발달), ③ 감시체계(정보통제와 사회적 감시), ④ 군사력(전쟁산업이라는 맥락 하에서 폭력수단을 통제하는 것)을 지적한다. 특히 자본주의화로 인하여 ① 자본주의 기업의 강력한 경쟁적 및 확장적 성격은 기술적 쇄신을 부단하게, 그리고 전반적으로 지속시킨다. ② 경제가 다른 사회영역들로부터 분리되고 경제영역의 혁신비

율이 높아짐으로써 경제관계가 다른 제도들을 지배한다. ③ 생산수단의 사적 소유가 현저해짐으로써 정치와 경제가 분리된다. ④ 국가가 자본축적에 의존함으로써 국가의 자율성이 제약받는다.

근대화가 지니는 특성들에 대한 위의 지적에서 우리는 다음과 같은 몇 가지를 정리할 수 있다. 먼저, 아렌트는 이른바 지리상의 발견, 개인적 소유와 사회적 부의 축적, 과학의 발달을 통하여 이 세계 및 이 세계의 사물들에 대한 인간의 지배력을 강화하였으며, 그러한 인간의 지배력의 증대는 인간과 세계 사이의 거리, 즉 '세계소외'[6]를 증대시켰다고 결론짓는다. 세계에 대한 인간의 지배력이 증대될수록 세계는 인간으로부터 소외된다는 것이다. 세계, 즉 지구가 도구화됨을 말한다. 아렌트에 있어 근대화는 세계, 즉 지구의 도구화를 촉진시켰다.

기든스의 관점에서 보자면 근대화는 ① 기술의 진보가 자연환경에도 영향을 미치고 있어 환경의 손상에 대한 관심, 즉 '지구보호'의 요망이 고조되고 있으며, ② 활용가능한 자원의 한계가 노정되고 있고, ③ 감시감독의 강화는 전체주의와 근대성의 연관에 대한 문제를 심각히 고려하도록 하며, ④ 군사력, 즉 전쟁산업의 발단은 핵갈등을 유발시키고 있다.

이 같은 근대화의 특성과 문제점들을 중심주제로 다루고 있는 것이 베버와 마르크스를 발전적으로 계승 · 지양하고 있는 프랑크푸르트학파이다. 이제 우리는 베버 및 프랑크푸르트학파의 대표적 논자들을 중심으로 하여 근대화에 대한 논의를 보다 구체화시키고자 한다.

1) 베버의 '합리화' 론

베버에 따르면 근대화라는 세계사의 과정은 진보적 합리화의 과정이다. '합리화' 란 말 그대로 합리성이 증진되는 것을 의미한다. 베버는 주요 맥락에 있어 아직 계몽사상 전통의 후예인데, 계몽적 전통에 있어 역사는 이성을 향한 진보이다. 베버가 근대로의 이행을 합리화의 과정으로 분석하는 것은 계몽사상 및 19세기 자신의 선행자들의 전통을 잇는 것이다. 그러나 그가 진보적 합리화의 제도적 구현들, 예컨대 자본주의 경제, 관료주의, 전문화된 경험과학을 분석함으로써 사회의 합리화가 어떤 유토피아적 기대를 제공해 주는 것이 아니라, 오히려 근대인을 새로운 종류의 비인간화된 체계 속으로 점차 예속시키게 된다고 보는 점에서는 그의 앞 사람들과 입장을 달리한다. 루카치의 말을 따르자면 합리화가 '사물화' 의 증대로 인도한다[7]는 것이다. 합리화가 해방과 사물화라는 두 가지를 함께 의미한다는 역설은 베버 이론에 있어 미해결인 채로 남아 있다. 아도르노와 호르크하이머가 '계몽의 변증법' 이론을 통하여 해결하고자 시도한 것이 바로 이 역설이다.

반면에 베버의 '합리화' 개념은 아직 규범적 의미를 함축하고 있다. 합리화 개념은 그 용도에 있어 유럽의 전통에 의해 규정되고 있는 인간적 기본조건과 과제, 즉 인간화의 요건을 의미한다. 그에게 있어 근대과학과 근대법의 출현, 세속화된 도구적 또는 전략적 행위체계의 등장, '객관적' 의미체계의 파손 등은 그가 세계의 '탈주술화'[8]라고 명명하고 있는 것과 내재적으로 연결되어 있다. 따라서 앞서 지적한 바와 같이 그의 합리성에 대한 형식적 견해와 근대유럽의 합리화 과정에 대한 분석은 이성을 강조하는 계몽사상의 견해 및 규범적 이성 개념으로부터 실질적으로 분리시킬 수 없다.

세계의 '탈주술화'는 역사적 개념으로서 베버에 있어 유럽역사 특유의 합리화 과정을 위한 필수조건이며, 또한 그것은 새로운 종류의 인식상의 성취를 의미하는데, 이를 통하여 '합리적'으로 명명되는 바의 경제가 새롭게 규정된다. 따라서 세계의 탈주술화는 각별히 근대적 합리성 개념을 뒷받침해 주며 근대과학의 출현, '합법성'과 '도덕성'의 분리에 기초한 법의 합리화, 종교적 및 실천적 관심이라는 맥락에서 예술이 해방될 수 있도록 해준 그러한 인식구조들을 상기시킨 역사적 과정이다. 베버에게는 아직 합리화와 계몽, 혹은 형식적 합리성과 (진실한 삶의 양식을 의미하는) 규범적 이념으로서의 합리성 사이에는 내재적 관계가 있다. 이러한 근거에서 우리는 베버의 이론에 있어 합리화의 '역설'을 말할 수 있다.[9] 인류가 합리적으로 됨은 역사적 과정을 촉진시켜 사회적 관계를 비인간화시키고, 상징적 의사소통을 건조하게 하며, 인간의 삶을 합리화되고 익명화된 관리체계의 비인격적 논리에 예속시키게 된다.[10] 간단히 말해 합리화는 인간의 삶을 기계화되고, 부자유스럽게 하며, 무의미하도록 만든다. 이러한 이유에서 베버의 근대적 합리화 이론에는 염세적인 역사철학이 내면 깊숙이 개재되어 있다.

베버에 따르면 사회조직의 합리화 과정은 기술과 계산, 조직과 관리 등의 '목적합리성'의 주도권이 증진되는 과정이다. 이성의 승리는 자유의 왕국을 도래시킨 것이 아니라 인간의 관할권을 벗어나 있는 경제의 힘과 관료주의적으로 조직되어 있는 행정을 강화시키고, 다시금 우리가 헤어날 수 없는 철창을 초래했다.

2) 프랑크푸르트학파의 도구적 이성 비판

베버의 합리화 이론, 루카치의 '사물화'에 대한 논의, 호르크하이머와 아도르노에 의해 이루어진 '도구적 이성' 비판 사이에는 연결이 뚜렷하다. 이들이 합리화의 특성에 부여하는 강조점은 서로 다르지만 모두가 서구사회의 전반적인 발전경향 하에는 합리화의 확장이 기능하고 있다는 사실에 동의한다. 베버와 마찬가지로 이들 모두는 근대문화에서 목적합리적 행위에 대한 우선성의 부여가 일상생활에서의 도덕적 의미의 상실, 자유의 약화를 결과한다고 주장한다. 호르크하이머, 아도르노, 마르쿠제는 베버로부터 진보가 지닌 부정의 변증법을 계승하였다. 동시에 이들은 베버의 형식적 및 도구적 합리성 개념을 베버로 하여금 강력한 이성관에 입각한 합리적 사회조직의 가능성마저 인식하지 못하도록 하는 '불완전(불구화된)'한 이성관이라고 비판한다. 강력한 이성관은 자유 · 정의 · 행복의 이념들을 포함하게 될 것이며, 따라서 20세기 사회들이 내재적 조직에 있어 합리성의 이념을 근본적으로 위반하고 있다고 비판할 수 있을 그러한 유리한 입지점을 마련해 줄 수 있다는 것이다. 사실상 이러한 사고방식이 베버에 있어서는 불가능하였다. 베버에 있어 탈주술화된 세계에서는 규범, 가치, 사회조직 형태들에 대한 여하한 합리적 정당화도 가능하지 않았다. 따라서 그에게 있어 전체사회의 합리적 조직이라는 이념이 의미를 지닐 수 없었다.

프랑크푸르트학파의 이론가들은 어느 정도 단순화시켜 두 가지 주장을 하고 있는 것이라고 정리할 수 있다.[11] ① 그들은 이성적 요구의 실현은 근대 산업사회의 기술적 발전이 이루어지고 개인들이 이 같은 가능성을 파악할 때 역사적으로 가능해진다고 주장한다. ② 그들은 근대사회의 발전의 논리, 베버의 의미에 있어 합리화 과정의 논리는 도구적 이성의 폐쇄적 체계, 즉 사물화와 억압체계의 확립에로 유도하는 경향이 있다고 주장한다. 달리 표현한다면, 비록 야만주의의 위협이 증대됨과 더불어 자유의 가능성도 늘어나긴 하였지만, 비판이론의 시각에서 볼 때 자유의 가능성 확대와 더불어 야만주의의 위협이 거의 무제한적일 정도로까지 증대되었다는 것이다.

『계몽의 변증법』에서 호르크하이머와 아도르노는 근대적 합리화 과정이 지닌 일차원적 성격과 사물화 및 도구적 이성으로서의 내재적 경향을 연결시키고자 한다. 그리고 사물화 및 도구적 이성으로의 성향은 개념적 사유 자체에, 즉 상징적으로 매개된 인식과 행위에 내재한다. 달리 말해서 무모순율 및 개념적 사유가 지닌 일반적이며 자기 동화적인 본성은 합리화 과정의 궁극적 근원을 이루며, 그것이 자체의 내재적 논리에 따라 이성을 형식적 · 도구적인 이성으로 환원시킴으로써 완전히 합리화된 지배체계의 확립으로, 그리고 자율적 주체의 일소로 종결된다.[12] 계몽된 세계에는 더 이상 이성의 이념을 위한 장소가 없다. 이성의 이념이 더 이상 지탱될 수 없음이 입증되었다는 것이 아니라, 근대세계의 거짓된 합리성이 이성이념을 단순한 환상으로 드러나게 한다는 것이다. 이로써 통일, 체계, 정합성의 확립을 향한 돌이킬 수 없는 일차원적 합리성의 경향은 근대세계의 합리화 및 관료주의화 과정에만 드러나는 것이 아니다. 즉 세계의 증대되는 과학적 객관화 및 자본주의적 교환원리의 보편화 현상에만 드러나는 것이 아니라 그것은 또한 이성의 이념, 따라서 해방의 이념을 순수하게 그 자체로 생각할 수 없도록 만드는 의식의 점진적 사물화에도 드러난다.

이 같은 문제상황에서 하나의 돌파구를 마련코자 한 것이 아도르노의 『미학이론』[13]이다. 그에게 있어 사실상 합리화된 세계에서 이성의 마지막 잉여가 되는 것은 예술작품, 즉 참되고 고양된 예술작품이다. 예술은 억압적 형태의 논리나 사유의 특성인 '동일화하는' 종합과는 현저하게 다른 유형의 논리와 종합을 나타내기 때문이다. 예술작품을 통해 이룩되는 예술적 종합은 그것이 특수, 피억압자, 비동일자 등을 훼손시키지 않는다는 사실에 있어 개념적 사유의 동일화하는 종합과는 다르다. 아도르노에 있어 예술작품이 사물화되지 않는 인식의 탁월한 매체로 되고 동시에 요소들을 비억압적으로 하나의 총체에로 통합시키기 위한 패러다임으로 되는 것은 이러한 이유에서이다.[14)]

비판이론은 마르크스를 좇아 근대사회를 규범적으로 정초된 '해방된 사회'의 이념에 의거하여 분석하고자 하였다. 이들 양자는 근대사회에 대한 자신들의 분석과 그들의 이론이 지닌 유토피아적 지평을 연결시키는 데 성공하지 못하였다.[15)] 그렇게 볼 때 양자는 근대적 합리화 과정이 지닌 모순적이며 또한 애매한 성격을 참되게 설명하기 위해 필요한 분화를 용납지 않는 범주적 틀에 의탁하였다. 이러한 범주적 틀은 궁극적으로는 단지 도구적 이성에 대한 무비판적 긍정(마르크스)과 철저한 부정(비판이론) 사이의 선택을 남겨주었다. 마르크스와 비판이론가들이 공유하고 있는 비판적이며 유토피아적인 충동은 일차원적 합리성 개념에 맞춰져 있는 개념적 틀 안에서는 적절하게 표명될 수 없었다. 그러한 구조 안에서는 해방적 관점이 단지 형식적이며 기술적인 합리화 경향을 무비판적으로 긍정하거나(마르크스) 아니면 역사적으로 현존하고 있는 합리성 양식들을 추상적으로 부정하는(비판이론) 형태로만 표명될 수 있을 뿐이었다. 이러한 사정 하의 비판이론 내에서 개념적 수정을 이룩하여 마르크스주의와 비판이론의 난관을 돌파할 수 있도록 한 것이 하버마스의 장점이다.

3) 하버마스의 의사소통적 합리성

'근대성의 병리'와 '역사에 있어 이성의 기형적 실현'[16]에 대해 말할 수 있기 위해서는 무엇이 병리적이고 또 무엇이 기형적인 것인지를 판단할 수 있는 규범적 기준을 전제해야 한다. 지금의 우리는 여전히 보편적인 규범기준을 합리적으로 정당화할 수 있는가? 아니면 궁극적 규범들이란 자의적이며 합리적 보증가능성을 초월해 있는 것이라고 보는 상대주의, 결단론, 혹은 이모티비즘과 더불어 살아야 하는가? 이것이 하버마스에 있어 우선적 과제였다. 이 과제의 해결을 추구해 가는 하버마스의 논의를 따라 근대화 또는 근대성에 대한 그의 이해를 아울러 추적해 보자.

(1) 하버마스는 비판사회이론의 기획을 인식과 행위의 주-객 모델에 맞춰진 의식철학의 개념적 틀로부터 언어이론 및 소통행위론이라는 개념적 틀로 번역하였다. 이 같은 기본적 변화를 통하여 그는 합리성 유형 및 행위유형들을, 특히 도구적 합리성과 도구적 행위 및 소통적 합리성과 소통적 행위 간을 범주적으로 구별지을 수 있었다. 이는 마르크스, 베버, 아도르노, 호르크하이머의 어느 누구에게서도 가능하지 않았던 일이었다.

(2) 하버마스의 특성은 우선 그의 '의사소통적 합리성' 개념을 통해 밝혀볼 수 있다. 그의 주장에 의하면 의사소통적 합리성 개념은 인간의 언표구조 자체에 내재되어 있으며, 그것은 근대사회에 있어서 최소한 유능한 화자들이 공유하고 있는 합리성의 기본기준을 의미한다. 간단히 표현하여 의사소통적 합리성 개념은 화자가 인정해야 하는 합리

성에 대한 견해를 표현하는 것이라고 말할 수 있는데, 화자는 상호 주관적으로 타당한 주장을 제기하는 것과 그것에 대한 논거를 제시하고 또 받아들이는 것과의 내재적 관계를 이해하고 있다. 따라서 의사소통적 합리성은 타당성 주장(을 제기하고 수용하는 것)을 다루는 양식을 의미한다.

의사소통적 합리성 개념을 통하여 무모순율은 명제들(및 행위들) 간의 논리적 관계라는 일차원적 공간으로부터 서로 다른 화자들 간의 대화적 관계라는 두 차원의 공간으로 전환된다. 이는 의사소통적 합리성은 또한 각 개인들이 타자에 대해서 뿐만 아니라 자신들에 대해 서로 취하게 되는 특수한 태도 및 상이한 개인들 간의 상호 인정이라는 특수한 관계를 의미한다는 사실을 가리킨다.

의사소통적 합리성은 또한 어떤 타당성 주장도 원칙상 가능한 비판적 의미로부터 벗어날 수 없다는 상징적 의사소통의 견해를 가리킨다. 이것은 인간의 의사소통을 반성하는 견해인데, 이에 따르면 타당성 주장들은 오로지 의사소통 영역들로부터만 나올 수 있으며, 인간의 담론영역에서만 보완될 수 있다. 타당성 영역은 인간의 언표영역과 개념상으로 동일한 것이기 때문에 언표영역을 벗어나 있는 타당성의 외재적 원천이란 불가능하다. 모든 타당성 주장의 준거점으로서 인간의 언표에 대해 이같이 이해하는 것은 객관적 진리, 규범적 정당성, 주관적 진실성, 또는 하버마스가 후일 제시한 바와 같은[17] 객관적 사실의 세계, 사회적 규범세계, 내적 체험의 세계 등의 타당성 차원들이 명백하게 서로 분화되어 있다는 사실을 전제한다. 결국 소통적 합리성 개념은 '탈주술화된' 세계에서의 인간의 인식적 및 도덕적 조건을 반영하고 있는 것이다.[18]

(3) 하버마스의 근대성 논의에 있어 중요한 또 하나의 개념은 사회

적 통합과 체계적 통합의 구분에 관한 것이다.[19] 이들은 서로 다른 행위 주장 메커니즘이다. 사회적 통합이 사회 내에서 개인들의 행위'지향' 을 조정하는 작용인 데 반해 체계적 통합은 개별적 행위자의 행위지향과는 '독립적으로' 화폐와 권력 같은 조정매체를 통하여 작용한다. 하버마스에 따르면 근대사회에 와서 사회적 통합과 체계적 통합이 서로 분리되었다. 자본주의 초기 단계에 있어 경제적 및 행정적 행위체계의 등장과 더불어 발생한 체계와 생활세계의 분리는 근대 초에 일어난 세계관의 '탈중심화'[20] 이후에, 즉 담론이 갖는 세 개의 서로 구별되는 타당성 차원이 상호 분화되고 그에 상응하여 도덕성으로부터 합법성이 분화된 후에 비로소 가능해진 것이다.

이를 보다 단순화시켜 보면, 베버의 의미에 있어 합리화된 경제체계와 행정체계의 제도화를 위한 전제조건이었던 법의 합리화는 도덕적 논의와 도덕적 지향으로부터 형식적 법의 영역의 분화를 전제하였으며, 또한 이 같은 합법성과 도덕성의 분화는 베버가 '세계의 탈주술화'로, 그리고 하버마스가 '세계관의 탈중심화' 라고 명명한 바를 전제한다. 한편의 체계적 합리화(경제적 및 관료주의적 합리화) 및 체계적 분화와 다른 한편의 의사소통적 합리화는 상보적으로 근대세계의 합리화를 가능하게 하였다. 즉 서로를 제약하고 또 서로를 요구한다는 뜻에서 상보적 가능성이었다.

(4) 산업사회의 지배적 경향들에 대한 하버마스의 진단은 지금까지 베버, 호르크하이머, 아도르노가 말했던 것과 다르지 않다. 그러나 하버마스는 '합리화의 역설'[21]을 다른 각도에서 이해한다. 그는 이 역설을 체계와 생활세계의 구별에 의거하여 재정리한다. 합리화의 역설이란 생활세계의 합리화를 전제와 출발점으로 하여 결과된 체계의 합리화 및 분화과정이 생활세계에서 구현되는 규범적 제약으로부터 점점

더 자율적으로 되고, 결국에는 체계의 명령이 생활세계를 도구화하기 시작하더니 급기야는 생활세계를 파괴하고자 위협하는 것을 가리킨다. 자본주의의 실제적 발전과정에서 보면 체계의 합리화와 체계의 분화의 힘이 소통적 합리화의 힘을 압도해 왔다. 지금까지 생활세계로부터 사회운동 형태로 드러난 견제력, 예컨대 19세기의 노동운동 같은 것이 점차 복합적으로 되고 있는 체계에 의한 생활세계의 병합경향을 뒤집을 수 없었다. 오늘날 생활세계의 구조는 체계의 분화와 합리화의 논리에 의해 위협받고 있으며, 생활세계의 '식민지화'[22]가 진척되고 있다.

(5) 베버뿐만 아니라 호르크하이머와 아도르노에도 반대하는 하버마스의 기본명제는 근대 유럽역사에 있어 탈전통적 합리성 양식이 출현함으로써 근대세계에서 합리화 과정이 취한 실제적 도정은 일련의 서로 다른 가능한 길들 중 오직 하나였을 뿐이라는 것이다. 이러한 맥락에서는 위에서 말한 '합리화의 역설'이라는 것도 엄밀히 말하자면 '선별적' 합리화 과정이라고 말하는 것이 더욱 적절하다고 본다. 이 과정이 지닌 선별적 성격은 경제적 조건과 자본주의 생산과정의 역동성에 의해 소통적 합리화에 가해지는 특이한 제약을 통해 설명할 수 있다.[23]

그러나 근대세계에서 체계와 생활세계의 모든 가능한 짜임관계가 탈전통적 합리성 양식을 자체의 토대로 삼게 되면 우리는 합리화된 생활세계가 체계적 합리화 과정을 조정하게 되는 그러한 짜임관계만이 근대의 합리성 이념에 순응한다고 말할 수 있다. 이러한 의미에서 하버마스는 마르크스의 '해방된 사회' 개념을 재해석한다. 해방된 사회의 생활세계는 오히려 체계의 메커니즘을 결사체를 이룩해 있는 개인들의 요구에 따르도록 할 것이다. 그러할 때 비로소 마르크스의 용어로 표현하자면 '토대'에 대한 '상부구조'의 의존성, 즉 체계에 대한 생활세계의 의존성이 종결될 것이다.

나아가 하버마스는 역사에 있어 이성의 실현[24]을 위한 새로운 사회운동들에 주목한다. 그에 따르면 새로운 갈등들, 그리고 그것과 관련되어 있는 사회운동들은 소통적 이성이 생활세계를 재정복하고 그와 더불어 일상생활의 규범적 질서를 변화시키고자 하는 경향을 갖는다. 그러한 경향들이 현존하는 사회제도들을 변형시켜 줄 해방의 약속을 어느 정도로 이행할 수 있을까. 하버마스는 새로운 사회운동들은 우선 방어적으로 식민화의 증대로부터 생활세계를 보호하는 데 관심을 기울여야 한다고 본다. 생태학적 운동 및 반핵운동이 이러한 종류의 것이다. 그것들은 훼손에 대비하여 자연환경을 보호하고 다양한 양식의 공통관계를 재창조하고자 하는 충동과 연결되어 있기 때문이다. 특수한 운동들을 추진시키는 잠재력이 무엇이든 간에 하버마스는 체계와 생활세계 간을 이어주는 일들이 장래 사회운동들의 지속적 출발점을 이루게 될 것이라고 본다.

이상에서 살펴본 근대화의 문제와 더불어 지금은 '탈근대화' 또는 '후기근대' 가 논의되고 있다. 우리의 주제와 관련하여 탈근대화의 주요 논점들에도 주목하고자 한다.

3. 탈근대화

경제, 문화, 정치의 변화가 일정한 양식으로 결합하여 세계를 어느 정도 예측가능한 방법으로 변화시킨다. 이것이 마르크스로부터 시작하여 베버와 다니엘 벨에 이르기까지 근대화 이론의 중심적 주장이었다.

물론 어느 때의 어느 사회에 무슨 일이 일어날 것인지를 정확하게 예측할 수는 없지만 일부의 주요 흐름은 개괄적으로 예측가능하다. 변화과정이 시작되면 장기간에 걸쳐 어떤 특성들이 나타나게 마련이다.

우리는 사회적 변화의 정확한 과정을 예언할 수 있다고 주장하는 것은 아니지만, 장기적으로 보아 일단 일정한 과정이 비롯되면 연이어 중요한 변화들이 일어나기 때문에 어느 정도의 미래는 전망해 볼 수 있는 법이다. 예컨대 산업화는 도시화의 증대, 직업적 전문화의 강화, 공식적 교육수준의 향상과 같은 현상을 결과할 뿐만 아니라, 대중의 정치참여 수준이 제고되고 나아가 선진산업사회에서는 남녀 간의 성적 역할 차이가 줄어들기도 한다. 이러한 맥락에서 우리는 '근대화'가 결과한 '탈근대화' 개념을 음미해 볼 수 있다.

1) 탈근대화

1950년대 후반부터 1960년대 초반까지의 기간에는 근대화에 관한 연구가 사회과학의 중심주제였다. 근대화론[25]은 그것이 지닌 예견의 능력 때문에 많은 관심을 끌었는데, 그 주장에 따르면 어느 사회가 일단 산업화의 궤도를 밟기 시작하면 낮은 출생률에서부터 정부권력의 보다 많은 간여, 평균수명의 연장, 대중의 증대된 정치참여, 민주주의의 발전에 이르기까지 일정한 유형의 문화적 · 정치적 변동이 일어나게 된다는 것이다.

근대화론의 중심은 다른 무엇보다도 마르크스의 '경제결정론'과 베버의 '문화결정론'이었다. 그러나 사람의 신체적 활동이 근육체계, 혈액순환체계, 신경체계, 호흡체계 따위의 복합적 기능에 의거하듯 근대화 또는 사회변동 역시 정치, 경제, 문화의 복합적 상호 작용에 의거한다고 보아야 한다. 경제결정론, 문화결정론, 정치결정론은 모두가 일면적이다. 또한 프로테스탄티즘 중심의 이론이나 서구 중심의 이론 역시 일면적일 수밖에 없다. 프로테스탄티즘은 오직 서구적 현상이지만 목표달성의 합리성 추구는 서구적인 것만은 아니다. 산업화가 서구에서 비롯하긴 했지만 서구의 발전은 근대화에 대한 하나의 사례일 뿐이다.

이같이 종합적이고 세계적인 규모에 있어 전개된 근대화가 지난 4반세기 동안 주도적인 발전방향을 수정했는데, 이 변화가 크게 두드러지기 때문에 '탈근대화' 라는 용어로 표현된다. 이 개념은 대체로 몇 가지 의미를 두루 함축하고 있다. ① 그 중의 하나는 문화상대주의와 많은 연관성을 지니고 있어 문화결정론에 근접해 간다. 이 입장에 따르면 거의 전적으로 문화가 인간의 체험을 형성한다는 것이다. ② '근대화'로 알려져 있는 과정이 더 이상 최일선을 차지하고 있는 것이 아니고, 그것을 넘어 사회적 변화가 이제는 근본적으로 다른 방향으로 진행하고 있다고 본다. ③ '탈근대화' 는 '근대화' 의 특성을 이뤄온 경제적 효율성, 관료주의적 권위, 과학적 합리성 등에 대한 강조로부터 개인의 자율성, 다양성, 자기 표현 등을 강조하는 보다 인간적인 사회를 지향하는 것으로 평가되고 있다.

'탈근대화' 라는 말은 사회변화가 근대화에 중심적이었던 도구적 합리성을 넘어서서 지금은 근본적으로 다른 방향을 취하고 있음을 의미한다는 면에서 잠재적 유용성을 지닌다고 보겠다. 산업사회가 문화적 · 제도적인 면에 있어 광범위한 다양성을 지니긴 하였지만 그것들의 공통된 특성 또한 뚜렷했다. 예컨대 산업사회는 예외 없이 고도의 도시화 · 산업화 · 직업적 전문화, 과학과 기술의 활용, 관료주의화, 법률적 · 합리적 권위에의 의존, 높은 수준의 사회적 이동, 귀속적 지위보다는 성취한 사회적 지위 강조, 높은 수준의 공교육, 성적 역할 전문화의 약화, 물질적 복지수준의 제고, 보다 향상된 생활수준 등의 특징을 지닌다. 이에 비해 탈근대화는 주관적 지각과 문화가치가 지닌 결정적 역할을 강조했다. 이로써 '탈근대적 사회'는 심미적 및 인간적 고려에다 무게를 두며, 과거의 요소들을 새로운 맥락 속으로 결합시킴으로써 결핍의 시기 동안 산업사회를 지배했던 일률적 기능주의 및 과학과 경제성장에 대한 열망으로부터 벗어나고 있다.

2) 탈근대적 가치로의 이행

탈근대에 관한 논의는 크게 세 부류로 분류할 수 있다.[26]

(1) 탈근대화는 근대성, 즉 합리성, 권위, 기술 및 과학을 거부한다. 이 부류의 사람들은 합리성, 권위, 기술, 과학을 서구화와 동일시하는 경향이 있다. 이러한 관점에서 보면 탈근대화는 서구화를 거부하는 것으로 간주된다. 그러나 근대화와 서구화를 등치시키는 것은 유용한 추구 방법이 아니다. 근대화의 실질적 내용은 도시화, 과학과 기술의 응용, 직업적 전문화의 급속한 증대, 관료주의화의 강화, 교육수준의 제고 등 산업화와 밀접하게 연결되어 있는 변화들이었다. 뿐만 아니라 이 같은 과정들의 배후에서 동기부여의 힘으로 작용한 다른 한 가지는 산업화가 부에 이르는 길이라는 믿음이었다. 이러한 면에서 보건대 근대화에 대한 탈근대적 비판은 압도적으로 서구사회들 안으로부터 빚어진 것이었다.

(2) 탈근대화는 전통가치를 복원시키는 것으로 이해하는 부류가

있다. 근대화가 전통을 극단적으로 평가절하했기 때문에 근대화의 종언은 전통가치 회복으로의 길을 여는 것이었다. 근대 초기에는 과학과 산업의 놀라운 성취가 진보의 신화를 낳고 전통을 철저하게 불신했다. '새로운 것'이 사실상 '좋은 것'과 동의어가 되었다. 그러나 보다 최근에 이르러 근대의 도구적 합리성이 그 위력을 상실했다. 이것은 전통이 그 지위를 회복하는 길을 열었을 뿐만 아니라, 전통을 새로이 정당화하는 신화를 필요로 하도록 만들었다. 탈근대적 세계관에 있어서 전통, 특히 비서구적 전통들이 다시금 적극적 가치를 갖게 되었다.

(3) 탈근대화는 새로운 가치와 새로운 생활양식을 진작시킨다는 견해도 있다. 이 지적에 따르면 새로운 가치의 흥기에 대한 최선의 사례는 선진산업사회에서 빚어지고 있는 물질 중심의 가치 우선으로부터 탈물질 중심의 가치 우선으로 이행하는 세대 간의 차이이다.[27] 이는 생존가치로부터 행복가치에로 크게 이동해 가는 것이라고 평가할 수 있다. 근대화의 과정에서 사람들이 생존을 위한 투쟁에 몰입하는 동안은 보다 먼 곳의 관심사는 눈에 띄지 않았다.

이제 탈근대사회는 삶의 질 문제에 점차 많은 관심을 기울이도록 하며, 이전의 사람들과는 지향과 강조의 종류가 달라진 것이다. 이전의 사람들이 개인적 생존에 관해 불안을 느끼고 있었다면 탈근대사회의 사람들은 지구온난화에 대해 근심하고 있다. 이 같은 탈물질 중심의 가치의 등장은 단지 선진산업사회의 공중들 속에 권위, 종교, 사회, 정치, 성의 역할, 성적 규범 등에 대한 방향을 재형성시켜 주고 있는 보다 광범한 문화변동 과정의 한 측면에 지나지 않는다. 오늘의 대중들에서는 생존 혹은 생활의 안전으로부터 삶의 의의(의미)로의 전환이 강조되고 있다.

한때 확고하게 확립되어 있었던 근대적 세계관이 근대성의 중심을 이루었던 위계와 순응성 대신에 인간의 자율성과 다양성을 강조하는 탈근대적 가치들에로 점차 이행해 가고 있다. 선진산업사회들은 두 가지 근본적인 측면, 즉 ① 가치체계와 ② 제도적 구조에서 사회정치적 진로를 변경시키고 있다.[28] 먼저 가치체계 면에서 보면 근대화 과정에서는 개인의 경제적 성취에 대한 강조가 결정적 변화요인들 중 하나였다. 경제성장이 진보와 동일시되고 또한 성공적인 사회의 징표로 보여졌다. 이제 탈근대적 사회에서는 최고의 우선성을 지니는 것으로 경제적 성취에 대한 강조로부터 점차 삶의 질을 강조하는 방향으로 나아가고 있다. 세계의 주요 부분에 있어 기율화되고, 자기 제약적이며, 성취지향적인 산업사회의 규범들은 점차 생활양식의 개인적 선택 및 개인의 자기 표현의 폭을 확대하는 방향으로 나아가고 있다.

제도적 구조 면에서는 근대사회의 출현과 발전을 지원했던 위계적이며 관료주의적인 조직체가 발전의 한계에 다다르고 있음을 목격한다. 근대화의 과정에서는 이를테면 관료주의적 국가, 기율화되고 또 과두제적인 정당, 대중생산적 작업의 연관 배치, 전통적 노선의 노동조합, 위계적 통합 등은 대중의 에너지를 동원하고 조직화하는 데 있어 중요한 역할을 이행했다. 그것들은 산업혁명과 근대국가를 가능케 했던 것이다. 이제 그것들은 ① 효율성에 있어서, 그리고 ② 대중적 수용가능성에 있어서 한계에 도달하고 있다. 뿐만 아니라 종래의 계급갈등으로부터 환경보호, 여성 및 성적 소수자의 지위와 같은 문제들에 입각한 정치적 갈등으로 이행했다.

근대적 가치로부터 탈근대적 가치로의 이행[29]은 정치 및 경제영역에서의 변화를 통하여 산업사회의 주요한 제도들 중 많은 부분들을 잠식해 가고 있다. 먼저 정치영역에 있어 탈근대적 가치의 흥기는 권위에 대한 존중을 약화시키고 참여와 자기 표현을 점차 증대시킨다. 이들 경향은 권위주의 사회들은 민주화로, 이미 민주화된 사회들은 보다 참여적이고 과제지향적인 민주주의로 나아가도록 추동시킨다.

경제영역에서는 생존의 안전감이 주관적 행복과 삶의 질에 대한 관심을 강조하는 데로 이끈다. 많은 사람들에 있어 주관적 행복이나 삶의 질에 대한 관심이 경제성장에 우선한다. 근대화의 중심목표들인 경제성장 및 경제적 성취는 여전히 적극적으로 평가받고 있지만 그것들의 상대적 중요성은 점차 줄어들고 있다. 나아가 사람들의 노동동기에 있어서도 변화가 일어난다. 자신의 수입과 직업의 안전성을 극대화시키려는 것으로부터 점차 흥미롭고 의미 있는 일을 선호하는 방향으로 나아간다.

성행위, 출산, 가정의 영역에서는 이전의 엄격한 규범들로부터 벗어나는 경향이 지속된다. 효율적인 출산조절 기술의 발전은 경제적 번영 및 복지국가의 등장과 더불어 이 영역에 있어서의 전통적 규범들의 기능적 토대를 침식했다. 성행위에 있어 개인적 선택을 위한 유연성이 증대하고 동성애의 수용이 극적으로 증대되는 방향으로 변하고 있다.

궁극적 가치영역에 있어서는 연속성과 동시에 현격한 변화를 본다. 근대화와 연결된 주요 경향들 중 하나는 '세속화'였다. 기존의 종교제도들과 관련되는 곳에서는 이러한 경향이 지속되고 있다. 가장 발전된 산업사회들의 대중은 종교에 대한 믿음이 약화되고 교회 출석률이 떨어지며 또한 조직화된 종교를 덜 강조한다. 그렇다고 하여 이것이 정신적인 관심사가 소멸되고 있음을 의미하는 것은 아니다. 사람들이 삶의 의미와 목적에 관해 생각하는 데 더 많은 시간을 할애하고 있는 지속적이며 초국가적인 경향이 나타나기 때문이다. 도구적 합리성의 지배는 궁극적 목적에 대한 관심의 증대로 나아가고 있다.

3) 탈근대적 가치로의 이행요인

"우리는 특히 세대 간의 교체과정을 통해서 사회변동이 가치변동으로, 가치변동이 정치적 태도와 행위변동으로 진행된다는 모델을 지지한다. … 종교적 가치가 약화되고 탈물질 중심의 가치가 강화되어 최근 수십 년간 서구 민주주의의 문화적 구성을 변형시켰다."[30)]

이 같은 시각에서 볼 때 제2차 세계대전 후의 경제기적과 복지국가의 출현은 역사의 새로운 단계를 이루었으며, 궁극적으로는 탈근대적 가치가 등장할 수 있는 길을 열었다고 평가할 수 있다. 제2차 세계대전 이후의 기간 동안에 선진산업사회에서 이루어진 성장과 더불어 퍼스낼리티를 형성시키는 체험에 있어서의 근본적 변화는 가치체계의 변혁을 촉진시켰다. 선진산업사회에서 전후에 출생한 세대는 이전 세대를 형성시켰던 조건과는 근본적으로 다른 사정 하에서 성장했다. 이를 보다 구체화시켜 보면 ① 전후의 경제기적은 인류 역사에 있어 말 그대로 전대미문의 번영을 이룩하였으며, ② 번영의 영향은 복지국가의 출현이라는 제2의 요소와 상호 작용하였다. 번영에 따른 실존적 안전감이 결정적 변수가 되고, 복지국가는 안전감을 도모해 줄 수 있을 경제적 성장을 강화시켰다. 역사상 처음으로 생존에 신경 쓰지 않아도 된다는 안도의 느낌과 더불어 대중의 취득 몫이 증대하였다.

이로써 세대 간의 가치변동이 이루어져 선진산업사회의 정치문화적 규범들을 점진적으로 변형시키고 있다. 이러한 과정에 대한 가장 명확한 증거가 경제 및 물리적 안전에 최우선성을 부여하던 것으로부터 자기 표현 및 삶의 질에 최우선성을 부여하는 것으로의 관심과 평가의 이행이다. 물질 중심의 우선성으로부터 탈물질 중심의 우선성으로의

이행은 1770년대 이래 일련의 서구사회에서 수행된 조사에서 정기적으로 측정되고 있다.[31)]

새로운 사회적 목표가 산업혁명 이래 서구사회를 지배했던 목표들을 점진적으로 대체해 가고 있다. 이 같은 동기부여에서의 변화는 생존이 불안정하다는 느낌을 갖고 자란 사람들과 자신의 물질적 생존은 당연한 것이라는 믿음을 갖고 자라는 사람들 간에 근본적 차이가 있음을 말해주는 것이다.

4. 근대화의 결과들

인간이 원만하게 기능하기 위해서는 물질적 생존과 더불어 도덕적 지향을 필요로 한다. 근대화 과정은 이들 중 인간의 생존을 위한 물적 토대를 확보하는 데는 성공했지만 다른 한편의 도덕적 차원에는 여러 가지 병리적 현상을 결과하였다. 후자의 배경 이해를 위하여 '근대성'을 세 가지 범주로 정리해 보고자 한다.

(1) '진보'의 관점이 그 하나인데, 여기에는 기술적 진보와 인간해방의 진보라는 양면을 고려할 수 있다. 근대화는 기술적 진보로 경도되어 기술적·기계적 합리화 또는 기능적·도구적 합리화를 강화시키는 한편, 인간해방의 진보차원을 상대적으로 간과하여 실천적 합리화 또는 인격적·윤리적 합리화를 발전시키지 못하였다. 이로 말미암아 자연과학주의, 실증주의, 시장지배적 이성이 주도하는 삶의 세계에서 인격적 성숙, 즉 인간의 자율과 책임능력이 약화 또는 퇴행하는 현실을 빚

게 된 것이다.

근대화 · 합리화 과정은 이성의 분화 · 독립의 과정이기에 이성의 일면성이 필연적으로 노출될 수밖에 없으며,[32] 이성의 부식이나 생활세계의 잠식과 같은 사회병리 현상은 '자본주의 근대화의 선별적 유형'이나 '합리성 잠재력의 선별적 착취'[33]에 근거하고 있다.

(2) 분화와 체계화의 관점에서 이해할 수 있다. 물질적 재생산을 중심으로 하는 도구적 합리성 · 목적합리성이 강화되는 반면에 상징적 재생산을 주도하는 의사소통적 합리성이 약화되고 있다. 달리 표현하자면 탈언어화된 매체인 권력과 화폐가 주도하는 체계 및 하위체계의 분화와 작동이 심화되고 상호 작용 및 담론 의존의 생활세계가 위축되는 것이다. 물질적 재생산양식이 문화적 창조, 사회적 통합, 개인의 사회화 등을 이끌어 가는 상징적 재생산영역에까지 침범하여 체계에 의한 생활세계의 식민지화가 초래됨으로써[34] 상징적 재생산의 위기, 인간의 자아 정체성의 위기가 불가피해진 것이다.

(3) 정보화의 관점에서 살필 수 있다. '탈근대적 현상'의 하나로도 지적되고 있는 사회적 병리현상들의 주요인으로 신자유주의 및 그 물질적 토대로서의 정보화에 주목해야 한다. 정보화는 지식 · 정보를 유용성과 효율성의 시각에서 평가하도록 유도하면서 지식 · 정보의 상품화를 촉진시키고 있다. 상업성과 유용성이 없는 지식 · 정보는 외면당한다.

사실상 자본주의적 세계경제는 끝없는 자본축적, 초국가적 교역망의 강화, 광속의 상품교역 등의 현상을 수반하면서 월러스틴이 지적하듯[35] ① 빈부격차, ② 자원고갈, ③ 생태계의 위기, ④ 삶의 질 저하라는 심각한 문제에 직면해 있기도 하다. 이러한 추세와 더불어 진리가 기능으로 대체되고 진리의 상대주의화가 촉진된다. 이 현상은 회의주의 또는 허무주의로 이끈다.

더 나아가 탈근대사회와 관련해서는 다음의 문제점들을 지적할 수 있다.

(1) 역사상 유래가 없는 정도로 생존이 안전해졌음에도 불구하고 선진산업사회의 주민들은 점차 위기를 느껴가고 있다. 울리히 벡은 이를 '위기사회'로 특성화한다.[36] 이 진단에 따르면 산업사회의 특성을 이루고 있는 '재화'(재산, 수입, 직업 따위)에 대한 분배적 갈등은 핵기술의 위험, 유전자 탐구의 위험, 환경훼손의 위협과 같은 '악'의 분배에 따르는 갈등으로 이행해 왔다. 산업화는 생존의 안전감을 크게 증대시켰지만 탈근대사회의 등장과 더불어 삶의 위기들이 늘어나고, 또한 위기들에 대한 사회적 통제력이 점차 약화되고 있다.

(2) 갈등의 종류와 질이 달라지고 있다. 두드러진 실례로 이전의 사회적 갈등에 바탕을 둔 정치적 갈등으로부터 이제는 문화적 쟁점들과 삶의 질에 관한 관심사에 바탕을 둔 갈등으로 전환하였다. 오늘날에도 경제적 갈등은 여전히 중요한 것으로 존속되고 있다. 그러나 과거에는 그것이 일체를 지배했기 때문에 많은 관찰자들이 사실상 경제를 모든 갈등의 모체로 간주하곤 하였다. 그러나 지금은 형편이 다르다. 한 세대 전에는 볼 수 없었던 새로운 논쟁점들이 종래의 경제적 갈등과 같은 수준이나 혹은 보다 심각한 차원으로까지 심화되고 있다. 이를테면 환경보호, 낙태, 인간복제의 문제, 민족적 갈등, 여성의 권리, 게이와 레즈비언의 권리 등이 오늘날의 주요 현안들로 부상하고 있다. 발전과 변혁은 촉진되고 있으나 가치판단의 준거와 인류의 장래에 대한 지혜의 안목은 달라지지 않고 있다.

(3) 탈근대성은 여러 가지 얼굴을 지니고 있으며, 일부의 구성요소

는 지속이 가능한 반면 일부는 점차 약화될 것이다. 탈근대성의 요소들 가운데서도 주요 난제들 가운데 하나로 보이는 것은 그것이 인간중심주의 및 이성중심주의를 배격하고자 함으로써 합리성 자체를 거부하고 있는 점이다. 탈근대성이 합리성을 거부하는 것은 자체의 수명단축을 재촉하는 처사라고 평가할 수 있다. 인류의 출현 이래 인간이 자연과 투쟁하는 데 있어 이성이 중추적 기능자였다.

이성은 결코 폐기되지 않을 것이다. 그 대신에 산업사회의 특성을 이루었던 도구적 합리성에 대한 강조로부터 인간의 행복추구와 자기표현이 주요 구성요소로 되는, 기능적 합리성과 궁극적 목적에 대한 새로운 관심과의 보다 균형 잡힌 종합에로 발전해 가는 일이 보다 중요할 것이다. 뿐만 아니라 탈근대적 담론은 근대성과 탈근대성 사이에는 철저한 단절이 있다고 주장한다. 탈근대성은 이전과의 변동을 반영한다. 그러나 그것은 어디까지나 근대성으로부터 성장해 나온다. 산업적 및 기술적 하부구조의 번영 없이 탈근대적 가치가 지속되기란 어렵다.

(4) 탈근대성은 도구적 합리성을 거부하고 궁극적 목적에 관한 관심을 증대시킨다. 그러나 역설적이게도 많은 탈근대적 사상가들은 보편적 도덕에 관한 합의 요청을 포기한다. 특히 푸코나 리오타르[37] 등에 있어 도덕규칙들은 단순히 지배적 엘리트의 이해관심을 반영하는 인습에 지나지 않는 것으로 간주한다. 철학자들의 과업은 현상적 도덕체계를 폭로하는 일이라는 것이다.

5. 맺는 말

(1) 근대화에 대한 대표적인 평가들을 다음과 같이 정리해 볼 수 있다. 근대화는 "세계, 즉 지구의 도구화를 촉진"(아렌트)시켰으며, "합리화와 분화를 가속화"(파슨스)시키고, "환경훼손, 자원의 한계 노정, 인간에 대한 감시감독의 강화, 전쟁산업의 발달로 인한 핵갈등"(기든스)을 조성하였다. 뿐만 아니라 근대화, 즉 사회조직의 합리화 과정은 기술과 계산, 조직과 관리 등 '목적합리성'의 주도권이 증진되는 과정이었으며, 이성의 승리는 자유의 왕국을 도래시킨 것이 아니라, 인간의 능력을 벗어나 있는 경제의 힘과 관료주의적으로 조직되어 있는 행정을 강화시키고, 그것은 다시금 헤어날 수 없는 철창구조를 빚어냈다(베버).

근대사회의 발전의 논리는 도구적 이성의 폐쇄적 체계, 즉 사물화와 억압체계의 확립을 유도했다(호르크하이머와 아도르노). 근대의 선별적 합리화 과정은 체계에 의한 생활세계의 식민지화를 결과하였는바, 이에 '의사소통적 합리성'을 살려내고 아울러 체계와 생활세계를 이어줄 사회운동을 통하여 생활세계의 복원을 기약하도록 해야 한다(하버마스).

(2) 근대화가 결과한 과제는 다양하고 매우 복합적이다. 그 중에서 우리는 인간학적 주요 과제에만 주목하고자 하는데, 인간학적 주요 과제 역시 사회적 위기관리의 문제 및 갈등의 심화로부터 인간성 혹은 자아정체성의 위기에 이르기까지 여러 가지로 부각되고 있다. 발전과 변화는 촉진되고 있으나 가치판단의 준거와 인류의 장래에 대한 지혜의 안목은 달라지지 않고 있기 때문이기도 할 것이다. 특히 합리성의 위기와 자아정체성의 혼란은 초미의 관심사가 아닐 수 없다. 우리는 단지

이 주제만을 '보편적 도덕기준의 타당화' 개념으로 묶어 정리하는 것으로 그치고자 한다.

탈근대적 사상가들은 보편적 도덕기준을 타당화시켜 줄 수 있는 여하한 기반도 존재하지 않는다고 결론짓는다. 신도 마르크스도 죽었다는 것이다. 이 점에서 우리는 하버마스의 비판적 대안을 지지한다. 하버마스에 의하면 도덕규범들이란 사회적 협약에 지나지 않는다고 볼 수 있을 것인데, 사실이 그러하다면 보편적으로 수용할 수 있는 협약에 도달하기 위한 규칙을 발전시키는 일이 중요하다. 새로운 형태의 사회계약에 의거하여 사회적 관계들이 잘 조직되어 모든 규범의 타당성이 지배로부터 벗어난 자유로운 의사소통을 통해 도달되는 합의에 의존하게 될 때 집단생활을 위한 합리적 기반을 달성할 수 있다는 것이다. 도덕규칙들이란 지배 엘리트들이 자신들의 관할 하에 있는 사회질서를 정당화하기 위해 마련한 신화에 지나지 않는다는 탈근대론자들의 입장에 반대하여 하버마스는 단순하게 지배 엘리트에 의해 통제되는 것이 아닌 도덕적 합의에 도달하는 일이 가능하다고 주장한다. 그의 '담론윤리학'에서 이 주제가 소상히 다루어지고 있다.[38)]

(3) 하버마스의 접근법은 바람직하긴 하나 지나치게 인지주의의 입장으로 경도될 우려가 있다. 이로써 우리는 그것과 더불어 두 가지 경쟁적 대안도 아울러 고려하고자 한다.[39)]

하나는 생태계 보존운동의 이데올로그들에게서 얻을 수 있는 시각으로서, 우리에게 주어져 있는 객관적 준거로서의 외재적 자연 및 우리 안의 자연성을 좇는 것은 선이라는 주장이다. 대상에 대한 정서적 느낌과 타인에 대한 자연스런 심정적 배려 역시 선이다. 과격한 생태학은, 자연적인 것은 진화적 및 생태학적 평형상태의 결과를 반영하기 때문에 "자연적인 것은 무엇이나 옳다"고 평가한다. 이 같은 생태학적 시각은 또한 보편성이라는 이점도 갖고 있다. 그것은 서로 다른 사회의 문화적 유산을 넘어선다. 우리에게는 하나의 어머니로서의 대지가 있을 뿐이라는 믿음이 그것이다.

다른 하나의 주요 대안은 전통적 종교들까지를 포함하여 전통일반을 재흥시키는 일이다. 많은 사람들에게 있어 전통적 규범은 어린 시절부터 친숙해져 있으며, 또한 자신들의 선대들에서도 친밀했던 것이다. 전통은 또한 불리한 점도 지니고 있다. 전통적 종교의 신화는 유목시대와 농경사회 때 출현한 고대적 상징의 옷을 입고 있어 '선한 목자'로서의 신의 이미지는 일상적으로 소나 양보다는 컴퓨터와 훨씬 더 많이 접촉하고 있는 시대에는 그리 매혹적이지 못하다. 더욱이 전통적 종교는 점차 세계화되고 있는 사회에서는 위험스러울 정도로 분열을 조장할 수 있다. 전통적 종교는 어떤 특정 문화의 전통적 규범체계를 절대적이며 보편적인 가치로 보기 때문에 절대적 신념체계의 완고성은 병적인 비관용성으로 나아갈 수 있다.

탈근대적 사회에 있어 종교가 기능하기 위해서는 보편적 관점을 취하고 또 탈근대적 사회들에 있어서 대부분의 사람들의 의식에 중요한 부분을 이루고 있는 자연과학의 지적 유산과 통합될 필요가 있다.[40] 전통적 종교와 과학의 융화는 인간의 이해를 크게 넘어서 있는 하나의 진리에로의 지속적 접근을 가능케 해줄 것이다. 이로써 보건대 오늘의 우리에게는 무엇보다도 자연과 전통을 고려하고 수용하는 합리적 담론이 요청된다. 근대화가 결과한 이 밖의 복잡하고 다양한 과제들은 어느 것이든 모두가 우리의 구체적 삶의 문제이며, 따라서 지속적 탐구를 요하는 주제가 아닐 수 없다.

주

1. Hannah Arendt, *The Human Condition*(Chicago, London : The University of Chicago Press, 1958), 248쪽.
2. T. Parsons and M. Platt, *The American University*(Massachusetts : The MIT Press, 1973), 1쪽.
3. T. Parsons, *The System of Modern Societies*(N.J. : Englewood Cliffs, 1971).
4. Ibid., 114–115쪽.
5. Anthony Giddens, *The Consequences of Modernity*(Stanford, California : Stanford University Press, 1999), 55–59쪽.
6. H. Arendt, 앞의 책, 252쪽.
7. Georg Lukacs, *History and Class Consciousness*, trans., by Rodney Livingstone (Cambridge, Mass. : The MIT Press, 1968), 83–110쪽.
8. M. Weber, *Economy and Society*, 3vols., ed., by G. Roth and Wittich (New York : Bedminster Press, 1968), 1401쪽.
9. Albrecht Wellmer, "Reason, Utopia and Enlightenment" in *Habermas and Modernity*, ed., by Richard J. Bernstein (Cambridge, Massachusetts : The MIT Press, 1991), 43쪽.
10. Ibid., 43쪽.
11. Albrecht Wellmer, 위의 논문, 46쪽.
12. M. Horkheimer and Theodor W. Adorno, *Dialectic of Enlightenment*, trans., by John Cumming(N.Y. : The Seabury Press, 1972), 3–42쪽.
13. Theodor W. Adorno, *Ästhetische Theorie*(Frankfurt am Main : Suhrkamp Verlag, 1970), 홍승용 옮김, 『미학이론』(서울 : 문학과 지성사, 2001).
14. 보다 중요한 것은 '동화적' 사유가 지닌 '억압적' 성격에 대한 그의 이해로

인해서 예술작품이 갖는 심미적 합리성이 그에게 있어 대안적 형태의 합리성을 위한 유일의 모델이 되었다는 사실이다. 대안적 형태의 합리성에 있어 도구적 합리성은 단지 지양된 한 계기로만 보존될 것이다. Albreat Wellmer, 앞의 논문, 48-49쪽 참조.

15. Albreat Wellmer, 위의 논문, 50-51쪽.
16. J. Habermas, *The Theory of Communicative Action*(이하 TCA로 약칭), II trans., by Thomas McCarthy(Boston : Beacon Press, 1987), 특히 303-331, 385-396쪽.
17. J. Habermas, *Moral Consciousness and Communicative Action*(이하 MCCA로 약칭), trans., by Christian, Lenhardt and Shierry Weber Nicholsen(Cambridge, Mass. : The MIT Press, 1995), 136-137쪽.
18. 전통사회에서 종교의 권위나 혹은 전통의 권위가 보장해 주었던 바를 이제는 상호 주관적 합의를 조성해 주는 수단으로서 논증이 중요한 역할을 맡게 되었다. 소통행위와 논증의 양식이 행위, 사회통합, 상징적 재생산에 대한 다른 조정 메커니즘을 대신함으로써 '의사소통적 합리화'(또는 생활세계의 합리화)가 이루어진다.
19. J. Habermas, TCA. II, 114-115, 186-187쪽.
20. J. Habermas, TCA. I, 69-70쪽.
21. J. Habermas, TCA. I, 342, 362쪽.
22. J. Habermas, TCA. II, 367-373쪽.
23. J. Habermas, TCA. II, 485쪽.
24. J. Habermas, "The Dialectics of Rationalization : An Interview with Jürgen Habermas", *Telos*, 49(Fall, 1981), 7쪽.
25. 여기서의 '근대화론' 및 '탈근대화' 개념은 Ronald Inglehart, *Modernization and Postmodernization*(New Jersy : Princeton University Press, 1977), 1장에 의거하였음.
26. Ibid., 22-25쪽.
27. Ronald Inglehart, *The Silent Revolution : Changing Values and Political Styles*(Princeton : Princeton Univ. Press, 1977), 77-90쪽.
28. Ronald Inglehart, *Modernization & Postmodernization*, 28쪽.
29. Ibid., 43-45쪽.
30. M. Kaase and K. Newton, *Beliefs in Government*(Oxford : Oxford Univ. Press,

1995), 63쪽.

31. Ronald Inglehart, *Culture Shift in Advanced Industrial Society* (Princeton : Princeton Univ. Press, 1990).
32. J. Habermas, TCA. II, 397쪽.
33. Ibid., 400쪽.
34. 졸고, "하버마스의 '생활세계의 식민화' 테제", 『국민윤리연구』, 제44호, 2000. 7, 235-260쪽 참고.
35. I. Wallerstein, *The End of The World As We Know It* (Minneapolis : Univ. of Minnesota Press, 1999), 80-83쪽.
36. Ulrich Beck, *Risk Society : Towards a New Modernity* (London : Sage, 1992).
37. 대표적인 사례로 Jean-Francois Lyotard, *The Postmodern Condition : A Report on Knowledge* (Minneapolis : Univ. of Minnesota Press, 1999)를 들 수 있다.
38. J. Habermas, MCCA 중의 "Discourse Ethics"에 관한 논의(43-45쪽) 및 졸고 "하버마스의 '담론윤리학' 연구", 『국민윤리연구』, 제43호, 2000. 2, 345-360쪽 참고.
39. Ronald Inglehart, *Modernigation and Postmodernigation*, 340-341쪽.
40. 대표적인 사례로 우주는 인간사회 및 신과 더불어 아직 구성 중에 있는 불완전한 것으로 보면서 인류는 무능한 인형이 아니라 스토리 전개에 있어 결정적 역할을 하는 존재로 이해하는 샤르뎅(Teihard de Chardin)을 들 수 있다. 특히 Teihard de Chardin, *The Phenomenon of Man*, trans., by Bernard Wall (New York : Harper and Brothers, 1959) 참고.

참/고/문/헌

앤소니 기든스 · 울리히 벡 · 스콧 래머 지음, 임현진 · 정일준 옮김, 『성찰적 근대화』, 서울 : 한울, 1998.

조태훈, "하버마스의 '담론윤리학' 연구", 한국국민윤리학회, 『국민윤리연구』, 제43호, 2000. 2.

______, "하버마스의 '생활세계의 식민화' 테제", 한국국민윤리학회, 『국민윤리연구』, 제44호, 2000. 7.

하버마스 저, 한상진 편, 『현대성의 새로운 지평』, 서울 : 나남, 1996.

Adorno, Theodor W., *Asthetische Theorie*, Frankfurt am Main : Suhrkamp Verlag, 1970 (홍승용 옮김, 『미학이론』, 서울 : 문학과 지성사, 2001).

Arendt, Hannah, *The Human Condition*, Chicago and London : The University of Chicago Press, 1958.

Beck, Ulrich, *Risk Society : Toward a New Modernity*, London : Sage, 1992.

Bernstein, Richard J., ed., *Habermas and Modernity*, Cambridge, Massachusetts : The MIT Press, 1991.

Charden, Teihard de, *The Phenomenon of Man*, trans., by Bernard Wall, N.Y. : Harper and Brothers, 1959.

Giddens, Anthony, *The Consequences of Modernity*, Stanford, California : Stanford University Press, 1999.

Habermas, J., *The Theory of Communicative Action*, I, II, trans., by Thomas McCarthy, Boston : Beacon Press, 1984, 1987.

______, *Moral Consciousness and Communicative Action*, trans., by Lenhardt and Sierry Weber Nicholsen, Cambridge, Massachusetts : The MIT Press, 1995.

Horkheimer M. and Adorno, Theodor W., *Dialectic of Enlightenment*, trans., by John

Cumming, N.Y. : The Seabury Press, 1972.

Inglehart, Ronald, *Modernization and Postmodernization*, Princeton : Princeton University Press, 1997.

______, *The Silent Revolution : Changing Values and Political Styles*, Princeton : Princeton University Press, 1977.

Kaase M. and Newton, K., *Belief in Government*, Oxford : Oxford University Press, 1995.

Lukacs, Georg, *History and Class Consciousness*, trans., by Rodney Livingstone, Cambridge, Massachusetts : The MIT Press, 1968.

Lyotard, Jean-Francois, *The Postmodern Condition : A Report on Knowledge*, Minneapolis : University of Minnesota Press, 1999.

Parsons, T., *The System of Modern Societies*, New Jersy : Englewood Cliffs, 1971.

Parsons, T. and Platt, M., *The American University*, Cambridge, Massachusetts : The MIT Press, 1973.

Wallerstein, I., *The End of The World As We Know It*, Minneapolis : University of Minnesota Press, 1999.

Weber, M., *Economy and Society*, 3 vol., ed., by G. Roth and Wittich, N.Y. : Bedminister Press, 1968.

Telos, 49 (Fall, 1981).

2장

세계화에 대한 진단

1. 머리말

근래에 이르러 '세계화'는 다양한 분야들에 걸쳐 전문 유행어가 되었다. 세계화라는 말의 주요 내용은 "놀라운 일이 일어나고 있다", "세계가 크게 변하고 있다", "세계의 새로운 경제 · 정치 · 문화질서가 만들어지고 있다"는 사실을 의미한다. 그러나 이 말은 많은 사람들이 서로 다른 맥락과 서로 다른 목적 하에서 활용하고 있기 때문에 세계화라는 주제에 있어 구체적으로 무엇이 문제되는지, 세계화의 개념이 어떤 기능을 수행하는지, 그것이 현행 사회이론과 정치와 교육에 어떤 영향을 끼치고 있는지 확인하기가 어렵다. 우리가 이 개념을 어떻게 이해하건 간에 세계화가 현재의 두드러진 역사적 흐름이라는 사실은 마르크스주의자들, 베버주의자들, 세계 체계이론가들, 구조주의자와 기능주의자들, 탈구조주의자들 및 많은 다른 현대 이론가들이 공동으로 인정한다.

또한 우리는 현실적으로도 세계화의 흐름을 외면할 수 없다는 것을 나날이 경험하고 있다. 예컨대 ① 미래의 주요한 과제들은 20세기 국민국가의 한계와 패러다임 안에 한정시키기 어렵다. 일례로 과거 중국 광동지역에서 발생한 SARS의 경우가 그러하다. ② 2001년 9·11 사태 이후 경기침체와 국외여행의 난관이 있었음에도 불고하고 경제, 커뮤니케이션, 안전문제에 있어서 세계적 협력이 점차 증대되고 있는 일반적 추세는 미래에도 계속될 것이다. ③ 중요 문제들에 있어 국민국가들은 초국가적 노선에 따라 근본적 방법으로 재집결을 계속해 가고 있다. 유럽연합(EU), 유럽경제공동체(EEC), 유럽원자에너지공동체(EURATOM)의 발전이 좋은 예이다.

이 글에서는 '세계화'의 다의적 개념을 폭넓게 살펴보고(2절), 세계화는 모든 것을 일원화로 이끌 것인지, 특히 그것이 문화의 동질화를 결과하게 될 것인지를 중심으로 하여 세계화의 진전을 논의하게(3절) 될 것이다. 나아가 세계화에 대한 기존 이론들을 보완하고자 하는 시각에서 몇 가지 제언(4절)을 아울러 정리해 보고자 한다.

2. 세계화란?

'세계적'이라는 말이 등장한 것은 4백 년을 넘어섰지만 '세계화', '세계화하다', '세계적으로 되다', '세계화되고 있는' 등과 같은 말들이 일반화된 것은 대체로 1960년대 이후의 일이다.[1) 『이코노미스트』

(*The Economist*)지가 1959년에 자동차 수입에 따른 이태리의 '세계적 할당량'이 계속 증가되어 왔음을 보고하였으며, 1961년에 웹스터 사전이 세계화(globalism과 globalization)를 정의한 최초의 주요 사전이 되었다. 1962년에는 『스펙테이터』(*spectator*, 5/10/62)가 "세계화는 실로 경이로운 개념"이라는 사실을 인정했다.

로버츤(R. Robertson)에 의하면[2] 1980년대 초 혹은 중반까지는 세계화 개념이 학문상 중요한 것으로 인정받지 못했으며, 그 이후에 이르러서야 그것의 활용이 말 그대로 세계화되었다. 전반적으로 1990년대 초에 있어 그 표제에 '세계적'이라는 말을 사용한 출판물들의 수는 다섯자리에 이르나 과정을 나타내는 '세계화'라는 용어는 아직 상대적으로 드물었다. 1994년 2월 현재 미의회도서관의 목록에 의하면 표제에 '세계화'라는 말이 들어가 있거나 혹은 그 말의 파생어 중 하나가 사용되고 있는 출판물이 단지 34종뿐이었는데 2000년 2월경에는 그 수가 284종으로 늘어났다. 1987년 이전에는 이런 출판물이 하나도 없었다.

일반사전들에서의 세계화에 대한 정의들은 흔히 '세계적으로 만드는 것' 또는 '세계적이도록 하는 행위' 등과 같이 우리의 이해를 위해서는 별달리 도움이 되지 않는 것으로 표현되었다. 세계화라는 용어는 그 용도가 아주 광범하여 명료한 한계를 지니지 못하고 있다. 어떤 사람들은 세계화를 단순히 자유시장과 등치시켜 "본질적으로 자유무역이며 자본의 자유로운 흐름"[3]이라고 규정하는가 하면, 다른 일부 사람들은 이 말을 초국가주의 또는 탈국민성 같은 개념과 혼용한다. 또 다른 사람들은 그 말을 제국주의 또는 신식민주의에 대한 대용어로 활용하기도 한다. 통상적인 사람들에 있어 세계화는 종종 '미국화'를 지칭하는 것이다. 또 다른 사람들은 이전의 연구에서 '발전론' 또는 '세계체계론'의 주제로 다루었던 내용들을 음미하는 데 세계화 개념을 활용한다.

세계화 개념을 전문 학문분야별로 추적해 보면[4] ① 인류학자들은 문화에 대한 자신들의 내재적 관심과의 관련 하에서 세계화에 접근한다. 지난 수십 년간 인류학자들은 탈민족(국가)주의, 문화적 교접과 상호성, 매스미디어, 이민, 지속되고 있는 문화갈등 따위의 주제에 경도되어 왔다. 반면에 ② 경제학자들은 교역, 금융, 시장, 초국가적 자본의 흐름에 대한 관심에서 세계화를 연구한다. 많은 경제학자들은 세계화, 특히 자유무역이 인류의 발전과 성장에 이르는 길이라고 본다. 그러나 적지만 영향력 있는 일부의 경제학자 집단은 세계화가 갖는 경제의 낙관적 전망에 대해 의문을 제기한다.[5] 그리고 세계화의 경제적 귀결이나 세계화를 추진시키기 위한 그들의 처방과는 별도로 존경받는 거의 모든 경제학자들은 세계적인 '빈곤이 최대의 현안 과제' 라는 사실에 동의한다. ③ 정치학자들은 세계화가 어떻게 국가의 소관사항에 도전하고 있는지에 관심을 갖는다. 이들 연구의 많은 부분이 세계적 경제통합이 지니는 정치적 결과에 초점을 맞춘다. 일부 사람들은 경제적 상호 의존이 늘어남으로써 불가피하게 세계화의 와중에서 우세해질 기술, 노동습관, 라이프스타일 면에서 국가들 간의 어떤 유사성이 생겨날 것이라고 가정한다.[6] 그러나 다른 정치학자들은 경제적 상호 의존의 증대가 정치영역에서의 수렴으로 이끌 것이라는 가정에 의문을 제기한다.[7]

또 다른 시각에서 보자면 일부 이론가들은 세계화와 근대성을 등치시키는가 하면,[8] 다른 일부 사람들은 '세계화의 시대' 가 도래하고 있는데 이것은 '근대화의 시대' 와는 뚜렷이 구분된다고 주장한다.[9] 많은 이론가들에 있어 우리는 세계화가 중심 개념으로 기능하는 시대에 살고 있다고 이해되는 반면, 또 다른 이들은 세계화가 지닌 새로움과 중심성에 대한 주장이 과장되어 있다고 본다.

세계화에 관해 설득력 있게 말할 수 있기 위해서는 먼저 이 말의 서로 다른 용법과 서로 다른 의미를 구별하여 그것이 어떤 과정을 기술하고 있는지를 구체화시키도록 노력해야 한다.[10] 세계화 그 자체와 같은 어떤 것은 존재하지 않는다. 세계화라는 말은 명료화되고 또 뚜렷하게 표현될 필요가 있는 과정상의 이질성을 두루 망라하는 개념이다. 그것은 종종 '제국주의'와 같은 오래된 비판적 담론들뿐만 아니라 '근대화'에 대한 이데올로기적 견해를 대체하는 역할을 한다. 더욱이 그것은 식민지배 및 그 뒤의 상처를 중성화시키는 개념으로 기여할 수 있으며, 소수의 거대권력과 대규모의 초국가적 기업들이 세계의 많은 부분들을 지속적으로 착취하는 것을 호도하여 현재의 발전이 지닌 억압적이며 파괴적인 측면들 중 일부를 은폐시키는 일을 할 수도 있다. 특히 그 비판자들에 있어서 세계화는 특정 지방의 전통을 황폐화시키고, 가난한 나라와 지역들의 부유한 나라에 대한 종속을 지속시키며, 환경을 파괴하고, 문화와 일상생활을 동질화시키는 것으로 받아들여진다.

세계화 개념은 제국주의 및 근대화에 대한 대용어일 뿐만 아니라 근대성과 탈근대성 논의에도 관련되어 있기 때문에 세계화 담론의 복합성은 더욱 늘어난다. 따라서 일부 이론가에 있어서는 세계화가 근대화 및 근대성의 문제들을 연속시키는 것인 데 비해, 다른 일부 이론가에 있어서는 그것이 전혀 다른 의미로 받아들여져 탈근대적 전환 또는 아주 새로운, 그러나 아직은 정리되지 않은 세계적 조건과 관련된다.[11] 그 결과 근대, 탈근대, 세계화 과정에 대해 아주 상반되는 평가가 가능해진다. 일부 이론가에 있어서 세계화는 곧 표준화로 이해되는데, 이에 따르면 세계화된 매체와 소비문화가 어느 곳에서나 동일성과 균질성을 창조하면서 지상을 순환함으로써 근대적 기획이 지닌 재미 없고 지루한 보편성과 거대설화를 더욱 강화시켜 준다고 본다. 또한 포스트모더니스트들은 지역적인 것, 다양성, 차이, 이질성 등을 옹호하며, 때로는 세계화 자체가 잡종교배에 의한 다양성을 산출하여 세계문화는 세계적인 것과 지역적인 것을 교배시킨 새로운 형태의 종합으로서 차이와 이질성을 증대시켜 준다고 평가한다.

세계화는 그 자체가 다른 말들과 경쟁관계에 있고 또 여러 가지 의미와 변화에 개방되어 있는 이론적 구성물이다. 그것은 긍정적으로 기술할 수도 있고 부정적으로 기술할 수도 있다. 따라서 필자는 그것을 다가치적으로, 경제 · 정치 · 문화 · 일상생활에 있어 매우 복합적이고 또 다차원적인 과정을 기술하는 것으로 이해한다. 그러므로 그것의 전체적 윤곽, 역동성, 궤도, 문제점, 가능한 미래 등을 포착하기 위해서는 학제적 사회이론이 필요하다. 각 학문분야마다 세계화 개념을 특이하게 이해 · 활용하고 있지만 어떤 특성들은 수렴되는 듯 보인다. 현재 세계화를 연구하는 대부분의 학자들은 세계화를 중요한 경제적 · 사회적 · 문화적 특성들을 국민국가 내의 그것들의 전통적인 경계로부터 탈영토화시키는 일련의 과정들로 본다는 점에서 공통적이다. 세계화는 일종의 '탈지리화'와 관련된다.[12)]

이상의 논의들을 종합하여 필자는 세계화를 다음과 같이 상호 연관적인 네 가지 형성물로 구체화시킬 수 있는 변화과정으로 파악하고자 한다.[13)] ① 국제교역, 해외투자, 자본이동 수준이 점차 증대됨으로써 재화와 서비스의 생산과 분배가 더욱 탈국가적 형태로 된다. ② 정보, 커뮤니케이션, 미디어 기술이 광대한 지역에 걸쳐 사람들 간의 교환을 촉진시키고 또 즉시적으로 연결시키며 지식집약적 노동에다 더 많은 가치를 부여한다. ③ 세계적 규모의 이민이 증대한다. ④ 문화적 교환과 변형이 이루어짐으로써 보내는 나라와 받아들이는 나라 모두에 있어 전통적 가치와 규범이 새로운 것으로부터 도전받는다. 세계화는 1만 년 전에 일어났던 농업의 등장이나 2백 년 전의 산업혁명에 비교할 수 있는 대규모의 변동을 낳고 있다.

이 같은 이해에 입각해 볼 때 "세계화는 … 전 세계적 사회관계가 강화되는 것이라고 정의할 수 있는데, 전 세계적 사회관계의 강화는 먼 거리의 장소들을 연결시켜서 지방의 사변들이 수마일 밖에서 일어나는 사태에 의해 형성되게도 하고 또 그 반대로 되게도 한다." 세계화란 "국지적 사건들과 멀리 떨어져 있는 사건들과의 상호적 영향작용을 초래하는 전 세계적 관계들의 긴밀화"[14]를 의미한다.

세계화의 개념 이해에 첨언해야 할 다른 한 가지 내용은 현행 세계화론자들에 있어 '세계화'의 기원을 어디서 찾는가 하는 점이다. 여기에는 대체로 세 부류의 견해가 있다.[15] ① 세계화는 역사의 여명 이래 진행되어 왔으며, 그 때부터 발전의 결과가 점진적으로 증가되어 왔는데 최근에 이르러 그것이 갑작스럽게 가속화되었다. ② 세계화는 근대화 및 자본주의 발전과 동시적인 것이며, 최근에 가속화가 이루어졌다. ③ 세계화는 탈산업화, 탈근대화 또는 자본주의의 해체로 불리는 다른 사회적 과정들과 연결되어 있는 최근의 현상이다.

이에 관해 필자는 세계화의 기원은 근대화와 맥락을 같이 하며, 지금의 우리가 말하는 세계화의 주요 특성은 탈산업화·탈근대화의 최근 현상을 가리키는 것으로 파악하고 있다. 그러므로 우리가 관심을 갖는 세계화 과정은 근대화 및 탈근대화를 중심내용으로 지니는 세계화이다. 이러한 맥락에서 '서반구에 있어 세계화의 네 가지 두드러진 사이클'을 지적하는 코우츠워드(J. Coatsworth)의 견해[16]나 '세계화 도정의 5단계설'을 제기하는 로버츤의 입장[17]은 '세계화' 개념의 이해에 있어 중요한 의의를 지닌다.

3. 세계화는 동질화를 야기하는가?

세계화를 받아들이는 태도에서 우리는 두 부류의 사람들을 만날 수 있다. 현실주의(회의주의)자들과 급진주의자들이 그것이다.[18] 현실주의 시각의 사람들에 따르면 세계화에 관한 모든 담론들은 단지 담론에 지나지 않을 뿐이다. 세계경제는 이전 시기의 것과 특별이 다른 것이 아니다. 세계는 오랜 시기 동안 수행해 왔던 것과 똑같은 일들을 이행하고 있으며, 경제교역의 많은 양이 실제로는 세계적 규모의 것보다는 지역 간에 이루어진다. 반면에 급진주의자들은 세계화가 부인할 수 없는 오늘의 현실이라고 본다. 그들의 주장에 의하면 세계시장은 1960년대 및 1970년대에 비하여 훨씬 발전했으며, 국경은 점차 종래의 기능을 잃어간다. 국가들은 이전에 지녔던 주권의 많은 부분을 상실했으며, 정치인들은 사태에 대한 영향력 면에서 지난 시기와 비교하여 많이 약화되어 가고, 이미 국민국가의 시대는 지나갔다. 일본의 작가 케니찌 오마에(Kenichi Omae)가 말하듯 국민은 단순한 '허구' 가 되었다.

세계화를 특히 경제의 측면에다 초점을 맞추어 이해하고자 하는 다른 하나의 이원적 견해는 허스트(Hirst)와 탐슨(Thomson)의 입장에서 볼 수 있다.[19] 이들은 '국가경제' 와 '세계화된 경제' 를 구분짓고, 이것을 '제1유형의 세계화' 와 '제2유형의 세계화' 로 명명한다. '유형 1' 은 나라들 사이의 이주, 교역, 투자로 특성화되는데, 이로써 국제적 노동분화가 이루어진다. 그러나 국민경제가 아직은 중심을 이루고 있으며, 그 수준에서 모든 것이 규제된다. 국제적 생산과 자본시장에의 노출 정도가 좋든 싫든 간에 다른 국민경제로부터 일어나는 영향에 민감하도록 한다. 그러나 이들의 영향은 언제나 국민국가 수준에서의 규제체계에 의해 매개된다. 반면에 '유형 2' 의 세계화된 경제에 있어서는 이들 국가적 규제과정들이 탈전통적인 거래와 과정이라는 초국가적 체계에 의해 포섭된다. 시장은 규제가 어려워지고, 다국적 기업들이 국가적 바탕으로부터 분리되어 그들의 기능수행이 확산되고 또 자유롭게 되며, 국가의 정치적 주도권은 불가능해진다.

이러한 구분 하에서 허스트와 탐슨은 세계는 분명히 유형 1의 단계에 놓여 있으며, 유형 2로의 이행은 가능하지 않다고 본다. 이들에 따르면, 설령 세계화가 필요한 것이라 하더라도 그것은 하나의 신화일 뿐이고, 또한 이데올로기의 한 요소에 지나지 않는다. 세계화를 지지하는 사람들은 단지 경제의 세계화가 아니라 경제의 국제화에 대한 증거를 제시하고 있을 뿐이라는 근거에서 세계화를 의문시하는 것이다.

이들 논쟁에서 어느 편이 옳은가? 필자는 물론 '급진주의자' 의 통찰을 지지하며, '유형 2' 로의 세계화가 급속히 진행 중이라고 파악한다. 오늘의 우리는 세계시장의 확대, 국경을 인정하지 않는 전자매체의 활성화, 초국가적 및 범국가적 기구의 증대, 국민국가 및 국경의 상대적 약화 등에서 급진주의자들의 지적을 목격하고 있기 때문이다. 이전, 예컨대 1960, 1970년대와 오늘은 크게 달라지고 있다. 특히 금융과 자본의 흐름수준에 있어 현격히 변하고 있다. 전자화폐의 촉진은 오늘의 세계경제를 전대미문의 것으로 변화시키고 있다.

앞의 2절에서 여러 번 언급한 바와 같이 세계화는 오늘의 가장 강력한 역사추동력이다. 그러하다면 우리는 한 걸음 더 나아가 이 같은 세계화의 장래에 관하여 의문을 갖지 않을 수 없다. 세계화의 진행은 결과적으로 세계의 경제, 정치, 문화 전반을 동질화시켜 세계를, 맥루한(McLuhan)의 개념[20]을 빌려 표현해 보자면 하나의 동질적 '지구촌' 으로 변화시키게 될 것인가? 세계화는 곧 세계 전역의 동질화를 초래할 것인가? 이에 대한 필자의 전망은 세계화가 반드시 세계의 동질화나 통합을 도래시키는 것은 아니라는 것이다. 세계화는 보다 많은 연결과 탈영토화를 초래함으로써 세계가 국가의 경계를 넘어 확대된 '하나의 장소'[21]가 된다는 것이지 단일 형질의 문화로 귀결되게 하는 것은 아니라는 주장이다. 오히려 국민·민족의 다양성이 증대될 것이며, 국민-국가-사회에 의해 제한된 상태로부터 특수성을 해방하고, 특수성들을 상대화시키는 한에서 세계화는 지방 또는 지역적 고유성을 더욱 활성화할 수 있다고 보는 것이다. 또한 문화적 세계화는 단순히 차이를 재생시키는데 그치지 않고 동질화 경향과 분화경향을 복합적으로 뒤엉키게 할 것이다. 이 중 '동질화 경향'에다 시선을 집중시키게 되면 세계화를 곧장 동질화로 이해하게 되는 조급성을 드러내게 된다. 그리고 동질화 경향은 '세계적 소비문화'라는 말로 압축할 수 있는데, 그러한 의미를 함축한 용어가 '아메리카화', '서구문화의 제국주의', '코카콜라화', '맥도널드화' 등이다.

이 말들은 주요한 의미를 지닌다. 이들 용어는 20세기 중반에 미국에서 발전했던 소비문화가 세계의 다른 지역들에로 대중적으로 매개되었다는 사실을 의미한다. 이와 관련하여 필자는 거듭 지적하고 싶거니와 '세계적 소비문화'는 세계화 과정이 수반하는 일원화 또는 동질화라는 일면에 지나지 않고, 이와 더불어 그리고 그것에 못지않게 세계화는 분화와 다양화를 촉진시킬 것이라고 본다. 이에 관한 논의를 ① 맥도널드화와 그에 대한 저항, ② 세계정부와 국민국가, ③ 문화적 다양성 등의 개념들을 중심으로 살펴보고자 한다.

1) 맥도널드화와 그에 대한 저항

리쩌(G. Ritzer)[22]의 주장에 따르면 현대사회는 맥도널드화에 의해 고통받고 있다. 리쩌는 동질화라는 결과를 경고한다. "세계의 많은 부분을 통해 미국의, 그리고 미국 토착의 패스트푸드가 확산되고 있음은 환경의 변화를 통하여 점차 다양성이 줄어들고 있음을 의미한다. 새롭고 다양한 체험을 위한 인간의 노력은 국가적 및 국제적 패스트푸드 레스토랑에 의해 점진적으로 파괴되고 있다기보다는 제한받고 있으며, 다양성을 위한 노력은 획일성과 예측가능성에 대한 요구로 대체되고 있다.[23]

맥도널드화가 세계를 동질화시킴으로써, 즉 모든 취향을 하나의 패턴으로 축소시킴으로써 세계를 동일한 성질로 전환시킨다는 현실은 사실상 맥도널드화와 세계화를 연결시키는 매듭이다. 이렇게 보면 '세계화' 라는 용례는 단순히 아메리카화 혹은 서구화에 대한 이데올로기적 은폐이다. 맥도널드화는 영향력 있는 세계화의 흐름이다. 소비의 합리화에 대한 명령이 맥도널드 및 그와 같은 기업들이 세계 곳곳에 등장하도록 하여 모든 현장들이 미국적 양식에 동화되도록 한다.

필자는 세계화가 동질화된 공동의 소비문화에로 이끌 것이라는 견해들에 대하여 그것을 세계화의 전 영역으로 확대시켜 살펴보면 그 이해가 잘못된 관점에 입각하고 있다는 사실을 지적하고자 한다. 맥도널드화는 민족, 기술, 금융, 이데올로기 등의 주요한 세계화 흐름에 침투된다. 그러나 그것의 결과가 결코 보편적 동질화로 되는 것은 아니다. '상대화', '반성능력', '지방화' 의 과정을 중심으로 하여 그에 대한 반작용이 빚어지기 때문이다.[24] 이 사실은 맥도널드화의 능력이 소비행동을 획일적 패턴으로 통제시킨다는 가정을 거부한다. 우리는 맥도널드화에 역기능 현상이 수반됨을 볼 수 있다. 이를 보다 구체화시켜 보자.

(1) '상대화'는 로버츤이 도입한 개념으로서, 세계화의 흐름이 단순히 지방적 차이를 매몰시키는 것이 아니라는 사실을 말하고자 하는 것이다. 오히려 그것은 특정 지방의 맥락 안에 거주하고 있는 사람들은 자신들이 입각해 있는 전통과 현실을 바탕으로 하여 새로운 도전이나 먼 곳에서 일어나고 있는 사태들을 수용할 수 있고, 또 그렇게 하여 자신들의 삶의 세계를 의미화한다는 것을 가리킨다. 이와 관련하여 스클레어(L. Sklair)가 소개하고 있는 필리핀에 맥도널드를 도입한 데 대한 이야기는 가르침을 주는 바가 있다.[25)]

초창기 필리핀의 햄버거 체인점들은 자신들의 상품이 미국의 것임을 강조함으로써 판매를 촉진시키고자 하였다. 그러나 맥도널드가 진입하여 미국 것이 독점적으로 우세해지자 토착 체인점들은 거꾸로 지방의 취향을 고조시켜 자신들의 상품을 판매하기 시작했다. 토착 체인점들의 전략은 성공적이었다. 맥도널드화가 낳은 상대적 효과는 물론 이것 이상으로 전파되었는데, 그것은 특정 상품뿐만 아니라 미국 자본주의 문화의 상징들에 대해서까지도 상대화가 나타났기 때문이다.

(2) 사람들이 세계적 문화의 흐름에 점차 깊숙이 연루됨에 따라 그들은 또한 '반성적'이 되기도 한다. 세계적 체계에의 참여는 자신의 생활체계가 자신의 개인적 통제 또는 조직적 통제마저도 넘어서 있는 탈인격적 화폐와 전문기술의 흐름에 의해 규제된다는 사실을 의미한다. 그러한 사실을 알기 때문에 사람들은 부단히 성찰하고 정보를 찾으며, 또 화폐의 가치 및 전문기술의 타당성을 자신들의 입장에서 고려하고 점검한다. 맥도널드화는 노련하게 합리화된 체계를 도입하고, 특히 그

것이 지닌 상업화 및 상품화 능력이 위력을 발휘하여 습관과 전통의 타당성에까지 도전하기 때문에 사람들은 반성적으로 자신의 퍼스낼리티 형성에 각별한 학습을 도모하게 된다. 맥도널드화는 반사적으로 인간의 주체적 개성화를 촉구시키는 것으로 보인다. 반면에 외래적인 것의 영향력 강화는 토착민들의 자기 반성을 촉진시킨다. 인간의 특성은 수용적 존재라는 면보다는 주체적이며 자발적 존재라는 데서 찾을 수 있기 때문일 것이다.

(3) 지방화 개념은 상대화 및 반성 개념과 직결되어 있다. 햄버거의 지방화 사례의 대표적인 것 중 하나로 모스크바 시장 유리 루즈코프(Yuri Luzhkov)의 공약에 관한 이야기를 들 수 있다. 그는 "서구의 음식이 너무 멀리까지 침투했다. 그에 대한 대응으로 모스크바는 전통음식을 판매하는 패스트푸드 체인을 지원할 것이다. 빅맥과 후렌치후라이를 먹고 자란 세대가 다시 '불리니' 와 '살로' 같은 오래된 맛을 즐기게 될 것"이라고 선언했다.[26] 이 같은 상품이나 문화의 '지방화' 와 관련하여 '표준화에 대한 저항' 과 '생산의 미학화' 또는 '심미적 생산' 이라는 측면에도 주목할 필요가 있다.

맥도널드화가 궁극적 실례가 되고 있는 일관작업에 의한 대량생산 소비체계의 특징들 중 하나는 그것들이 생산수준과 소비수준 양자에 걸쳐 표준화를 추구한다는 점이다. 그러나 이것은 궁극적으로 실패할 수밖에 없는데, 그 까닭은 표준화된 상품을 위한 시장들이 포화상태에 이르렀으며, 풍요로워진 소비자들은 취향이나 패션을 위주로 부단히 개성을 추구해 가고 있기 때문이다. 이러한 경향들은 생산물과 생산양식의 다양화를 수반한다. 그것을 '표준화에 대한 저항' 으로 평가할 수 있다. 뿐만 아니라 생산물과 생산양식에서의 다양화는 '생산의 미학화' 또는 '심미적 생산' 을 통해 강화된다.[27]

잘 알려져 있는 바와 같이 근대사회의 역사는 대중문화 품목의 생산을 증대시켰다. 20세기 대부분에 있어 이 같은 생산은 특성상 일관작업, 즉 표준화 작업에 의거하는 것이었다. 그러나 오늘에 와서는 대중매체에 의거하여 시장이 탈규제화되고 심미적 생산이 재래의 판매방식을 해체시켜 소규모 상점들로 연결되는 시장, 흔히 소규모 자영업자들의 시장이라는 다거래 축을 만들어내고, 인터넷과 쌍방향 TV와 연결되어 있는 신생의 다매체 기술 안에서 생산자와 소비자가 함께 하는 자리가 마련되었다. 이 같은 사실들이 의미하는 바는 성격상 심미적인 소비의 비중이 급속하게 증대하고 있으며, 이들 심미적 생산과 소비는 점점 맥도널드화와는 거리가 멀어지고 있다는 것이다.[28] 이 같은 구체적 경험의 사례에서 보게 되는 바와 같이 세계화가 곧 문화적 동질화를 가져오는 것이 아님을 알 수 있다.

2) 세계정부와 국민국가

지금의 우리는 흔히 정치문제를 '세계질서' 에 의거하여, 경제문제를 '국제적 경기' 와 관련하여, 시장(판매)문제를 '세계적' 생산물과 관련하여, 종교문제를 모든 종교들 간의 협력추진 운동과 관련하여, 시민권 문제를 '인권' 과 관련하여, 오염과 정화의 문제를 '지구보존' 에 입각하여 재규정하곤 한다. 이 같은 '세계의식' 의 증대는 보다 높은 수준에 도달한 물질적 상호 의존성과 더불어 세계가 단일한 체계로 조정될 것이라는 개연성을 증대시켜 준다. 그래서 일부 연구자들은 세계가 점차 통합되어 간다고 말하지는 않지만 세계가 점점 단일화되어 간다고 주장한다.

뿐만 아니라 기업 컨설턴트와 환경논자들의 다양한 견해로부터 오는 "세계적으로 생각하라"는 명령은 지구의 거주자들이 스스로 지구를 구성하는 일에 착수하였다는 것, 그리고 지구를 '하나의 장소'로 이해하게 되었다는 사실을 의미한다. 이러한 논거에서 사람들은 세계를 하나의 구성체로 개념화하며 세계를 단일 장소로 인식하는 길의 가능성을 증대시키고자 한다. 과연 세계는 하나로 '통일된' 장소, 단일한 구조와 기능으로 변모해 갈 것인가? 이를 국민국가와의 관련 하에서 검토해 보자.

국가도 점차 세계화 과정에 따르고 있고 정치활동은 점점 사회 전체에 관련되는 주제들에 초점을 맞춰가고 있다. 벨(D. Bell)은 "국민국가는 삶의 대주제들을 위해서는 너무 작고 삶의 자잘한 문제들을 위해서는 너무 크다"[29]고 말하고, 헬드(D. Held)는 한발 더 나아가 "국민국가는 약화되고 그것은 사실상 세계정부에 의해 대체되어 갈 것"이라고 주장한다. 그는 비정치적 사회조직들 간의 상호 연결이라는 수준에서 시작하여 국민국가가 약화되어 드디어는 그것이 세계정부에 의해 대체될 것이라고 보는 일련의 단계들을 논의한다.[30] 그의 논의의 귀결은 국가가 보다 큰 규모의 정치단위, 다면적 조약 또는 국제기구 안에서 주권을 양여하지 않을 수 없고, 따라서 자체의 정책개발과 관리체계를 지닌 '세계적 통치기구'가 등장하게 될 것이며, 이것은 지배적 강제력과 입법권을 지닌 초국가적 '세계국가'가 출현할 수 있는 기반을 마련해 준다는 것이다.

'세계정부'와 관련하여 로버츤과 헬드를 중심으로 하는 '모더니스트들'은 위에서 본 바와 같이 국민국가의 주권은 이미 기울기 시작했으며, '세계정부'가 현행 국민국가와 동일한 정부형태를 취하는 것은 아니지만 그러나 그것이 미래의 실제적 가능성이라고 본다. 이와는 대조적으로 멕그루(A. McGrew)[31]와 같은 '리얼리스트' 들은 국민국가가 지닌 현재의 영토상의 주권과 그것이 자체의 시민에 대하여 갖는 의미와 더불어 국민국가의 정치생활은 결코 부인될 수 없다고 주장한다. 필자는 여기서 국민국가의 정치역량이 점차 약화 또는 변화해 갈 것이라는 점에서는 '모더니스트들' 의 입장에 공감하지만 국민국가가 소멸하고 세계정부가 그것을 대체하리라는 기대에는 동조하지 않는다.

다른 한편 국민국가들이 부재하는 상태에서 '세계정부' 가 원만히 기능해 갈 수 없으리라는 점에서, 달리 말해서 국민국가의 정치적 존속을 예상하는 측면에서는 리얼리스트들의 견해를 지지한다. 그 까닭은 초국가적 기구의 현실적 부정합성을 보기 때문이다. 이와 관련해서는 만(M. Mann)의 유럽연합에 관한 비판적 연구에서 배울 바가 있다.[32] 그의 분석에 의하면, 유럽연합이 국민국가의 권력을 약화시키는 발전에서는 선두 자리를 차지하고 있지만 공통의 사회정책에 대해서는 아주 취약하다. 유럽연합은 여하한 방위력도, 또한 여하한 공통의 외교정책도 갖고 있지 않다. 그것은 NATO의 회원국들과 중립국들을 아울러 포함하고 있으며, 단일한 어떤 외교적 대표부도 혹은 국제적 회원권도 갖고 있지 않다. 그는 "유럽은 단일국가도 혹은 연방국가도 지향하고 있지 않다"[33]고 결론짓는다. 여기서 우리는 초국가적 기구의 현실적 부적합성을 목격할 수 있다.

이러한 논의들을 통하여 필자는 세계화론이 국가가 소멸해 가고 있다고 주장하는 것은 결코 아니라는 점을 강조하고자 한다. 국민국가들은 단지 지속할 뿐만 아니라 점차 그 수와 기능이 증대될 것이라는 지적들도 많이 있다.[34] 그리고 필자가 국민국가의 존속여부에 각별히 주목하는 까닭은 국민국가들의 기능과 역할이 존속하고 그것들의 독자적 문화배경이 생명력을 견지하는 한 세계 전반의 동질화란 불가능하다고 믿기 때문이다.

3) 문화적 다양성

세계화가 전 세계를 동질화시키는 것이 아닌가라는 우려 섞인 예상에 대하여 필자는 지금껏 ① 맥도널드화에 대한 반작용으로서의 상대화, 반성능력, 지방화, ② 국민국가의 존속과 그 문화배경이 지니는 생명력이라는 논거에 의거하여 그 우려를 불식시키고자 하는 논의를 전개해 왔다. 여기서는 세계화의 진전과 더불어 문화적 다양화가 증대되리라는 시각에서 이상의 해명들을 부연하고 더욱 보완시키고자 한다.

사실상 문화적 표준화 문제는 세계화 과정에 대한 탐구의 주요 내용이 된다. 서구, 특히 미국의 문화적 영향은 영화, TV, 대중음악 등등 도처에서 확인할 수 있다. 그러나 이것은 문화의 표피에 지나지 않는다. 세계화의 보다 심원한 결과는 동질성이 아니라 보다 많은 지역문화의 다양성을 산출하는 것이다.[35] 미국 자체가 상이한 민족적·문화적 집단들의 화려한 다양성으로 구성되어 있어 문화적 단일성과는 거리가 멀다. 미국 문화의 압력효과로 말미암아 세계화는 오히려 지역문화가 지닌 정체성들의 갱생을 증진시켰다. 때때로 미국 문화가 광범한 세계의 여러 문화유형들을 거꾸로 반영하기도 한다.

세계화 과정은 언제나 또는 주로 기업의 대형합병이나 세계정치 포럼과 같은 대규모의, 중심무대의 활동에만 의거하는 것이 아니고 다분히 지방적 생활세계들의 자율활동에도 크게 의존한다. 이러한 이해와 더불어 우리는 종래에 광범한 영역들을 두루 포괄하던 이론가들이 이제는 보다 지방적인 담론과 실천에로 관심을 이행시키고 있음을 목격하게 된다. 이들은 지방적인 것, 구체적인 것, 특정한 것, 이질적인 것, 미세한 차원의 일상적 체험 등에다 초점을 맞추기 위해 이론과 정치는 세계화의·수준과 그것의 총체화적 거대이론들을 변경시켜야 한다고 주장한다. 즉 거대이론으로부터 구체적인 것으로 관점을 바꾸어야 한다는 것이다.[36)]

세계적인 것과 지방적인 것 간의 구분은 현행의 결정적인 구성력들 간의 모순과 긴장을 나타내는 것이라고 말할 수 있다. 따라서 한편에 대한 일방적 관심을 위하여 다른 한편을 배제시키는 것은 잘못이다. 우리는 세계적인 것과 지방적인 것 간의 교호적 관계를 통하여 사고할 수 있어야 한다. 세계적인 세력이 어떻게 지방적인 것들에 영향을 끼치며, 심지어는 어떻게 지방적 상황의 수를 증대시켜 주기도 하는지 관찰할 수 있어야 한다. 또한 세계적 세력을 다양한 목적과 조건들에 맞게 조절하고, 현대세계에서의 사고와 행위를 위한 기반이 되는 지방적인 것과 세계적인 것의 독특한 연결 형태들을 생산함으로써 지방적인 세력이 어떻게 세계적인 것을 매개할 수 있는지도 알아야 한다. 세계화는 복합적일 수밖에 없다. 따라서 계화된 세상이 동질화로 귀결되리라는 예상은 지극히 단선적인 시각이라 하겠다.

문화적 다양화를 가능하게 해주는 바로서 세계화에 대한 상대적 결과의 실상을 종교현상에서도 관찰할 수 있는데, 그 대표적 사례로 1970년대에 시작된 이슬람 근본주의의 재흥을 들 수 있다. 그 때까지의 이슬람 세계는 세속적인 민족주의적 및 사회주의적 정치운동을 통해 도입된 문제들에 지배되어 왔다.[37)] 그것이 자본주의적 형태이든(리비아, 이란, 파키스탄) 혹은 마르크스주의 형태이건(알제리아, 이집트) 간에 서구적 근대화는 물질적 이익도 정합적인 의미체계도 부여하지 못했다. 사실상 급속한 산업화와 도시화는 주민과 정치적 지배 엘리트 간의 철저한 불평등만을 조성한 것으로 나타났다. 이슬람 근본주의자들은 모두가 서구적 근대화 및 세속화 추진을 거부하고 '이슬람화', 성직정치 하의 이슬람공동체(Umma)의 창조를 요구한다.

종교의 경우와 마찬가지로 현행 세계화의 지속적 추진은 민족성과 관련해서도 주춤거리고 있는 것으로 보인다. 세계화의 추진을 통해 경제과정의 통합이 증대되고 정치적 실천의 상호 관련성이 늘어나고 있는 반면에, 그러한 공략에 살아남기 위한 민족적 일체화가 강화되고 있기 때문이다. 세계화 속에서 민족적 일체화 추구가 고조되고 있다는 사실은 세계화는 반드시 동질화 또는 통합을 의미하는 것이 아님을 말해주는 다른 사례이다. 세계화는 단지 보다 큰 규모의 상호 연결성과 탈영토화를 의미할 뿐이다. 따라서 민족적 다원주의가 증대될 가능성이 이루어지며, 이 때의 민족성은 반드시 어떤 특정 영토나 혹은 정체와 연결되는 것이 아니다. 이 점과 관련하여 민족성 및 국민성에 대한 세계화의 영향을 정리한 워터즈(Waters)의 다음과 같은 요약으로써[38] 필자의 입장을 대변시키고자 한다.

- 세계화는 일반적으로 분화의 과정임과 동시에 동질화의 과정이다. 그것은 문화적 영역들의 가치와 지방의 능력들을 인정함으로써 세계를 복수화 · 다원화시킨다.
- 그것은 흡수된 민족적 소수자들을 해방시키고 이전의 국가의 경계들을 넘어 국민들을 재구성하도록 함으로써 국민과 국가 간의 재래적 연결을 약화시킨다. 이 점은 민족적 소수자들이 연합하여 있는 국가들의 맥락에서는 특히 중요하다.
- 세계화는 중심을 주변화시킨다. 주변부 사람들이 지금까지의 중심부 문화를 수용하여 독자적 반응을 산출함을 말한다. 세계

화를 서구의 근대화에서 연원하는 것으로 보는 한 그것은 주변부 문화들이 새로운 민족적 정체성을 지닐 수 있도록 한다. 타자에 의거한 자기 발견 또는 자각이라고 볼 수 있을 것이다. 이 같은 문화적 흐름을 가능케 해주는 도구는 전자 이미지들과 수많은 사람들의 여행이다.

- 세계화는 주변이 중심이 되도록 한다. 그렇게 만드는 방편은 지구상의 비교적 불리한 영역들로부터 비교적 유리한 영역에로 경제 이민이 유입되는 것이다. 유입된 경제 이민은 그곳에서 기존 문화와 자신들의 문화를 결합시키고 나아가 자신들의 것을 중심부에 이식시킨다. 그 결과 이전의 동질적인 국민국가들이 다문화주의 방향으로 이동한다.

4. 세계화, 어떻게 볼 것인가?

1) 반세계화 운동

발전도상국의 입장에서는 세계화를 서구가 제3세계를 착취하는 최종단계라고 본다.[39] 그것은 빈국들을 희생시켜 부국들이 이득을 취하는 프로젝트라고 보는 것이다. 그러한 믿음은 빈국들에 살고 있는 사람들에게만 국한되는 것이 아니다. 많은 사람들이 반세계화 운동에 참여하고 있다. 반세계화 운동은 1999년 11월 30일 시애틀에서 개최된 WTO 총회 이래 빠른 속도로 성장했다. 그 때부터 많은 도시들에서 반세계화론자들에 의해 조직된 대중저항이 이루어졌다.

반세계화론자들이 바라는 것이 무엇인가? 반세계화는 무엇을 의미하는가? 사실상 다양한 목적과 야망을 지닌 서로 다른 여러 집단들이 반세계화 운동에 관여해 왔다. 일부 소수는 무정부주의와 연계되어 있고, 다른 일부 사람들은 정확히 세계화에 반대하기보다는 반자본주의를 선언한다. 일부는 자신들의 목적달성을 위해 폭력을 사용할 준비가 되어 있지만 그러나 다수는 평화적으로 저항한다. 이같이 견해가 다른 사람들 중에서 세 가지 주제가 반복적으로 드러난다.[40] 하나는 반미주의의 편에 서 있으면서 서구에 대해 편견을 갖고 있다는 것이다. 이들의 견해에 의하면 세계화란 미국과 여타의 서구국가들의 이익을 증진시킨다는 것이다. 여기서는 세계화가 아메리카화와 어느 정도 동일시된다. 두 번째는 대기업의 역할에 관한 것이다. 반세계화 운동이 지적하고 있는 바에 따르면, 세계에서 가장 큰 회사들은 몇 개 나라들을 제외한 모든 나라들의 GDP보다 많은 연매상액을 갖는다. 그들은 가장 값싼 원료와 노동을 찾아서 세계 도처를 돌아다닐 수 있으며, 그렇게 함으로써 빈곤국들의 이익을 무시할 수도 있다. 세 번째 것으로서 반세계화 운동의 다수에 있어서 가장 중요한 것은 세계의 불평등이다. 이 관점에 따르면 2001년 9월 11일의 참사는 풍요로운 소수와 빈곤한 다수 간의 거리 확대가 분노감과 절망감을 조장하여 공격을 촉진시킨 것으로 해석된다. 이들 세 가지의 내용을 보다 구체적으로 이해해 보자.

(1) 세계화는 미국과 그 밖의 부국들의 관심에 부응하는 것인가? 이러한 주장에는 분명코 상당한 진리가 있다. 미국은 군사, 경제, 문화면에서 수월하게 세계적 주도권을 행사할 수 있다. 세계에서 가장 큰 회사들의 대부분은 미국의 것이며, 미국의 상위권 50개 기업들 모두가 산업국가들 여기저기에 자신들의 본거지를 가지고 있다. 그러나 오늘

날의 세계화는 과거의 단순한 요약이 아니며, 또한 아메리카화나 서구화와 동일한 것이 아니다. 나머지 세계에 대한 미국, 보다 일반적으로 표현하여 서구의 지배는 경제, 세계정치, 문화 등의 세 차원에서 작용한다고 말할 수 있다. 미국이 세계에서 가장 큰 경제라는 것은 명백한 사실이다. 우리의 호오와는 관계 없이 미국은 세계경제 전체의 중심적 동력이다. 그러나 미국도 산업국들 전체도 세계경제를 통어할 수 없다. 세계경제는 너무나 복잡하고 포괄적이어서 어느 나라 혹은 일부 나라들의 집단이 자신들의 의지에 따르도록 할 수가 없다.

(2) 정치적으로 미국은 지금 세계의 유일한 초강대국이다. 그러나 그것의 전반적 영향은 냉전시기 동안의 그것에 비해 아마도 적을 것이다. 오늘날 미국의 세계적 영향력은 더욱 분산되었다. 지정학적으로 세계는 점차 다중심화되고 있다.

(3) 서구의, 보다 구체적으로는 미국의 문화적 영향도 도처에서 확인할 수 있다. 미국의 것을 중심으로 하여 문화적 표준화가 빚어지기도 하였다. 그러나 이런 모습은 문화의 피상적 일면에 지나지 않는다. 세계화의 실질적 과정은 동질성이 아니라 문화의 지역적 다양성을 더 많이 생산해 준다. 세계적 주요국들의 문화 콘텐츠 개발경쟁에서 이러한 사실이 잘 드러나고 있다. 또한 세계화는 그것이 갖는 억압적 효과 때문에 반사적으로 지역문화의 정체성을 더욱 강화시켜 주는 경향을 낳고 있다.

다음으로, 대기업의 역할에 대해서도 유사한 견해를 가질 수 있다. 큰 회사의 힘은 수월하게 과장될 수 있으며, 기업들이 '세계를 이끌어 간다' 고 말하는 사람들은 사실상 대회사의 힘을 지나치게 과장해 왔다. 국가들이, 특히 상호 협동적으로 행위하는 곳에서는 기업들보다 훨씬 강력한 힘을 갖고 있으며, 미래에 있어서도 계속 그러할 것이다. 국가들은 영토를 통제하고, 군사력을 활용하며, 법률적 토대를 확립하지만 기업들은 그렇지 못하다. 더욱이 세계화가 진척됨에 따라 대회사들이 자의적으로 행동하기가 점점 어려워지고 있는데, 그 주된 이유는 NGO들의 등장에서 찾을 수 있다.

마지막으로 반세계운동자들이 세계적 현황으로서의 빈부 간의 격차를 수용할 수 없다는 사실을 강조하고 있는 점에서는 분명히 옳다. 그러나 여기에는 중요한 의문이 제기된다. 반세계화 운동에 있어 대부분의 사람들이 주장하듯 세계적으로 경제적 불평등은 증대되고 있는가, 그렇다면 그러한 불평등의 증대는 세계화의 결과인가 하는 의문이 그것이다. 현재 경제적 불평등이 증가하고 있는지에 대한 논의가 광범하게 이루어지고 있다. 이에서 분명해지는 것은 반세계화론자들이 세계화로 말미암은 불평등을 비난할 경우 그들은 세계화라는 개념을 너무 좁은 의미로 활용하여 이 말을 시장경쟁 및 자유무역의 증대와 동일시하고 있다는 것이다. 설령 그렇게 좁은 의미로 활용하더라도 이들 요소가 경제성장과 균형을 강화시켜 주는 것이었음을 증거가 보여주고 있다.[41] 빈국들에 대한 포괄적인 조사가 나타내고 있는 바는, 지난 20년 동안 경제를 대외시장으로 개방했던 나라들은 평균 5%의 성장률을 나타냈는 데 비해 폐쇄를 유지했던 빈곤한 국가들은 평균 0%의 성장률을 이루었다. 이러한 지적은 반세계화론자들의 염려가 근거 없는 것이라고 말하고자 하는 것은 아니다. 반대로 그들의 염려는 현실적이며 정당하다. 그러나 세계화로부터의 퇴각이, 그것이 설령 가능하다 하더라도 그들의 염려를 해결해 주지는 못할 것이다. 이로써 필자는 세계화를 지체시킬 것이 아니라 더욱 발전시켜야 한다는 진단에 도달한다.

2) 보완적 세계화론

세계화를 발전시키고 세계화의 진척에 실효성 있게 대응해 갈 수 있기 위해서는 세계화에 대하여 비판적이며 동시에(이전의 견해들에 대한) 보완적인 시각을 마련할 필요가 있다. 그러한 시각의 몇 가지를 검토해 보자.[42)]

(1) 보완적 세계화의 입장은 경제, 정치, 문화, 심리학 등의 서로 다른 수준들뿐만 아니라 생산물, 사상과 정보, 사람, 기술 등의 각기 다른 흐름들 간의 상호 연결성과 상호 의존성을 구체화시켜야 한다. 가능한 최대의 종합적이며 변증법적인 관점을 취할 수 있어야 한다는 것이다. 그렇게 함으로써만 체계와 그것의 부분들이 갖는 상대적 자율성 사이를 매개시킬 수 있으며, 경제적인 것과 문화적인 것을 연결시키기도 하고 또 분리시킬 수도 있다. 이론과 실천을 연결시키는 일과 관련해서 보완적 입장은 또한 보다 큰 자유와 민주화를 위한 적극적 잠재력뿐만 아니라 더 큰 지배, 억압, 파괴의 위험을 아울러 개관할 수 있어야 한다. 더 나아가 역사적 비전에 입각하여 과거와 현재와 미래의 연속성과 단속성 및 현행의 여러 세력들과 전망들의 짜임구조 안에서 세계화 추진을 위한 개인과 집단의 정치적 실천가능성들을 적극적으로 발굴해야 한다.

(2) 세계화가 어떻게 지배와 저항의 세력을 창출시키는지를 알아내고 또한 세계화가 갖는 억압과 착취의 측면에 대해 저항하기 위한 전략을 찾고 평가하는 한편, 순전히 비난조의 세계화에 대한 일방적 담론을 피하고 세계화가 개방시켜 주는 적극적 잠재력과 그것이 지닌 지배의

힘 양자를 아울러 보아야 한다. 따라서 세계화를 진보와 다양성을 위한 필연적이며 긍정적인 방편으로 보는 것이나, 그칠 줄 모르는 동질화 및 사악한 파괴와 지배의 세력이라고 보는 것은 모두가 일차원적이며 부분적 입장이다. 우리는 비판적이며 변증법적인 세계화론으로 발전해 가야 한다. 우리의 시각은 세계화가 지닌 진보적 특성과 퇴행적 특성, 옛것과 새로운 것을 뒤섞어 지닌 근본적 애매성, 동질화와 이질화, 쇄신과 파괴, 그리고 위로부터의 세계화와 아래로부터의 세계화[43] 등의 양면을 포괄해야 한다.

(3) 위에서 본 바와 같이 세계화에 대한 저항은 불가능하며, 세계화는 삶의 모든 측면에 영향을 미치고 있다. 새로운 미디어와 의사소통 기술에 의해 생겨난 시공압축 현상은 세계적 문화촌을 만들어내고, 또 세계 각 지역의 모든 생활영역들 안으로 세계적 세력을 극적으로 침투시키고 있다. 이러한 과정으로 인해 일부 사람들은 새로운 세계정보의 초고속화를 찬양하는가 하면, 다른 일부 사람들은 매체와 문화제국주의의 새로운 파동을 공격한다. 이들의 경우 단순히 세계화나 혹은 새로운 기술을 악마시하여 배격하는 것은 잘못이지만 그러한 것을 무비판적으로 찬양하는 것도 잘못이다. 우리의 보완적 입장은 개인들이 세계화를 이해하고 또 그것에 저항할 수 있도록 개인들의 힘을 강화시켜야 한다는 것이다. 개인들이 자신의 삶과 사회를 민주적으로 조종해 갈 수 있도록 개인들에게 능력을 부여하는 일이 중요하다.

(4) 세계화가 지닌 다차원적 · 복합적 · 모순적 현실을 인정하는 한편, 세계적 힘이 지닌 가장 파괴적인 측면들을 고려하면서 세계화가 민주적으로 되고 또 지방의 것에다 힘을 실어주는 것이 되도록 이끌어 갈, 저항과 투쟁의 이론적 견해와 실천적 역량을 찾고 발전시켜야 한다. 지금의 현실은 권력과 부가 소수의 수중으로 집중화 · 조직화되는 것보다

는 다원화·다양화되는 것으로, 그리고 이전에 비해 경쟁에 보다 개방된 권력의 분화를 나타내는 방향으로 나아가고 있다. 따라서 세계화를 곧바로 비난하거나 또는 마냥 반기고 정당화하기보다는 억압적인 측면들은 비난하는 반면에 지배와 착취와는 투쟁하고, 나아가 민주화나 정의를 신장시킴과 동시에 교육과 사회의 진보적 재구성을 증대시키도록 노력해야 한다.

(5) 보완적 입장은 또한 주류문화와 그에 대항하는 하위문화들을 아울러 고려할 수 있어야 한다. 그것은 구체적인 문화형태와 현상을 탐구함에 있어서 계급, 인종, 성, 성적 편애, 민족성, 지역, 국민 등에 초점을 맞추는 것과 문화연구에 있어 초국가적 힘이 구체적 상황에 어떻게 개입하는지, 문화매체들이 그러한 세계적 형태들의 영향을 어떻게 변화시킬 수 있는지 등의 세계적인 것에다 초점을 맞추는 일을 병행시켜야 함을 말한다. 주류문화와 하위문화, 세계적인 것과 지방적인 것을 동시에 고려할 수 있어야 한다. 달리 표현해 보면 세계화가 적극적으로 경제발전을 증진시키고 문화 간의 교류를 강화시켜 주고 있음도 보아야 하지만, 또한 세계화가 수세기간 지속되어 온 전통, 종교적 정체성, 권위구조, 가치관 및 세계관에 위협을 가하는 파괴적 발전도 이끌고 있음을 살필 수 있어야 한다.

5. 맺는 말

이 글의 출발점은 세계화의 급속한 진전이 어떤 세상을 결과하게 될 것인가를 묻는 것이었다. 특히 장래의 세계는 모든 면에 걸쳐 동질화를 초래하게 될 것인가의 여부에 초점을 맞춰 세계화를 다루어 보고자 하였다. 논의의 전개는 먼저 '세계화'의 현황을 개념화하는 일에서 출발하여 세계화의 진행 실상을 분석하고, 나아가 세계화와 반세계화의 대립 속에서도 세계화란 거부할 수 없는 현실임을 확인하면서 바람직한 세계화를 위한 비판적이며 동시에 보완적인 시각을 확립하는 것으로 이행하였다. 이제 이들 논의를 정리해 보자.

우리가 지금 경험하고 있는 바와 같이 세계화는 여러 측면에서 새로운 것일 뿐만 아니라 혁명적인 것이기도 하다. 그러나 회의론자도 급진론자도 세계화가 무엇인지, 그리고 우리에 있어 그것이 갖는 의미함축과 미래를 향한 메시지가 무엇인지를 적절하게 이해하고 있다고 볼 수 없다. 두 집단은 현상을 전적으로 경제적 견지에서 본다. 이것은 바르지 못한 시각이다. 세계화는 정치적 · 기술적 · 문화적인 것임과 동시에 또한 경제적인 것이다.

세계화를 세계금융질서와 같은 대규모의 체제들에만 관련되는 것으로 생각하는 것도 일면적인 것이다. 세계화는 개인으로부터 멀리 떨어져 있는, '저기 밖'의 것에만 관계하는 것이 아니다. 그것은 우리의 삶에 친밀하게, 그리고 개인적 측면에 영향을 미치는 '여기 안'의 현상이기도 하다. 예컨대 전통적 가족제도가 세계 도처에서 많이 변하고 있으며, 긴장 하에 놓여 있고, 특히 여성들이 보다 많은 평등을 요구하고 있다. 우리가 역사적 기록을 통해 알고 있는 한 오늘처럼 여성들이 남성과 거의 동등한 사회는 지금까지 존재하지 않았다. 이것은 일상생활에서 일어나고 있는 '세계적' 혁명이며, 그 결과는 세계 곳곳에서 노동으로부터 정치에 이르기까지 확산되고 있다. 따라서 세계화란 단일과정이 아닌 복합적인 일련의 과정이다.

세계화는 세계 전반을 동질화로 이끌 것인가? 필자는 세계화가 반드시 동질화나 통합을 결과하는 것이 아니라 세계화란 단지 보다 큰 연결과 탈영토화를 뜻하며, 또한 동질화 경향과 분화경향을 복합적으로 뒤엉키게 하고 있는 것으로 파악한다. 대부분의 사람들은 흔히 세계화란 지역공동체나 국가들이 지닌 권력이나 영향을 세계적 영역으로 '확장' 시키는 것이라고만 생각하는 경향이 있다. 사실상 이것은 세계화가 갖는 귀결들 중 일면에 지나지 않는다. 국가들은 이전에 자신들이 지녔던 정치력 · 경제력의 일부를 상실해 가고 있지만 그것은 또한 반대의 효과를 얻고 있기도 하다. 세계화는 지방적 자율성에 대한 새로운 자극을 만들어냄으로써 하향적으로 압력을 가하기만 하는 것이 아니라 오히려 상향적으로 이끌기도 하기 때문이다. 세계화가 세계의 상이한 부분들에서 지역적 문화정체성을 재생시키는 결과를 낳고 있음은 사실이다. 이전의 국민국가들의 정치적 장악력이 약화됨에 따라 세계화의 진전에 대한 반응으로 지역적 민족주의가 강화되기도 한다. 세계의 '맥도널드화' 와 '지하드' (Jihad)가 병립하고 있다.

세계화의 복합성은 그것의 다원성을 넘어 다가치성으로 확대된다는 것이 필자의 주장이다. 처음부터 이 글은 세계화란 자본주의적 생산, 시장에 바탕을 둔 소비 및 서구문화의 확산을 나타낸다고 보았다. 그러나 그것은 또한 적어도 불평등의 완화에 대한 집단적 책임의 강화, 인권의 확대, 환경가치의 증진, 페미니즘의 신장을 위한 기회도 수반한다는 사실을 간과해서는 안 된다.

세계화의 포기는 실현가능한 것도 또 바람직한 것도 아니다. 문제는 세계화가 아니라 그것을 어떻게 관리하는가이다. 문제의 일부는 국제적 경제제도들, IMF, 세계은행, WTO 등의 게임규칙 마련을 지원하는 사람들에게 있다. 그들은 흔히 경제와 사회 및 문화에 대한 특정 시각에 의해 형성된 협소한 마음가짐으로 세계화에 접근해 있다. 개혁의 요구는 명백하다. 이미 일부의 변화가 있기도 하였다. 예컨대 2001년 11월 카타르(Qatar)의 도하(Doha)에서 이룩한 무역협상의 합의가 그러하다.

더 나아가 세계화의 잠재적 이익을 증대시키려면 세계화 비판자들의 주장처럼 제도를 개혁하는 것 못지않게 사고방식을 바꿔야 한다. 세계화에 대한 비판적 · 보완적 시각이 요구됨은 그 때문이다. 또한 우리는 환경을 보호하고, 빈곤층의 사람들이 자신들에 관련된 문제를 취급함에 있어 발언권을 갖도록 하며, 민주주의를 향상시키고, 공정한 교육을 발전시키도록 협력해야 한다. 그렇게 함으로써 결국은 우리 모두가 경제 및 자본의 세계화, 매체 · 정보 · 커뮤니케이션 기술의 세계화, 대규모의 이민, 문화적 생산과 소비의 세계화 등에 유연하고도 적극적으로 대처해 갈 수 있어야 한다.

주

1. Malcolm Water, *Globalization*(London and New York : Routledge, 2002), 2−3쪽.
2. Roland Robertson, *Globalization*(London : Page, 1992), 8쪽.
3. Dami Rodrik, "Gobalization for whom?", *Havard Magazine* 104(6), 2002, 29쪽.
4. Marcelo M. Suarez−Orozco and Desiree Baolian Quin−Hilliard, ed., *Globalization, Culture and Education in the New Millenium*(Los Angeles University of California Press, 2004), 9−12쪽.
5. 대표적인 지적들에 주목해 보면 ① 세계화가 세계의 많은 영역들에서 경제적 성장을 이룩하는 데 실패한 점, ② 세계화가 국가 안에서 그리고 국가들 간에 경제적 불평등을 증가시킨 점, ③ 세계화가 전 세계에 걸쳐 가난한 사람 및 공민권 박탈자의 수가 점차 늘어나는 결과를 초래한 점(2002년 현재 세계의 12억 명이 하루에 1달러 이하로 생활하고, 세계 인구의 45%를 넘어서는 28억 명이 하루에 2달러 이하로 살아간다). J. Stiglitz, *Globalization and Its Discontents*(New York : W. W. Norton, 2002), 25쪽.
6. R. Boyer, *National Diversity and Global Capitalism*(Ithaca : Cornell University Press, 1996).
7. L. Weiss, *The Myth of The Powerless State*(New York : Cornell University Press 1998).
8. A. Giddens, *The Conseguences of Modernity*(Cambridge : Polity, 1990).
9. Martin Albrow, *The Global Age*(Cambridge : Polity, 1996).
10. Nicholas C. Burbules, Carlos Alberto Torres, ed., *Globlaization and Education : Critical Perspective*(London : Routledge, 2000), 301−303쪽 참고.
11. Steven Best and Douglas Kellner, *The Postmodern Turn*(New York : Guilford

Press, 1997).

12. Z. Bauman, *Globalization : The Human Consequence*(New York : Columbia University Press, 1998), 8−9쪽.
13. Marcelo M. Suarez−Orozco and Desiree Baolian Quin−Hilliard, ed., op. cit., 14쪽.
14. A. Giddens, ibid., 64쪽.
15. Malcolm Waters, ibid., 6−7쪽.
16. ① 세계화의 첫 번째 사이클은 1492년에 시작하여 1600년대 초기까지 지속되었다. ② 두 번째 사이클은 신세계에 주요한 노예 식민지를 확립한 유럽 식민정책의 두 번째 파고와 더불어 17세기 후반에 시작되었다. ③ 세 번째 사이클은 국제교역, 자본, 기술이동 등의 급격한 증대 및 아시아와 유럽으로부터 아메리카로의 대량이주와 더불어 19세기 후반에 시작되었다. ④ 최근의 사이클은 제2차 세계대전 후 국제교역의 자유화와 더불어 시작하여 1967년 이래 세계적 교역의 자유화가 크게 증가하면서 더욱 강화되었다. John H. Coatsworth, "Globalization, Growth and Welfare in History", in Marcelo M. Suarez−Orozco and Desiree Baolian Quin−Hilliard, ed., op. cit., 38−40쪽.
17. ① 발아단계(유럽, 1400−1750), ② 초기단계(유럽, 1750−1875), ③ 도약단계(1875−1925), ④ 주도권 쟁탈 단계(1925−1969), ⑤ 불확실성의 단계(1969−1992). R. Robertson, op. cit., 58−60쪽.
18. Anthony Giddens, *Runaway World : How Globalization is Reshaping Our Lives* (New York : Routledge, 2003), 7−9쪽 참고.
19. P. Hirst and G. Thomson, *Globalization in Question*(Cambridge : Polity, 1996), 특히 제1장.
20. M. McLuhan, *Understanding Media*(London : Routledge, 1964)., 특히 제1장.
21. M. Waters, op. cit., 184쪽.
22. George Ritzer, *The McDonaldization of Society*(Thousans Oaks, C.A. : Pine Forge, 1993).
23. Ibid., 138−139쪽.
24. M. Waters, op, cit., 226−231쪽.
25. L. Sklair, *Sociology of The Global System*(Hemel Hempstead : Harvester Wheatsheaf, 1991), 152−153쪽.
26. *Europeam*, 24/3, 1995. M. Waters, op, cit., 227쪽에서 재인용.

27. M. Waters, ibid., 229–300쪽.
28. 사회의 맥도널드화 및 그 역작용에 관해서는 G. Ritzer, op, cit. 참고.
29. M. Waters, op. cit., 123쪽에서 재인용.
30. D. Held, ed., *Political Theory Today*(Cambridge : Polity, 1991), 207–209쪽.
31. A. McGrew, "Conceptualizing Global Politics", in A. McGrew, P. Lewis, et al., *Global Politics*(Cambridge : Polity, 1992), 1–29쪽.
32. M. Mann, "Nation–State in Europe and Other Continents : Diversifying, Developing, Not Dying", *Daedalus*, 122(3), 1993, 115–140쪽.
33. Ibid., 127쪽.
34. 국민국가의 존속, 역할, 기능 등에 관해서는 Mannuel Castells, *The Information Age : Economy, Society and Culture*, vol. II, The Power of Identity(Malden, M.A. : Blackwell Publishing, 2002), ch., 5 A Powerless State 참고.
35. A. Giddens, *The Consequences of Modernity*, xxiv쪽.
36. 이 입장은 세계적인 또는 보편적인 조건을 목표로 하는 보다 일반적인 이론이나 정치보다는 차이와 타자성, 주변성, 개인적인 것, 특정한 것, 구체적인 것에 초점을 맞추는 후기구조주의, 포스트모더니즘, 페미니즘, 다문화주의와 연계되어 있다. Steven Best and Douglas Kellner, op. cit. 참고.
37. B. Turner, "Policitics and Culture in Islamic Globalism", in R. Robertson and W. Garrett, ed., *Religion of Global Order*(New York : Paragon, 1991), 161–182쪽 참고.
38. M. Waters, op. cit., 192쪽.
39. A. Giddens, *Runaway World*, xx쪽.
40. Ibid., xxi–xxix쪽.
41. Ibid., xxviii–xxix쪽.
42. Nicholas C. Burbeles, Carlos Alberto Torres, ed., ibid., 304–308쪽에 의거하였음.
43. '위로부터의 세계화'와 '아래로부터의 세계화'에 관해서는 ibid., 313–314쪽 참고.

참/고/문/헌

새뮤얼 헌팅턴 지음, 이희재 옮김, 『문명의 충돌』, 서울 : 김영사, 1997.

에드워드 W. 사이드 지음, 박홍규 옮김, 『오리엔탈리즘』, 서울 : 교보문고, 2000.

하랄트 뮐러 지음, 이영희 옮김, 『문명의 공존』, 서울 : 푸른숲, 2000.

Albrew, M., *The Global Age*, Cambridge : Polity, 1996.

Bauman, Z., *Globalization : The Human Consequence*, New York : Colombia University Press, 1998.

Best, S. and Kellner, D., *The Postmodern Turn*, New York : Guilford Press, 1997.

Boyer, R., *National Diversity and Global Capitalism*, Ithaca : Cornell University Press, 1996.

Burbules, Nicholas C. and Torres, Carlos Alberto, ed., *Globalization and Education : Critical Perspective*, London : Routledge, 2000.

Castells, M., *The Information Age : Economy, Society and Culture*, Vol. II, The Power of Identity, Malden, M.A. : Blackwell Publishing, 2002.

Giddens, A., *The Consequences of Modernity*, Cambridge : Polity, 1990.

______, *Runaway World : How Globalization is Reshaping Our Lives*, New York : Routledge, 2003.

Held, D., *Political Theory Today*, Cambridge : Polity, 1991.

Hirst, P. and Thomson, G., *Globalization in Question*, Cambridge : Polity, 1996.

McGrew, A. Lewis, P., et al., *Global Politics*, Cambridge : Polity, 1992.

McLuhan, M., *Understanding Media*, London : Routledge, 1964.

Ritzer, G., *McDonaldization of Society*, Thousand Oaks, C.A. : Pine Forge, 1993.

Robertson, R., *Globalization*, London : Page, 1992.

Robertson R. and Garrett, W., ed., *Religion and Global Order*, New York : Paragon, 1991.

Sklair, L., *Sociolgy of The Global System*, Hemel Hempstead : Harvester Wheatsheaf, 1991.

Stiglitz, J., *Globalization and Its Discontents*, New York : W.W. Norton, 2002.

Suarez–Orozco, Marcelo M. and Quin–Hilliard, Desiree Baolian, ed., *Globalization Culture and Education in The New Millenium*, Los Angeles : University of California Press, 2004.

Water, M., *Globalization*, London and New York : Routledge, 2002.

Daedalus, 122(3), 1993.

European, 24/3, 1995.

Harvard Magazine, 104(6), 2002.

3장

세계화와 더불어 국민국가는 소멸하는가?

1. 머리말

20세기 후반 이래의 변화와 이행에 대한 세 가지 서사는 탈근대성, 탈냉전세계, 세계화이다.[1] '탈근대성'은 근대세계의 확실성을 부인하며, 만물은 유전한다는 동적 세계관에 의거하여 모든 전통적 이해방식을 거부하고, 어떤 의미를 부정하는 것과 새로운 의미의 주장 사이를 내왕한다. 또한 1980년대 중기에서 후기까지 문화적·사회적 논의영역에서 지배적이었다. '탈냉전세계'는 국제관계의 극적 변화를 반영하는 것으로서 자유민주주의의 승리를 말해준다. 1990년대 초에 등장하여 페레스트로이카와 뒤이은 동유럽혁명, 소련방 및 베를린 장벽의 붕괴, 걸프전과 유고전쟁으로 이어졌다. '세계화'는 국민국가들 간의 경계의 의미를 약화시키는 기술적·경제적·문화적 변형을 강조하며 새로운 확실성, 즉 전통적 양식들을 약화시키고 있는 강력한, 사실상 멈출 수 없는 사회적 세력을 반영한다. 이는 위의 두 가지보다 훨씬 결정적인 것으로 1970년대 이래 점차 모든 담론의 중심이 되었다.

세계화 개념[2)]은 관찰하는 시각에 따라 매우 다의적이다. 여기서는 세계화에 대한 우리의 관점 확립을 위한 몇 가지 정의만을 보기로 한다. 우선 기든스(A. Giddens)에 있어 세계화란 시간과 공간이 그 제한성을 넘어 크게 확대되는 '시-공의 원격화'[3)]로 이해되며, 로버츤(R. Robertson)은 이를 '세계의 압축 및 전체 세계에 대한 의식의 강화'로 정의한다.[4)] 홀름(H-H. Holm)과 소렌젠(G. Sorensen)은 세계화를 지나치게 경제 중심으로 파악하는 경향에 대해 경계하면서 세계화란 "경제, 정치, 사회 및 문화적 관계들이 국경을 넘어 확대되는 것"[5)]이라고 본다. 필자는 이들의 이해를 종합하여 "세계화는 상호 작용 및 권력행사의 범대륙적 혹은 범지역적 연결 네트워크를 생성시킴으로써 사회관계와 상호 거래의 공간적 조직을 변형시키는 역사적 과정을 가리킨다"[6)]는 헬드(D. Held)와 맥그루(A. McGrew)의 규정으로 요약하고자 한다. "전체 세계가 관여하지 않고는 아무것도 더 이상 이루어지지 않을 것"이라는 폴 발레리(Paul Valery)의 지적도, 또 "우리는 유럽철학의 저녁놀로부터 세계철학의 여명으로 이행하고 있다"[7)]는 야스퍼스(K. Jaspers)의 통찰도 세계화의 맥락에서만 공감할 수 있다. 지금의 우리들 삶의 주제는 단연코 '세계화'이다.

세계화를 추동시키는 제도와 활력으로는 종교, 문화, 경제, 기술, 소통수단, 이주 … 등 다수를 들 수 있으나 이들을 주도하는 원동력은 언제나 국민국가이다. 지금까지 우리의 생활은 '국민국가' 중심의 제도와 권력구조 및 관행, 그리고 교육과 문화에 의존해 왔다. 인성을 도야함에 있어서까지 국가의식 또는 국가관이 중추적 표준으로 간주되었다.

(여기서의 논의대상은 아니지만 학문으로서의 '국민윤리'의 존립 역시 전적으로 국민국가의 존속여부에 의거한다.) 특히 유교적 교육과 습속에 순치되어 온 나라들의 경우는 "국가를 집안일보다 우선시"(爲國不顧家事)하거나 가정과 국가를 등치시키고 충과 효를 병행시켰다. 소인과 대인, 공익과 사익, 위인과 천인 … 을 구분짓는 일상적 준거가 다름 아닌 국가에 대한 헌신성(先公後私)이었다. 이 같은 우리에게 있어 오늘날 '경제적 세계화론자'들에 의해 두루 역설되고 있는 바로서 '세계화와 더불어 국민국가가 소멸'하는 것이라면 우리의 삶은 대단한 혼란을 피하기 어려울 것이다. 정녕 세계화는 국민국가를 소멸시키고 세계정부 또는 지구적 통치체를 도래시킬 것인가? 보다 구체적으로 말해서 ① 경제적 세계화가 주축이 되어 국경이 사라짐과 더불어 국민국가의 기능은 종식될 것인가? ② 세계정부 또는 지구적 통치체가 가능할 것인가? 가능하다면 그것은 어떤 형태를 취할 것인가? 이것이 필자의 주된 관심사이다. 이에 대한 논의를 위해 '문화적 세계화'를 간략히 살펴보는 일로부터 시작하고자 한다. 문화적 세계화는 미래사회 인류의 생활양식과 세계성(세계의식)의 향방을 예상할 수 있게 해줄 뿐만 아니라, 규범적 의미에서 우리의 미래적 지향의 지침을 마련해 줄 수도 있을 것이기 때문이다. 또한 필자는 분석적 접근법과 규범적 접근법, 그리고 역사적 접근법과 다차원적 접근법을 병행시키는 입장을 견지할 것이다.

2. 세계화와 세계문화

세계화 논의의 첫 세대에는 두 개의 주된 논쟁자들이 있었다.[8] 기든스와 마르크스주의자들, 기능주의자들을 포함하는 '동질화론자들' 과 사이드(E. Said), 바바(H. K. Bhabha), 홀(S. Hall), 클리포드와 마커스(Clifford & Marcus) 등으로 대표되는 '이질화론자들' 이 그들이다. 동질화론자들에 있어 세계화의 도정은 부단한 동질화의 과정이다. 이들은 일부의 '세계체계' 개념에 동의한다. 또한 이들은 특수 속에 보편이 존재한다고 보며, 최소한 암묵적으로 수렴적 발전의 시나리오를 생각한다. 그와는 달리 이질화론자들은 세계화의 과정을 다양화와 다원화, 그리고 분극화의 진행으로 보고자 한다. 이들은 세계체계의 존재 및 보편과 특수의 구분을 거부하며, 다른 것에 대한 서구의 지배를 단순히 특수한 하나가 다른 것보다 우세한 것으로 파악한다. 이들은 수렴뿐만 아니라 발전의 개념도 용납하려 하지 않는다. 근자에 이르러 이들 두 입장 외에 현대생활의 다양한 영역들에서 동질성과 이질성, 보편주의와 특수주의를 결합시키려는 지속적인 노력이 있어왔다.이에 부응하고자 하는 것으로 피터스(J. N. Pieterse)의 혼성화론[9]을 들 수 있다. 이것은 아울러 동질화론자들이 강조하는 보편화나 이질화론자들이 지지하는 다원화를 지양하면서 요소들 간의 상호주의를 지지한다.

필자는 문화의 세계화에 대한 논의들을 홀튼(R. J. Holton)의 개념을 빌려[10] 문화의 '동질화' 론, '양극화' 론, '혼성화' 론으로 개념화한다. 자본주의적 세계체제 및 강력한 다국적 기업의 활동에 의거하여 세계화를 분석하는 사람들은 대체로 경제적 세계화가 그에 상응하는 문화적 세계화를 낳는다고 추정하며 일반적으로 문화의 동질화론을 지지한다. 반면에 민족주의와 민족성을 세계화에 대한 저항으로 보는 사람들은 현대문화가 반드시 지배적인 경제체계의 논리에 이끌려 간다고 믿지 않으며, 이들은 자연스럽게 세계화에 따르는 문화의 이질화론을 긍정한다. 이들 둘 외의 제3의 사상 계열은 세계적 문화양식들이 그 형태에 있어서는 초국가적이지만 그렇다고 하여 세계자본주의에 일방적으로 지배되는 것은 아니고, 초국가적 전개가 지방이나 국가하위의 문화과정 및 문화적 정체성과 여러 가지로 연결된다는 점에 주목하면서 문화적 혼성화론을 옹호한다.

필자가 각별히 문화의 세계화에 주목하는 까닭은 문화의 세계화에 대한 이해방식이 국민국가의 진로에 대한 이해를 지원해 줄 것이기 때문이다. 동질화론자들은 보편적 세계문화, 즉 세계문화의 일양성을 강조하는 한편 개별적 특정 문화와 맞닿아 있는 국민국가를 경시할 것이고, 이질화론자들은 보편적 세계문화보다는 구체적 개별문화, 따라서 국민국가의 존속과 역할에 비중을 두게 될 것이며, 혼성화론자들은 보편문화와 개별문화의 교호성, 세계성과 국가성의 상호 작용을 중시하게 될 것이다. 이들을 전체 세계에 대한 의식 또는 세계의 특성을 뜻하는 '세계성' 개념에 의거하여 규정해 보면 문화적 동질화론은 세계의 단일성 또는 체계성에, 문화적 이질(양극)화론은 세계의 다원성 또는 중층성에, 문화적 혼성화론은 세계의 복합성 또는 교호성에 초점을 맞추는 것이라고 평가할 수 있다. 이들 각각을 간략히 정리해 보자.

1) 문화의 동질화론

가장 일반적인 동질화 시각은 세계화란 곧 서구화를 의미하며, 세계화 과정은 서구의 문화제국주의를 비서구세계에다 부과시키는 기능을 한다고 주장한다. 그러한 서구적 특성으로는 자본주의, 이익 중심의 시장경제, 민주주의 정치, 과학적 이성을 통해 구현되는 통속적 사고, 개인주의, 인권 등이 포괄된다. 이처럼 세계화를 서구로의 동질화로 규정하고 그러한 세계화에 반대하는 대표적 인물이 머니씨(F. Mernissi)[11]와 사이드[12]이다.

사이드에 의하면 서구의 문화제국주의는 힘의 담론을 통해 작용하면서 비서구세계를 본성에 있어서 서구와는 '다른 것'으로, 즉 서구에 대한 '타자'로 구성한다. 그러한 힘의 담론이 문학과 정치문화 및 과학문명까지 뒤덮고 있다. 오리엔트는 침체되고 불변적이거나 아니면 공격적이고 근본주의적인 데 반해 서구는 역동적이며 창조적이고 관대하며 민주적인 것으로 평가된다.

문화적 동질화론이 지닌 전반적인 결함은 권력의 다중심적 본성에 대한 확실한 설명을 마련해 주지 못하며, 그것은 또한 문화적 순응성보다는 문화적 갈등을 낳는 경쟁적 논리들을 도외시하면서 현대세계에 대한 단일논리의 전제에 입각해 있다는 것이다. 문화 간의 경쟁적 논리에 주목하는 것이 문화의 양극화론이다.

2) 문화의 양극화론

현대세계의 역동성은 결코 단일논리에 지배되는 것이 아니라는 이해에 바탕을 두고 있는 양극화 명제는 바버(B. Barber)[13]와 헌팅턴(S. Huntington)[14]에 의해 최근에 발전된 이론이다. 바버에 있어 양극의 세계는 맥월드와 지하드, 세계적 소비자본주의 세력과 재부족화 세력, 디즈니와 바벨, 한편의 상업적 공산품, 기술, 팝문화와 다른 한편의 전쟁과 살육을 낳는 편협한 독선적 믿음 간이다. 헌팅턴에 있어 양극화는 문명들 일반 상호 간의 것이며, 특징적으로는 서구와 신생 이슬람-유교 축 간의 것이다.

전반적으로 고려할 때 양극화론은 일련의 장점을 지닌다.[15] 첫째, 그것은 자본주의와 사회주의 간의 사회경제적 구분과 연계되어 있지 않는 현재의 탈냉전세계에 있어서 균열의 중심요소들에 주목한다. 둘째, 그것은 세계질서 내에서 환원불가능한 문화적 분화와 정치현실에 주목한다. 동질화론이 가정해 온 바와 같이 모든 것이 특정한 서구 모델로 수렴되는 것은 아니라는 것이다. 셋째, 사회질서에 있어 문화를 중심요소로 강조하는 것은 최소한 원리상으로 세계가 무엇보다 경제나 기술에 의해 추동되고 있다거나, 현실정치의 국가 간 체계가 변화의 역학에 탁월한 영향력을 발휘하고 있다는 가정들을 교정해 주는 것으로 매우 가치 있는 것이다.

이 같은 장점에도 불구하고 양극화론은 뚜렷한 결함 또한 지니고 있다. 무엇보다도 양극화론은 개별문명들이 지닌 독자적 개념들을 강조함으로써 세계영역 내에서의 문화를 중심으로 여러 가지 차이들을 과장하고 또 지나치게 부풀리고 있다. 물론 차이들이 존재하지만 그것들은 흔히 지방적 · 국가적 · 지역적 양식의 차이이다. 그리고 뚜렷한 차이들이라고 해서 무엇이나 문명 또는 문화의 차이로 구분할 수 있는 것이 아니고 오래되고 복합적인 역사를 지닌 상호 작용과 상호 교환의 산물이다. 국민국가와 민족문화가 밖의 세계로부터 요소들을 차용해 와 토착화시키듯 헌팅턴이 문명들로 간주하는 것들의 구성요소들 역시 그러하다.

전반적으로 평가해 볼 때[16] 양극화론은 다양한 경향들에 대해, 특히 세계적인 것과 특정의 국가적 · 부족적 · 민족적 문화의 합병이나 공존에 대해 둔감하다. 그것은 또한 대규모의 문화나 문명들 사이의 상호 침투나 공통영역을 충분하게 고려하지 않는다. 문명의 충돌이라는 개념은 기껏해야 입증되지 않는 것으로, 최악의 경우는 그것이 현대의 문화적 균열의 분석을 너무 단순화시키고 또 지나치게 일반화시킨다는 비판을 받는다. 이것과는 달리 사회적 관행이나 구체적 실천, 더 나아가 문화들 간의 상호 작용, 상호 침투, 융화를 통한 갱신에 초점을 맞춰 문화의 세계화를 이해하고자 하는 것이 문화의 혼성화론이다.

3) 문화의 혼성화론

여기서의 혼성화란 잡종화 혹은 통합화를 의미한다. 따라서 문화의 혼성화론은 세계문화 내의 문화적 잡종성, 혼합화, 통합성을 강조하는 것이다. 이 입장은 코카콜라화가 압도하고 있거나 혹은 세계자본주의가 위세를 떨치고 있긴 하지만 그것이 만사를 결정해 주는 것은 아니라고 본다. 뿐만 아니라 민족주의와 민족성 혹은 준부족적 결합이 문화 정체성의 유일한 원천이라고도 보지 않는다. 달리 말해서 문화의 영역에서는 전반적 일양화나 개별적 특수화 중의 어느 하나가 단독으로, 그리고 지속적으로 지배적일 수는 없다는 것이다. 그러니까 혼성화 현상은 사람들, 생각들, 문화양식들이 정치적 · 문화적 경계를 넘어 두루 소통함으로써 형성된다. 이 이론의 대표적 주장자로는 하너즈(U. Hanners),[17] 프리드(S. Frith),[18] 굽타(A. Gupta)와 퍼거슨(J. Ferguson)[19] 등을 들 수 있다.

혼성화 또는 잡종화의 실제적 증거의 많은 것들을 음악분야에서 취할 수 있다. 여기서의 가장 명백한 실례는 이른바 세계음악이라는 것의 발달, 즉 다양한 스타일이 역동적으로 합성되고 융합된 것이다. 문화 간에 혼합이 이루어지는 과정의 한 가지 방법은 비서구적 배경에 서구 양식이 토착화되거나 비서구적 영향이 서구 음악에 결합하는 것이다.

전자의 범주에는 영국의 아시아계 젊은이들의 방그라(bhangra)[20]가 있는데, 이것은 인도의 음악에다 서구의 댄스 박자를 결합시킨 것이고, 또 다른 하나로서 알제리아의 라이(rai)[21]는 서구의 팝 기술로 매개된 아랍의 음악에 바탕을 두고 있는 것이다. 후자의 범주에는 서구 고전음악과 아메리카 흑인의 재즈 또는 인도의 라가(raga)를 결합시킨 것이 포함된다.

사실상 문화 간 접촉이 일어나자마자 서구와 비서구의 음악 또는 문화 각각의 원천이라는 개념은 흐려진다.[22] 예컨대 재즈는 군사행진곡과 종교음악을 포함하는 아프리카, 아프리카계 미국인, 그리고 유럽 등의 원천에 의거해 있다. 미국에서 영향을 끼치고 있는 브라질의 보사노바(bossa nova) 역시 포르투갈 문화, 아프리카 문화, 자체의 토착문화 등의 혼융에 의거해 있다. 이러한 시각에서 시몬 프리드(Simon Frith)[23]는 문화적으로 순수한 소리 같은 것은 존재하지 않는다고 주장한다. 프리드의 주장처럼 문화적으로 순수한 소리란 없다고 하면 우리는 이를 확대시켜 문화적으로 순수한 제도, 국가, 공동체가 존재하는지 물을 수 있다.

더 나아가 혼성화론을 지지해 주는 영향력 있는 입론으로서 로버츤의 '세계적인 것의 지방화'(glocalization)[24] 개념에도 주목해 볼 필요가 있다. '글로컬리제이션' 개념은 원래 비즈니스의 의미에서 미시적 마케팅과 관련된 것이다. 즉 세계적 또는 거의 세계적 수준에 있는 상품과 서비스를 점차 분화되는 지방 및 특수 시장들에 맞추고 또 광고하는 것을 가리킨다. 지방적인 것과 세계적인 것의 구분과 관련하여 지방적인 것들의 다양성은 모든 지방적인 것들이 그들 각기의 문화에 집착하는 것을 허용한다. 동시에 세계주의자들 역시 자신들의 보편적 문화를 다른 사람들에 의존한다. 따라서 지방적인 것 없이는 세계적인 것도 없다.[25] 글로컬리제이션이 지향하는 바가 바로 이것이다. 보다 구체적으로 표현해 보면 글로컬리제이션은 세계적인 것과 지방적인 것, 보편과 특수, 게마인샤프트적인 것과 게젤샤프트적인 것 간의 상호 작용과 상호 침투를 아우르는 개념이다. 레빗(Th. Levitt)의 "생각은 세계적으로, 행동은 지방적으로"[26]라는 지침도 같은 맥락으로 이해할 수 있다.

위에서 살펴본 문화의 세계화에 대한 접근법들을 국민국가에 대한 이해와 관련시켜 보면 동질화론은 곧 보편적 세계화 혹은 세계의 일양화로서의 국민국가의 지양 또는 소멸을, 양극화 혹은 분극화론은 다양한 국민국가들 사이의 완고하고 경직된 대립 또는 경쟁을, 혼성화론은 세계주의와 국가중심주의의 상호 의존적 교호작용을 역설하게 될 것으로 예상·평가할 수 있다. 나아가 현재의 주요 담론인 '근대화'가 문화의 동질화를 추구하고 '탈근대화'가 문화의 이질화 또는 다양화·다극화를 지향하는 것이라면 세계화는 문화의 혼성화, 즉 보편과 특수, 세계와 지방, 전체와 부분 간의 상호 의존·상호 작용 또는 만남과 통합에 중심을 두는 것이라고 볼 수 있다.[27] 이러한 의미에서 "세계화란 보편적인 것과 특수한 것의 동시성과 관계한다."[28]

3. 세계화와 국민국가

국가는 물론 근대에 생겨난 현상이 아니다. 기록된 역사의 수천 년 동안 국가—일부의 구체화된 권위중심적 제도형태로서의 폭력조직—는 인간사회의 광범위한 특성을 반영하는 것이었지만 그것이 보편적 현상이었다고 말할 수는 없다. 소규모의 무국가 사회들도 알려져 있다. 이런 맥락에서 국가라는 범주는 경제, 문화, 사회 등의 범주와는 다르다.

뒤의 것은 모두가 어떤 의미에서는 필연적인, 즉 그것 없이는 인간의 사회생활을 상상하기 어려운 특성을 가리킨다. 권위와 힘은 사회생활의 일반적 특성인 반면, 그것들을 두드러진 권력 중심으로 조정하는 것은 보다 발전되고 보다 복합적인 사회들의 현상으로 나타났다. 더 나아가 국가의 지위는 엄격히 보편적인 것도 아니고 또 언제나 국민국가 혹은 국제체계를 의미하는 것도 아니었다. 근대에 이르러 국가는 사회 및 경제로부터의 분리라는 근대적 형태를 갖추게 되었다. 특히 여기서 우리가 눈여겨 보아야 할 점은 많은 역사와 전통이 국가제도를 중심으로 그것 안에서 생산되고 또 그것에 관련되어 있다는 사실이다. 이 같은 국가제도가 오늘날의 급격한 세계화의 와중에서 어떤 도전을 받고 있는가?

세계화와 국민국가와의 관계에 대한 총론적 인식부터 먼저 말한다면 사회과학들에서 수행해 온 많은 논의들이 밝혀주듯 세계화를 국가와 대립시키는 것, 즉 세계화의 진전과 더불어 국민국가는 사멸한다는 이해는 전적으로 잘못된 것이라는 점이 필자의 주장이다. 세계화와 국가를 대립시키는 것은 국가에 대한 부적절한 이론화에 의거한 것이다. 세계화는 국민국가를 약화시키는 것이 아니라 국가형태를 변화시킨다. 이 사실을 구체적으로 살펴보자.

1) 국민국가의 일반화

오늘날 국민국가가 세계의 일반적 구조와 세계의 모든 부분들에 공통적인 것이 되었다. 그리고 국민국가들은 우리가 '국제관계'라고 부르는 세계적 관계망을 이루고 있다. 현재의 진척상황을 참작하건대 세계화가 높은 수준에 다다른 상태에서의 정치체계는 세계적 통치체계를 포괄할 것이며, 그러한 체계는 두 개의 발전—단일의 주도적 권력이 세력에 의거하여, 혹은 경제력이나 문화적 침투를 통하여 지상의 타지역을 통치하거나 아니면 지상의 다양한 권력들이 자신들의 주권을 하나의 토대로 합의하거나—위에서 가능할 것이다. 어느 경우이든 국민국가 또는 그와 유사한 제도의 발전은 필수조건이다.

특히 20세기 중반기 동안 국민국가가 세계적으로 우세해졌다. 이것을 필자는 세계적으로 국민국가가 일반화되었다고 평가한다. 국민국가의 일반화는 다음과 같은 사실을 나타낸다.[29] ① 국민국가가 정상적 정치제도와 정치의 일차적 준거점이 되었다. ② 거의 모든 경우 국민국가는 시민사회와 문화를 적극적으로 통제 · 규율하는 시민사회 내의 주도적 제도이다. ③ 세계적 현안들이 초강대국들의 통제 하에 들어갔으며, 초강대국들의 상호 관계가 지구상에 거주하고 있는 대다수 사람들의 가능성과 위기를 규정해 준다. 이로써 보건대 사회생활을 조직하는 근원적 원리는 국가이다.

여기서 잠시 국민국가 너머로 시선을 보내고 있는 관찰자들의 입장을 일별해 보는 것이 좋겠다. 정작 눈길은 국민국가 저편으로 향하고 있지만 그들의 입지점은 여전히 국민국가에 두고 있음을 확인하기 위해서이다.

(1) 불(H. Bull)은 인간공동체의 전 부분들을 연계시킬 수 있는 정도의 상호 작용이 아니라 공동의 이해관심과 가치를 기반으로 한 공동의 규칙과 제도가 구축될 수 있는 수준의 '세계사회'(World Society)를 예상한다. 그러면서 그는 "우리가 세계정치체제를 염두에 두더라도 그것의 존재가 국민국가라는 제도의 붕괴를 의미하는 것은 아니다"[30]라고 말

한다.

(2) 루아드(E. Luard)[31]는 내재적 분화와 갈등, 종교의 차이, 이데올로기의 차이, 계급분화로 말미암아 '민족사회'는 점차 약화되고 상대적으로 '국제사회'(International Society)가 중시된다고 진단한다. 국제사회는 국가들 간의 관계 및 국가외적 행위자들 간의 초국가적 실천 등을 포괄한다. 다른 한편 국제사회는 중심적 권위, 공식적 관계구조, 공동체적 결속감, 정당한 질서에 대한 의무감, 공동체에 대한 합의 등을 결여하고 있다. 따라서 국경을 넘어 개인들이 취할 수 있는 관계들은 정부들 간에 이루어지는 이해와 합의에 의존한다. 그리고 어느 한 시기에 있어 국제사회가 갖는 일반적 성격은 개인들이나 집단들에 의거하기보다는 국가들의 행위와 결단에 의거하여 결정된다.

(3) 로제나우(J. Rosenau)는 세계적인 일들에 대한 정치적 연구가 올바르게 이루어지기 위해서는 단순한 '국제관계'가 아니라 '초국가적 관계'를 다루어야 한다고 보면서 '초국가화'(trans-nationalization)를 강조한다.[32] 이것은 국제적 수준에 있어서의 정부 간 관계들은 비정부적인 개인과 집단들에 의해 보충되어야 한다는 것이다. 그러면서도 그는 "국민국가는 그럼에도 불구하고 중추적 행위자로 존속할 것"이라고 주장한다.

(4) 길핀(R. Gilpin)은 자본주의가 지닌 특수한 측면에 관심을 모은다. 그에 따르면 세계는 자본주의 시장, 상품화의 과정이 지구의 모든 모퉁이까지 확대되고 침투할 때까지 세계화되어 갈 것이다. 시장의 경쟁, 상대적 가격변동에 대한 행위자들의 반응이 세계가 사실상 경제적으로 통합되는 방향으로 밀어간다.[33] 그에게 있어 중심개념은 '시장'이다. 그러나 시장은 주로 그 자체의 내재적 역할에 의해 추동되지만 진전의 속도와 방향은 외재적 요인에 의해 크게 영향을 받는다. 이들 외

재적 요인 중에서 가장 중요한 것들의 하나가 국내 및 국제적 정치체제이다. 길핀에게 있어서는 국가가 시장화의 방향과 속도에 크게 영향을 미치기 때문에 시장 자체의 내재논리에는 별다른 힘이 없다. 예컨대 미국의 경우 시장원리에 따르는 말 그대로의 경제적 세계화를 추구하는 것이 아니고 오히려 조세경쟁, 이주금지, 투자보호, 수출보호, 수입제한 등의 방법을 통해 목적을 달성하고자 하는 국가주의적 노력에 열중한다. 뿐만 아니라 APEC, ASEAN, EU, NAFTA 같은 지역집단들 역시 17, 18세기의 중상주의에서 국가들이 수행했던 것처럼 그렇게 행동한다.

위의 예들에서 알 수 있듯이 사람들은 세계경제체계의 출현을 허용할 준비가 되어 있으나 국민국가 및 민족문화의 궁극적 해체가능성은 용납하지 않는다. 세계의 정치경제는 국가들 간의 상호 작용에 의해 이루어진다. 다국적 또는 초국가적 기업들이 경우에 따라서는 자신들의 활동기반인 국가들보다 더 강력하며, 문화적 흐름이 국경을 넘어가는 범위가 이전의 어느 때보다 확대되고 있지만 그것들 모두에 있어 국가의 힘이 중추적으로 기능하고 있음은 부인할 수 없다.

2) 국민국가에 대한 도전

잠시 '국민국가' 의 개념을 검토해 보자. 이것은 '국민' 이라는 개념과 '국가' 라는 개념을 연결시켜 주고 있는 혼합어이다.[34] 앞의 말은 느슨하게 표현하여 인민이라고 지칭할 수 있는 것, 즉 종종 민족성에 의거하여 규정되는 문화적 실체를 언급하는 것이고, 뒤의 말은 특정 영토 내에서 공적 권위를 행사하는 일련의 제도들을 가리킨다. 둘을 연결시키는 것이 관례상 필요한 일로 여겨지지만 이것은 대체로 국가의 자결권이라는 규범적 개념에 기반을 둔 유럽의 국민국가 형성의 체험을 반영한다. 이것은 처음에는 유럽에서 그리고 뒤에는 식민세계에서 '한 국민-한 국가'의 이념을 정당화시켜 주는 것이었다.

국민과 국가를 구분하면 세계화 시대의 국민국가의 장래를 평가하는 것과 관련된 두 가지 문제를 통찰하기가 쉬워진다.[35] 첫 번째 것은 국경을 가로지르는 경제활동 및 경제규제와의 관련 하에서 국가의 주권을 유지하는 문제이다. 둘째 것은 문화정체성에 의거하여 하나의 국민이라는 국가통합을 이룩하는 문제이다. 후자의 문제는 그 국가의 내재적 문화구성에 의해서 뿐만 아니라 문화적으로 다양한 노동자들의 이주, 음악과 영화를 포함하는 문화산업의 세계화, 그리고 인권 및 시민권의 영역에 있어 초국가적 규제기구들이 지닌 문화적 영향 등과 같은 세계적 경향들에 의해서도 영향을 받는다.

오늘날 많은 사람들은 국민국가가 심각한 위협과 도전에 직면해 있다고 본다. 그러한 시각의 근거는 무엇인가? 우선 국민국가가 경제적 세계화에 의해 급속도로 약화되고 있다는 것이다.[36] 실제로 화폐와 자본이 정치적 국경을 가로질러 세계경제라는 거대한 흐름을 이루고 있다. 세계 금융시장은 매일 외환, 금리, 주식시장, 고용수준, 정부의 세원 등에 작용하여 국민경제에 영향을 끼친다. 다른 한편 강력한 다국적 기업들이 정치적 경계를 넘어 투자하고 기술이전의 약정을 조정하며 정부와의 거래에서 유리한 조세와 보조금을 협상한다. 또한 정보기술과 원거리 통신에 있어서의 급격한 발전에 힘입어 세계적 기업전략이 향상된다. 투자, 기술, 커뮤니케이션, 이윤 등이 국경을 초월하여 유통되는 것이 국민국가에 대한 세계적 도전의 가장 현저한 증후로 보인다.

경제적 세계화는 금융, 자본투자, 기술, 노동의 유통뿐만 아니라 더 나아가 초국가적 규제망을 확산시키기도 한다. 초국가적 규제제도들은 정부에 의해 인가된 기구들 또는 정부 간 기구들로부터 출발하여 시간이 지남에 따라 국가정부의 통제로부터 그것들의 자율성이 증대되었다. 이는 IMF, GATT, WTO, 그리고 지역적 규모의 EU 같은 기구들의 규제역량이 증대됨을 반영한다. 이에 따라 경제분야 및 공공정책과 법률분야에서 정부가 인가자가 되는 일련의 선언들, 관례들, 국제적 법률기구 등이 확대되었다. 이러한 의미에서 개별 국민국가는 초국가적 경제력뿐 아니라 대규모의 초국가적 규제제도들과 대결하게 되었다. 이것이 현재의 국민국가에 대한 세계화 도전의 두드러진 측면이다.

우리는 위에서 세계화의 와중에서 국민국가가 직면한 도전을 ① 경제적 세계화에서 국가주권을 유지하는 문제, ② 문화정체성에 의거하여 국가통합을 이룩하는 문제로 요약하였다. 두 번째 과제는 이미 제2장에서 특히 문화의 혼성화론 및 '글로컬리제이션'(세계적인 것의 지방화 = 지방의 조건과 세계적 전망의 상응 = 마이크로 마케팅) 개념을 중심으로 하여 논의하였다. 여기서는 첫 번째 문제를 국가주권 및 다국적 기업과의 관계를 중심으로 보다 소상히 살펴보기로 한다. 과연 국민국가는 점차 소멸될 것인가?

3) 국민국가의 건재

국민국가의 존속여부를 ① 국가주권의 측면, ② 생산과 투자의 국제화, 특히 다국적 기업의 국민국가에 대한 영향력이라는 면에서 검토해 볼 수 있겠다. 먼저 국가주권의 측면부터 보자.

20세기에는 저마다의 이익추구에 급급한 국가들의 요구와 이에 대응하는 세계적 규제기구들이 동시에 확대되었다. 그로써 '국가 간의 다면적 협력과 현실적 거래'의 혼합체계를 발전시키는 일이 중시되었다. 이러한 틀 안에서 "주권은 영토상으로 규정된 방벽이라기보다는 복합적인 초국가적 네트워크에 의거한 정치적 거래의 기반이다."[37] 주권이 어떤 형태로든 존속하기 위해서는 국가가 소기의 이익을 도모할 수 있도록 역량 있는 제도들을 유지해 갈 필요가 있다. 그런 역량은 경제적 규칙 마련, 산업관계의 규제, 금융정책으로부터 특정의 제도적 조정을 정당화시켜 줄 수 있는 능력에 이르기까지 광범위한 영역과 관련된다. 국가가 국민의 정체성 문제 및 국민의 문화적 통합과 관련하여 국민의 이익을 대변해 줄 수 있는 능력을 갖는 것도 그러한 기능의 하나이다.

이 같은 국가의 주권행사가 오늘날의 국제적 상호 의존성의 증대로 말미암아 새로운 과제에 직면했다. 세계화의 진전에 따라 개별 국가들의 군사통제, 영토문제, 자신들의 정통성에 관한 문제뿐만 아니라 국가들이 관심을 공유하고 또 해결을 위해 협력해야 할 일련의 사회·경제·환경문제들이 크게 대두했다. 그러한 문제들에는 자연환경의 오염, 인구증가에 따른 자원압박, 남북 간의 경제적 불평등 문제 등이 속한다. 이들 문제는 군사적 수단으로는 해결할 수 없고 정치적 결단을 통해, 그리고 협동적으로 실천을 도모할 수 있는 기술적 및 과학적 해결책에 의거해야 한다. 이런 과제의 해결을 위해서는 더 나아가 세계의 여러 나라들이 지닌 다양한 전문가들의 상호 의존적 행동이 필요하다. 1972년 1월 20일 클린턴 대통령이 취임사에서 언급했던 바와 같이 "오늘날 국내의 것과 국외의 것 간에는 뚜렷한 구분이 없다." 세계화가 수반하는 많은 문제들은 국가 간 협력뿐 아니라 전문가집단과 같은 다른 관련 당사자들의 개입을 요구하기 때문이다. 세계화는 국제화와 더불어 국제기구를 증대시켰으며, 또한 그것들을 조율해 줄 수 있을 '국제법' 이 요청 · 강화되었다.

이상과 같은 국제기구와 국제법의 활성화 및 다양한 전문가들의 상호 의존적 활동이 곧장 국민국가의 주권이나 자율성을 대체해 가는 것으로 이해해서는 안 된다. 그 첫 번째 이유로 국제법의 경우 그것은 국가주권을 추구하는 행위에 대해 다른 나라의 법정에 기소되지 않는다는 법적 사면권의 바탕 위에서 발전하였으며, 국가들은 관례상 국제법에 대한 적절한 당사자로 간주되고 국제법 앞에서 국가들은 법률상 평등하기 때문이다. 오펜하임(L. Oppenheim)[38]의 공식이 말해주듯 국제법은 '오로지 그리고 전적으로 국가들 간의 법' 으로 존속하며 또 존속해야 한다. 둘째로 초국가적 법률기구들은 일반적으로 완고한 국가들로 하여금 법률적 과정과 결과에 참여하거나 또는 그것을 수용하도록 강제할 수 있는 궁극의 힘—군사적 힘이나 그 밖의 어떤 힘—을 결여하고 있기 때문이다. 예컨대 UN의 경우 성원들은 자동적으로 국제사법재판소 법규의 당사자이지만 반드시 그 재판소의 사법권을 수용할 필요는 없다. 지금까지의 역사적 사실들을 살펴보건대 국제법에서 이루어진 것과 같은 변화가 전혀 혹은 본질적으로 국가주권의 국가 간 체계를 약화시키지 않았다고 평가할 수 있다. 헬드의 지적처럼 "UN제도의 발전이 웨스트팔리아의 질서가 지닌 논리와 구조를 근본적으로 변화시키지 않았다."[39]

그러함에도 불구하고 세계화와 더불어 국가의 주권을 제약하는 요소들이 증대 · 강화되고 있음에도 주목할 필요가 있다. 이를테면[40] ① 다국적 기업, 세계적 자본시장을 위시한 세계경제, ② 세계은행 · GATT · WTO · UN · EU 등 초국가적 경제규제 기구들, ③ 협약과 헌장들을 중심으로 한 국제법, ④ NATO라든가 이전의 바르샤바 조약과 같은 지배적 세력 및 세력집단이 재래의 국가주권을 제약하고 있다. 세계화는 국제영역에서의 국가권력 집행이 다국 간 공동정책의 제약에 따라야 할 경우들을 점차 증가시키고 있다. 이로써 우리는 국민국가가 소멸되거나 또는 다른 무엇에 의해 대체될 가능성은 없지만 세계화의 정치에 있어 이제는 국가가 더 이상 권력을 독점하지는 못한다는 결론에 이르게 된다.[41] 달리 표현해 보면 세계적 유형의 상호 의존성에 의해 국민국가의 주권은 매우 제한적으로 된 반면에, 정치제도로서의 국가는 그 기능상의 역할변화는 불가피할 것이지만 세계자본주의에 의해서든 초국가적 정치조직에 의해서든 대체될 가능성은 거의 없다. 넓은 범위에서 볼 때 국민국가가 제도상으로 건재함은 기업과 시민권 확대에 기여하는 정치적 안정과 사회경제적 안전을 보장해 줄 수 있는 권력담지자로서의 도구적 가치에 의거해 있는 것이라고 이해할 수 있다.

다음으로 국민국가와 경제적 세계화, 그 중에서도 특히 국민국가와 다국적 기업과의 관계를 보다 구체적으로 관찰해 보자. 오마에 겐이치(Ohmae Kenichi)의 주장처럼 경제적 세계화는 '국가의 종말'로 인도하고 있는가?[42]

경제문제에 있어서의 국가주권에 대해 다국적 기업이 행사할 수 있는 대표적 도전으로 두 가지를 생각해 볼 수 있다. 첫째는 다국적 기업이란 특정 국가들의 경제력보다는 기업의 사적 이익을 극대화시키는 토대 위에서 의사결정을 한다는 점이다. 기업이익의 극대화가 국가이익과의 조화보다 우선한다. 다국적 기업과의 협력 없이는 경제가 부진할 것이고, 그것들을 유치하기 위한 비용은 경제문제에 대한 통제력의 상실이라든가 국내의 경제적 및 정치적 이해관계로부터 오는 저항과 관련하여 너무 고가일 수 있다. 그로써 경제적 세계화는 정부가 그 시민들의 경제활동에 대해 발휘할 수 있는 영향력을 위축시키는 반면에, 어떤 방식으로든 시민들 사이에 국내 경제문제에 대한 세계적 기업의 침투가 바람직한 것인지에 대해 사회적 합의를 보장할 수 없도록 한다.

둘째로 다국적 기업 특유의 지적 소유권, 기술적 및 경영상의 역량을 국내 경쟁사들과 공유하지 않으려 함으로써 다국적 기업의 활동이 그것의 본거지 경제에 불리하게 작용한다.[43] 많은 정보를 지닌 대기업들이 지적 재산권이라는 방편에 의거하여 국가들을 지배하는 체계를 획책한다. 국가들은 필요한 정보기술 분야에 접근해 가기 위해서 높은 로열티를 지불하거나 아니면 전적으로 단념하거나 해야 한다. 이상과 같은 두 가지 잠재적인 다국적 기업의 지배 메커니즘은 국가의 자율성, 따라서 경제문제에 대한 국가의 주권에 심각한 도전을 나타내는 것으로 보인다. 그러하다면 다국적 기업이 개별 국가들을 지배한다는 주장이 어디까지 타당한가?

우리가 조금만 더 깊이 현실을 직시해 보면 다국적 기업이 국가들을 지배한다는 오래 전의 모델은 지나치게 단순화된 것으로 보인다. 다국적 기업과 관련하여 별다른 선택권을 갖고 있는 것은 아니지만 정부가 경제성장, 고용, 정부의 세수증대를 도모하고자 하면 다국적 기업과 거래할 수 있다. 발전도상의 나라들에서도 국민국가가 무력하다고 볼 수 없는 많은 장치들이 있다. 특히 정부와 지역 자본과의 협력이 가능한 곳에서는 더욱 그러하다. 이를 가능케 해주는 하나의 근본적인 이유는 다국적 기업들이 중심적 기능들을 수행하기 위해서는 국민국가를 필요로 한다는 것이다.

다국적 기업의 정부 의존은 시장이란 자체적으로 그들이 직면한 모든 문제들을 해결할 수 없다는 보다 일반적인 명제를 해명해 주는 것으로 볼 수 있다.[44] 다국적 기업은 국민국가를 필요로 한다. 19세기에는 과도한 경쟁을 규제하기 위한 규칙을 마련하고 또 경제적으로 발생한 갈등, 예컨대 자본과 노동 간의 사회적 합의를 고취시키기 위한 구조 마련을 위해 국가가 요구되었다. 20세기 후반기에 있어서 역시 유사한 국가기능이 요구되었다. 마티넬리(A. Martinelli)도 주장하고 있는 바와 같이[45] 다국적 기업들은 재산권을 방어하고, 생산요소의 자유로운 유통을 보장하며, 또한 자본주의적 사회관계를 정당화시켜 줄 수 있는 강력한 국가를 필요로 한다. 다국적 기업들과의 관계에 있어서 정부가 수행하는 이 같은 기능들이 곧 국가의 자율성을 나타내는 것들이다.

다른 한편 우리는 다국적 기업들과 국민국가는 서로를 필요로 하며, 둘 사이의 관계는 그들 간의 주요한 거래를 허용한다는 입장에서도 접근해 볼 수 있다. 이런 모델에 있어서 국민국가의 힘은 시장이 우선적으로 자본주의적 소유권에 입각한 경제적 안정과 사회질서의 정당화 같은 과제들을 해결할 수 없다는 데서 말미암는다. 이러한 접근은 유용한 것이긴 하지만, 그러나 그것은 단순하게 시장과 자본주의 경제의 성쇠에 의거해서 설명할 수 없는 현대 국민국가의 보다 넓은 측면을 고려하지 못한다. 달리 말해서 국가의 기능은 자본주의에 의해 발생하는 문제와 갈등을 해결하는 일에 한정되는 것이 아니다. 국민국가의 광범위한 역사적 발전은 경제뿐만 아니라 군사, 정치, 사회 등으로 전개되는 다양한 기능의 제도들을 포괄한다. 현대국가는 일련의 기능들을 '단일 구조의 제도'[46]로 결합시켰으며, 이 제도는 고령화와 쇠약의 헐떡임 속에 있는 것이 아니라 아직 성장해 가고 있다. 국가의 어떤 기능들은 중요성에 있어서 커질 수도 있고 작아질 수도 있으나 제도 자체는 건강한 모습을 유지한다.

위에서 본 바와 같이 다국적 기업들이 국내외를 가릴 것 없이 국가의 관할을 벗어나 활동하는 것은 아니다. 오히려 그것들은 안정된 재산권을 보장하거나 혹은 최소한 그들의 활동기반인 게임규칙을 마련함에 있어서 예측가능성을 보장하기 위하여 국가에 의존한다. 나아가 국가는 인프라 구축을 유리하게 해줄 수도 있다. 다국적 기업들이 이런 방식으로 국민국가에 의거하는 것이라면 국민국가가 노쇠의 길로 접어들었다고 보기보다는 오히려 건재하다고 평가해야 한다.

국민국가는 쇠락하고 있는 것이 아니라 정치적 국경 너머에서 활동하는 다른 국민들, 다국적 기업들, 세계적 NGO들과의 보다 광범위한 관계 속으로 점점 더 연계를 확대시키고 있다. 이는 결국 '세계정부'를 지향해 갈 것인가, 아니면 여전히 자기 이익이 국제주의를 압도하는 개별 국가들 사이의 거래에 의해 지배될 것인가 하는 또 다른 문제를 제기한다. 우리는 이를 어떻게 이해할 것인가?

4. 세계화와 지구국가

전 지구에 영향을 미치는 문제들이 점차 늘어나고 있다. 즉 세계적 해결을 요구하는 문제들이 증가하고 있다. 상대적으로 어느 국가가 독립적으로 그 장래를 결정할 수 있는 범위는 줄어들고 있다. 따라서 우리는 세계적 의사결정을 위한 제도를 강화하고, 또한 그것이 영향을 미치는 사람들에 대해 더 많은 책임을 질 것을 요구하고 있다. 이 같은 사고방식은 직접 선출된 자체의 입법부를 지닌, 아마 유럽연합의 노선을 따라 서서히 전개되겠지만 세계공동체의 방향으로 나아간다. 만(M. Mann)[47]이 말하는 오늘의 세계에서 사회적 상호 작용이 지닌 5가지 사회-공간적 네트워크, 즉 ① 지방적 네트워크, ② 국가적 네트워크, ③ 국제적 네트워크, ④ 초국가적 네트워크, ⑤ 지구적(세계적) 네트워크에 의거해서 보면, 지난 세기를 넘기면서 지방적 네트워크는 분명히 상대적으로 중요성이 축소된 반면에 먼거리 네트워크는 보다 강화되었다.

싱어(P. Singer)가 지적하듯[48] 15세기와 16세기는 세계가 둥글다는 것을 입증해 준 발견의 항해를 찬양했고, 18세기에는 처음으로 보편적 인권을 선언했다. 20세기의 우주정복은 인간들로 하여금 우리의 지구를 자신이 서 있는 장소에서가 아니라 멀리 떨어진 곳에서 바라볼 수 있도록 하였을 뿐만 아니라, 그것을 문자 그대로 하나의 세계로 바라볼 수 있게 하였다. 이제 21세기는 그러한 단일세계를 위한 적합한 정부형태를 발전시켜야 하는 과제에 직면했다. 그것은 힘겨운 도덕적 및 지적 도전이지만 거부할 수 없는 도전이다. 필자는 ① UN을 중심으로 하는 지구적 정치체의 발전과 ② 지속되는 세계의 민주적 변혁에 의거하는 '지구국가' 개념을 통하여 이 과제에 접근하고자 한다.

1) 지구적 정치체로서의 UN

제1차 세계대전 후 1919년에 창건된 국제연합의 실패에 뒤이어 제2차 세계대전의 여파 속에서 출범한 UN은 '전쟁의 세계화'라고 부를 수 있는 사정에 부응하는 것이었다. UN과 그 산하기관들은 브레튼우즈(Bretten Woods)의 기구들과 마찬가지로 그 회원국들로 하여금 국가적 주권의 절대성을 줄이고 초국가적 규제에 보다 제약받도록 하였다. 그러나 UN체제는 여전히 새로운 지구적 정치체에서 주도적 역할을 하는 국민국가들에 기반을 두고 있다. 특히 최근까지는 미국과 소련, 영국 등이 주도적 역할을 하였다.

UN을 지구적 정치체의 중심으로 보는 데는 비판과 반대의 견해가 많지만 필자는 UN이 지닌 몇 가지 긍정적인 점을 중심으로 장래의 발

전을 기대할 수 있다고 본다.[49)]

첫째, UN은 그것의 많은 취약성에도 불구하고 입장교환을 위한 단일의 지구적 포럼으로서, 또한 회원국들과 광범한 일련의 NGO들에 의해 제기되는 문제들을 해결하기 위한 중개자 및 수단으로서의 기구 역할을 한다. 사실상 세계의 모든 나라들로 하여금 제한 없는 의제들에 관해 협력하도록 함으로써 토론과 국가 간 협상, 그리고 합의된 정책적 수단을 통하여 문제를 해결하려는 세계적 규모의 포럼의 존재는 역사적으로 선례가 없는 것이다. 한 연구에 따르면[50)] 국제적 갈등에 대한 UN 중재의 355건 중 35%가 성공했다.

UN의 중재기능 수행은 지구적 정치체의 명백한 하나의 구성요소라 볼 수 있다. 이것이 UN 창설자들 중 일부가 견지했던 세계평화에 대한 유토피아적 꿈에 걸맞다고 보기는 어렵지만, 우리는 그것을 강력한 의미의 세계정부보다는 국가들 간의 약한 의존성에 입각한 '세계적 결사체'로 간주할 수 있다. '세계적 결사체' 안에서는 국가들이 자기들의 이익을 최대화시키고자 하며, 이익이라는 면에서 최선의 행위과정으로 보이는 것에서 집단적 조정을 이룬다. 그렇게 함으로써 UN의 활동은 '국가의 형편이 닿는 것'으로부터 '국가들이 때때로 추종해야 하는 것'으로 규범적 이행을 보여왔다.[51)]

현대의 국민국가들은 단독의 기반 위에서는 해결하기 어려운 문제들이 점차 늘어나고 있는 상황을 맞고 있다. 문제는 개별 국가들이 빈곤, 경제적 근대화 등과 같은 문제들에 기술적 또는 재정적으로 접근해 가기 어렵거나 혹은 국가들이 안전보장 또는 환경보호와 같은 공통의 문제에 직면하여 효과적 결과를 위해 모두가 협력하여 행위할 필요가 있다는 사실이다. 이러한 현실에서 국민국가들이 UN의 중재와 갈등해결의 절차적 규칙을 수용하면서 조건부 주권을 행사하는 그러한 국민국가들에 입각한 지구적 정치체 개념은 현대 세계질서의 고양된 한 차원을 마련해 주고 있다.

둘째, 전문화된 UN기관들을 중심으로 한 폭넓은 활동들에 기대할 수 있다. UN은 그 헌장의 광범한 열망에 부응하여 활동영역을 평화, 안전, 중재의 문제를 넘어서 경제발전, 사회정의, 인권, 자연환경 문제로 확대시켰다. 이들 주제는 UN이라는 중심적 포럼 안에서 정부들 간의 논의를 전개시키면서 또한 점차 복잡하고 또 광범한 일련의 상담, 기술, 행정 등의 제도들과 관계한다. 그로써 자체의 관료적 구조, 축적된 역량을 지닌 전문가 단체들, 그리고 규제 또는 관여의 힘을 지닌 WHO나 UN난민위원회 같은 전문기관들이 발전하고 있다. 이들 제도를 중심으로 하여 UN 및 그 산하기구들의 후원을 받아 인구, 여성, 사회발전, 환경 등의 현안에 관한 주제적 논의가 이루어진다.

UN을 통하여 각국의 UN 대표들, UN 산하기관 종사자들, NGO들[52] 간의 긴밀한 연계활동이 발전하고 있다. 뿐만 아니라 UN과 그 기관들의 부단한 노력을 통해 국제적 협력과 인권 및 인간의 존엄에 대한 의식 또한 발전해 가고 있다. 위에서 본 바와 같이 우리가 그리는 지구적 정치체로서의 UN은 복합적 구조와 기능을 갖는다. 우선 구성에 있어 국민국가뿐만 아니라 다양한 행위자들, 많은 NGO들과 연계된다. 국가의 주권이 그대로 유지되지만 그러나 점차 일련의 초국가적 규제체제에 부응해 가고 있다. 이는 국민국가들이 국제적 협력과 초국가적 합의를 통해서만 효과적으로 접근해 갈 수 있는 문제들이 늘어나고 또 국제적 상호 의존성이 증대되고 있기 때문이다.

2) 지구국가

현행의 정치적 세계화는 어떤 새로운 유형의 정치적 상호 의존성을 증대시켜 줄 것인가? '지구국가' 가 참으로 가능할 것인가? 이 같은 문제제기와 관련하여 필자는 전 세계의 민주적 변형에 의거하여 '서구적 국가결집체' 로서의 지구국가의 도래를 예상하고 있는 마틴 쇼(Martin Shaw)의 입장[53]에서 도움을 얻고자 한다. 그에 있어 현행 국가권력의 변화는 약화되고 있다기보다는 지구화되고 있으며, 지구화 및 세계 시민사회의 발전을 위해서는 국가권력과 국민국가의 변형이 전제되어야 한다. '지구화' 와 '민주화' 는 전 세계의 민주적 변형을 위한 두 축이다. 지구화(지구성)와 민주화에 의거한 지구국가로의 발전가능성을 검토해 보자.

보다 폭넓은 이해를 위하여 '범세계적 관계', '국제관계', '지구적 관계' 를 대비적으로 해명해 볼 필요가 있다.[54] 범세계적 관계는 세계 전역의 사람들을 연결시키는 것으로서 그것은 국경을 넘어서는 것이지만 반드시 국경을 무시하는 것은 아니다. 국제관계란 국가적 단위들 간의 관계이다. 이들에 비하여 지구적 관계는 공동의 사회적 영역에 살고 있다는 의식에 기반한 것으로서 이것은 ① 우리가 단일한 자연환경을 공유하고 있다는 사실, ② 우리는 고도로 상호 연관된 세계에 살고 있다는 사실, ③ 우리는 기본적인 가치들을 공유하고 있다는 사실을 포괄한다. 이들 세 가지 요소를 인정함으로써만 인류는 그 충분한 의미에서 '지구성' (지구의식)을 갖는다. 이로써 '지구적' 은 '전 세계적 인간사회에 대해 스스로 의식하고 있는 공통의 룰' 을 가리키며, 이러한 의미에서 그것은 ① 사회적인 의미와 동시에 ② 공간적 및 ③ 환경적 의미를 갖는다. 그러니까 지구라는 말은 세계적 및 국제적 의미를 넘어서 있는 초영토적 행성을 가리킨다.

지구적이라는 생각은 곧 전 세계 인간사회의 공통성을 뜻한다. 이것은 종래의 세계관들이 지닌 보편주의적 주장들에 의해 예상되어 온 것이요, 또한 암묵적으로 인류공동의 자연환경으로서의 지구에 대한 개념과 세계적 공간의 연결을 통한 관계의 강화라는 사상 속에 내재해 있다. 뒤의 것은 '지구사회의 사실상의 토대' 또는 '체계통합'을 이룩해 주고 있다. 이러한 통합에 덧붙여 전 세계적 인류의 공통성에 대한 현실의식이 강화되고 있다.

이 같은 지구의식의 형성과 강화는 어떻게 가능한가? 필자는 지구성이 나타내는 역사적 과정에 있어 경제적 및 문화적 변화보다는 정치적 변화에다 비중을 두고자 한다. 사실상 경제 및 사회의 변화는 언제나 사회적 및 정치적 혁명을 수행해 왔기 때문이다. 지구화가 근본적 변화라면 그에 상응하는 정치적 사변이 뒷받침되어야 한다. 따라서 지구의식은 문화일반의 문제 또는 정치문화의 문제 이상의 것이다. 그것은 관행과 제도의 문제이며, 또한 사회적 세력의 구조를 변화시키는 것이다. 그렇다고 하여 지구성을 국가의식과 대립시키는 것은 전적으로 잘못이다. 지구화는 국가를 약화시키는 것이 아니라 국가형태를 변화시키고 사람들의 의식을 지구적으로 고양시키는 것이다. 이러한 맥락에서 지구성의 확산으로 나아가는 최선의 길은 '지구적 민주혁명'을 달성하는 일이다. 민주운동들은 지방적인 개별 국가들을 개방시키고 책임성 있게 하고 다원화시키며, 또한 자의적이며 폭력적인 권력행사를 차단하여 그것을 개선시켜야 한다. 고립상태의 지방적 권력 중심을 재생산하는 것은 국가들을 전쟁의 중심에 있게 하는 고전적 위험을 초래한다.

지방국가들을 민주화시키는 것은 그것들을 지구적인 네트워크로 편합시키는 일이기도 하다. 지구적 규범을 심어주고 국가의 중심과 지구적 제도망을 새롭게 통합시키는 것은 폭력조정을 위해 필수적인 것이다. 지구적 민주혁명이 서구와 UN에 무조건 의지할 수는 없지만 그러나 서구와 UN이 지구적 민주혁명을 지원해야 한다. 서구와 UN을 중심으로 하는 권력망이 필요하지만 우리는 그 권력망 또한 순치시켜서 그것의 뒤엉킨 관료적 상태를 지구사회의 필요에 보다 책임성 있고 또 민감해지도록 해야 한다. 이것은 헬드가 말하는 '세계시민적 민주주의'[55] 및 새로운 헌장 99[56]를 통해 선양된 것들과 연결된다. 그리고 이 같은 지구적 민주혁명의 성공여부는 그것이 개별 국가들의 맥락 안에서 얼마나 잘 공고화되는가, 그것이 어느 정도로 철저하게 국제적 권력망에 뿌리내리는가에 달려 있다. 아직은 미숙한 단계를 거쳐 진행 중에 있지만 지구적 민주혁명이 성숙해 감에 따라 우리가 기대하는 민주적 국가들의 협력체로서의 '지구국가'를 기대할 수 있을 것이다.[57]

마틴 쇼는[58] 이와 관련하여 '서구 중심의 지구국가' 또는 '서구적 국가결집체'를 지구국가로 예상한다. 그는 지금부터 다가오는 장래에 걸쳐 유럽에는 ① 단일국가 수준, ② 유럽 전반의 수준, ③ 서구(범대서양)의 수준, ④ 지구수준 등 차별적 수준의 국가조직체가 존재할 것으로 보면서 결국에는 지구수준의 국가, 즉 지구국가가 실현되리라고 기대한다. 서구국가들 및 이들의 연합적 국민국가들이 점차 지구국가적 관계를 제도화시키고 있고, 서구적 국가결집체가 점차 세계적 범위로 발전하고 있으며, 또한 그것이 탈냉전세계에서 자체의 정당성을 확보해 가고 있다는 사실에서 그것의 실현가능성을 신뢰할 수 있다는 것이다. 그러나 필자는 서구 중심의 지구국가는 ① 폭력통제에 있어서 상대적으로 취약한 효율성을 지니며, ② 비서구세계의 국가 엘리트들과 사회들에서 아직은 확고한 정당성을 확보하지 못하였고, ③ 지구국가와 지역국가 및 국민국가들과의 연계문제가 미숙하게 취급되고 있다는 점에서 쇼가 말하는 '서구적 국가결집체'는 그것이 지구국가로 간주될 수 있는 것이 아니고 세계적 민주화 혁명을 통해 지구국가를 지향해 가는 수준 높은 하나의 단계로 평가하고자 한다. '국민국가'들 역시 형태와 기능 및 민주화의 정도와 제도적 관행에 있어 그 수준이 다양하기 때문에 국민국가와 지구국가 발전 간의 관계 또한 다양한 형태의 상호 의존과 상호적 구성작용에 의거하게 될 것이다. 이것은 21세기 국가이론이 노력을 기울여야 할 문제이며, 나아가 국가와 세계화를 무익하게 대립시키지 않으려면 세계화 이론이 이해할 필요가 있는 문제이기도 하다.

끝으로 언급해 두어야 할 것이 둘 있다. 첫째, 지구국가에 대한 예상에서 지구적 정치체로서의 UN은 '민주국가들의 결집체'로서의 지구국가에 이르는 과도기적 단계로 이해되어야 한다는 것이다. 세계화론에서 공간적 범주를 ① 지방적, ② 국가적, ③ 지역적, ④ 국제적, ⑤ 세계적(지구적)으로 구분할 때 UN은 국제적 수준의 것으로, 그리고 세계적 민주화 혁명에 의거하는 민주국가의 결집체로서의 '지구국가'는 가장 높은 단계의 세계(지구)범주에 속한다는 차이를 지적할 수 있다. 둘째로 우리가 예상하는 지구국가는 국민국가들로 구성된다는 점이다. 더욱 확대시켜 표현하자면 민주적 국가성과 협동적 국제성은 지구세계의 하부구조를 이룬다. 지구국가와 국제기구에서의 활동주체는 어디까지나 국민국가의 주권정부이다. 그러므로 우리는 "세계화는 국가를 약화시키는 것이 아니라 국가형태들을 변화시킨다", "국민국가의 소멸이란 오류이다", "세계화란 보편적인 것과 특수한 것의 동시성과 관계한다"는 사실들을 거듭 확인하게 된다.

5. 맺는 말

1) 이 글의 논의주제는 세계화와 더불어 국민국가는 소멸하고 세계(지구)국가가 등장할 것인가 하는 문제였다. 이것은 곧 정치의 세계화를 그 예상 진로를 쫓아 추적하는 일이었다. 국민국가의 존속여부가 제일의 관심사인 정치의 세계화를 구명하기에 앞서 우리는 세계화에 있어 가장 포괄적 범주인 문화의 세계화를 ① 동질화론, ② 양극화론, ③ 혼성화론의 시각에서 접근해 보았다. 문화적 세계화의 양식이 정치와 경제 등의 개별적 세계화를 이끌어 갈 기본틀로 간주될 수 있으리라고 보기 때문이었다. 문화적 세계화의 세 이론들 중에서 가장 포괄적이며 심층적인 설명력을 지니는 것은 혼성화론임을 밝혔다. 나아가 혼성화론은 보편과 특수, 세계와 지방, 맥도널드화와 지하드화가 상호 침투하고 상호 작용하는 '글로컬리제이션', 즉 세계적인 것의 지방화로, 이는 곧 지방적 조건과 세계적 전망의 상응이라는 개념으로도 설명할 수 있는 것이었다. 따라서 지방적인 것 없이는 세계적인 것도 없으며, 모든 국가의 정체성 형성은 본질적으로 국제적 흐름의 일환으로 발전하는 것임을 확인할 수 있었다.

현재의 주요 담론을 이루고 있는 '모더니티'가 보편화를 지향하고 '포스트모더니티'가 해체에 의거하여 특수를 존립케 하는 것, 따라서 '말해지지 않는 것이 드러나게 하는 것'이라면 '세계화'는 보편과 특수, 세계와 지방의 동시성과 상호 침투성에 시선을 모은다.

2) 세계화에 따른 국민국가의 진로에 관해서는 세 가지 입장을 정

리할 수 있다.

(1) 경제적 세계화의 주요 내용들인 다국적 기업들의 활동, 정치적 국경을 가로질러 흐르는 화폐와 자본, 기술과 정보의 세계적 유통, 초국가적 규제제도 네트워크의 강화 등에 초점을 맞추는 사람들은 "국민국가는 끝났다", "국민국가는 점차 빠른 속도로 퇴행하고 있다"고 주장한다. 이들 주장과 관련하여 우리는 국민국가의 소멸을 예상하는 것은 그릇된 것임을 분명하게 밝혔다. 사회생활을 조직하는 근원적 원리가 국가이며, 국제법이나 국제기구에서의 활동주체 역시 국민국가의 주권정부이기 때문이다. 더욱 강조되어야 할 사실은 국민국가의 기능이 시장문제를 넘어선다는 것이다.

(2) 국민국가의 기능이 점차 약화된다는 주장이 있다. 만[59]은 '약화되고 있는 국민국가' 이론들이 지닌 네 가지 핵심 명제들을 지적한다. ① 세계자본주의가 국민국가를 약화시키고 있다. ② 지구적 '위기사회'가 지닌 사회적 및 환경적 문제들이 단일국가의 범위를 벗어나 있다. ③ 새로운 정체성에 기반을 둔 운동들이 국가적 정체성 및 계급적 정체성들과 경쟁하며 시민사회에서 발현되는 요구들에 주목한다. ④ 강대국들 간의 핵대결의 종결은 해당 개별 국민국가의 주권행사를 약화시킨다. 이와 더불어 만은 오늘날의 세계에서 사회적 상호 작용이 지닌 다섯 가지 사회-공간적 네트워크를 구분한다. ① 지방적 네트워크들, ② 국가적 네트워크들, ③ 국제적 네트워크들, ④ 초국가적 네트워크들, ⑤ 지구적 네트워크들이 그것이다. 여기서 지난 세기를 넘기면서 지방적 상호 작용 네트워크는 분명히 상대적 중요성에서 축소된 반면에 원거리 네트워크들은 보다 강화되었다는 것이 만의 지적이다. 국민국가가 단순하게 중요성을 잃어버렸다고 보지 않는다면 우리는 충분히

만의 지적에 공감할 수 있다. 그러나 우리가 유의해야 할 사실은 국가의 형태와 활동은 역사적으로 변화하는 제 관계의 표현이며, 사회적 관계들은 불균등하게 발전하며 장소에 따라 다른 정책을 만들게 하고 이들 서로 다른 정책들을 이행하기 위해 지방 특유의 제도들을 산출시킨다는 사실이다. 따라서 세계자본주의 생산과정 내의 노동분화와 후속하는 공간적 분화로 말미암아 지방국가의 존재가 필요하다. 이로써 우리는 세계화가 국가를 약화시키는 것이 아니라 국가형태를 변화시킨다는 입론을 견지한다. 필자는 이것을 '국민국가의 건재' 로 개념화하였다.

(3) 국민국가는 건재하다. 국가권력의 변화에 대해서는 그것이 약화되고 있다고 평가하기보다는 세계화되고 있다고 보는 것이 옳다. 지난 20여 년 동안 국민국가들 간의 신자유주의는 이전의 발전들 중 일부를 뒤집었으며, 경제의 세계화와 국제법 및 국제기구의 급속한 증대는 국민국가 구성의 지구적 층을 현격히 강화시켰다. 세계적 규모의 상호의존성에 의해 국민국가의 주권은 제약받게 된 반면에, 정치제도로서의 국가는 세계적 자본주의에 의해서든 초국가적 정치조직체들에 의해서든 침잠될 가능성은 거의 없다. 세계화는 우리가 익숙해져 있는 것과는 다른 부류의 국가들을 만들어내고 있다. 따라서 필자는 다음과 같이 결론짓는다. "국민국가의 소멸이란 오류이다", "국민국가가 소멸할 가능성은 없다. 반면에 세계화의 정치 안에서 국가가 주권적 권력을 독점하리라는 예상은 신뢰받기가 어렵다", "국민국가는 결코 사멸하지 않는다는 명제는 재강조된다."

3) 더 나아가 우리는 세계화의 진전이 세계적 정치체 또는 지구국가를 가능케 할 것인지, 만약 세계국가 혹은 지구국가의 시대가 도래한다면 그것과 국민국가와의 관계는 어떠할 것인지에 대해서는 두 가

지 관점에서 접근하였다.

(1) 먼저, '세계적 정치체로서의 UN'에 주목하였다. "국민국가는 삶의 큰 문제들을 위해서는 너무 작고 삶의 자잘한 문제들을 위해서는 너무 크다"는 다니엘 벨의 지적처럼 초국가적 과제들의 증대에 따른 국제적 협력이 크게 요망되고 있다. 경영, 자본, 부품, 금융, 노동, 상품의 국가 간 교환이 국내 교환에 비해 상대적으로 증가하고 있다. 국가 간 분쟁이나 지구적 규모의 현안 해결을 위해서는 세계적 정치체가 요망되는데, 이런 기능을 담당할 기구로서 우리는 UN의 발전을 기대하고자 한다. 여기서도 우리가 유념해야 할 사실은 UN의 구성요소와 행위주체가 국민국가 및 개별 정부들이라는 점이다.

(2) 다음으로 전 세계적 민주혁명의 진전을 통한 '민주국가들의 결집체'로서의 지구국가를 예상해 본다. 이는 지구상의 모든 개별 국가들이 민주적 발전을 이룩하고 인권과 자유 · 평등, 평화와 복지, 생명의 존엄과 인류애 등의 사상과 실천능력이 성숙된 수준에서 실현가능할 것으로 보인다. 앞의 UN에 관한 기대가 국제적 차원의 것이라면 뒤의 '민주국가들의 결집체'에 대한 희망은 하나의 행성으로서의 '지구' 차원의 것으로 이해할 수 있다.

어떤 형태로든 국민국가는 건재할 것이다. (머리말에서 제기했던 '국민윤리'의 가능 근거와 관련하여 윤리 개념이 지니는 보편성과 상황성을 세분한 후 상황성에 비중을 둘 때, 국민국가의 여전한 존속과 더불어 국민윤리 역시 학적 입론이 가능하다는 결론에 이른다.) 따라서 문화, 경제, 정치의 세계화가 아무리 진척되더라도 국가, 국민, 국가관, 국민의 책무, 나라사랑, 국가의식, 애국가, 호국 … 등은 여전한 의미와 가치와 보람을 지니게 될 것이다.

우리는 경솔한 세계화 열창이 결과시킬 수도 있는 국가경시의 어리석음을 경계해야 할 것이다.

주

1. Martin Shaw, *Theory of the Global State : globality as an unfinished Revolution* (Cambridge : Cambridge University Press, 2000), 2–6쪽.
2. 세계화 개념에 관해서는 졸고 "세계화에 대한 진단과 제언", 『국민윤리연구』, 제60호(서울 : 국민윤리학회, 2005), 제2장 참고.
3. Anthony Giddens, *The Consequences of Modernity*(Cambridge : Polity Press, 1990), 64쪽.
4. Roland Robertson, *Globalization : Social Theory and Global Culture*(London : Sage Publications, 2000), 8쪽.
5. H–H. Holm and G. Sorensen, *Whose World Order : Uneven Globalization & the End of the Cold War*(Boulder : Westview Press, 1995), 1쪽.
6. D. Held and A. McGrew, "The End of the Old Order? Globalization and the Prospects for World Order", *Review of International Studies, 24*(special issue), 1998, 219쪽.
7. Karl Jaspers, "Philosophical autobiography", in p. A. Schlipp, ed., *The Philosophy of Karl Jaspers*(La Salle, IL : Open Court, 1957), 83–84쪽.
8. Mike Featherstone, S. Lash and R. Robertson, *Global Modernities*(London : Sage Publications, 1997), 4–5쪽.
9. J. N. Pieterse, "Globalization and Hybridization", in Featherstone, M. Lash, S. and Robertson R., eds.(1997), 69–90쪽.
10. Robert J. Holton, *Globalization and the Nation–State*(New York : ST. Martin's Press, Inc., 1998), 161–185쪽 참고.
    Ibid., 162쪽.
11. Fatima Mernissi, *Islam and Democracy*(London : Virago, 1993).

12. Edward Said, *Cultural Imperialism*(London : Chatto & Windus, 1993).
13. Benjamin Barber, *Jihad vs McWorld*(New York : Ballantine Books, 1995).
14. Samuel Huntington, "The clash of civilization", *Foreign Affairs*, 72(3), 22–49쪽.
15. Robert J. Holton(1998), 174쪽.
16. Ibid., p. 184.
17. Ulf Hannerz, "Comopolitans and Locals in World Culture", in M. Featherstone (ed.), *Global Culutre*(London : Sage, 1990), 237–251쪽.
18. Simon Frith, ed., *World Music, Politics and Social Change*(Manchester : Manchester University Press, 1989).
19. A. Gupta and J. Ferguson, "Beyond 'Culture' : Space, Identity and the Politics of Defence", *Current Anthropology*, 7(1), 6–23쪽.
20. 인도 펀자브 지방의 민속음악과 록 · 디스코 음악을 융합한 음악.
21. 알제리 기원의 아랍풍 팝음악.
22. Robert J. Holton(1998), 180쪽.
23. Simon Frith, ed.(1989), 3쪽.
24. M. Featherstone, S. Lash and R. Robertson(1995), 28쪽.
25. Ulf Hannerz(1990), 250쪽.
26. Theodore Levitt, "The Globalization of Markets", *Havard Business Review* 83 (3), 92쪽.
27. 이런 만남과 통합의 대표적 예로서 다음의 것들을 들 수 있다. ① 일상의 모든 생활문화가 국민국가 제도와 세계자본주의 시장질서라는 구조적 차원에서 통합된다. ② WHO에 의해 지원되고 있는 의료행위에 있어 지방적 치료법과 보편적 치료법의 만남, ③ 토착주민들의 권리와 정체성을 향상시키려는 운동들의 만남. 지난 수십 년간 서로 간의 접촉과 협력증대를 통해 토착주민들 사이에 '새로운 연대'가 형성되었다. 이러한 결과의 많은 부분은 '세계여론'을 지향한다. 따라서 토착주민들의 자기 향상 운동은 초국가적 혹은 국제적이다.
28. R. Robertson(2000), 172쪽.
29. Malcolm Waters, *Globalization*(London and New York : Routledge, 2002), 95쪽.
30. H. Bull, *The Anarchical Society*(New York : Columbia University Press, 1977), 279쪽.

31. E. Luard, *International Society*(Basingstoke : Macmillan, 1990).
32. J. Rosenau, *The Study of Global Interdependence*(New York : Nichaolas, 1980), 1-3쪽.
33. R. Gilpin, *The Political Economy of International Relations*(Princeton N.J. : Princeton University Press, 1987), 65쪽.
34. Robert J. Holton(1998), 85쪽.
35. Ibid., 85쪽.
36. Ibid., 80쪽.
37. Robert O. Keohane, "Hobbes' dilemma and institutional change in world polotics : Sovereignty in international society", in H-H. Holm and G. Sorensen, eds. (1995), 177쪽.
38. L. Oppenhelm, *International Law*, Vol. I(London : Longmans, 1905), 87쪽.
39. David Held, ed., *Political Theory Today*(Oxford : Polity Press, 1991), 97-98쪽.
40. Ibid., 212-213쪽.
41. Robert J. Holton(1998), 107쪽.
42. 오메에 겐이치 지음, 박길부 옮김, 『국가의 종말』(서울 : 한언, 1999), 그리고 '약화되고 있는 국민국가'의 입장에 관해서는 M. Mann, "Has globalization ended the rise of the nation-state?" *Review of International Political Economy*, 1997, 4(3) (Autumn), 473-474쪽 참고.
43. Martin Carnoy, " Multinationals in Changing World Economy : Wither the Nation-State?", in M. Carmoy, M. Caltells, S. S. Cohen, eds., *The Global Economy in the Information Age*(University Pack, P.A. : Pennsylvania State University Press, 1993), p. 62.
44. Alberto Martinelli "The political and social impact of Transnational Corporations", in H. Makler, A. Martinelli, N. Smelser, eds., *The New International Economy*(Lodon : Sage, 1982), 82쪽.
45. Ibid., 86쪽.
46. Michael Mann, "Nation-states in Europe and Other Continents : Diversifying Developing and Dying", *Daedulus*, Summer, 1993, 118쪽.
47. M. Mann(1997), 473-475쪽.
48. Peter Singer, *One World : the ethics of globalization*(New Haven and London : Yale University Press, 2004), 200-201쪽.

49. Robert J. Holton (1998), 119–123쪽 참고.
50. Cacol Bercovitch, "The United Nations and the Mediation of International Disputes", in R. Thukur, ed., *The United Nations at Fifty : Retrospect and Prospect* (Dunedin : University of Otago Press, 1996), 73–88쪽.
51. James N. Rosenau, "The Adaptation of the United Nations to a Turbulent World", in R. Thukur, ed.(1996), 237쪽.
52. 1909년에 국제분야에 176개의 NGO들이 활동하고 있었는데 1989년경에는 그 수가 4,624개로 늘어났다. D. Held and A. G. McGrew, "Globalization and the Liberal Democratic State", *Government and Opposition*, 28(2), 271쪽.
53. Martin Shaw, "The State of Globalization : Toward a Theory of State Ttransfornation", in *Review of International Political Economy* 4 : 3, Autumn, 1997.
54. Martin Shaw, "The Unfinished global revolution : Intellectuals and the new politics of international relations", 9–10쪽.
55. David Held, *Democracy and Global Order*(Stanford, California : Standford University Press, 1955), 226–231쪽.
56. *The Observer*, 23 October, 1999.
57. 예컨대 민주화 경향은 1980년대는 라틴아메리카에서, 1990년대는 아시아, 아프리카뿐만 아니라 동–중유럽, 러시아 및 소비에트의 후속 국가들의 많은 영역들로 확산되었다. 국가 외적 제도들의 중요성에 대한 인정과 더불어 선거과정과 대의제 등의 형식적 민주주의의 제한성을 자각하면서 민주주의를 국제법이나 인권 등의 실천영역들에 뿌리내리게 하는 노력이 점진적으로, 그리고 두루 이루어지고 있다. 또한 다소간 보편적으로 수용되어 온 지구적 규범과 제도들의 근간을 차차 다져가고 있다. 이러한 민주주의 제도와 관행이 전 지구적으로 확산 · 강화될 때 '민주주의 국가들의 결집체' 로서의 '지구국가' 의 등장을 기대할 수 있을 것이다.
58. M. Shaw (2000), 173–194쪽.
59. Michael Mann, "Has globalization ended the rise of the nation–state?", *Review of International Political Economy*, 1997, 4(3) (Autumn), 473–474쪽.

참/고/문/헌

에른스트 캇시러 지음, 최명관 옮김, 『국가의 신화』, 서울 : 서광사, 1988.

오마에 겐이치 지음, 박길부 옮김, 『국가의 종말』, 서울 : 한언, 1999.

프리드리히 마이네케 지음, 이광주 옮김, 『국가권력의 이념사』, 서울 : 민음사, 1990.

Barber, Benjamin, *Jihad vs McWorld*, New York : Ballantine Books, 1995.

Bull, Hedley, *The Amarchical Society*, New York : Columbia University Press, 1977.

Carmoy, M. Castells, M. Cohen, S. S., eds, *The Global Economy in the Information Age*, University Pack, PA : Pennsylvania State Press, 1993.

Featherstone, Mike, ed., *Global Culture : Nationalism, Globalization and Modernity*, London : Sage, 1997.

Featherstone, M. Lash, S. and Robertson, R., *Global Modernities*, London : Sage Publications, 1997.

Frith, Simon, ed., *World Music, Politics and Social Change*, Manchester : Manchester University Press, 1989.

Giddens, Anthony, *The Consequences of Modernity*, Stanford : Stanford University Press, 1990.

Gilpin, Robert, *The Ploitical Economy of International Relations*, Princeton NJ : Princeton University Press, 1987.

Held, David, *Political Theory Today*, Oxford : Polity Press, 1991.

______, *Democracy and the Global Order : From the Modern State to Cosmopolitan Governance*, Stanford : Stanford University Press, 1995.

Holm, H-H. and Sorensen, G., *Whose World Order : Uneven Globalization and the End of the Cold War*, Boulder : Westview Press, 1995.

Holton, Robert J., *Globalization and the Nation–State*, London : Macmillan Press LTD, 1998.

Luard, E., *International Society*, Basingstoke : Macmillan, 1990.

Mernissi, Fatima, *Islam and Democracy*, London : Virage, 1993.

Oppenheim, L., *International Law*, Vol. 1, London : Longmans, 1905.

Ritzer, George, *The McDonaldization of Society*, Thousand Oaks, CA : Pine Forge Press, 1993.

Robertson, Roland, *Globalization : Social Theory and Global Culture*, London : Sage, 2000.

Rosenau, James, *The Study of Global Interdependence*, New York : Nicholas, 1980.

Said, Edward, *Cultural Imperialism*, London : Chatto & Windus, 1993.

Shaw, Martin, *Theory of the Global State : Globality as an Unfinished Revolution*, Cambridge : Cambridge University Press, 2002.

Singer, Perter, *One World : the Ethic of Globalization*, New Haven and London : Yale University Press, 2004.

Thukur, R., *The United Nations at Fifty : Retrospect and Prospect*, Dunedin : University of Otago Press, 1996.

Wallerstein, Immanuel, *Geopolitics and Geoculture*, Cambridge : Cambridge University Press, 1997.

Waters, Malcolm, *Globalization*, London, New York : Routledge, 2000.

Current Anthropology, 7 (1).

Daedulus, 1993, Summer.

Foreign Affair, 72 (3).

Government and Opposition, 28 (2).

Harvard Business Review, 83 (3).

Review of International Studies, 24 (special issue), 1998.

Review of International Political Economy, 1997, 4 (3), Autumn.

4장

세계화 시대의 '세계윤리' 탐구

1. 머리말

21세기 초입에서의 중심화두는 단연코 '세계화' 이다. 근대성과 탈근대성을 아우르는 것으로서의 세계화는 예전의 지리상의 발견이나 계몽사상, 시민혁명과는 류를 달리하는 인류사의 전대미문의 대사변이다. 세계화 개념은 1980년대 중반부터 활발하게 사용되기 시작했는데, 이것의 용례는 경제와 정치, 문화의 차원들에 따라, 그리고 서로 다른 연구분야들, 이를테면 인류학, 사회학, 정치학, 경제학 등의 독자적 관점에 따라 다양하게 이해되고 있다.[1] 이들 이해의 공통점으로 다음의 사실들을 들 수 있는데,[2] 이는 곧 세계화의 구성적 특성을 드러내 주는 것이기도 하다. ① 재화와 서비스의 생산 및 분배양식이 탈국가화하여 직접적 해외투자와 국제교역, 자본의 흐름이 증대한다. ② 정보, 커뮤니케이션, 매체기술이 교환을 촉진시키고, 광범한 지역을 가로질러 사람들 간의 관계맺음을 즉시화하고, 지식집약적 노동에다 프리미엄을 부여한다. ③ 세계적 이주가 증대한다. ④ 영향을 미치는 나라와 영향을 받는 나라 모두의 전통적 가치와 규범에 도전하는 문화적 교환과 변형이 이루어진다. 이 같은 내용들로 인해서 세계화 개념에는 언제나 자유로운 시장, 초국가주의 또는 탈국민의식, 탈영토화 또는 재영토화, 제국주의 혹은 신식민주의, 미국화, 발전이론 또는 세계체계론 등 서로 다른 성격을 지닌 용어들이 수반된다.

다의적 내용을 지니고 있음에도 불구하고 하나의 개념으로서 세계화는 세계의 압축과 전체 세계에 대한 의식의 강화를 뜻한다.[3] 기든스가 말하는 '시간과 공간의 장거리화' 역시 같은 의미로 이해할 수 있다.[4] 세계화는 곧 구체적 세계의 상호 의존과 세계의식의 점진적 강화를 낳고 있다. 세계화 과정이 말 그대로 '전 세계적', '전 지구적' 인 것은 물론 아니다. 일부의 새로운 사회운동들을 위시하여 지방적 및 국제적 비정부기구들의 역할이 영향을 미치고 있는 이른바 '역세계화' 도 있고, 또 생태학이나 자원관리 분야에서 현저해지고 있는 '반세계화' 도 있다. 그러나 필자는 이것들을 세계화의 부수현상들로 이해한다.

필자는 윤리학적 관심에서 세계화를 직시하고자 한다. 여기에는 자연스럽게 문화다원주의, 정체성 문제, 도덕상대주의 같은 주제들이 부각되면서 결국에는 "가족과 공동체, 인종과 국가와 종교들을 포함하는 삶의 모든 영역에 부합하는 최종적이며 무조건적인 규범"[5]을 마련해 줄 수 있는 '세계윤리' 에 대한 기대로 귀결된다. 더욱이 "세계는 지금 고통 속에 있다." "우리의 세계는 세계경제, 지구생태계, 세계정치에 있어 '근본적 위기' 를 체험하고 있다. 비전의 결여, 미해결된 문제들의 뒤엉킴, 정치적 마비상태, 통찰력이나 예견력을 지니지 못한 진부한 정치지도력, 일반적으로 공공복지에 대한 둔감성이 편만해 있다."[6] 이는 국가적 경계 안에 바탕을 둔 것이 아니라 '하나의 세계' 라는 공동체의식에 입각한 윤리를 갖는 일이 얼마나 절실한가를 일러주는 사실들이다. 세계윤리 없이는 보다 나은 세계질서가 불가능하다.

세계화 시대의 세계윤리 탐구를 목표로 하는 이 논의는 2절에서 도덕상대주의를 부채질하고 있는 이 시대의 다원주의 및 상대주의 경향들을 간략히 검토해 볼 것이다. 3절에서는 세계화 이데올로기들이 표방하고 있는 다양한 가치이념들을 대비적인 맥락에서 살펴보려고 한다. 이는 오늘날의 세계화 모델들이 빚어내고 있는 이념적 복합성과 가치갈등들을 이해하는 한편, 세계화의 윤리 및 윤리의 세계화라는 입장에서 이데올로기들이 지향하는 가치덕목들을 검토하여 이들을 포괄적으로 아우를 수 있는 세계윤리의 틀을 구상하기 위함이다. 4절에서는 세계윤리 탐구의 모범적 선례인바, 세계종교회의 대표들에 의해 채택된 '세계윤리를 향한 선언' 을 긍정적으로 검토할 것이다. 5절에서는 여기까지의 논의들을 종합하여 세계윤리를 위한 기본틀을 제시할 것이다.

2. 다원화와 상대주의 경향

세계화에 따라 사회의 경제, 정치, 문화 면에 큰 변화가 일어나고 있다. 그 대강을 짚어보자.[7] 먼저 경제의 차원에서 교역관계의 변화(GATT, G7 같은 집단이 수입관세, 관세율의 규제를 완화시키고 NAFTA 또는 EU 같은 '자유무역' 지대를 형성), 은행업무와 금융과정의 변화(VISA, ATMS, 현금교환, 자본흐름 등의 세계적 금융체계가 확립되어 금융시장의 진정한 세계화가 이루어짐), 국제적 대여기관의 출현(IMF, 세계은행 등), 신생 탈포드 방식의 산업에로 이끈 생산요소의 변화(지식경제, 서비스 분야, 관광, 문화산업), 국가적 기반이나 국경에 연계되지 않는 세계기업들의 출현, 노동과 회사의 이동성이 노동조합을 약화시킴, 새로운 기술(자료, 자본, 광고의 전달을 위한 기술들), 새로운 광고와 마케팅 전략에 따른 새로운 소비패턴(취향의 맥도널드화, 질보다는 편의성으로 경도), 구매수단(쇼핑몰, TV 구매 채널, 온라인 구매)의 증대 등을 목격한다.

정치의 차원에서는 국민국가가 중간제도로서 존속하지만 특히 초국가적 자본에 대응하고, 전 지구적 정치구조(UN) 및 여타의 비정부기구들에 대응하며, 자체의 정치적 정통성을 유지하기 위해 국내의 압력과 요구에 대응하고 자체의 내재적 요구와 자기 이익에 대응하는 등의 네 가지 측면에서 제약을 받고 있다.

문화의 차원에서는 지구적 매체(케이블, 위성, CNN, 인터넷)의 변화, 상업문화(맥도널드, 나이키, 베네통의 색깔), 광범한 세계로의 여행과 관광에 따른 이동성의 증대, 커뮤니케이션 기술의 변화, 영화 · TV · 음악 등 문화산물의 세계적 분배, 지방적 격식을 초국가적 격식으로 변화시키는 세계적 종교의 출현과 가시성의 증대, 올림픽이나 월드컵 같은 경쟁적 이벤트들, 스포츠 마케팅(의류, 신발류, 설비) · 후원제도 · 광고 · 세계적 놀음과 도박으로서의 세계적 스포츠계의 발전을 체험한다.

이같이 큰 변혁을 낳고 있는 세계화는 그것과 더불어 인간의 삶과 의식, 그리고 믿음들에도 심대한 충격을 가하고 있다. 대표적인 사례 몇 가지를 보자.

1) 인간의 정체성 형성에 있어 '범문화적 정체성'을 강조한다. 종

래에는 국가중심적 문화구조 하에서 민족적 혹은 전통적 정체성, 즉 단선적 동일화 모델이 주류를 이루었다. 지금의 세계화 환경에서는 "민족과 문화 간의 갈등을 해결하는 데 기여"할 수 있는 '범문화적 정체성'과 아울러 창조적 행위자가 되는 데 가장 적합한 '범문화적 개인'을 지지한다.[8] 이 같은 '범문화적 정체성'은 특히 범세계주의 및 문화다원주의 시대에 적합한 것으로 평가받는다. 성공적 적응의 열쇠는 세계경제에 타당한 능력을 획득하고 인간의 조건에 본질적인 사회적 네트워크와 연대성을 유지하는 한편 다원사회 및 다층적 문화맥락에 용이한 사람이 되는 것이고, 또 그렇게 될 때 최고수준의 성숙과 행복을 성취시킬 수도 있다고 믿는다.

세계화는 분명코 젊은이들의 정체성 발달에 큰 영향을 미치고 있다. "세계 대부분의 사람들은 지금 이원적 문화의 정체성을 발전시키고 있는데",[9] 이는 지방문화의 요소들과 세계문화들에 대한 인식을 결합시키는 것이다. 더불어 오늘날 대체로 총체성에 대한 이상은 사라지고, 문화적 다양성은 더 이상 문제로 보이는 것이 아니라 오히려 정체성 문제를 설명해 주는 해결책이 된다. 이중의식이 한때는 무질서였지만 지금은 처방책이다. 이와 함께 문화적 차이에 대한 관용이 중시되고 있다.

2) 교육의 이론과 실제에서 '다원적 관점의 접근법'을 지향한다. 이를테면 하나의 지능개발에 역점을 두던 것으로부터 다지능(MI)개발로, 분과원리적 이해지향으로부터 학제적 이해지향으로 이행한다. 이러한 이행의 저변에는 인식론상의 패러다임 전환이 작용하고 있는데, 다음과 같은 현대철학의 중심적 입장들이 바로 그것이다.[10]

① 의미의 진리에 대한 모든 기술은 그것의 역사적 맥락과 관련하

여 이해해야 한다는 역사주의가 강조되고 있다. 여기서는 실재란 언제나 그것이 드러나는 시대상황에 따라 기술된다는 이해에 의거하여 진리의 절대성이 거부된다. ② 지향적 또는 실천적 진리관에 입각한 지향성 개념이 중시된다. 이에 따르면 의미의 진리는 사고하는 자-화자의 행위지향에 의해 탈절대화된다. ③ 진리는 지리 · 문화 · 사회적 입장에 의거하여 탈절대화된다는 지식사회학이 세력을 갖는다. ④ 무엇을 의미하는 것으로서의 진리, 특히 초월적인 것에 대한 담론으로서의 진리는 언어의 본성에 의해 탈절대화된다는 언어한계론이 설득력을 편다. ⑤ 모든 진리와 모든 앎은 해석된 진리이자 해석된 앎이며, 따라서 진리와 앎은 언제나 동시에 해석자이기도 한 관찰자에 의해 탈절대화된다는 해석학이 진리성을 뽐낸다.

이들 새로운 패러다임에 의하면 실재, 특히 사물의 의미에 관한 이해는 역사적 · 지향적 · 원근법적 · 부분적 · 해석적 · 대화적이다. 이러한 성질들 모두에 공통적인 것은 '상호 관련성' 개념이다. 즉 실재에 관한 모든 표현이나 이해는 어떤 근본적 방식에 있어서 화자 또는 인식자와 관련되어 있다는 것이다. 아리스토텔레스의 모순율에 바탕을 둔 고전적 또는 절대주의적 진리관과는 상반된다.

사물의 의미의 진리에 대한 탈절대화된 견해와 더불어 상대주의의 유령이 등장한다. 입장의존적 진리는 모두가 등가성을 갖는다는 것이다. 그러나 진리에 대한 어떤 진술이 절대적 · 객관적이라고 말할 수 없다고 하여 곧장 그것이 상대적 · 주관적인 것이라고 평가할 수 있는 것은 아니다. 둘 다 실재에 대한 우리의 경험과는 일치하지 않기 때문이다. 실재에 대한 지각과 기술은 우리가 관찰자집단의 중앙에 있는 어떤 대상을 관찰하는 것과 같아서 대상에 대한 나의 견해와 진술은 사실일 것이나, 그것이 집단의 다른 위치에 있는 어떤 사람의 지각과 기술(이것 역시 사실일 것이다)을 포괄하지는 않을 것이다. 실재에 대한 우리의 지각과 기술이 어떤 방법으로든 '주체' 또는 관측자에 의존하고 있지 않다는 의미에서 총체적이거나 절대적이거나 또는 완전한 것은 아니지만, 그러나 동시에 각각의 지각과 기술에는, 설령 각 측면이 지각자-주관에 상관적이라 하더라도, 객관적이며 의심의 여지가 없는 참된 측면이 있다는 사실 또한 명백하다.[11] 여기에서 스위들러가 말하는 '대화', 하버마스나 아펠이 표방하고 있는 '의사소통'이 대안으로 부상하며, 이것의 구체적 적용의 한 예가 '다원적 관점의 접근법'이다.

점차 세계화되고 있는 사회들에서의 경향은 학제 간 관심사를 전면으로 부각시켰다. 학제 간 연구의 발전은 과학적 현상이 아니라 우리 시대의 역사적 사실이다.[12] 빈곤축소, 반테러주의, 프라이버시, 질병예방, 에너지 보존, 생태계의 균형과 같은 주제들은 다양한 형태의 원리적 지식과 방법으로부터의 종합을 요구한다. 다원적 관점의 접근법은 전문성을 지니면서 보다 다양한 시각을 지닐 수 있기를 권한다. 이런 맥락에서 보자면 전문가란 결국 하나의 주제를 서로 다른 여러 가지 방법으로 사고할 수 있는 사람이다.

3) 도덕상대주의가 고조되고 있다. 룰렌드의 지적처럼[13] 오늘날은 후일 포스트모더니즘, 종교다원주의, 도덕상대주의 시대로 기억될 것이다. 마르크스는 행위자의 도덕적 입장을 당사자의 계급적 이해관심의 이데올로기에 의해 형성되는 사회적 행위로 상대화시키며, 프로이드는 도덕적 입장을 개인의 안전욕구를 충족시키고자 하는 방어 메커니즘으로 상대화시킨다. 그리고 딜타이는 도덕을 역사적 현실의 산물로 이해한다. 지난 반세기 동안 모더니티로부터 포스트모더니티로의 당혹스런 이행은 결코 과대평가라고 볼 수 없는 부작용을 남겼다. 수많은

생활영역에서 드러나고 있는 바와 같이 포스트모더니티는 문화적 상대주의 및 발전적 역사의식에 대한 인식을 촉구하여 급기야 도덕상대주의를 부추기게 되었다.

우리의 의식은 이제 옛 우주 안에서 편안하지 못하고 아담스와 제임스가[14] '다원우주' 또는 '복합우주'라고 명명하고 있는 것 안에서 한계도 범위도 없이 배회하고 있다. 이전에는 고정되고 단일한 중심을 지닌 것으로 이해되었던 세계가 이제는 가능성들의 영역이 되고, 그것의 다양한 구성요소들은 다중심화되고 중첩된다. 각자는 독자의 개인적 및 문화적 역사를 가지며, 서로 다른 전통은 마치 각별한 컴퓨터 소프트웨어 프로그램처럼 취급된다. 물론 '문화 네트워크'라는 시각에서 다층적 문화현실을 이해하고자 하는 입장이 없는 것은 아니다. 영토상의 경계를 넘어서 문화적 침투와 문화적 중첩이 빚어지는 네트워크 구조에 의거하여 자신의 특정한 토착적 종교와 문화의 과거를 창조적으로 재해석하고자 한다. 우리가 이들의 입장을 어떻게 해석하든 이들의 기본적 입각점은 문화다원주의이다.

문화다원주의에 대한 명증이 윤리적 상대주의를 증거해 주는 것은 아니다. 서로 갈등을 빚는 일련의 도덕판단들 중에서 하나의 선택이 아주 소수에 의해 견지되더라도 유일하게 올바른 것일 수 있다. 도덕판단이란 자신의 사회 안에서조차도 개인에 따라 혹은 동일한 사회라도 과거와 현재 간에 차이가 있다고 보는 사람들은 다양한 도덕관습들이 있다는 것은 곧 어떤 절대적 도덕기준이 부재함을 말해주는 것이라고 믿는다. 그러나 이들처럼 관찰된 행동이나 태도 또는 보고된 현상들에 초점을 맞추는 관점은 기껏해야 서술적 윤리학에 지나지 않는다. 서술적인 도덕적 제일성이나 다양성은 보편적 규범윤리의 존재를 입증하지도 또한 반증하지도 못한다.

도덕상대주의는 다양성에 호소하는데, 이것은 논리적으로도 타당하지 않다. 다원주의적 혹은 목적론적으로 이해되는 자기 실현의 윤리학(좋음)에 우선하여 모든 이들에게 동등하게 적용될 수 있는 정의의 윤리학(법칙론적으로 정당화된 옳음)이 도모되어야 한다. 그뿐 아니라 도덕상대주의는 환원주의적 전제에 의거하여 옳고 그름에 대한 도덕적 판단은 그 자체 정당한 실체를 갖는 것이 아니라고 주장한다. 도덕판단들이란 이를테면 경제적 주장이나 또는 문화적 주장이 변화된 양태이며, 그러한 주장들은 문명에 따라 상대적이어서 한 곳에서 올바른 것이 다른 곳에서는 그릇된 것일 수 있다는 것이다. 필자는 이러한 현상인식이 이루어지게 되는 것은 관찰자의 기획의 잘못, 즉 잘못된 탐구와 해석 혹은 특정 문화의 현실적 고립에서 기인하는 것으로 본다. 다른 각도에서 보자면 인류의 공존과 전 지구적 문제들과 관련해서 연대적 책임과 협력을 위해 구속력 있는 특정의 보편도덕이 가능해야 한다.

세계화 및 세계화의 사상사적 개념화로 평가할 수 있는 '탈근대화'의 흐름은 문화다양성과 더불어 도덕상대주의까지를 부추겨 사람들에게 '미숙한 개방성'[15]을 선호하도록 한다. 깊이 있게 연구하거나 타인들이 지닌 실제의 덕들에 대해 찬성하거나 반대하는 논의를 꺼려하는 마음을 지니게 하여 "아무 문제 없다", "너는 너의 일을 하라, 나는 나의 일을 할 것이다"라는 도덕불간섭주의로 나아간다. 세계인에게 공통적인 세계윤리가 요청되고 있는 현실을 분명하게 밝혀주는 하나의 사례이다.

도덕상대주의를 극복하면서 초국가적 난제들에 척도로 기여할 수 있을 세계윤리를 어떻게 확립할 수 있는가? 필자는 세계윤리에 대한 요구의 발원처를 오늘날 갈등의 주역인 세계화 과정 자체에서 찾고자 한다. 우선 세계화에 관한 대표적 이데올로기의 가치이념들을 대비적으로 살펴 세계윤리를 요망하게 되는 현실적 배경을 파악한 후에, 그러한 요청에 부응하는 세계윤리의 가능근거와 그에 따른 세계윤리의 범례를 '세계윤리를 향한 보편적 선언' 을 중심으로 하여 알아보고자 한다.

3. 세계화 이데올로기들의 가치갈등과 세계윤리의 요청

캔터베리의 대주교인 카레이(Careya) 박사가 영국에 대해 한 말에 귀 기울여 보자. "이 나라는 아직도 기독교인들의 유산에 의해 깊은 영향을 받고 있으며, 대다수의 사람들이 신에 대한 믿음을 지니고 있으면서도 오늘날 우리 전체 사회를 묶는 가치에 대해 분명하게 규정하고 면밀하게 초점을 맞춘 체계를 발견할 수 없다. 우리가 우리의 희생을 발견하고 있듯이 실용주의적인 편견을 지닌 세속화는 확고한 가치체계를 제공하지 못한다."[16] 우리가 현재 도덕적 공백상태에 놓여 있다는 지적이다. 더욱이 초국가적 · 초전통문화적 · 초종교적인 '문화가족들',[17] 심지어는 '지구문화' 를 운위하고 있는 지금 하나의 새로운 세계질서가 유지되려면 최소한의 공통된 가치와 규범, 그리고 기본적 태도가 필요하다. 지금의 우리는 세계화의 윤리와 윤리의 세계화 또는 세계윤리를 절실히 요망하고 있다. 이 점은 우선적으로 세계화에 관한 논의들 속에서 확인된다. 세계화, 특히 세계화 이데올로기들의 지향과 중심가치들을 살펴보면 그것들에서 빚어지는 현실적 갈등의 원인들을 해독할 수 있을 뿐만 아니라, 나아가 그 갈등들을 지양해 줄 세계윤리도 더불어 궁구할 수 있을 것이다.

일반적으로 인식되어 있듯 세계화론에는 긍정적 지지의 입장과 부정적 · 저항적 입장이 공존하고 있는데, 필자는 피터스[18]의 모델 분류에 의탁하여 긍정적 입장으로 ① 신자유주의 모델, 즉 새로운 세계질서로서의 세계화론, ② 사회발전 모델, 즉 사회발전으로서의 세계화론을 배속시키고, 부정적 · 저항적 입장에는 ③ 지구중심주의 모델, 즉 지방화로서의 세계화론, ④ 신식민주의 모델, 즉 신식민주의로서의 세계화론을 거론하기로 한다.

1) 신자유주의적 세계화[19]

오늘날의 세계에서 지배적인 세계화 형태는 '신자유주의'로 알려져 있으며, 그것은 초국가적 및 다국적 기업들, 협동기업의 관리자들과 금융업자, 그들이 만든 경제협력발전기구, 국제통상위원회, 세계무역기구 같은 제도와 기관들 등 대기업 추진체들의 지원에 입각해 있다. 이 입장을 지지하는 대부분의 사람들은 '자본가'라는 사회경제적 범주에 속한다. 자본이 토지, 주식, 채권, 공장들 중 어떤 것이든 이러한 입장을 견지하는 사람들은 자산가 계급에 속하는 이들이다. 또한 신자유주의는 종종 부와 병행하는 것으로서 교육을 강조한다. 자신들의 세계화에 대한 견해뿐만 아니라 경제 이데올로기 일반을 고등 교육기관을 통해 학습했기 때문이다. 신자유주의 이데올로기는 워싱턴 협의, 자유방임주의, 구조적 적응, 트리클다운 경제 또는 공급 위주 경제 등의 다양한 명칭을 지니지만 대기업 중심의 신자유주의로 통일시키는 것이 좋겠다. 신자유주의의 대표적 이론가로는 프리드만(Milton Friedman)과 시카고학파를 들 수 있는데,[20] 이들이 신자유주의를 매우 못마땅하게 여기고 있는 '3분의 2' 세계(제1세계를 3분의 1 세계로 이해하면서 그 나머지 전체를 가리키는 뜻)에다 신자유주의라는 이름을 확산시켰다.

신자유주의가 견지하는 이데올로기적 특성들을 몇 가지로 정리해 보자. 첫째, 교역자유화를 세계의 경제적 난관에 대한 만병통치약으로 이해한다. 교역이 언제나 자본주의적 패러다임의 주요 부분을 이루어 왔지만, 특히 1980년대의 외채위기를 겪으면서 경제적 난관의 타개책으로 교역이 강조되었다. 둘째, 탈규제화를 통한 시장강화를 추구한다. 기업들, 시중 은행들, 다양한 대여기구들, 세계무역기구, NAFTA, 유럽연합, 그 밖의 많은 경제기관들이 다양한 방법으로 '개방' 경제의 확립을 경제적 세계화의 목표로 지향해 왔다. 개방경제는 자유방임적 자본주의를 성취하는 것이다. 그것은 정부의 규제에 얽매이지 않고 상품과 서비스가 국경을 넘어 자유롭게 유통되도록 개방하고자 한다. 셋째, 민영화를 보다 효율적인 시장의 구조형태로 이해한다. 신자유주의 옹호자들은 역사적으로 정부가 관리해 온 교육, 행형, 공원 같은 대부분의 활동들을 관리하기에는 시장이 보다 효율적인 메커니즘이라고 주장한다. 이것 역시 정부가 사적 영역으로서 효율적이고 생산적인 것을 관리하고자 하는 것은 잘못된 것임을 주장하는 프리드만의 논거[21]에 의거한다. 민영화 추진은 정부가 기업활동에 관여해서는 안 된다는 탈규제화와 같은 성격의 이데올로기에 비탕을 두고 있다.[22]

신자유주의는 경제적 세계화를 어떻게 이해하고 있는가? 신자유주의에 있어 세계화는 낮은 장벽의 시장(탈규제)과 고도로 경쟁적인 사적 영역(기업들)에 의해 최선으로 추진되는 수출지향적 교역 위주의 세계경제를 가리킨다. 대기업 지지자들에 있어 이들 요소는 경제성장, 교역 증대, 세계경제로의 통합을 촉진시켜 준다. 이러한 시각에서 볼 때 세계화는 분명코 은혜로운 것이며, 기업들은 전 세계적으로 세계화의 이득을 확산시켜 주는 주도적 매체이다. 신자유주의적 세계화 모델의 징표인 개방경제의 저변에는 장터의 개방이 자본주의를 건강하고 안정되게 발전시킨다는 전제가 깔려 있다. 이 논거에 따르면 개방경제에 의해 고무되는 경쟁의 증대는 보다 많은 쇄신, 보다 많은 효율성, 궁극적으로는 보다 많은 성장으로 인도한다. 경쟁의 강화에 의한 이득은 비교우위의 원리를 통해 성취된다. 더 나아가 신자유주의에서는 세계화가 시장과 기업, 자산가들에게만 기여하는 것이 아니라 소비자들에게도 좋은 것이라고 주장한다. 세계화가 주는 효율성의 증대는 소비자의 선택을 늘리고 때로는 일부 상품과 서비스의 가격을 저하시킨다는 것이다.

무제한적 시장화가 환경악화를 가속화시킨다는 지적에 대해서 신자유주의 지지자들은 세계화가 지금까지는 모르고 있었던 환경보호의 새로운 방법을 마련해 준다고 응답한다. 그들의 주장에 따르면 교역의 증대가 경제성장을 낳고 경제성장이 사람들을 보다 부유하게 한다는 것이다. 즉 "사람들이 보다 부유해지면 그들은 보다 깨끗한 환경을 원하고, 그리하여 환경정화의 비용을 지불할 수 있게 된다"는 것이다.[23] 신자유주의자들은 또한 세계화가 진전될수록 세계는 보다 살기 좋은 곳으로 된다고 주장한다. 세계무역은 1950년에서 1998년까지 18배가, 생산은 6.5배가 증가했다는 사실을 지적한다. 더 나아가 신자유주의 옹호자들은 세계화가 제공하는 인간적 및 경제적 진보를 전 인류가 공유할 수 있다고 본다. "빈국과 부국 사이의 수입격차의 증대를 보이고 있는 세계경제에서 교역이 나라들 간의 수입을 수렴시켜 줄 수 있는 요소"[24]라고 주장하는 것이 그 한 예이다. 여기서 신고전경제학의 자유방임주의 전통에 이론적 뿌리를 내리고 있는 신자유주의의 특성을 확인할 수 있다.

신자유주의 세계화론은 어떤 도덕적 입장을 견지하는가? 즉 '좋은 삶' 에 대해 어떻게 이해하고 있는가? 신자유주의 패러다임은 좋은 삶에 대한 도덕적 견해를 구축해 주고 있는 것으로서 세 가지 중심가치를 강조한다. 개인주의, 번영, 자유가 그것이다.

⑴ 도덕주체의 배경은 개인주의이다. 신자유주의 모델에 있어 도덕주체는 자기 이익 창출에 초점을 두는 개인이다. 이들에 따르면 자기 이익 위주의 인간본성이 궁극적으로 대기업을 이끈다는 것이다. 일반적으로 자기 이익 중심의 시각은 결국 혼란에로 이끌 것이라고 생각하는 데 반해 신자유주의 옹호자자들은 개인에게 최선의 것이 결과적으로 전체 사회를 위해서도 최선의 것이라고 주장한다. 이는 개인의 이해관심과 시장기능을 동일시하는 '시장의 보이지 않는 손' 에 의거하는 것이다. 그리고 이러한 제도에 있어 부의 분배가 불균등할 수 있지만 그것이 반드시 제도의 부당성 또는 불공정성을 뜻하는 것은 아니라고 본다. 이 같은 신자유주의적 개인주의의 원천은 자유주의 전통의 먼 과거로부터 온 것이다.

⑵ 번영이 인간의 목표이다. 번영은 노동의 보상이며, 좋은 삶으로 안내하는 것이고, 성공 또는 성취 및 목적을 의미하는 가치이다.톰 베델에 의하면 재산이 번영을 보장하는 근본요소들 중의 하나이다.[25] 번영과 좋은 삶을 부의 극대화로 이해하는 경향은 존 스튜어트 밀에서 비롯한 '경제인' 이라는 고전적 개념과 연결되어 있다.그리고 성공, 안락, 풍요로 이룩되는 번영이 곧 좋은 삶이라는 이념은 신자유주의를 추동시키는 강력한 자극제로 되었다.

⑶ 자유가 인간을 번영시킨다. 신자유주의는 자유의 가치에 뿌리를 두고 있는데, 그들에 있어 자유란 자신이 선택한 바를 좇아 행위할 수 있는 능력을 뜻한다. 신자유주의 모델에서의 자유는 제약과 통제로

부터 벗어난 개인의 자유를 말하는 것이기 때문에 정부의 권력은 개인의 자유에 대한 심각한 위협으로 이해된다.[26] 신자유주의의 입장에 따르면, 정부의 역할은 조심스럽게 제한되어서 정부가 개인의 자유를 제약하거나 시장활동에 간섭해서는 안 된다. 정부는 개별적 행위자들이 자유롭게 경제적 목적을 추구해 갈 수 있는 공간을 보호하고 강화시켜 주는 역할을 수행해야 한다.

지금까지 우리는 신자유주의적 세계화론의 이념적 기반, 세계화에 대한 평가와 기대, 그리고 그것이 지닌 도덕적 입장을 검토했다. 그 전반을 평가하자면 '경제적 인간', '원자적 · 남성적 개인'에 입각해 있는 신자유주의는 개인주의, 번영, 자유를 '좋은 삶'의 중심가치로 수용하고 있다. 이러한 가치들은 세계적 엘리트 집단에나 어울리는 것으로서 세계 인구의 상위 10% 정도만이 근접할 수 있는 것이라고 보겠다. 그리고 번영만이 삶의 목적이라고 여긴다면 우리는 삶의 다른 측면들을 놓치게 될 것이다. 위에서 말한 세 가지 가치가 공동체에 우선하고, 이웃과 대지에 대한 배려에 우선하고, 동정과 그 밖의 다른 많은 가치들에 우선한다면, 설령 그것이 모든 사람들에게 균등하게 개방되어 있다고 하더라도 세계는 탐욕과 투쟁, 시기, 무감각의 세상이 될 것이다. 이 점에서만 보더라도 신자유주의적 가치관에 의거한 도덕관을 수정 · 보완해 줄 수 있는 세계윤리가 절실히 요망된다.

2) 사회발전으로서의 세계화

발전적 관점의 세계화론[27]은 케인즈의 경제 모델 또는 사회적 균등발전 모델에 의거해 있는 것으로서, 신고전적 원리들에 대한 확신과 더불어 정부측에서 사회의 소외층들을 보호하고 또 배려해야 할 책임을 져야 한다고 믿는다. 이 입장은 유럽의 공공정책과 더 나아가서는 전후 한동안 미국의 정치에 심대한 영향을 끼쳤던 '사회적으로 균등한 자유주의' 라는 전통에 근거하고 있다. 이 입장의 징표인 민주주의와 강력한 국가는 유럽의 사회민주당들과 미국 민주당의 일부 요소들에서 아직도 탁월한 정치적 논거로 작용하고 있다. 신자유주의 모델과 사회적 균등발전 모델은 똑같이 신고전경제이론을 따르고 있기에 양자의 차이는 경제적인 것이 아니라 정치적인 것이다. 달리 말해서 이들 둘의 이데올로기적 차이는 정부 또는 국민국가가 시장영역에서 수행하는 역할에 대한 공공정책의 평가에서 드러난다.

사회적 균등발전 모델은 UN의 발전 프로그램과 그 연감인 『인간발전보고서』(HDR)에 잘 반영되어 있다. 이것은 '인간중심적' 발전과 연계되어 있는 발전이론의 특정 분야이다. 이 보고서는 '성공' 을 나타내는 다른 지표를 활용하고 있는 점에서 특이하다. 전통적인, 그러나 결함이 있는 국민총생산(GNP)에 의거하는 대신에 『인간발전보고서』는 논의의 여지가 많은 인간발전지수(HDI)를 채택했다. 이것은 수명, 교육, 개인소득 등의 세 가지 지표에 바탕을 두고 있다.

발전론이라는 이데올로기적 관점에서 보면 세계화란 사람들을 분리시키는 틈들을 봉합시키는 것이다. 그것은 세계의 빈곤한 사람들에게 성장과 발전을 위한 새로운 기회를 마련해 줌으로써 그들의 삶을 향상시키는 기회이다. 세계화는 전통적으로 '제1세계' 에 한정되어 온 특징과 라이프스타일을 세계의 모든 사람들이 공유하도록 하는 것이다. 이 입장의 지지자들은 세계화란 우리들이 시장의 효용성을 잘 살려나감으로써 교육, 건강, 여타의 사회적 서비스를 향상시킬 수 있는 방안이라고 믿는다. 세계화는 사람들을 분리시키는 국경을 초월하여 전반적으로 삶을 향상시킬 수 있도록 한다는 것이다. 세계은행이 추진하고 있는 것처럼 발전이란 사회를 변형시켜 전통적 존재와 행위양식으로부터 근대적 양식으로 이행시키는 포괄적 과정이라고 이해하면 발전은 곧 세계화와 동의어가 된다. 이와 관련하여 이전에 세계은행의 주요 경제전문가였던 스티그릿츠가 사회변혁을 가능케 해줄 네 가지 중심영역을 지적한 것은 의미 있는 것으로 볼 수 있다. 즉(GDP, 건강, 읽고 쓰는 능력으로 표현되는) 생활수준 향상, 빈곤감소, 지속가능한 발전 모델과 발전정책에 의거한 환경강화, 모든 사회변혁을 뒷받침해 주는 지속적이며 사려 깊은 정책들을 입안하여 지속적으로 실천해 가는 것이 그것이다.[28]

발전론적 관점에서 견지하는 세 가지 근원적 가치는 책임, 진보, 공정성이다.

(1) 도덕적 주체의 바탕은 책임이다. 여기서 말하는 책임이란 우선 "개인적 태도와 행위에 대한 의무와 책임"[29]을 가리키는데, 실제에서 보면 개인의 행위보다는 사회적 및 공동체적 책임을 더욱 중요시한다. 발전론적 태도는 부유한 사람들과 나라들은 빈곤한 사람들과 나라들에 대해 윤리적 책임 또는 도덕적 의무를 요구한다. 이러한 태도는 20세기 중엽에 본회퍼(Dietrich Bonhoeffer)와 니이버(Richard Niebuhr) 같은 신학자들이 제기한 책임윤리를 반영한 것이다.

(2) 진보가 인간의 목표이다. 발전론의 입장에서 이해하고 있는 좋은 삶은 진보의 가능성에 대한 계몽주의적 믿음에 근거해 있다. 좋은 삶은 결핍, 고통, 조기사망으로부터 자유로운 삶이다. 이들이 목표로 삼는 것은 소비상의 진보가 아니고 빈자들의 신체적 · 정서적 · 정신적 복리를 개선시켜 줄 수 있는 실질적 진보이다. 이러한 의미에서 발전론적 관점에서 보는 진보의 가치와 대기업에 의해 뒷받침되는 번영의 가치

는 크게 다르다. 발전론의 진보는 '오래, 건강하게, 창조적으로 사는 것'을 가리키고, 대기업 옹호자들이 말하는 번영은 '물질적 및 재정적 부'를 가리킨다.[30] 발전론적 입장에서 이해하고 있는 진보 개념의 또 하나의 특성은 서구의 생활수준으로 근접해 가는 것을 모범으로 삼는다는 점이다. 철학적으로 말해서 진보의 이념은 진화론으로 소급할 수 있다. 즉 물리적 세계의 변화와 발전에 관한 다윈의 이론을 윤리학에도 그대로 적용할 수 있다는 것이다. 진보의 개념에는 인간의 의지와 이성이 빈곤과 불화를 극복하고 정복할 수 있다는 믿음이 전제되어 있다. 이 같은 믿음은 과학과 과학적 사고방식이 빈곤으로부터 벗어날 수 있게 해준다는 진보에 대한 적극적인 태도에로 이끌었다.

(3) 공정이 인간을 번영시킨다. 발전론적 논의의 상당부분은 불평등 문제를 향해 있다. 발전론적 연구자들은 점차 세계가 세계경제로 통합되어 가고 있는 가운데 초부국과 초빈국이 분열되는 것에 관해 반복적으로 언급한다. 발전론의 지지자들은 자유가 인간을 번영시켜 준다는 신자유주의의 세계화 모델에 대한 대안으로 공정의 가치가 미래의 세계화 과정을 특징짓게 될 것이라고 주장한다. 공정을 위주로 하는 세계화론은 시장과 법정과 인간관계에 있어서 공평과 정의가 지배해야 한다고 믿는다. 이들은 보다 공정한 사회를 만들기 위해서는 발전과정을 민주화하고 전 세계를 포괄하는 통치구조들을 발전시켜야 한다고 본다. 발전론자들에 있어 공정은 세계화의 조건을 향상시킴으로써 성취될 수 있는 것으로 이해되고 있는데, 이것은 세계은행과 UNDP가 견지하고 있는 입장이기도 하다.

이상과 같은 발전론적 세계화에 관한 논의를 통해 필자는 다음과 같은 사실에 주목한다. 결국 사회발전으로서의 세계화론은 신자유주의에로 경도되어 신자유주의 옹호자들과 세계화에 저항하는 사람들 사이의 중간지대를 대변할 수 없게 되었다는 것이다. 더욱이 발전적 세계화가 교역지향의 성장을 추구함으로써 빈곤문제가 해결될 것이라는 전제를 받아들이는 만큼 그것이 빚어낼 세계는 오늘날의 세계와 별로 다를 바 없을 것이라는 점도 지적할 수 있다. 또한 발전적 세계화 모델은 평등을 중시하는 방향으로 세계의 자원을 배분하는 데 관심을 두는 것이 아니라, 오히려 인간의 기본욕구가 충족되는 한 불평등이 문제되지 않고 지속할 수 있게 해주는 공정성의 가치에 주목하고 있다. 이는 제1세계에 사는 사람들이 3분의 2 세계의 생존을 지원해 주는 한 자신들의 행위를 변경할 필요가 없는 것으로 믿도록 한다. 좋은 삶에 대한 발전론적 시각이 어느 정도의 불평등을 용납한다는 사실은 그것이 정의의 작용을 약화시키는 결과를 낳는다. 인간의 번영과 좋은 삶에 관한 이해는 타인들, 신, 다른 피조물들과의 소통과 상호 의존이라는 맥락에서 폭넓게 이루어져야 한다. 정의, 공정, 인간애, 공동체, 생태계 등의 개념들을 포용하는 세계윤리가 요청되는 까닭이 여기에 있다.

3) 지방화로서의 세계화

세계화에 대한 앞의 두 이론, 즉 신자유주의와 사회발전론은 무엇보다도 경제확장에 중점을 두는 경제주의 이데올로기를 추종하는 것이다. 이 경제 이데올로기는 사람들의 복리와 지구환경보다는 부의 축적을 우선시한다는 면에서 '도덕적 파산자'이며, 수십 년간 경제성장이 이루어져 왔음에도 그 경제성장을 통해 사람들의 삶이 향상되고 빈곤이 제거된 것이 아니라는 면에서 '기능적 파산자'라고 평가할 수 있다.[31] 최근에 이르러 인류공통의 경제적 미래를 규정함에 있어 신고전경제학의 주도적 입장에 도전하는 소리가 일련의 신학자들 및 경제학자들로부터 나오고 있다. 이런 사람들 중의 일단은 지구에 대한 우리의 관계전환이 갖는 근본적 중요성을 표방하고 있는데, 이들을 흔히 '지구중심주의'로 명명한다.

지구중심주의 옹호자들은 환경상의 정의 또는 대지의 정의가 지니는 실천적 문제들에 큰 관심을 갖는다. 그들의 주된 고려는 자신들의 동포 · 가족 · 친구들의 운명, 자신들이 거처하고 있는 지구, 자신들과 더불어 지구를 공유하고 있는 다른 피조물들에 관한 것이다. 지구중심주의의 가장 탁월한 관점들 중의 하나는 인간이 다른 피조물들과 분리될 수 없으며 또한 다른 피조물들보다 우위의 존재가 아니라는 인식이다. 그들의 이해에 따르면 오히려 인간은 피조물들 중의 한 측면에 지나지 않으며, 모든 피조물들은 상호 의존해 있다. 인간은 "실재와 가치에 대한 인간중심적 규범으로부터 지구중심적 규범으로"[32] 나아가야 한다. 지구중심주의자들은 인간중심적 편견이 인간들로 하여금 모든 존재자들이 우리에게 의존해 있을 뿐만 아니라, 거꾸로 우리 또한 타존재자들에 의존해 있음을 깨닫지 못하게 하였다고 믿는다. 이들은 또한 생명이 상호 의존해 있다는 점을 강조한다.

지구중심주의 입장의 옹호자들에게 일반적으로 합의되어 있는 사실은 지구의 생존과 그것이 유지시켜 주는 생활양식이 위기에 봉착했다는 것이다. 이들에 있어 환경악화로 이끈 인간행위는 소수 부유한 사람들의 안락과 이익과 생산성을 위해 생명과 공동체와 대지를 경시한 세 가지 이데올로기적 태도에 입각해 있다. 과소비, 환경민족주의, 수출을 위해 생산을 증대시키는 경제 모델이 그것이다.

지구중심주의 옹호자들은 현행의 지배적인 세계화 양식을 비판하는 것 외에 세계화의 장래에 관하여 다른 비전을 갖고 있다. 이 비전에 따르면 우리가 지구에 관심을 집중할 때 우리의 사회적 · 경제적 · 정치적 정책들이 우리와 다른 피조물들과의 상호 의존성을 반영하게 된다는 것이다. 궁극적으로 지구중심론자들은 지방적인 것으로 전환함으로써 보다 작은 규모의 경제에 의거하게 되는 미래를 희망한다. 달리 말해서 수출지향적 교역, 대량으로 생산되는 식품, 소비재 위주의 세계화 모델로부터 지방화로서의 세계화 모델로 되돌아가고자 한다.[33] 하나의 대안적 모델이 맥퍼그가 말하는 '환경친화적 경제학' 의 형태로 발전하고 있다.[34] 환경친화적 경제학은 "우리가 우리들 상호 간 및 대지와의 깊은 의존성을 인식하지 못하면 … 생존할 수 없다"[35]는 사실을 중시하는 지구중심적 이데올로기에 뿌리박고 있다.

환경친화적 경제운용은[36] ① 지방에서 생산하여 지방에서 소비한다는 원리를 중시한다. 소규모 농장, 이른바 일본의 '얼굴이 있는 농장', 유럽의 '회원제 농장', 미국에서의 '공동체가 지원하는 농업'(CSA)이 모범적 모델로 된다. ② 교역이 생태지역주의 원리를 쫓도록 한다. 생태지역주의는 기업들의 제도적 구성과 세계무역기구를 통해 국가들 간의 경제적 상호 의존성을 증대시키는 경제 모델과는 반대로 경제적 자족 모델에 근거한다. 생태지역주의는 사회가 환경친화적 경제 모델로 조직될 수 있는 한 가지 방안으로 강구된다. ③ 환경정의의 원칙을 중시한다. 사회적 소외층의 사람들이 적절한 보건의료, 맑은 물과 공기, 안전한 일터를 공급받지 못하는 것은 우연적인 것이 아니고 제도적 결점, 인종차별, 끝없는 경제성장의 추구에 따른 결과이다. 그러므로 환경문제는 빈곤, 인종주의, 성차별, 실업, 도시환경 악화, 기업활동 등에서 초래되는 삶의 질 저하와 같은 다른 사회적 부정의와 분리될 수 없는 것이다. 또한 ④ 생활을 단순화시키고자 노력한다.

지구중심론자들에 있어 '좋은 삶' 이란 어떤 것인가? 좋은 삶에 대한 견해에 있어 이들은 앞에서 살펴본 두 이론들과는 판이하다. 우선 이들은 생명과 피조물 전체를 존중한다. 또한 부와 번영이 그 자체로 목적이 아니고 존재자들의 상호 연결성을 중시하는 삶을 이룩하기 위한 수단에 지나지 않는다. 이들의 비전을 보다 구체적으로 들어보자.[37)]

(1) 상호성이 도덕적 주체의 바탕을 이룬다. 인간은 근본적으로 관계적 존재이며 또한 대규모 생태체계의 일부이다. 따라서 개별적 의사결정은 상호성을 존중하는 맥락 안에서 이루어져야 한다. 신자유주의 입장이 개인의 이해관심에 입각하여 의사결정을 하고 사회발전론의 입장이 타자에 대한 책임과 의무감에 의거하여 의사결정하는 데 비해, 지구중심론자들은 도덕주체가 의사결정할 때 고려대상을 개별적 관련범위 너머로까지 확장시킨다. 자신의 삶과 아울러 공존을 생각한다. 지구중심의 패러다임에 있어 선은 곧 공동선으로 이해된다. 다른 존재자 또는 우리들 공동의 세계에 대해 해를 끼치지 않고 피조물들의 공존과 통합을 소중히 여기는 것이 선이다. 상호성이란 이웃, 피조물, 대양, 바람, 대지의 형태로 있는 타자를 존중하는 것이다.

(2) 정의가 인간의 목표이다. 우리의 도덕적 세계가 만물의 통합을 존중하는 데 의거한다면 이러한 통합이 좌우로 분열된 곳에서 우선적으로 수행해야 할 것은 파괴된 관계를 회복하고 의롭지 못한 것을 정의롭게 만드는 일이다. 지구중심론에서의 정의관은 현대세계의 구체적 연관성에 주목할 것을 요구한다. 그리하여 가난하고 소외된 사람들의 불우한 상태를 시정하기 위하여 그들의 권리와 복리를 우선시한다. 나아가 이들은 정의롭고 올바른 관계를 확립하여 피조물들의 공생을 도모하는 일이 인간의 책임이라고 믿는다.

(3) 지속가능성이 번영을 보장해 준다. 지구중심론자들은 단순히

인간의 번영에만 관심을 두지 않는다. 인간이 다른 존재자들로부터 독립해 있는 것이 아니라 주변 존재자들과 상호 관계 속에서 존속하기 때문에 '무엇이 존재자들을 번영시켜 주는가'를 묻게 되고, 그 해답으로 공존적 지속가능성을 받아들인다. 이로써 지구중심론자들은 대지 위 존재자들의 상호 작용과 상호 연관성, 그리고 지속가능성에 비중을 두는 '지방화로서의 세계화' 모델을 제시하는 것이다. 사람들의 일상생활을 지방공동체와 연결시켜 필수품의 대다수를 그곳에서 제공해 주는 생존지향의 경제에 참여하도록 하는 지방화를 추구한다. 그것은 이웃의 존엄과 복리를 더 많이 배려하고 부와 만족이라는 환상보다는 지구에 더 많은 관심을 갖는 것이다. 또한 그것은 인간과 대지와 다른 존재자들이 상호 지원과 상호 보완의 방법을 통해 공존해 갈 수 있음을 역설한다.

지금까지 사람과 사람, 사람과 대지와의 관계회복을 중시하는 지방화로서의 세계화를 점검해 보았다. 그것의 몇 가지 특성을 보자. 우선 생산의 지방화와 자연친화적 경제발전에 대한 강조와 더불어 상호 관계의 맥락을 중시하는 입장은 의사결정에의 참여 증대를 높이 평가한다. 정치경제에 있어 통치와 생산을 지방화시키는 것은 의사결정 과정에 의해 영향받는 사람들은 누구나 대화에 기여할 수 있는 타당한 지혜를 갖고 있다는 믿음에 의거하기 때문이다. 이러한 시각에는 초국가적 규모의 기업통치란 지방 위주의 지식, 생활방식, 지속가능성을 부인한다는 점이 전제되어 있다. 또한 지구중심주의적 입장은 경제적 세계관에 대한 대안 마련을 위해 생태계 및 환경악화에로 시선을 돌린다. 더 나아가 이들은 좋은 삶을 위한 도덕의 중심으로 인간의 존엄성 존중을 재강조하며, 피조물 전체가 번영할 때 인간의 삶도 따라서 번영할 수 있는 것으로 이해한다. 이 같은 지구중심주의 입장과 뒤에서 보게 될 탈식민화 입장은 상호 의존과 타인에 대한 존중을 근본원리로 하는 '공동체 모델'에 입각해 있다.

세계윤리의 확립을 추적해 가고 있는 우리의 맥락에서 보아 환경친화적 경제학, 지속가능성, 주변 존재자들과의 상호 연관성(상호 작용), 부나 소유보다는 인간의 존엄성을 중시하는 것, 만물 전체의 번영을 통한 인간의 번영 추구가 오늘의 세계에서 바람직한 것이라면 이의 실천을 위한 구속력 있는 규범 확립이 요청된다.

4) 신식민주의로서의 세계화

이 입장은 탈식민주의 이데올로기를 반영하는 사회운동들로 특성화되는데, 이들 운동은 억압적 형태의 세계화와 투쟁하거나 혹은 새로운 세계화의 길을 만들어내고자 하는 저항 네트워크로 드러난다. 이들 네트워크는 대체로 3분의 2 세계에 위치해 있고, 또한 세계화란 정치적으로 허약하고 경제적으로 빈곤한 나라들을 종속시켜 통제하는 새로운 형태의 식민주의라는 신식민주의 관점을 공유하고 있다. 세계화를 신식민주의로 이해하는 사람들, 즉 신식민주의 세계화론자들은 대체로 빈곤하고, 참정권이 없으며, 자신들의 전통과 문화가 지배적 세계화 형태인 신식민주의적 현실에 의해 파괴당하고 있다고 느끼는 사람들이다. 흔히 이들 집단을 '인민운동'으로 표현하곤 한다.[38)]

신식민주의론의 주장자들은 세계화란 부와 소유와 안락이라는 새롭고 정교화되고 또 고도로 매혹적인 포장으로 치장한 식민주의 침투를 재현하고 있는 것이라고 주장한다. 신식민주의론에 동조하는 민중들은 자본주의 정치경제학은 원래가 식민화 패러다임이며, 이전의 식민화 관계들이 원료를 착취하는 데 주력했다면 보다 최근의 움직임은 발전도상의 세계를 서구가 지배하는 정치 · 경제관계로 통합시키고 있다고 주장한다. 이러한 시각에서 보면 현행의 세계화는 새로운 위장 하에서 지구 북쪽이 지구 남쪽의 정치와 경제를 다시금 침식하여 지배하는 것으로 이해된다.

신식민주의론자들은 성장과 교역을 목표로 삼고 있는 서구 자본주의의 신고전경제학에 바탕을 둔 정책노선이 3분의 2 세계를 부유한 나라들에 예속시키고 있다고 본다. 특히 세 가지 주요 경제정책,[39] 즉 경제개방, 안정화정책, 자유무역이 빈국들의 경제를 통제하고 있다는 것이다. 신자유주의 세계화론과 발전론적 세계화론이 이런 정책을 빈국들의 발전을 지원하기 위한 것이라고 파악하는 데 반해 신식민주의론자들은 단지 빈국들을 자본주의에 예속시키는 기능을 할뿐이라고 주장한다.

더 나아가 이들에 있어서는 문화적 식민화 역시 비판의 중심대상이다. 문화적 식민화의 대표적 형태는 미국화 과정에 잘 드러난다. 여기서의 미국화는 곧 자본주의 경제정신과 그것이 수출하는 미국 문화 간의 결합을 의미한다. 이러한 결합은 동질화를 추구하여 다른 문화에서 마주치는 차이와 특성을 파괴시키는 형태의 세계화를 낳는다. 문화적 식민화를 주도하는 대표적 방편들 몇 가지를 보자면[40] 대중적 소비양식의 확산을 통한 전통문화 침식, 미디어의 영향력, 교육 등을 들 수 있다. 특히 교육은 일반적으로 발전을 위한 중요한 요소로 간주되고 있지만, 3분의 2 세계에서 교육이 수행되는 방식은 서구에 대한 편견과 지향성을 반영하고 있다. 세계화는 서구적 양식의 초 · 중등 교육 외에도 젊은 사람들에게 직업선택 위주의 기술적 숙련에다 중점을 두는 교역지향의 교육을 증대시켰다. 이런 모델의 바탕을 이루고 있는 서구적 전제는 도시생활을 위한 시장적 기술을 발전시키는 것이다. 이에 비해 세계화를 후기식민주의 또는 신식민주의로 받아들이는 이들의 입장에서는 계속 과밀화되고 있는 도시들에 편입되는 것보다는 지방공동체적 생활을 바람직하게 여겨 그것을 가능케 해줄 방법을 강구하는 것에 관심을 갖는다.

신식민주의론에서는 어떤 것을 좋은 삶으로 이해하는가? 이들이 바라는 좋은 삶에는 공동체, 문화, 자율성이 중심가치를 이룬다.[41)]

(1) 도덕적 주체의 기반은 공동체이다. 신식민주의론자들에 따르면 개인의 선택과 결정을 평가하는 데 있어서 가장 의미 있는 요소는 그가 어떤 공동체의 구성원인가 하는 점이다. 이러한 인식 하에서 많은 집단들은 하나의 공동체로서의 자신들의 정체성을 중요시한다. 이들에 있어 정체성은 특정 공동체들의 맥락 안에서 형성되며, 젊은이들이 자기들 주변세계에 대해 학습하는 것도 이들 공동체를 중심으로 이루어진다. 공동체는 그 안에서 문화가 빚어지고 또한 그 안에서 문화가 함양되며 전달되는 장소이기 때문에 중요하다. 신식민주의론자들은 오직 공동체의 맥락 안에서만 올바른 도덕적 실천이 가능한 것이라고 인식함으로써 신자유주의의 개인주의와는 근본적으로 다른 도덕세계를 인정한다. 이들의 도덕세계에서는 개인의 행위들이 공동의 결과를 갖는 것으로 이해되며, 공동체의 복리가 개인적 의사결정에 우선한다.

(2) 문화가 인간의 목표이다. 신식민주의론자들에 따르면 세계화를 통해 가장 많은 위해를 당하고 있는 분야가 문화이다. 우리는 앞에서 이미 세계화의 흐름이 기업들과 미디어 캠페인들을 통해 전통문화의 표현과 정체성을 약화 또는 파괴시키고 있다는 점을 지적했다. 신식민주의론자들은 이 점을 매우 중요하게 여긴다. 인간의 삶의 목적이란 진

정한 인간이 되는 것이라고 이해하면서 그것은 불가피하게 문화 안에서 이루어 가야 할 일이라고 믿는다. 따라서 인간의 목표에 '좋게' 또는 '올바르게' 기여하는 문화를 이룩하는 것이 바람직하다. 문화는 특정 집단의 활력과 정체성의 표현이며, 사람이 과거와 연결되고 또한 자신들의 신념을 존중하는 방법으로 자신들의 미래를 구축할 수 있게 해주는 바탕이다. 각 공동체는 세계화의 와중에서 그 자신의 문화정체성을 보살피고 유지해 가야 할 책임을 지닌다.

(3) 공동의 자율성이 인간을 번영시킨다. 신식민주의론자들은 자신들의 공동체에 영향을 미치는 세계화의 과정에 능동적으로 참여하고자 하며, 인간을 번영시켜 주는 것으로서 공동의 자율성을 강조한다. 자율성 개념은 '자치'를 의미하는 것으로서 오늘날은 대체로 개인적 자율성을 가리키지만, 신식민주의론자들은 도시국가의 독립적 자치를 뜻했던 원래의 그리스적 뜻으로 받아들인다. 식민주의와 신식민주의의 권력이 3분의 2 세계의 다수인들을 빈곤과 삶의 악화로 내몰아 온 세계에서 자신의 경제, 사회, 정치, 문화의 자원과 계획에 대한 자율성의 열망은 곧 인간의 번영을 위한 새로운 비전을 약속해 주는 것이다. 이들에 있어 인간의 번영은 결핍, 질병, 조기사망으로부터 해방된 삶이며, 또한 모든 사람들이 먹을 것을 생산할 땅을 갖고, 보건의료의 혜택과 교육과 알맞은 임금을 받을 수 있으며, 인종주의가 없어진 세계이다.

이상에서 살펴본 신식민주의로서의 세계화에 관한 논의는 ① 자신들의 자치능력을 제약하는 억압제도를 해체시키려는 욕구로 인해 그들의 시각은 정치중심적이다. 그들은 권력의 민주화를 주요 의제로 삼고 있다. 3분의 2 세계에 있어 권력의 민주화는 세계무역기구 및 브레튼우즈 체제의 활동을 이끌어 가는 현행 정치구조들의 재조정을 요구하며, 또한 이들 제도의 원동력인 자본주의 이데올로기에 대해 재고할 것을 주장한다. ② 신식민주의 입장은 생태학적 정의의 문제를 전면에 부각시키고 있는 것은 아니지만 암암리에 생태중심적 믿음을 견지한다. 이 입장의 세계관을 뒷받침해 주고 있는 우주론적 의식은 지구를 배려하는 도덕규범으로 연결된다. ③ 이들은 다른 한편으로 공동체의 약화를 부추겨 온 도시화 경향과 기업 중심의 세계화를 비판적으로 파악하면서 인간이란 근본적으로 사회의 피조물이며, 사람들의 사회적 복리는 공동체에의 참여로부터 이루어진다는 사실에 대한 도덕적 확신을 실천하고자 한다. 이와 같은 견지에서 세계화의 주도적 형태들에 어떤 변화를 가져오기 위해서는 개인적 생활양식을 수정해야 함은 물론이지만, 현실적으로 실효성 있는 변화는 저항공동체들의 공동적 노력을 통해 가능하다고 본다. 이로써 신식민주의 세계화론은 권력의 민주화, 지구 중심적 또는 생태학적 정의의 구현, 공동체의 활성화, 문화상징들(음식, 의상, 음악, 예술)의 다양성 존중과 공존 등을 보장해 줄 수 있는 세계윤리를 요구하고 있는 것으로 평가할 수 있다.

지금까지의 논의에서 드러난 바와 같이 세계화의 신자유주의 모델과 사회발전 모델, 지구중심주의 모델과 신식민주의 모델이 중간지대에서 만나기는 어려울 것으로 보인다. 인류의 복리를 재산과 권력을 통해 입증되는 성장과 번영이나 아니면 인민의 자치나 지구의 평화 중의 하나에 의존하는 것으로 이해하는 한 중간의 공동지대는 존립할 수 없다. 특히 각 모델의 이데올로기들이 추구하는 가치들 간의 편차는 서로 간의 만남과 공존을 어렵게 한다. 결국 자본주의적 과잉을 '개혁'하는 것만으로는 이들 세계관의 이질성을 충분히 넘어설 수 없다. 따라서 새로운 길을 찾아야 한다. 오늘날의 세계를 지배하고 있는 부당한 세계화 형태들을 변혁시키고 기대되는 세계화를 지원해 줄 수 있을 방편을 필자는 전 인류에게 공통적인 기본윤리로서, 그리고 구속력 있는 규범, 최종적 표준, 개인의 태도에 대한 근본적 합의로서의 '세계윤리' 에서 기대하고자 한다.

5) 국가, 지역, 문화가 다르고 각 종교의 윤리적 명제가 때로는 모순되는 상황에서 세계윤리를 구체화하고 공식화하는 것이 가능한가? 필자는 구체적 세부내용을 지닌 '최대한의 윤리' 보다는 선악에 대한 기본태도와 인간의 행위를 규제해 줄 근본원리 및 중간원리, 즉 '최소한의 윤리' 에 대한 전 세계적 합의를 도모함으로써 우리가 기대하는 세계윤리의 정립이 가능하다고 믿는다. 무엇보다 '합의' 가 중요하다. 여러 가지 세력에 의거하여 단일한 윤리를 부과하려는 시도는 세계성을 획득할 수가 없다. 우리는 최근의 공산주의 붕괴와 이슬람교의 반세속주의의 실패를 그 실례로 들 수 있다. 그러하다면 합의도출은 어떻게 가능한가? 대화, 즉 담론에 의거하는 것이다.

각기의 세계화 이데올로기들이 지향하는 세계관의 차이, 문화상대주의에서 기인하는 가치평가와 도덕규범의 다원화는 우리의 보편가치 추구에 혼란을 가져다 준다. 이 같은 사정에 대처할 수 있는 최적의 방법은 인간의 언어적 소통행위 및 '의사소통적 합리성' 개념에 의거하는 담론윤리적 접근법이다. 갈등과 분화, 대결과 자기 중심적 테러, 다원성과 이질성을 조정하여 화해시킬 수 있는 합리적 절차는 담화 · 협의 · 논증으로서의 담론을 통해 합의와 상호 이해를 도모하는 일이다.[42] 실천의 맥락에서 보다 구체적으로 고려해 보면[43] 다음과 같은 절차나 방안들이 가능하다. ① 각 연구기관은 다양한 분야의 전문가들로 하여금 자체 내에서, 그리고 다른 기관 출신자들과 연대하여 세계윤리를 논의할 수 있다. ② 주요한 종교 및 윤리단체들이 각기의 입장에서, 그리고 다른 단체들과의 대화를 통해 세계윤리를 탐구하도록 할 수 있다. ③ 윤리학 분야의 탈종교적이며 탈이데올로기적인 학자들로 협동적 '연구단체들'을 만들어 이 중요한 과제를 다루도록 할 수 있다. ④ 세계의 주요 종교와 윤리학 연구단체의 최고 전문가들로서 영구적인 세계윤리연구센터를 만들어 지속적이며 광범한 연구를 수행하게 하는 방법도 가능하다.

이 같은 맥락에서 보자면 지금의 이 작업은 세계윤리 담론에의 적극적 참여로 이해되어야 한다. 필자는 지금까지 밝혀온 세계화 이데올로기들의 관점과 가치지향들을 기억하면서 대화와 협의의 방법에 의거하여 세계윤리를 구축한 모범적 선례로서 1993년 9월 4일에 세계종교회의 대표자들이 작성한 '세계윤리를 향한 선언'을 검토하고자 한다. 이를 통해 세계윤리 구상을 한층 발전시킬 수 있으리라고 기대하기 때문이다.

4. '세계윤리를 향한 선언'

1) 이 선언의 성격과 구성을 이해함에 있어 먼저 이 선언이 종교 대표들의 협의라는 형식과 절차에 의거했다는 점을 평가할 필요가 있다. '선언'은 세계의 여러 지역들로부터 6,500여 명이 참석한 가운데 1993년 8월 28일부터 9월 4일까지 개최된 세계종교회의에서 그 대표들에 의해 토론되고 참석자 대다수가 서명하여 이루어진 것이다.[44]

'선언'[45]은 먼저 오늘날의 윤리적 문제상황, 즉 "세계는 지금 앓고 있다. 평화는 우리를 비껴가고 지구라는 행성은 파괴되고 있으며, 이웃은 두려움에 떨고 있고, 남자와 여자는 서로 소외되어 있으며, 아이들이

죽어가고 있다"[46]는 사실을 자각하는 일에서 출발한다. 이어서 선언은 우선적으로 가족과 공동체, 인종과 국가와 종교들을 포함하는 삶의 모든 영역에 부합하는 최종적이며 무조건적인 규범의 필요성을 강조하면서 종교들의 가르침에서 이에 관한 일련의 공통적 핵심 가치들을 찾아내고자 한다.

선언에 따르면 우리는 세계적 종교들의 가르침에서 인간행위를 위한 지침들을 발견할 수 있다.[47] 세계의 종교적 가르침들 속에 이미 존재하고 있는 규범들이 세계의 모든 문제들에 대해 직접적 해결책을 마련해 주는 것은 아니지만, 그것은 보다 나은 개인적 및 세계적 질서를 위한 도덕적 지침을 마련해 준다. 그리고 선언은 세계윤리의 기반이 될 종교들 간의 합의, 즉 "구속력 있는 가치(규범), 최종적 표준, 근본이 되는 도덕적 태도"에 대한 최소한의 합의가 이미 존재하고 있음을 확인한다.[48] '선언'은 나아가 윤리적 지반의 확립 없이는 인간의 모든 성취가 신뢰할 수 없게 된다는 사실도 아울러 지적한다. "법률, 규정, 협약만으로는 보다 나은 세계질서를 창조 또는 강화할 수" 없고, "도덕 없는 권리는 지속될 수 없으며, 세계윤리 없이는 보다 나은 세계질서가 불가능"하기 때문이다.

2) '선언'으로 표명된 세계윤리는 앞에서 지적한 바와 같이 구체적인 '최대한'의 윤리(너무 많은 자질구레한 것들과 특정 관심사들을 포함시키려는 시도)가 아니라 '최소한'의 윤리적 구성(일련의 기본적 및 중간적 윤리원칙들)을 지향한다. '기본원칙'을 중심으로 하여 '네 가지 광범하고 오래된 지침'(네 가지의 변경할 수 없는 방향, 즉 인류의 불가피성)으로 발전한다.

"모든 사람은 인간답게 대접받아야 한다"는 것이 기본원칙이다. 이는[49] 모든 사람은 연령, 성, 피부색깔, 신체적 혹은 정신적 능력, 언어,

종교, 정치적 견해, 국가적 혹은 사회적 출신의 구별 없이 양도할 수 없고 비길 데 없는 존엄성을 갖고 있다는 사실을 의미한다. 모든 사람은 개인이건 국가건 이러한 존엄성을 존중하고 또 그것을 보호해야 한다. 또한 인간은 언제나 권리의 주체가 되어야 하며, 그 자체 목적이어야 한다. 언제 어디서나 상업화와 산업화의 단순한 대상이 되어서는 안 된다. 어느 누구도 또 어느 무엇도 선악을 초월할 수는 없다. 이성과 양심을 지닌 모든 인간은 진정으로 인간답게 행동해야 한다.

이를 위한 '최종적이며 무조건적 규범' 이 곧 수천 년 동안 인류의 수많은 종교와 윤리의 전통으로 표현되고 지속되어 온 '근본원리' 로서의 황금률이다. "네 자신이 원하지 않는 것은 다른 사람에게도 행하지 말라." 달리 적극적으로 표현하면 "네 자신이 바라는 바를 남에게 행하라" 이다.[50] 이것은 가정, 공동체, 민족, 국가, 종교 등 삶의 모든 영역에 있어 정언적 명령이며 절대적 규범이다. 황금률의 의미함축은 ① 위에서 말한 '기본원칙' 으로서 인간은 언제나 단순한 수단이 아닌 목적으로, 단순한 대상이 아닌 주체로 대우받아야 한다는 것 외에도 ② 자신을 방어할 수 없는 사람은 자신을 방어할 수 있는 사람들에 의해 보호받아야 한다는 것, ③ 인간 밖의 존재자들 역시 그들이 존재한다는 사실로서 존중받고 대우받아야 한다는 것이다.[51]

하나의 기본원칙 및 황금률로부터 종교들과 윤리적 전통들 대부분에서 발견되는 것으로서 인간행위를 위한 '네 가지의 광범하고 오래된 지침' 이 나온다.

첫째, 비폭력 문화와 생명존중에 대한 헌신.[52] 인류의 아주 오래된 종교적 및 윤리적 전통에서 우리는 '살인하지 말라' 또는 적극적으로 표현하여 '생명을 존중하라' 는 지침을 발견한다. 이를 새롭게 "모든 사람은 그들이 타인의 권리를 훼손시키지 않는 한 생명, 안전, 개성의 자유로운 발전에 대한 권리를 지닌다"고 표현할 수 있다. 이 지침은 ① 생명존중, ② 평화적 갈등해소, ③ 젊은이들의 비폭력 문화에 대한 학습, ④ 다른 동·식물의 생명에 대한 보호, ⑤ 타자에 대한 배려를 포괄하는 것이다.

둘째, 결속(일체성)의 문화와 정의로운 경제질서에 대한 헌신.[53] 전체주의적 국가사회주의와 방종한 자본주의가 많은 윤리적 · 영성적 가치들을 흡수 · 파괴해 버린 오늘의 세계에서 유물론적 마음가짐이 이익에 대한 끝없는 탐욕을 부채질하고 발전도상국에서나 발전된 나라들에서나 똑같이 부패라는 암적인 사회악이 번성하고 있는 가운데서 결속과 정의에 대한 기대는 그만큼 더욱 절실해지고 있다. 인류의 아주 오래된 종교적·윤리적 전통들에서 우리는 '도둑질하지 말라' 또는 적극적으로 표현하여 '정직하고 공정하게 거래하라'는 지침을 발견한다. 이 지침은 구체적으로 다음의 것들에 역점을 둔다. ① 누구든 타인의 것이나 공공의 것을 훔치거나 자의적으로 처분할 수 있는 권리를 갖지 않는다. ② 세계의 정의 없이 세계의 평화 없다. ③ 젊은이들은 소득에는 상응하는 의무가 따르며, 소득의 활용은 동시에 공동선에 기여해야 한다는 것을 학습해야 한다. ④ 정의로운 경제제도를 구축하기 위해서는 모든 국가들과 국제기구들이 동참해야 한다. ⑤ 참다운 인간이 되기 위해서는 경제력 및 정치력을 '인류에 봉사하는 방향으로' 활용해야 하고, 이해관계의 합리적 균형을 이룰 수 있도록 '상호 존중과 배려심'을 함양해야 하며, 돈과 명성과 소비에 대한 '절제심과 겸손'을 소중히 여겨야 한다.

셋째, 관용의 문화와 신뢰의 삶에 대한 헌신.[54] 세계의 많은 사람들은 정직하고 진실한 삶을 살고자 노력하고 있지만 거짓과 기만, 사기와 위선, 이데올로기와 선동이 끊이지 않고 있다. 인류의 아주 오래된 종교적 · 윤리적 전통에는 '거짓말하지 말라' 또는 적극적으로 표현하여 '진실하게 말하고 행동하라'는 지침이 들어 있다. 따라서 ① 누구든, 어떠한 국가나 교회나 공동체도 다른 사람들에게 거짓말해서는 안 된다. ② 특히 우리가 그들에게 진실을 보호하도록 직책을 허용한 '대중매체 종사자들', 예술 및 학문의 자유를 위임받은 '예술가 · 작가 · 과학자들', 우리 자신의 자유를 위탁한 '국가의 지도자들과 정당들', '종교의 대표자들'에게는 더욱 이 지침의 준수가 요구된다. 진실함과 사람다움이 없이는 세계정의가 없다. ③ 젊은이들은 가정과 학교에서 '진실하게' 생각하고 말하고 행동하는 것을 배워야 한다. ④ 위대한 종교와 윤리의 전통들이 지닌 정신에 의거해 볼 때 진정으로 사람답게 되기 위해서는 자유 · 자율 · 다원주의와 진리에 대한 무관심을 혼동하지 않아야 하며, 모든 관계에서 진실성과 항심과 신뢰성을 유지해야 한다.

넷째, 평등한 권리의 문화와 남성과 여성 사이의 협력에 대한 헌신.[55] 전 세계적으로 많은 사람들이 사랑과 성과 가정의 영역에서 협력과 책임의 정신으로 살아가고자 노력하고 있지만 또한 세계 도처에는 비난받을 만한 가부장제, 다른 성에 대한 일방적 지배, 여성에 대한 착취, 아동들에 대한 성적 학대와 강제 매춘이 존재한다. 인류의 오래된 종교와 윤리의 전통에는 '성적으로 부도덕한 일을 범하지 말라' 또는 적극적으로 표현하여 '서로 존중하며 사랑하라'는 지침이 들어 있다. 이 지침의 의미를 보다 구체화시켜 보자. ① 어느 누구도 다른 사람의 성을 지배할 권리를 갖지 않는다. ② 성에 있어 협력적 공동생활 없이 진정한 사람다움은 있을 수 없다. ③ 젊은이들은 성욕이란 부정적 · 파괴적 · 착취적 힘이 아니라 창조적이며 긍정적 · 생산적 힘임을 배워야 한다. ④ 남녀관계는 간섭과 착취가 아니라 사랑, 협력, 신뢰에 의거해야 한다. ⑤ 결혼이라는 사회제도는 그것의 문화적 · 종교적 다양성에도 불구하고 사랑, 관대함, 지속성을 지녀야 한다. ⑥ 종교와 윤리들의 전통에 의거해서 볼 때 성의 차원에서 진정으로 사람다워지기 위해서는 남녀가 서로 존중하고 서로 협력하며 서로 이해해야 하고, 어떤 형태의 소유이건 거기에는 상호 배려, 관용, 조화, 사랑이 뒷받침되어야 한다.

'선언' 은 이상과 같은 원칙과 지침들에 관한 논의에 이어 지구상의 생활을 개선하기 위해서는 개인과 공공생활에 있어 의식변화를 이루어야 한다고 강조한다.[56] 그리고 '많은 논란을 불러일으키는 윤리적 문제들' 에 관해서는 설령 해결을 위한 보편적 합의가 어렵더라도 '선언' 을 다듬는 협동적 과정에서 이루어낸 근본원리(원칙과 지침)들에 의거하여 적합한 해답을 찾고자 노력할 것을 권장하고 있다.

3) 네 가지 지침이 의존하고 있는 핵심 가치는 평화와 생명존중, 성실과 정직(정의), 진실성과 신뢰, 남녀 간의 상호 존중인데, 이들 근본적인 윤리적 요구는 역시 오래된 모든 종교들 속에 지침으로 구체화되어 있음을 확인할 수 있다. ① 살인하지 말라. ② 도둑질하지 말라. ③ 거짓말하지 말라. ④ 성적으로 부도덕한 짓(간음)을 하지 말라 등이 그것이다. 이 같은 가치와 지침을 중심으로 하는 '세계윤리' 는 다음과 같은 특성을 지니는 것으로 평가할 수 있다.

첫째, '세계윤리' 는 과거에 근거해 있는 윤리적 합의를 선언하고 있지만 그것은 미래를 위한 윤리적 과제를 확인시켜 준다.

둘째, 최소한의 윤리와 최대한의 윤리를 구별하고 있다. "세계윤리는 세계적 이데올로기나 현존하는 모든 종교들을 압도하는 한 종교의 지배를 뜻하는 것이 결코 아니다. … 세계윤리는 구속력 있는 가치에 대한 근본적 합의를 뜻한다."[57] 성경들은 최대한의 윤리를 제공해주고 있지만 '선언' 은 단지 최소한의 윤리를 제시하고 있다.

셋째, 선언의 내용은 왜곡된 절대주의로 경도되지 않으면서도 상대주의라는 난관을 현명하게 타개하고 있다.[58] 세계윤리의 우선적 유용성은 다원주의에 대한 극단주의(상대주의와 절대주의)자들의 논거를 완화시킬 수 있는 능력에서 온다. 선언은 상대주의자들에게는 절대적인 가치가 존재한다는 사실을 확인시켜 주고, 절대주의자들에게는 그들이 자랑하는 진리란 그들만의 배타적인 소유물이 아니고 다른 곳에서도 발견할 수 있다는 사실을 주지시켜 준다.

이런 면에서 '세계윤리'는 다양한 자료와 표현들을 통해 종교전통들 자체 안에 자기 비판의 불을 지펴주기도 한다. 건강한 신앙은 자유로운 탐구나 스스로의 의문에 개방적인 것이다. 근본주의자들에게 공통적인 왜곡은 자기 비판을 보장해 주지 못하는 것이다. 전체적 시각에서 보아 '세계윤리를 향한 선언'이 지구공동체, 다문화 사회, 상호 문화적 정의, 공생과 공영을 기원하고 있는 현황의 세계화 시대에 부응하는 최소한의 규범적 · 규제적인 원칙을 마련하고자 노력한 점은 높이 평가받아야 한다.

5. 맺는 말

1) 이제 인류는 지구공동체에 진입하고 있다. "15, 16세기는 세계가 둥글다는 것을 입증한 발견의 항해를 경축하였으며, 18세기는 최초의 보편적 인권선언을 목격하였다. 20세기의 우주정복은 사람들로 하여금 우리의 지구를 … 말 그대로 하나의 세계로 바라볼 수 있게 하였다."[59] '지구공동체', '세계시민'으로서의 자질과 규범이 요망되는 시

대이다.

2) 세계화 시대에 도덕적 갈등을 빚음과 동시에 윤리적 문제에 대한 대응을 강구하도록 하는 세계화의 이데올로기들을 네 가지로 대별하여 논의하였다. 이데올로기들의 시각차는 그것들이 입각해 있는 가치관점에서 비롯하는 것이었다.

(1) 신자유주의적 세계화론, 즉 세계화의 신자유주의 이데올로기는 ① 개인주의, ② 번영, ③ 자유의 가치를 중요시한다.

(2) 사회발전적 세계화론, 즉 발전론적 세계화 이데올로기는 ① 책임, ② 진보, ③ 공정의 가치를 지향한다.

(3) 사람과 대지와의 관계회복을 중심으로 삼는 지방화로서의 세계화, 즉 세계화에 대한 지구중심적 접근법은 ① 상호성, ② 정의, ③ 지속가능성의 가치에 근거해 있다.

(4) 신식민주의적 세계화론, 즉 세계화에 대한 신식민주의 이데올로기는 ① 공동체, ② 문화, ③ 공동체적 자율성을 강조한다.

이 같은 다양한 성격의 세계화는 여러 가지 갈등과 대립을 조성하고 있는데, 이들 문제에 대한 바람직한 접근방법은 모든 문화와 사회들이 함께 인정하는 이념, 가치, 규범에 의거하여 전 지구적 형태의 해결을 도모하는 일이다. 국가적으로나 국제적으로 보다 나은 사회질서는 법률, 규정, 협약만으로는 불충분하고 근본가치에 대한 공통의 믿음에 바탕을 둔 윤리가 뒷받침되어야 한다. 모든 윤리는 개인적 영역에서든 아니면 사회적 혹은 세계적 영역에서든 언제나 갈등의 상황과 의무의 알력과 대결한다.

세계윤리의 요망에 부응하면서 대화와 토론과 합의의 방법에 의거하여 탄생된 것이 세계종교회의의 '세계윤리를 향한 선언' 이었다. 선언은 "역사적으로 볼 때 대종교들이 지니고 있는 구체적인 윤리규범, 가치, 통찰, 그리고 주요 개념들은 매우 복잡한 사회의 역동적 과정을 거치면서 형성되었다는 점"에 주목하면서 "하늘이나 도 또는 성서나 기타 경전으로부터 확고한 윤리적 해결을 도출해내는 작업"[60]의 소산이었다. 선언을 통해 드러난 '세계윤리' 는 "모든 사람은 인간적으로 대우해야 한다"는 '기본원칙' , 그 실천양식으로 수천 년 동안 인류의 수많은 종교와 윤리의 전통 속에서 표현되고 지속되어 온 '하나의 원리' 인 황금률, 그리고 거기로부터 도출한 바 인간행위를 위한 네 가지의 광범하고 오래된 지침으로 구성되어 있다. 선언의 작성자들이 역설하듯 선언으로 표명된 이 세계윤리가 그 명칭에 걸맞게 합당한 과정을 거쳐 보편적 내실을 갖추게 되었는지는 더 검토해야 할 일이다.

우선 '선언' 의 작성과정에 잠시 주목해 보자. 종교는 신앙인, 특정 집단의 성원, 관련 참가자들만에 한정되는 것이 아니고 트레이시가 지적하고 있는 것처럼[61] 모든 탐구자들이 답파해야 할 공동의 '고전' 으로서 모두가 신중히 돌이켜 보아야 할 공공의 유토피아적 상징이며 서사이다. 이런 면에서 보면 '세계윤리를 향한 선언' 은 하나의 윤리선언임과 동시에 인류의 고전들에 대한 하나의 탐구이다. 그러한 차원에서 선언은 모든 독자들로 하여금 삶의 윤리적 특성, 근본태도, 가치, 생의 열망에 관심을 갖도록 하고 현대인의 삶이 지닌 딜레마와 위기에 도전하도록 고무하고 격려한다. 다른 한편 선언은 "존경과 이해 대신에 광신과 비관용을 설교한" 이전의 종교 대표자들을 비판하고 있지만 종교 간의 상호 작용을 위해서는 불가피하고 또 정당한 작업인 종교에 대한 학문적 판단으로서의 상호 비판에 대해서는 아무런 말이 없다. 선언에서는 자기 비판적 반성은 권장되고 있지만 다른 사람에 대한 비판은 분명코 관심 밖의 일이다. 이는 선언이 합의도출이라는 의욕에 압도되어 있기 때문인 것으로 보인다.

그 밖에도 선언과 관련하여 오카너[62]는 '누구의 합의인가?', 어떤 맥락에서, 그리고 누구의 이해관심으로부터 여기서 말하는 '근본적'인 윤리지침과 태도를 전 지구에 걸쳐 중심적이며 범문화적인 것이라고 판단할 수 있는가? 하는 문제를 제기하고 있는 점에 우리도 공감한다. 이세크(Farid Esack)[63]는 ① 종교의회 총회의 멤버 선출과정, ② 세계윤리에 관한 문서가 작성된 과정, ③ 세계 피억압인민의 자유권 선택의 문제, ④ 개인과 사회경제적 구조가 동시에 변해야 한다고 주장하면서 모든 변화는 우선 개인에게서 비롯되어야 한다는 입장에 반대하는 점 등의 문제들을 제기한다. 그러나 이세크도 오카너도 세계윤리를 공식화하는 기획에는 전혀 반대하지 않는다. 이로써 보건대 '선언'의 작성 면에 일부의 결함이 있다 하더라도 그것이 선언의 존재 자체에 어떤 훼손을 주는 것은 아님을 알 수 있다.

3) 우리의 과제인 세계화 시대의 세계윤리 탐구라는 시각에서 볼 때 세계화의 네 가지 이데올로기들이 표방하고 있는 12가지 가치들과 '선언'에서 강조하고 있는 네 가지의 보편적이며 지속적인 가치(지침)들을 포괄하면서 한 걸음 진전하는 일이 가능하다고 본다. 본질과 현상이라는 대비적 개념에 의탁하여 말하자면 '선언'이 담고 있는 윤리내용들은 본질의 수준으로 치우쳐 있다. 더욱이 선언에서 강조하고 있는 가치덕목들이 인간 중심의 전통종교와 윤리사상으로부터 유래한 것이기 때문에 정치, 문화, 사회, 경제의 차원들을 포괄하지 못하고 지나치게 인간의 심성 또는 품성도야의 면으로 기울어 있고,[64] 그와는 달리 세계화

의 이데올로기들이 지향하는 가치이념들은 실제적이며 구체적 현실문제들에 집중해 있는 것으로 평가할 수 있다. 따라서 양자를 연결하여 상호 보완시켜 줄 수 있을 중간지대 또는 상위개념을 설정하여 세계윤리의 보다 향상된 근본틀을 구축할 필요가 있다. 이를 위하여 '사람다운 좋은 삶'[65]을 지향이념으로 자리매김하고 그 실천요건으로 ① 목적존재로서의 인간의 존엄성, ② 권력관계의 민주화, ③ 경제정의, ④ 주민의 복지, ⑤ 지구환경에 대한 배려 등의 개념을 제시한다. 이들의 의미를 정리해 보자.

(1) **목적존재로서의 인간의 존엄성.** '선언' 에서 강조하는 '기본원칙' 과 진실성, 신뢰 및 인간의 상호 존중을 포괄하며, 세계화 이데올로기들이 중시하는 자유, 책임, 상호성, 공동체 등의 가치덕목들이 이와 관련된다.

인간의 존엄성에는 이성과 성숙, 양심의 자유, 종교자유(종교를 위한 자유와 종교로부터의 자유), 그리고 오랜 역사 속에서 관철되어 온 인권 등이 속한다. 인간은 그 자체 존엄한 존재로서 언제나 단순한 수단이 아닌 목적으로, 단순한 대상이 아닌 주체로 대우받아야 하고, 자신을 방어할 수 없는 사람은 그렇게 할 수 있는 사람들에 의해 보호되어야 한다.

(2) **권력관계의 민주화.** '선언' 의 평화와 생명존중, 성실과 정직(정의)의 덕을 포괄하며, 세계화 이데올로기들의 개인주의, 자유, 책임, 공정, 정의, 공동체적 자율성의 가치들과 직접 혹은 간접으로 연결된다.

오늘날 경제 엘리트와 그들에게 수반된 이데올로기의 힘과 영향력의 증대가 세계 민주주의 대부분의 통치방식(인민의 지배)을 사실상 금권정치(부유한 엘리트의 지배)로 바꾸어 놓았다. 부유한 엘리트들이 정치적 의사결정을 조작하고 공감하는 정치지도자를 선출하는 데 부당하게 영향력을 행사한다. 또한 시장이 민주적 과정을 약화시켜 인민의 사회적 복리보다는 시장이 오히려 더 강력하게 우리의 정치적 의제를 좌우한다. 정의와 민주주의가 약화 또는 퇴행하고 있다. 지금의 세계에서 권력관계의 민주화는 필수적이며 또한 강력한 도전이다. 인간공동체로서 우리는 민주주의의 원리와 통치방식의 중요성을 재확인하고, 그와의 연관 하에서 기업과 시장의 목적 및 기능을 바르게 살려나가야 한다. 더 나아가 우리는 시장과 기업을 인간과 지구를 보살피는 유용한 도구로 활용할 수 있어야 한다.

(3) **경제정의**(빈부격차 해소). '선언'에서 말하는 성실과 정직(정의)의 덕에 부응하며, 세계화 이데올로기들의 번영, 진보, 책임, 공정, 정의, 지속가능성의 가치들과 연결된다.

세계의 현존문제들 가운데 많은 것들, 예컨대 다수의 사람들이 빈곤 속에 살고 있는 것, 주변여건이나 경제상의 이유로 난민이 증가하고 있는 것, 빈부격차 등은 현재의 자본주의 세계질서에 중대한 결함이 있음을 말해주는 것이다. 뿐만 아니라 신고전주의 이데올로기는 유독성 폐기물과 배기가스, 안정성이 뒤지는 노동조건, 저임금노동자들의 도덕적 문제에 관여할 메커니즘을 갖고 있지 않다. 효율을 극대화시키고자 하는 기업들의 입장에서는 결국 비용을 낮추는 것이 효율성, 따라서 이익을 증대시키기 때문이다.

3분의 2 세계 내의 가공공장을 위시하여 신자유주의 이데올로기의 주도 하에서 빚어지고 있는 제조 및 생산공장들의 자유로운 국적이동은 노동력에 대한 부당한 착취를 낳고 있다. 인간으로서 그리고 소비자로서 제1세계 시민들은 자신들의 소비생활이 3분의 2 세계에서의 비양심적 노동조건과 임금실태에 직접적으로 연계되어 있다는 현실을 인정해야 한다. 이 같은 사정 하에서 인간적인 책임을 자각하는 첫 단계는 우리의 문화, 심지어는 우리의 종교까지도 과소비, 탐욕, 무관심 등으로 아주 정교하게 짜여 있음을 직시하면서 세계 경제에 의해 인위적으로 은폐되어 있는 책임 관련성을 분명하게 이해하는 일이다. 따라서 개인주의와 탐욕에 뿌리박고 있는 지배적 세계화 양식에서 벗어나 정의와 생명을 소중히 여기는 세계화 모델로 전환해야 한다.

세계화의 새로운 시대를 열기 위해서는 현재 세계의 경제정책과 실천을 지배하고 있는 자본주의적 경제 패러다임을 근본적으로 수정해야 한다. 삶에 있어서의 경제의 역할을 달리 이해하는 것은 가치, 이상, 그리고 기업들과 경제계의 정체성까지를 변환시키는 것을 의미한다. 여기서 결정적인 점은 기업이 돈을 버는 것 이상에 관심을 가져야 한다는 것이다. "기업의 궁극 목적은 단순히 돈을 벌기 위함이 아닐 뿐더러 또 그렇게 해서도 안 된다. 또한 기업은 오로지 물건을 만들어 판매하는 시스템에 그치는 것도 아니다. 기업의 약속은 서비스, 창조적 관여, 윤리적 철학을 통해 인류의 총체적 복리를 증진시키는 것이어야 한다."[66] 기업의 정체성이 도덕규범을 반영하는 방향으로 변해야 한다.

⑷ **주민의 복지.** '선언이 열망하는 진실, 신뢰(진실함과 사람다움), 상호 존중이, 그리고 세계화 이데올로기의 가치들 중에서는 번영, 진보, 상호성, 공동체, 문화, 지속가능성 등이 관련된다.

주민의 복리증진을 위해서는 우선적으로 자신들의 소망과 뜻을 관철시킬 수 있는 공동체의 강화가 필요하다. 인간은 상호 의존적 사회관계 속에서만 인간적일 수 있다. 인간은 좋은 것이든 나쁜 것이든 서로 나누어 가지고 있으며 서로 연결되어 있다. 그러함에도 최근의 가속되고 있는 세계화의 진행 속에서 개인적 탐욕과 과소비가 조장되고 노동인력의 이동이 확산됨에 따라 인간의 특성으로 이해되어 온 공동체적 결속의 직물이 해체되고 있다. 많은 사람들의 사회적 고립이 심화되고,

그것은 다시금 예상 밖의 수많은 위기들을 효과적으로 관리할 수 없도록 한다.

주민의 복리를 위해서는 우리 사회를 점차 병들게 하고 있는 사회적 고립화로부터 벗어나 주민들의 필요를 충족시켜 줄 전략을 유효하게 행사할 수 있을 공동체를 공고화시켜야 한다. 공동체의 재건은 사회관계와 공공정책의 바탕인 협력과 단결을 이룩해 주는 광범한 정서적 공동체의 형태로 이루어질 수 있다. 공동체를 조직하여 적극적으로 정치 · 경제적 논의에 참여할 때 강력한 공동체의 정체감이 형성되고, 현행의 지배적 세계화 패러다임을 교정하고자 하는 저항이 가능해지며, 이러한 일련의 행위들을 통해 주민들 자신의 실질적 복리를 도모할 수 있다.

⑸ **지구환경에 대한 배려.** '선언'의 평화와 생명존중의 덕목과 세계화 이데올로기의 지속가능성 가치가 여기에 포괄된다.

현재의 지배적인 세계화 패러다임, 예컨대 신자유주의적 세계화 및 신식민주의적 세계화 따위는 지속불가능할 뿐만 아니라, 삶을 가치 있게 하고 공동체를 부양시켜 주는 도덕의식과는 어긋나는 지배적이며 위계적인 제도이기 때문에 거부해야 한다. 대지는 현재의 방식으로 계속 성장과 산업자본주의를 유지해 갈 수 없는 것이 사실이다. 또한 지금의 우리들 정신상태로는 복합적인 세계화 이데올로기들에 의해 야기된 파편화되고 원자화된 사회질서를 유지해 갈 수 없다는 사실을 인식하는 것도 마찬가지로 중요하다. 현행의 지배적인 세계화 추동세력들은 불가피하게 절망적인 불평등과 환경악화를 초래하고 있다. 이 지구상에서의 건강하고 지속가능한 삶을 위해서는 현재의 지배적 이데올로기와 더불어 인류의, 특히 세계적 엘리트들의 습관과 생활방식을 지속가능한 양식으로 변화시켜야 한다. 지구사랑은 인간과 자연의 공존을 위하고 모든 존재자들의 존속을 가능하도록 해줄 기본요건이다.

4) 세계는 지금 경제, 정치, 문화, 생태계 등에 걸쳐 다양한 유형의 위기를 체험하면서 고통 속에 있다. 그러므로 보다 나은 세계의 평화와 질서를 위한 세계윤리를 갈망하고 있다. 세계윤리 없이 세계질서와 평화는 불가능하기 때문이다. 이 탐구는 '사람다운 좋은 삶' 이라는 이념적 목표를 지향하면서 세계윤리 구축을 위한 다섯 가지 중심개념을 제시하였다. 이들을 실천의 맥락으로 보다 구체화시키는 과제가 뒤따른다.

주

1. '세계화'의 개념적 이해에 관해서는 조태훈, "세계화에 대한 진단과 제언", 『국민윤리연구』, 제60호(한국국민윤리학회, 2005), 제II절 참고.
2. Marcelo M. Suarez–Orozco and Desiree Baolian Quin–Hilliard, "Globalization : Culture and Education in the New Millenium", in *Globalization* (University of California Press, 2004), 14쪽.
3. Roland Robertson, *Globalization : Social Theory and Global Culture* (Sage Publication Ltd., 2000), 8쪽.
4. Anthony Giddens, *The Consequences of Modernity* (Cambridge : Polity, 1990), 64쪽.
5. "The Declaration of the Parliament of the World Religions", in *A Global Ethic and Global Responsibilities : Two Declaration*, ed., by Hans Küng and Helmut Schmidt(London : SCM Press Ltd., 1998), 3쪽.
6. Ibid., 3, 7쪽.
7. Nicolas C. Burbules, Carlos Alberto Torres, ed., *Globalization and Education* (New York London : Routledge, 2000), 9–11쪽.
8. E. V. Stonequist, *The Marginal Man* (New York : Scribner and Sons, 1937), 15쪽.
9. J. J. Arnett, "The Psychology of Globalization", *American Psychologist*, 57(10), 2002, 778쪽.
10. Leonard Swidler, ed., *For All Life : Toward Universal Declaration of a Global Ethic* (Ashland, Oregon : White Cloud Press, 1999), 5–11쪽 참조.
11. Ibid., 11쪽.
12. Howard Gardner, "How Education Changes : Consideration of History, Science, and Values", in Marcelo M. Suarez–Orozco and Desiree Baoliam Qin–Hilliard,

ed.(2004), 250쪽.

13. Vermon Ruland, *Conscience Across Borders : An Ethics of Global Rights and Religious Pluralism*(University of San Francisco : Association of Jesuit University Press, 2002), 116쪽.
14. Henry Adams와 William James가 말하는 multiverse or pluriverse, ibid., 117쪽.
15. Vernon Ruland(2002), 123쪽.
16. 크리스챤 아카데미, "세계종교들－세계평화－세계윤리 : 21세기를 향한 현실적 비전", http://sgti.kehc.org/theology/10.htm, pp. 3－4에서 재인용.
17. 유럽의 경우처럼 지역 내의 세대적 연속성, 역사에 대한 공동의 기억, 운명공동체의식 등에 의거하여 부분적 문화 융합이 이루어져 있는 것을 말함. Anthony D. Smith, "Toward a Global Culture?" in *Global Culture*, ed., by Mike Featherstone(Sage Publications, 1991), 188쪽.
18. Rebecca Todd Peters, *In Search of the Good Life : The Ethic of Globalization*(New York · London : Continuum, 2004), 제3－6장 참고.
19. Ibid., 41－69쪽 참고.
20. Milton Friedman, *Capitalism and Freedom*(Chicago : University of Chicago, 1962).
21. Ibid., 특히 제2장.
22. 민영화에 대한 보다 깊은 이해를 위해서는 Rebecca Todd Peters(2004), 52－54쪽 참고.
23. "Why Greens Should Love Trade", *The Economist*(U.S. edition) 353, no. 8140 (October 9, 1999), 17－18쪽. Ibid., 55쪽에서 재인용.
24. Ben－David, et al., *Trade, Income Disparity, and Poverty*, World Trade Organization Special Studies 5(Genva : WTO, 1999), 1쪽.
25. Tom Bethell, *The Noblist Triumph : Property and Prosperity Through the Ages* (New York : St. Martin's Press, 1999), 11쪽.
26. Milton Friedman(1962), 35－36쪽.
27. Rebecca Todd Peters(2004), 4장 참고.
28. Joseph Stigllitz, "Towards a New Paradigm for Development : Strategies, Policies, and Processes", Address given at the 1998 Prebisch Lecture at UNCTAD, Geneva, October 19, 1998, 4쪽 ; Ibid., 80쪽에서 재인용.
29. Donald K. McKim, "Responsibility", *Westminister Dictionary of Theological Terms*

(Louisville, KY : Westminister/John Knox Press, 1996), 238쪽.

30. United Nations Development Program (UNDP), *Human Development Report*, 1999 (New York : Oxford University Press for The United Nations Development Programme, 1999), 1쪽.
31. John B. Cobb Jr., *An Earthist Chanllenge to Economism : A Theological Critique of the World Bank* (London : Macmillan 1999), 17-18쪽.
32. Thomas Berry, *The Greatwork : Our Way into the Future* (New York : Bell Tower, 1999), 56쪽.
33. Rebecca Todd Peters (2004), 123쪽.
34. Sallie McFague, *Life Abundant : Rethinking Theory and Economy for a Planet in Peril* (Minneapolis : Fortress, 2001), 5장.
35. Ibid., 99쪽.
36. R. T. Peters (2004), 125-129쪽.
37. Ibid., 129-132쪽.
38. Ibid., 140쪽.
39. Ibid., 144-148쪽 참고.
40. Ibid., 150-154쪽 참고.
41. Ibid., 160-165쪽 참고.
42. 조태훈, "하버마스의 '담론윤리학' 연구", 한국국민윤리학회, 『국민윤리연구』, 제43호, 2000.
권용혁, "세계화시대의 보편화 가능성 탐구", 사회와 철학연구회, 『사회와 철학』 12, 2006.
권용혁, "세계화와 보편윤리", 사회와 철학연구회, 『세계화와 자아정체성』, 2001 등 참고.
43. Leonard Swidler (1999), 17-18쪽.
44. 같은 주에 한편에서는 이스라엘과 팔레스타인 해방기구 사이에 평화계획 합의가 이루어지고, 다른 한편에서는 그리스 정교회인 세르비아 및 가톨릭인 크로아티아와 이슬람인 보스니아 간에 평화협상이 다시 결렬되었다. 이 '선언'이 이루어지기까지의 역사와 논의과정에 관해서는 Hans Küng & Helmut Schmidt, *A Global Ethic & Global Responsibility : Two Declarations* (SCM Press Ltd., 1998), 41-72쪽 ; Hans Küng & Karl-Josef Kuschel, *A Global Ethic : The Declaration of The Parliament of the World's Religions* (New York, London :

Continuum, 1993), 43–105쪽 참고.

45. 선언의 내용에 관해서는 Hans Küng & Helmut Schmidt(1998), 3–36쪽 ; Hans Küng & Karl–Josef Kuschel(1993), 13–39쪽 ; Leonard Swidler, ed. (1999), 39–51쪽.
46. Hans Küng & Helmut Schmidt(1998), 3쪽.
47. 종교를 배제하고서는 윤리적 요구에 절대성과 보편성의 근거를 제시할 수 없다. 윤리규범은 조건이 없어야 하며, 가정적이어서는 안 되고 정언적이어야 한다(칸트). 절대적인 것만이 절대적 의무를 지울 수 있다. 윤리적 근거 확립에 관해서는 한스 큉 지음, 안명옥 옮김, 『세계윤리구상』(분도출판사, 1992), 특히 96–106쪽 참조.
48. Ibid., 9쪽.
49. Ibid., 15쪽.
50. 황금률의 일반화, 즉 다른 시기의 다른 사회에서도 동일한 규범이 준수되었다는 사실에서 인간성과 사회와 삶의 본래성과 인륜의 근본을 이해할 수 있다. 다양한 시기 다양한 모습으로 표현된 황금률들에 관해서는 Leonard Swidler, ed.(1999), 19–21쪽 참고.
51. Ibid., 22쪽.
52. Hans Küng & Helmut Schmidt(1998), 17–19쪽.
53. Ibid., 19–23쪽.
54. Ibid., 23–27쪽.
55. Ibid., 27–30쪽.
56. Ibid., 31–32쪽.
57. Ibid., 21쪽.
58. Vernon Ruland(2002), 143쪽 참고.
59. Peter Singer, *One World : the Ethics of Globalization*(New Haven and London : Yale University Press, 2004), 200–201쪽.
60. 한크 큉 지음, 안명옥 옮김(1992), 109쪽.
61. David Tracy, "Theology, Critical social theory and the public realm", in Don S. Browning and Francis Schussler Fiorenqa, eds., *Habermas, Mordernity, and Public Theology*(New York : NY Crossroad, 1992), 25쪽.
62. June O'conner, "Does a Global Village Warrant a Global Ethic?" *Religion* 24, 1994, 161쪽.

63. Ibid., 162쪽.
64. 선언의 가치덕목들 ① 평화와 생명존중, ② 성실과 정직, ③ 진실성과 신뢰(진실함과 사람다움), 특히 남녀 간의 상호 존중은 모두가 인간의 품성과 관련되어 있고 사회체계나 문화환경 따위는 간과 또는 경시하고 있어 경제·정치·사회적 행위지향과 준칙을 학습하는 데는 별다른 기능을 발휘할 수 없다.
65. '사람다운 좋은 삶' 개념은 피터스의 '좋은 삶' 개념에서 도움을 받았다. 그녀는 세계화의 이데올로기들이 지닌 윤리성을 평가하기 위한 준거 개념으로 '좋은 삶'을 설정하고 그것의 판단척도로 ① 민주적 권력분배, ② 지구에 대한 배려, ③ 주민들의 사회적 복리를 제시하고 있다. Robecca Todd Peters (2004), 특히 7장.
66. Paul Hawken, *The Ecology of Commerce : A Declaration of Sustainability* (New York L HarperCollins, 1993), 1쪽.

참/고/문/헌

권용혁, "세계화 시대의 보편화 가능성 탐구", 사회와 철학연구회, 『사회와 철학』 12, 2006.

_____, "세계화와 보편윤리", 사회와 철학연구회, 『세계화와 자아정체성』, 2001.

조태훈, "세계화에 대한 진단과 제언", 한국국민윤리학회, 『국민윤리연구』, 제60호, 2005.

_____, "하버마스의 '담론윤리학' 연구", 한국국민윤리학회, 『국민윤리연구』, 제43호, 2000.

한스 큉 지음, 안명옥 옮김, 『세계윤리 구상』, 분도출판사, 1992.

Barbules Nicholas C. and Torres Carlos Alberto, ed., *Globalization and Education : Critical Perspectives*, Ner York. London : Routledge, 2000.

Ben-David, et al., *Trade, Income Disparity, and Poverty*, World Trade Organization Special Studies 5, Geneva : WTO, 1999.

Berry, Thomas, *The Greatwork : Our way into the Future*, New York : Bell Tower, 1999.

Bethell, Tom, *The Noblist Triumph : Property and Prosperity through the Ages*, New York : St Martin's Press, 1999.

Browning Don S. and Schussler Francis, ed., *Habermas, Modernity, and Public Theology*, New York : NY Crossroad, 1992.

Cobb John B. Jr., *An Earthist Challenge to Economism : A Theological Critique of the World Bank*, London : Macmillan, 1999.

Featherstone, Mike, ed., *Global Culture*, SAGE Publication, 1991.

Friedman, Milton, *Capitalism and Freedom*, Chicago University of Chicago, 1962.

Giddens, Anthony, *The Consequences of modernity*, Cambridge : Polity, 1990.

Küng Hans and Schmidt Helmut, ed., *A Global Ethic and Global Responsibilities : Two*

Declaration, SCM Press LTD, 1998.

Küng Hans and Kuschel Karl-Josef, ed., *A Global Ethic : The Declaration of the Parliament of the World's Religions*, New York. London : Continuum, 1993.

Louis, Raths, et al, *Values and Teaching : Working with Values in the Classroom*, Merril Publishing, 1966.

McFague, Sallie, *Life Abundant : Rethinking Theory and Economy for a Planet in Perie*, Minneapolis : Fortress Press, 2001.

Milanovici, Branko, *World Apart : The Twentieth Century Promise that Failed*, www.world bank.org/reseach/inequality.

Peters Rebecca Todd, *In Search of the Good Life : the Ethic of Globalization*, New York. London : Continuum, 2004.

Singer, Peter, *One World : the Ethic of Globalization*, New Haven & London : Yale University Press, 2004.

Suarez-Orzoco Marcelo M. and Baolian Quin-Hilliard Desiree, *Globalization*, University of California Press, 2004.

Swidler, Leonard, ed., *For All Life : Toward Universal Declaration of a Global Ethic*, Ashland, Oregon : White Cloud Press, 1999.

UNDP, *Human Development Report 1999*, New York : Oxford University Press for the United Nations Development Programme, 1999.

American Psychologist, 57 (10), 2002.

The Economist, 353, no. 8140.

Religion, 24, 1994.

5장

세계윤리의 구성

1. 머리말

인간의 생각, 믿음, 행동, 사상 등의 변천 기저에는 공간의식이 주된 요소로 작용하고 있다. 모든 사람들에 있어 그의 세계는 바로 그의 공간의식이다. 공간 개념의 확대는 자기 세계의 확대를 가져온다. 근시안적, 조감적, 비전, 지평 등등의 말들이 이 사실을 웅변해 준다. 그러므로 삶의 지리적 공간성, 따라서 사람들의 공간 개념이 그들의 시각과 사고와 도덕적 관행까지를 제약한다고 말할 수 있다. 이러한 안목으로 '세계화' 를 바라보자. 지금까지와는 판이한 지구공간의 극적 확대로서의 세계화는 그 속에 살고 있는 사람들에게 다방면에 걸친 시각교정을 요구하고 있다.

지금의 우리들 시대에 있어 거대담론의 중심개념은 단연코 '세계화' 이다. 세계화는 포스트모더니즘, 종교다원주의, 다원주의 문화, 도덕상대주의 등의 개념들을 수반한다. 뿐만 아니라 세계화는 '역세계화' 및 '반세계화' 현상 또는 운동을 불러일으키기도 한다.

부단히 증대하고 있는 세계의 경제적 및 기술적 통합과정으로서의 세계화를[1] 시장전략 · 노동계의 입장 · 국가이익이라는 경제적 관점, 전체 사회의 관점, 그리고 윤리적 관점에서 어떻게 평가할 것인가? 필자는 한스 큉의 시각에 의거하여 다음의 몇 가지로 평가하고자 한다.[2]

(1) 세계화는 불가피한 것이다. 세계화를 첫 번째 근대화와는 근본적으로 구별되는 완전히 새로운 현상으로서의 '제2의 근대화'(울리히 벡)로 보건 아니면 세계화를 자연과학, 기술, 시장경제, 자본주의라는 근대의 출발에 이미 내포되어 있던 흐름이 계속 발전하여 이제 완성되어 가고 있는 것으로 판단(윌러스틴)하건 간에 세계화는 보편주의와 특수주의, 상호 연결과 파편화, 중심화와 탈중심화, 갈등과 균형을 부채질하면서 도도히 진척되고 있다. 눈 돌려 외면할 수 있는 것이 아니다.

(2) 세계화는 양가적이다. 이 점에서 특히 중요한 몇 가지 사실들이 눈길을 끈다. ▲ 지구적 네트워크화는 생활의 모든 영역들에 골고루 영향을 미치는 것이 아니다. ▲ 전문분야들에서 새로운 직업이 만들어지는 대신에 전통적 영역들에서는 아주 많은 직업들이 사라지고 있다. ▲ 산업국가들의 새로운 투자는 보다 많은 소비재를 생산했을 뿐만 아니라 또한 지방의 제조업자들을 몰락시키기도 한다. ▲ 새로 생겨난 세계적 금융관리자들은 때로는 국가정부들보다 영향력이 큰 것으로 보인다. ▲ 기업의 다운사이징과 아웃소싱은 국내 노동력의 엄청난 실업화를 초래한다. ▲ 다국적 기업들은 점차 국민국가의 통제에서 벗어나고 있다. ▲ 일부 영역에 있어 경제와 기술의 세계화는 거의 필연적으로 생

태계 문제의 지구적 확산을 수반한다. ▲경제적 및 기술적 세계화는 또한 '범죄조직의 세계화'를 낳기도 한다.

(3) 세계화는 예측불가능하다. 세계화가 의도된 중요 결과뿐만 아니라 의도되지 않은 어떤 부작용을 가져다 줄는지 지금으로서는 정확히 예측할 수 없다. 세계화 과정상의 개별 사태들은 계산할 수 있으나 전반적인 발전은 예상하기 어렵다.

(4) 무엇보다 중요한 요구는 우리가 세계화를 조정할 수 있으며 또한 조정해 가야 한다는 인식이다. 세계화는 기상관측처럼 인력으로는 변경시킬 수 없는 자연현상이 아니다. 우리는 세계화의 모든 현상이 마르크스가 생각했던 것처럼 필연적 자연과정이 아니라 인간이 이끌어갈 수 있는 발전이라는 사실에 주목해야 한다. 따라서 세계화에서 문제되는 것은 경제적인 것뿐만 아니라 고도의 정치적 문제이기도 하고, 궁극적으로는 사회 전반에 영향을 미치는 윤리적 문제이기도 하다.

경제, 기술, 문화에서의 세계화는 윤리의 세계화에 대한 논의를 촉진시키고 있다. "지구촌은 지구윤리를 보장하는가?"[3]에 대한 심각한 문제제기가 따르게 된 것이다. 윤리문제의 발단은 세계화, 지구촌화와 더불어 미시적으로는 나라들마다, 그리고 보다 거시적으로 보면 문화, 종교적 및 도덕적 전통들에 따라 가치관과 판단의 준거, 생활태도 등에 많은 차이가 있는 데서 온다. 문화와 생활양식, 그리고 가치지향에서 많은 이질적인 것들이 자주 충돌을 빚고 있는 오늘의 세계에서는 "진리는 수많은 조각들로 나눠진 파손된 거울이다. 각자는 자신의 조각을 자신에게 있어 전체라고 믿는다." 이 때 모든 사람들은 자신의 방법이 좋은 것이라고 확신하면서 "개는 당나귀에게 같이 먹자고 고기를 주고 당나귀는 개에게 같이 먹자고 건초를" 주듯 서로 자기 것을 강조한다.[4]

그간의 역사적 경험과 오늘의 현실에서 보듯 전통의 차이는 이념적 지향과 생활방식의 차이를 낳게 마련이다. 우리는 헌팅턴이 말하는 『문명의 충돌』[5]로 위협받고 있는 시대에 살고 있다. 지금의 우리에게는 세계윤리를 구축하는 일이 급하고 중요하다. "새로운 세계윤리, 세계적 또는 지구적 윤리가 없이는 새로운 세계질서가 불가능"하기 때문이다.[6] 필자는 이 같은 상황 하에서 직면하는 우리의 윤리적 과제를 세계윤리의 '구성' 이라는 시각에서 검토하고자 한다. 여기서의 '구성' 이란 칸트적 의미와 후설적 의미를 동시에 갖는 것으로서, 구체적으로 지적하자면 세계윤리를 구축하는 방법과 그러한 방법에 의거하여 확립하고 확인할 수 있는 세계윤리의 내용을 아울러 의미한다.

우선 여기서 말하는 '세계윤리' 란 무엇을 가리키는가? 필자가 의도하는 세계윤리는 "전 인류에게 공통적인 기본윤리"이며, "구속력 있는 가치, 최종적 표준, 그리고 개인적 태도에 대한 근본적 합의"를 뜻한다.[7] 이 같은 의미에서 현재 두루 활용되고 있는 세계윤리, 인류의 보편적 윤리, 보편적 세계윤리, 보편적 윤리, 지구윤리 등의 용어들은 동일한 의미를 지니는 다른 표현들로 이해할 수 있다.

이 글의 목적은 다음의 주제들을 논의하여 그 결과를 정리하는 데 있다. 먼저, 세계윤리의 구체적 규범들은 어떤 토대 위에서 이루어질 수 있는지, 즉 세계윤리를 어떻게 구성할 수 있는가를 묻고, 다음으로 세계윤리의 규범적 요구들을 어떤 개념들로 공식화할 수 있는지, 즉 세계윤리의 구성내용으로는 어떤 것들을 들 수 있는지를 살피고자 한다. 아울러 필자는 세계윤리에 대한 논의에서 특정 가치들의 보편성 주장은 논의와 교호작용에 의하여 합의되어야 한다는 입장을 견지할 것이다. 보편적인 그리고 보편적이어야 하는 얼마간의 가치가 있고, 지방적인 그리고 지방적일 수밖에 없는 많은 가치들이 있다. 우리는 그러한 가치들을 서열화하는 방식에 대해 최종적 합의에 도달하길 재촉해서는 안 된다. 점진적인 대화와 상호 작용이 최선일 것이다. 이 같은 입장은 다음과 같은 이해에 바탕을 두고 있다. 우선, 모든 도덕적 사유는 특정의 맥락들과 전통들에 뿌리내리고 있다는 것이다. 모든 선택은 자체의 역사를 지니며 또한 응분의 값을 갖는다. 선택은 자유로울 수 없으며, 그렇다고 전적으로 결정되어 있는 것도 아니다. 출생과 더불어 인간의 윤리적 선택에는 제약이 따른다. 이 사실을 바르게 이해하지 못하면 세계윤리를 수월하게 구성해낼 수 있다는 과장된 희망을 갖게 된다. 그러므로 윤리적으로 빚어진 갈등을 해소 또는 관리하는 일은 계속해서 도덕적 차이를 조정함으로써 점진적으로 개선되기를 기대해야 한다.

윤리의 세계화에 대한 논의는 전형적으로 두 가지 요소와 관련된다.[8] 하나는 서로 다른 윤리적 전통을 지지하는 사람들이 수용할 수 있고 또한 일련의 최소한의 기준을 규정하는 데 활용할 수 있는 보편적 인권에 대한 담론과 같은 공통적이며 자립적인 세계적 담론을 구축하려는 노력이고, 다른 하나는 서로 일치하지 않은 영역들을 확인하여 상호 학습의 기반을 마련하고 차이를 조정하기 위해 자신들의 독자적 개념들과 규범들을 설명하고 옹호함으로써 서로 다른 전통 속에 살고 있는 사람들 사이에 대화를 증진시키려는 노력이다. 우리는 이들 두 측면을 아우르는 개념을 월쩌에게서 발견할 수 있다.[9] 윤리문제에 접근하는 이른바 '2단계론'으로 불리는 것으로[10] 도덕을 '얇은 도덕'과 '두터운 도덕'으로 구분하는 것이다. 앞의 것은 '핵심 도덕'을 의미하는 것으로 이를테면 삶에 대한 권리, 정당하게 대우받을 권리 등을 포괄하는, 그리고 수월하게 합의하게 되는 기본도덕을 가리킨다. 이것은 곧 '최소도덕'이다. 뒤의 것, 즉 '두터운 도덕'이란 다양한 역사와 문화의 전통 속에 내장되어 있는 독자적 도덕규범을 지칭한다. 그것은 바로 최대도덕, 분화된 도덕이다. 예컨대 아동들에게 고문을 가해서는 안 된다는 것은 기본도덕(= 최소도덕 = 얇은 도덕)이지만 어느 정도의 체벌을 고문으로 보느냐는(최대도덕 = 분화된 도덕 =) 두터운 도덕에 속한다. 거기에는 여러 가지의 역사적 · 문화적 · 정치적 · 종교적 요소가 작용한다. 이러한 '두층'의 도덕을 구분한 바탕 위에서 먼저 기본도덕에 관한 공통적 합의를 확인하고 '두터운 도덕'의 차이들을 점진적으로 지양하고자 하는 시각이 세계윤리에 대한 2단계 접근법이다. 두 단계론에 입각해 볼 때 세계윤리 구성의 일차적 과제는 얇은 도덕, 즉 기본도덕을 확립하는 일이다. 필자의 논의 역시 여기에 중점을 둔다.

세계윤리 확립의 첫 단계로서 모든 사람들이 용이하게 합의할 수 있을 공통적이며 보편적인 기본도덕은 어떻게 이룩할 수 있을까? 오늘날의 다원사회에 있어서 윤리적 합의는 근본적인 윤리적 표준에 있어서의 필요한 일치를 의미한다. 달리 말해 정치적 · 사회적 · 종교적 방향의 모든 차이에도 불구하고 인간의 삶과 행동 전반을 위한 최소한의 가능한 토대로 기여할 수 있는 기본도덕을 확인하는 것을 말한다. 이를 위해서는 이론적 합리성에 의거하여 세계윤리의 기반과 원리들에 대해 새로운 추상적 이론을 구축하는 것보다는 오히려 대화와 논의, 토론에 의한 합의를 모색하며, 근거 확립의 공감대를 확대하고 실천적 합리성을 추구해 가는 것이 바람직할 것으로 보인다. 이를테면 사람들이 진리, 정의, 인권 등의 가치에 대해서 수월하게 친근감을 느끼며 동의하는 경우에서처럼 서로 간의 동질성을 확인하고 공감의 지평을 확대해 가는 것이 그 한 예일 수 있다. 이 같은 이해에 의거하여 필자는 세계윤리 제1단계의 기본도덕을 마련해 줄 수 있을 뿐만 아니라, 향후 제2단계로의 윤리적 발전을 뒷받침해 줄 수 있을 접근방법으로 합의가능한 공통의 토대에 의거하는 국제법의 기획(2절), 천부적 자연성에 입각해 있는 자연법의 전통(3절), 기존의 공통적 도덕들을 발굴하여 새롭게 활성화시키고자 하는 종교들 간의 대화(4절)를 살펴보고자 한다. 이들에 대한 논의를 통하여 우선 기본도덕의 중심개념들이 드러나도록 할 것이다.

2. 국제법의 기획

세계윤리 또는 윤리의 세계화에 대한 입장들로는 다음의 세 가지가 눈에 띈다. 일부의 철학자들은 윤리문제들에 대한 세계적인 근본합의는 불가능하다고 생각한다. 오로지 지역적 윤리들이 존재하며, 따라서 그것들은 각자의 학문적 전통과 지역적 환경 내에서나 보호받을 수 있을 뿐 우리 시대의 모든 도전에 직면한 지구 전체의 문제에는 손댈 수 없다는 것이다. 다른 일부의 철학자들은 포스트모던한 양식으로 다양한 진리, 정의, 조화로 만족할 것을 요구하는 철저한 다원주의를 옹호한다. 세 번째 그룹의 철학자들은 서로 다른 국가, 문화, 지역에 사는 사람들 사이에도 보편적 윤리기준과 같은 어떤 공통적이며 구체적인 것이 존재한다고 본다. 국제법의 기획은 이러한 시각들 중 세 번째에 의거해 있다.

국제법은 '단일한 세계윤리'[11)]를 지향한다. 최소한 1948년 UN의 '보편적 인권선언'에 대한 서명이 있은 후 개인을 보호하고자 하는 '인권 중심의 국제적 정치체제'를 구축하기 위해 그것과 유사한 일련의 조약들과 국제협약들을 확대시키는 노력을 해왔다. 이러한 국제법의 기획은 광범한 영역의 서로 다른 도덕적 준거들을 포괄하는 이성적 법률구조를 마련하고자 한다. 또한 국제법의 기획은 국가들의 형태와 기능을 점차 증대되고 있는 일련의 공통된 국제적 행동원칙에로 접근시키려고 한다. 이러한 노력은 서구의 정부들로부터 시작하여 특히 제2차 세계대전 이후 많은 국가들과 국제기구들에 의해 시행되어 오고 있다. 결국 국제법의 기획은 인권 중심의 국제정치체제를 도덕에 대한 보편적 합의에 의해 이루어지는 새로운 세계질서의 기반으로 본다.

잘 알려져 있듯이 국제법의 전통은 세계의 많은 사람들로부터 특히 지난 반세기 동안 강력한 지지를 얻는 데 성공했음에도 불가피한 하나의 역설을 드러내고 있다.[12] 한편으로는 그것의 자립적 특성이 '단일한 세계윤리'에 관해 대화할 수 있는 맥락을 마련해 준다. 다른 한편으로는 그것이 지닌 합의의 상대적 피상성이 그것의 성취를 취약하게 만든다. 그러나 그것의 장래를 어떻게 보든 간에 국제법의 기획은 불가피하게 윤리적 전통들 간의 생산적 상호 교환이 이루어지도록 해주는 조건의 문제와 연결되어 있다.

위에서도 지적한 바와 같이 국제법의 기획은 보편윤리, 즉 지구의 모든 구석까지 확대되는 윤리를 추구한다.[13] 그것은 국가들이 계약, 헌장, 선언, 조약, 국제기구에의 가입 등등을 통해 능동적으로 동의하는 일련의 책무를 전 세계로 확대시키고자 한다. 점차 많은 국가들이 공약에 동참하도록 함으로써 세계적 규모의 윤리로 확대 · 강화시키고자 한다. 국제법의 기획을 지지하는 사람들은 세계적 법규범에 대한 자신들의 헌신을 단순한 도구적 목적을 위해 인정되는 방편적 규범이 아니라 모든 사람들에게 구속력 있는 보편적 규범으로 수용되기를 욕구하며, 더욱이 그것들을 철학적 및 종교적 기반에 의거하여 정당화시키고자 한다. 사실상 이 전통의 지지자들은 국제법적 규범이 국가들의 합의와 실천을 통해 보편화되기를 기대하는 면에서 국가들이 합의하여 견지하는 세계윤리를 지향한다. 그것은 점차 더 많은 나라들의 공감을 불러일으키고 동의를 얻는 만큼, 그리고 이들 국가 국민들의 지지폭을 확대시켜 가는 만큼 더욱 강화되는 그러한 윤리이면서, 반면에 국가들이 그것을 어기거나 또는 그것의 정당성에 도전하면 그에 따라 취약해지기도 하는 그러한 윤리이다.

역사적 발전과정에서 보면 특히 20세기에 들어와 국제법 규범은 르네상스를 맞았다.[14] 제1차 세계대전 이전에 이미 1899년과 1907년 헤이그에서의 평화를 위한 국제회의가 국제법적 논의의 기준을 발전시키기 시작했다. 제1차 세계대전 기간 동안 국제연맹체제를 통해 특히 소수민족의 권리와 민족자결권 분야 문제들의 해결을 위한 관행과 기구가 생겨났다. 제1차 세계대전 후 국제연맹의 협약을 통해 국제법의 쇄신이 증대되고 국가들은 갈등해소, 전쟁수행, 노동조건, 소수민족의 권리, 민족자결권 등을 위한 공통의 기준들을 채택하기에 이르렀다. 뒤이은 제2차 세계대전의 종결과 더불어 국제법이 다시금 확산되기 시작했다. UN헌장이 강대국들로 하여금 공격에 대응하여 보다 많은 권위를 지니도록 한 집단안보 메커니즘들을 마련해 주었으며, 특히 홀로코스트에 자극받아 인권규범들을 꽃피웠다. 1948년 'UN의 인권선언'을 통해 대부분의 국가들이 30개 범주의 권리에 대해 원칙적 합의를 선언했다.

존스의 연구에 의하면[15] 1989년까지 국가들은 79개가 넘는 주요한 법적 기구들을 창설했으며, 이를 통해 국가들은 국제적 실천의 공통원리에 참여하게 되었다. 여기서 말하는 국제적 실천의 공통원리를 국제법적 기획이 의도하는 세계윤리의 중요한 일부로 평가할 수 있다. 그 중의 대표적인 원리들을 보면 ① 국가들의 주권상의 평등, ② 영토적 통합과 정치적 독립, ③ 인민들의 평등한 권리와 자결권, ④ 국내 문제에 대한 상호 불간섭, ⑤ 국가들 간 분쟁의 평화적 해결, ⑥ 위협이나 폭력행사의 금지, ⑦ 국제적 책무의 성실한 이행, ⑧ 다른 국가들과의 상호 협력, ⑨ 인권과 기본자유의 존중 등이다. 그녀는 또한 제2차 세계대전 이래 국제기구들에서 이루어진 것이긴 하나 위의 것들과 같은 정도의 합의를 얻지 못한 것으로서 ① 평등한 국제적 경제질서의 창안, ② 환경보호 등을 들고 있다.

지난 세기는 세계의 통일된 법과 윤리규범을 향해 성장해 간 시기였다. 규범에 대한 합의는 1945년에서 1970년까지의 '식민지 독립혁명'을 통해 극적으로 확대되었다. 국제법이 현재 다양한 문화와 규모, 서로 다른 경제적 여건을 지닌 다수 국가들에로 확산됨에 따라 세계를 위한 윤리규범이 획기적으로 확대 · 심화 · 강화되는 추세이다.

윤리의 세계화라는 시각에서 볼 때 국제법의 전통은 두 가지 중심적 딜레마를 갖는다.[16] 하나는 국제적 법규범의 세계적 확대를 요망하는 사람들과 자신들의 이질적인 문화적 및 종교적 생활양식들로 인해 이들 규범을 반대하는 사람들 간의 갈등이다. 또 다른 하나의 딜레마는 국제법에 이미 서명한 국가가 역시 종교적 및 문화적 이유 때문에 그것을 어기는 데서 빚어진다. 예컨대 1990년 8월 '이슬람 협의기구'의 카이로 회합에서 채택된 '이슬람의 인권'에 따르면 국제법의 구속력보다는 이슬람의 법률이 우선한다. 그뿐 아니라 아세아의 몇 개 국가들이 '아시아적 길'이라는 이름으로 별도의 행동을 함으로써 또한 국제법적 전통으로부터 공개적으로 이탈했다. 이들 두 경우의 공통점은 무엇인가? 그것은 국제법의 전통이 지향하는 보편화의 요구와 그것과는 다른 가르침들을 강조하는 문화와 종교 간의 부조화라는 점이다. 달리 말해서 국제법의 기획은 일련의 기준들이 세계의 국가들을 윤리적으로 통일시켜 줄 '얇은' 합의를 이루고자 하는데, 이 때 가장 어려운 딜레마로 등장하는 것이 보편주의와 다원주의 간의 갈등이다.

국제법과 개별적 윤리체계 사이의 갈등을 해소할 수 있는 길은 무엇인가? 이 문제와 관련하여 필자는 '합의이론', '보편적 도덕원칙'을 포괄하는 입장에서 자유주의 체제의 정의의 원칙들을 국제적 수준으로 확대시키고자 롤즈가 제안하는 『만민법』의 접근법에 의거하고자 한다. 롤즈가 기대하고 있는 바와 같이 우리에게는 서로 다른 문화와 사상전통을 지니고 있고 또한 합리적인 사람들로 구성되어 있는 다양한 성격의 세계에 적용할 수 있을 정의의 원칙들을 찾아내는 일이 중요하다.[17] 어디에서 그런 원칙들을 발견할 수 있는가? 보편적 기대와 요망, 그리고 공통의 가치로부터 나와야 한다. 그것을 위하여 우선 우리는 그러한 원칙들이 갖춰야 할 근본성격을 제한할 필요가 있다. 그것들은 ① 다양한 문화에 의해 인정받을 수 있는 보편적 영향력을 지녀야 한다. ② 그것들은 선에 관한 특정 시야에 한정되어서는 안 된다. 서구 자유주의의 사상전통뿐만 아니라 비서구사회들의 정의관이나 문화전통도 아울러 포섭하는 것이어야 한다. ③ 그리고 그것은 개방된 상태에서 수정과 발전이 보장되어야 한다.

이러한 성격을 지니면서 자유주의 사회와 비자유주의 사회를 하나의 보편적이며 공통된 『만민법』으로 통일시켜 주는 원칙들을 롤즈는 다음과 같이 정리하고 있는데,[18] 필자는 이것이 국제법적 기획에서 의도하는 세계윤리의 또 다른 일부로 평가한다. ① 만민은 자유롭고 독립적이며, 그들의 자유와 독립은 다른 사람들에 의해서도 존중되어야 한다. ② 만민은 조약과 약속들을 준수해야 한다. ③ 만민은 평등하며, 자신을 제약하는 합의의 당사자이다. ④ 만민은 불간섭의 의무를 준수해야 한다. ⑤ 만민은 자기 방어의 권리를 가지나 자기 방어 외의 어떠한 이유에서든 전쟁을 부추길 권리는 없다. ⑥ 만민은 인권을 존중해야 한다. ⑦ 만민은 전쟁행위에서 특정한 제한조건을 준수해야 한다. ⑧ 만민은 정의롭고 품위 있는 정치·사회적 체제를 가질 수 없도록 만드는 불리한 조건 하에 살고 있는 사람들을 지원할 의무가 있다. 이들 원칙을 모든 사회가 견지하길 기대하는 '인권'을 중심으로 요약하면 생명권, 자유권, 법 앞에서의 공식적 평등으로 정리할 수 있다.[19]

보편주의와 다원주의 간의 갈등을 해결하고자 하는『만민법』의 접근법 역시 본질적으로는 국제법의 전통에서 이해되고 있는 바와 같이 원칙들에 대한 합의를 확대시키는 일인데, 이를 위해서는 국제법 전통의 지지자들과 그것의 교의에 반대하는 전통들 간의 관점교환이 활성화되어야 한다. 당사자들의 내적 요소와 외적 요소들을 신중하게 변화시키기 위해 가장 효과적인 방법들 중의 하나는 대화이다. 국제법 전통과 그 단서들 중의 일부에 반대하는 문화와의 사이에, 또는 법률의 논쟁점들에 대해 서로 다른 견해를 갖고 있는 문화들 사이에 대화가 지속되어야 한다. 그리고 대화는 시간이 경과함을 따라 문화와 종교의 특성과 교의들이 새로운 방법으로 해석되고 그것들에 대한 이해가 진화할 수 있다는 믿음에 입각해야 한다.

분명히 세계의 모든 국가들은 경제적 · 법률적 질서를 갖고 있으나 그것이 지속적으로 기능하기 위해서는 시민의 윤리적 합의가 전제되어야 한다. 나아가 국가들로 이루어진 국제공동체 또한 초국가적 · 초문화적 · 초종교적 법률구조를 지녀야 하며, 그것은 인류 전체에 대한 제약적이며 의무적인 윤리에 근거해야 한다. 국제법의 기획은 윤리가 없는 세계질서라는 문제의식에서 출발하여 보편적 윤리원칙들에 입각한 국제법의 확립을 통하여 세계의 평화와 번영을 도모하고자 한다.

3. 자연법의 전통

자연법 전통의 역사는 세계윤리에 대한 두 단계 접근법의 제1단계 사례의 전형적인 예에 해당한다. 일반적으로 자연법의 계율은 ① 모두가 '의무적'으로 준수해야 할 규칙들이며, ② 그것을 어기는 것은 잘못이고, ③ 이들 계율은 신과 같은 권위 있는 존재에 의해 우리에게 부과되는 것이어서 그것을 경시함은 죄악이 되는 그러한 규칙들이다. 이러한 의미에서 우리는 기독교는 물론 불교와 유교도 자연법의 시각으로 이해할 수 있다. 예컨대 기독교의 '신의 명령', 불교의 '제법실성'(諸法實性), 유교의 '천도'(天道) 또는 소이연지리(所以然之理)와 소당연지리(所當然之理) 등등이 그러하다. 자연법이 윤리에 관해 합의가능한 최소한의 기준을 마련해 줄 수 있다는 우리의 기대는 이 같은 바탕에 의거해 있다.

또한 인간의 본성으로 주어져 있고 필연성을 지닌 것으로서의 단일한 세계윤리를 '자연법'으로, 그리고 다양한 공동체들 내에서 지배적으로 기능하고 있는 특정의 도덕체계들을 '실제적 도덕체계들'로 명명해 놓고 보면 현대세계에는 실제적 도덕체계들은 다양하나 자연법은 오직 하나이다. 우리는 자연법의 관점에서 실제적 도덕체계들을 수렴하여 이들 체계의 규범내용에서 보다 많은 또는 완전한 합의가 이루어지길 기대할 수 있다는 점에서도 자연법은 세계윤리에 대한 두 단계 접근법의 제1단계 사례로 크게 기여하는 것으로 평가할 수 있다.

자연법 전통의 관점에서 인류를 위한 공통의 도덕체계 또는 '단일한 세계윤리'에 대한 요청은 두 가지 측면에서 생각해 볼 수 있다.[20] 하나는 인류를 위한 공통의 도덕체계에 관한 요청은 단적으로 불필요한 것이라고 생각할 수 있다. 인간존재가 본질적으로 어떤 존재인가가 밝혀지면 그들에게 있어 좋은 것과 나쁜 것이 나눠지며, 이렇게 자연적으로 선한 것과 자연적으로 악한 것이 분리되면 이들 선악에 반응하는 이성적 방법들이 있게 된다. 인간에게 있어 어떤 것이 필연적으로 선이고 악인가를 기술해 주고 있는 명제들, 그리고 이들 선에 의거해서 우리가 합리적으로 행위할 수 있는 방법을 기술해 주고 있는 명제들이 자연법이다. 그러므로 자연법의 관점에서 볼 때 공통의 도덕체계를 확립하는 일에 관해 염려하는 것은 어리석은 일이다.

다른 하나는 단일한 세계윤리를 위한 것으로서 공동체들의 실제적 규범체계로서의 도덕체계를 생각할 수 있다. 그러한 체계의 규범적 지위는 협약과 인습에 의거한다. 따라서 자연법의 관점에서 볼 때 그러한 규범들이 진정한 권위를 지니는가의 여부는 우연적인 것이다. 그와는 반대로 본성(자연성)의 지배력으로 작용하는 자연법은 단일하며 필연적이다. 이러한 면에서 자연법은 단일한 세계윤리에 대한 요청에 잘 부응하며, 나아가 세계윤리를 향한 노력의 제1단계 구성자로 유효하게 기여할 수 있다. 그러하다면 자연법이란 구체적으로 어떤 것이며 그것의 윤리적 내용은 무엇인가?

전형적 자연법론자들[21]의 견해[22]에 의하면 ▲ 자연법은 신에 의해 주어진다. ▲ 그것은 자연스럽게 모든 인간에 대해 지배력을 갖는다. ▲ 모든 인간은 자연스럽게 자연법을 알 수 있다. ▲ 선이 옳음에 앞선다. ▲ 바른 행위란 아무런 결함 없이 선에 부응하는 행위이다. ▲ 선과 관련하여 행위가 잘못될 수 있는 길은 여러 가지가 있다. ▲ 그러한 길들 중의 일부를 파악하여 일반적 규칙으로 공식화할 수 있다. 이러한 바탕 위에서 아퀴나스는 자연법의 자연성과 합법칙성을 이성에 의거하여 설명한다.

"이성의 질서에 반하는 것은 무엇이든 인간의 본성 그 자체에 반하는 것이다. 합리적인 것은 무엇이나 인간의 자연 그 자체에 부합하는 것이다. 인간의 선은 이성에 일치하고 있는 것이며, 인간의 악은 합리성의 질서를 벗어나 있는 것이다."[23)]

"인간은 본성적으로 덕행으로 기운다. 따라서 덕행들은 자연법으로부터 나온다."[24)]

"자연법은 인간을 살아 있는 '통속적인', 그리고 이성적인 본성으로서 그에게 알맞은 것에로, 즉 그 각각의 경향에 선인 것으로 향하게 만든다. 그런데 이성의 제1원리, '동시에 긍정과 부정을 하는 것은 불가능하다' 가 존재(유)관념 위에 기초하고 있듯이 도덕 제1원리, '선을 행하고 악을 피하라' 도 선의 관념에 기초하고 있다. 다른 모든 법률은 이 도덕 제1원리에로 환원된다."[25)]

이러한 언급에 드러나 있는 바와 같이 자연법 입장에서 본질적인 점은 보편적이며 자연적인 선이 있다는 것이다. 그러한 보편적이며 자연적인 선이 어떻게 가능한가에 대해서는 몇 가지 입장이 공존한다.[26)] 선에 관한 주관주의적 입장을 견지하는 홉스주의에 따르면 욕구의 대상, 좋아함의 대상, 지지의 대상은 선한 것이다. 그 같은 주관주의를 배격하는 아리스토텔레스에 의하면 어떤 존재자를 성취 또는 완성시켜주는 것이 선이며, 어떤 존재자의 성취 또는 완성은 그 존재자의 본성에 의존한다. 마찬가지로 선에 관한 주관주의를 거부하는 플라톤에 있어서는 어떤 것들, 예컨대 앎과 아름다움 등은 인간의 욕구나 완성과의 어떤 관련을 떠나서 그 자체로 선하다. 이들 이해의 어느 것이든 난점이 없는 것은 아니다. 필자는 선에 관한 세 사람의 규정을 선에 관한 세 측면으로 수용하여 홉스에 있어 선은 '좋음 또는 좋은 것' 을, 아리스토텔레스에서는 '잘함 또는 잘하는 것', 플라톤에서는 '완전함 또는 완전한 것'을 뜻하는 것으로 파악한다. 선은 이들 의미를 두루 포괄하는 것이다.

자연법의 윤리는 어떤 내용들을 담고 있는가? 윤리학에 있어 자연법 사상은 오래되고 또 다양한 역사를 지닌 것이어서 자연법 윤리에 있어 핵심으로 되는 구성요소들을 지적해내기란 수월하지 않다. 잘못하면 지나치게 단순화시키는 어리석음을 저지르기 쉽다. 여기서는 사상사적 맥락을 중시하면서 자연법 윤리사상들의 연결과 변화의 줄기를 보기로 한다.

자연법적 윤리학의 단초는 플라톤과 아리스토텔레스에서 비롯된다. 플라톤에 있어 자연법 개념은 인간세계란 자연세계의 일부로서 자체의 불변적 규범질서가 있다는 견해로 이해된다. 아리스토텔레스에서의 자연법은 사물의 본성(자연)이 따르는 내적 원리이다. 따라서 인간의 자연은 인간의 삶을 지배하는 내적 원리로서의 이성이다. 스토아 사상에서는 인간의 본성을 자연질서의 일부로 이해했다. 그러면서도 그들은 아리스토텔레스가 인간존재에 있어 이성의 중요성을 강조한 점을 유지하였다. 따라서 인간의 이성은 우주의 질서를 마련하고 통일시키는 창조적 불, 즉 로고스의 불꽃이다. 이로써 스토아 사상에서는 자연법을 올바른 또는 건전한 이성의 법칙으로 규정하였으며, 이러한 인식으로부터 키케로가 자연법에 대한 고전적 공식을 마련하였다.

"참된 법칙은 자연과 일치하는 올바른 이성이다. 그것은 보편적 응용성을 지니며, 불변적이고 지속적이다. 그것은 명령하여 의무를 불러일으키고 금지를 통하여 그릇된 행위를 피하게 한다. … 로마와 아테네의 법이 다르지 않으며, 지금과 미래에 따라 법이 달라지지 않는다. 모든 나라 모든 시기에 있어 하나의 영원하고 불변적인 법칙이 타당성을 지니며, 우리들 모두에 대해 하나의 주인이자 지배자, 즉 하나의 신이 존재하며, 그는 이 법칙을 마련하고 공표하고 그 실행을 심판한다."[27]

키케로의 자연법에 대한 믿음은 개인의 차원에서든 사회의 차원에서든 간에 인간사는 이성에 의해 마땅하게 지배되며, 그러한 지배는 합리적인 사회적 존재들의 삶을 이룩하기 위한 강력한 해답을 마련해 준다는 믿음이다.

토마스 아퀴나스에 의하면 자연법의 근본원리는 선은 행하고 악은 피해야 한다는 것이다. 그러나 어느 누구도 단순히 선일반을 추구할 수는 없고 어떤 특정한 선을 추구해야 한다. 우리는 직접 본성의 '성향'에 의거해서 선으로 간주되고, 그러므로 추구해야만 하는 여러 가지가 있다는 것을 안다. 그러면서 그는 생명, 출산, 앎, 사회, 합리적 행위를 그러한 선의 구체적 사례로 들고 있다.[28] 아퀴나스에 있어 선은 근본적인 것이다. 그러므로 선이 옳음에 앞선다. 선에 관한 이 원칙으로부터 이 선을 추구해 갈 수 있는 방법을 추론할 수 있다. 결국 아퀴나스의 자연법 이론에 따르면 어떤 두드러진 규범적 실체가 있으며, 그것은 곧 우리가 자연적 성향에 의거하여 곧장 파악할 수 있는 기본선들이고, 인간은 마땅히 그것을 추구해야 한다는 것이다.

자연법 윤리사상의 중심을 이루는 본래적 선 또는 기본선에는 어떤 것들이 있는가? 자연법론자들이 만든 선의 목록에는 불가피하게 차이가 있을 뿐만 아니라, 그 중에서도 특정한 몇 가지 선들에 대해서는 논란을 빚고 있기도 하다.[29] 중요한 몇 사람의 목록을 살펴보자.[30] ① 아퀴나스는 앞에서 지적했던 바와 같이 생명, 출산, 앎, 사회생활, 합리적 행위를 기본선으로 본다. 아퀴나스에 바탕을 두고 있는 현대의 대표적 자연법론자들 중 ② 그리세즈(German Grisez)는 자기 통합, 실천적 합리성, 진실성, 정의와 우애, 종교, 생명과 건강, 진리의 인식, 아름다움의 감지, 쾌활한 활동을, ③ 피니스(John Finnis)는 생명, 앎, 미적 감상, 유희, 우애, 실천적 합리성, 종교를, ④ 췌펄(T. D. J. Chappell)은 우애, 미적 가치, 쾌락, 고통의 부재, 신체적·정신적 건강, 조화, 이성, 합리성, 진리 및 진리인식, 자연세계, 사람들, 공정성, 성취를, ⑤ 머피(MarK C. Murphy)는 생명, 앎, 심미적 체험, 일과 놀이에서의 탁월성, 작용의 탁월성, 내적 평화, 우애와 공동체, 종교, 행복을, ⑥ 고메즈-로보(Alfonso Gomez-Lobo)는 생명, 가족, 우애, 일과 놀이, 미의 체험, 이론적 인식, 온전함을 각각 선의 목록으로 제시하고 있다. 우리는 자연법론자들의 선에 관한 목록을 통하여 자연법 전통의 윤리사상이 지닌 근본적 가치의식을 이해할 수 있다. 우리가 의도하기만 한다면 어렵잖게 이들 선을 몇 가지 범주로 재분류할 수 있고, 그것에 의거하여 이들이 어디에다 삶의 의미와 윤리적 가치의 중심을 두고 있는지를 파악할 수 있을 것이기 때문이다.

자연법의 윤리적 지향에 다시 주목해 보자.[31] 자연법의 근본구조(악을 피하고 선을 추구하는 것)는 인간본성에 근거해 있지만 그것의 구체적 적용은 언제나 특정 상황과 그 상황에 따르는 요구들에 대한 사려분별을 필요로 한다. 자연법이 취하는 대체적 접근방법은 먼저 개개 경우들을 원리적 차원에서 해명하고, 나아가 특정 사안들에 적용되는 규칙들의 의미를 구체화하기 위해 마치 결의론에서처럼 일반규범과 구체적 상황, 자연법적 명령과 상황적 가능성 사이를 내왕한다. 자연법론자들은 특정 문화와 법적 전통으로 구현되어 있는 서로 다른 감수성을 인정하면서 보편적인 것에 대한 열망을 강조한다. 자연법적 사고는 유연성을 강조하면서도 본질적으로 비타협적 측면을 포함한다. 또한 자연법적 사고는 일반적으로 공평성을 선으로 인식하면서도 인간의 존엄성과 합리적 공동체가 지닌 고유의 선이라는 시각에서 비강제적 형식의 도덕적 간섭을 선호한다. 반면에 강제적 간섭은 그것이 보완의 원리에 따라 최대의 효율과 최소의 손실을 결과시킨다는 조건 하에서 기존의 법규범에 따른 '정당한 권위' 에 의해 이루어질 때 정당화될 수 있다. 그러나 어느 때 그러한 원칙을 적용할 것인가는 언제나 실천적 지혜 또는 관련 주체의 사려분별의 문제이다. 이러한 면에서 자연법적 사고는 신중하고 합리적으로 판단할 수 있는 지성과 도덕적 습관 형성, 그리고 실천의 적절한 과정을 중시한다.

위에서 본 바와 같이 만인이 합의할 수 있는 최소 기준을 마련하는 한편, 다양한 특정의 윤리적 전통들에 의거하여 이것이 보완되고 충족되길 기대한다는 구조에서 자연법의 윤리사상은 세계윤리에 대한 두 단계 접근법에 적극적으로 활용할 수 있는 대표적 사례들 중의 하나로 평가할 수 있다.

4. 종교들 간의 대화

1993년 8월 28일부터 9월 4일까지 세계 각지로부터 6,500백여 명이 참석한 가운데 시카고에서 개최된 세계종교의회는 마지막 날 그 대표들을 통해 '세계윤리를 향한 선언'[32]을 채택하였으며, 1997년 9월 1일에는 전직 대통령과 수상들로 구성된 '국제행동위원회' 에서 처음으로 세계윤리를 요청하면서 '인류의 책임에 대한 세계선언' 을 UN에 제출하였음은 잘 알려져 있는 사실이다. 여기서는 앞의 '선언' 을 중심으로 논의하고자 한다.

먼저 '세계윤리를 향한 선언' 에서의 '세계윤리' 가 어떤 점들에서 필자가 지향하는 세계윤리를 향한 두 단계 접근법에 부합되는지를 밝히는 것으로부터 시작하자. 몇 가지로 나누어 말할 수 있다. 첫째, 그것은 다양한 세계의 전통들 안에 이미 존재하고 있는 '도덕적 공통분모'를 명백하고 정확하게 제시해 주고 있다는 점에서 우리가 의도하는 접근법에 부합된다. "세계윤리는 하나의 새로운 이데올로기이거나 상부구조도 아니다. 이것은 서로 다른 종교와 철학들의 특정한 윤리를 불필요하게 하려는 것이 아니다. … 세계윤리는 공동가치, 표준, 그리고 태도에 대한 최소한의 필요함이다. 다르게 표현하면 세계윤리는 교리적 차이에도 불구하고 모든 종교에 의해 확정될 수 있고 비신앙인도 지지할 수 있는 것으로서의 가치와 취소할 수 없는 표준과 도덕적 태도를 연결하게 하는 최소한의 기본적 교감이다."[33] '선언'은 과거에 바탕을 둔 윤리적 합의를 선언하고 있지만 그것은 또한 미래를 향한 윤리적 과제를 확인시켜 준다는 점에서도 그러하다.

둘째, 최소윤리와 최대윤리를 구별하고 있음에서도 역시 그러하다. 한스 큉은 세계윤리를 향한 합의의 이 선언을 개개 전통의 원천들에 뿌리내리고 있는 최대윤리라기보다는 세계종교들 중 공통분모에 바탕을 둔 최소윤리로 인식하고 있다. 성경들은 각 종교의 최대윤리를 제공하고 있지만 '선언'은 단지 공통의 최소윤리만을 제시하고 있다. 선언은 구약의 율법, 기독교의 산상보훈, 무슬림의 코란, 힌두의 바가바드기타, 붓다의 가르침, 공자의 어록을 대신하려는 것이 아니다.

셋째, 다양한 표현들을 활용하여 종교적 전통들 자체 내에 자기 비판, 자기 지양의 불을 지피고 있다는 점에서 또한 우리의 기획에 부합한다. 보편적 세계윤리를 향해 대화와 상호 작용을 통하여 공통의 기반과 동질성을 강화시키고자 하는 노력은 언제나 자유로운 논의와 자기의문에 개방되어야 한다. 반보편주의적 근본주의자들에게 공통적인 왜곡은 자기 비판을 보장해 주지 못하는 것이다.

세계윤리를 위한 종교의회 참여자들이 공유하고 있는 관점은 무엇인가? 이들은 우선 오늘의 세계현상을 '근본적 위기'로 진단한다.[34] 비전의 결여, 해결되지 않은 문제들의 뒤엉킴, 정치적 마비상태, 통찰력이나 예견력을 지니지 못한 진부한 정치지도력, 공공복지에 대한 일반적 둔감성이 편만해 있다. 이들 내용을 달리 압축적으로 개념화하여 '지향의 결핍' = 전례 없는 금기의 결핍 = 가치들의 혼돈 = 옳고 그름, 선과 악에 대한 분명한 규범의 부재 = 도덕적 공백으로 표현할 수 있겠다.[35] 뿐만 아니라 오늘의 우리는 보다 나은 세계질서를 구축하기에 충분한 경제적·문화적·영성적 자원을 소유하고 있지만 민족적·국가적·사회적·경제적 및 종교적 대립과 긴장이 보다 나은 세계의 평화로운 건설을 방해하고 있다.

지금은 또한 '패러다임 이행기'[36]로 지칭할 수도 있다. 19세기 이전 아리스토텔레스의 모순율이 지배하던 때의 진리는 절대적·정태적·배타적으로 '이것 아니면 저것'으로 이해되었으나 새로운 패러다임에 의하면 실재, 특히 사물의 의미에 관한 이해는 역사적·지향적·원근법적·부분적·해석적·대화적이다. 이들 성질 모두에 공통적인 것은 '상호 관련 상황'(네트워크 사회) 개념이다. 이것을 쿠신스[37]는 '제2의 중축시대'로 표현한다. 그에 따르면 현행의 변화는 첫 번째 중축시대가 그러했던 것처럼 인류의 의식을 재형성시킬 것이라고 본다. 그러나 보다 중대한 것은 지금 세 번째 밀레니엄의 초입에서 인류는 어두운 독백의 시대를 벗어나 '대화의 시대'[38]의 새벽으로 진입하고 있다는 사실이다. 거시-패러다임-이행(한스 큉)과 제2의 중축시대(쿠신스)가 대화의 시대(스위들러)로 지양된다. 쿠신스가 이미 설명한 바와 같이 인류의 의식은 점차 세계화되고 있다. 이 같은 신생 대화의 시대에서 지구적 기반에 대한 대화는 가능한 것이 아니라 필연적인 것이다. 이로써 알 수 있거니와 종교의회 또는 세계윤리 선언의 관여자들은 현재를 '근본적 위기', '상호 관련성', '대화의 시대'로 파악하고 이러한 사정에 부응해 갈 세계윤리를 요청하고 있다.

세계윤리를 구체화 · 공식화하고자 할 때 먼저 그것이 어떤 기준을 충족시켜야 하는가, 즉 세계윤리를 위한 기본요건으로는 어떤 것이 요망되고 있는가? 이 점에 있어 필자는 한스 큉과 스위들러의 요구에 더 첨가할 것을 찾을 수 없다.[39] 세계윤리에 대한 공식적 선언은 ① 현실성을 지녀야 한다. 세계를 그것이 있어야 할 것으로서가 아니라 실제로 있는 그대로 보아야 한다. 따라서 출발점은 언제나 존재하는 현실이고, 거기로부터 당위에로 진보해야 한다. ② 보다 깊은 윤리적 차원으로, 즉 구속력 있는 가치, 궁극적 기준, 내면적 기본태도의 수준으로 파고들어야 한다. 그것은 법의 차원, 즉 성문화된 권리와 법률적 차원에, 그리고 구체적인 정치적 해결을 제공해 주는 정치적 차원에 머물러 있어서는 안 된다. ③ 일반적으로 이해할 수 있어야 한다. 전문적 논거와 학술적 용어는 그 기원이 어디든 간에 피해야 한다. 모든 것은 최소한 신문독자들이 이해할 수 있는 언어로 표현되어야 하며, 그것은 또한 다른 언어들로 번역할 수 있어야 한다. 단언적 표현들은 보다 광범한 틀 속으로 나아감으로써 적절히 재해석될 수 있다는 의미에서 역동적인 형태의 것이어야 한다. ④ 무엇보다 중요한 것으로서 합의를 보장할 수 있어야 한다. 그러므로 특정의 윤리적 혹은 종교적 전통에 의해 아프리오리하게 거부되는 진술들은 피해야 한다. ⑤ 그것은 인간-우주중심적이어야 한다. 우리는 실재 전체의 맥락을 떠나서는 충분히 인간적일 수 없기 때문이다. 그리고 선언의 언어는 인간성에 바탕을 둔 것이어야 하고 또한 아래로부터 오는 것이어야 한다. ⑥ 선언에는 어길 수 없는 '최소한의 것'과 추구해야 할 비제약적인 '최대한의 것'이 공존해야 한다. 그러나 최대한의 것은 일부 사람들의 최소한의 것을 침해할 수 있기 때문에 그것을 강요할 필요는 없다. ⑦ 세계의 오래된 종교, 윤리, 정신적 전통들 속에는 근본적으로 공통적인 도덕적 태도와 가치관점이 이미 존재한다. 그러므로 세계윤리는 이른바 '황금률'의 요소들로써 출발하는 것이 좋다.

'선언'이 담고 있는 도덕의 공동기반, 즉 '세계윤리'의 내용은 무엇인가? "수천 년 동안 인류의 여러 가지 종교와 윤리의 전통 속에서 표현되고 지속되어 온 하나의 원리가 있다.[40] "자기가 바라지 않는 것을 남에게 행하지 말라." 달리 적극적으로 표현하면 "자기가 바라는 바를 다른 사람에게 행하라." 이것은 가정과 공동체, 민족, 국가, 종교 등 삶의 모든 영역에서 최종적이며 무조건적 규범이어야 한다. 이것으로부터 세계종교들 대부분에서 발견되는 것으로서 인간행위를 위한 '네 가지의 광범하고 오래된 지침'이 나온다.

이처럼 '황금률'로부터 시작하는 세계윤리의 구성은 네 가지 지침[41]이 그것의 구체적 내용을 이룬다. 이들 지침에서는 살인, 도둑질, 거짓말, 성의 남용을 금하는 보편적 명령이 적극적 의무로 전환된다. 첫째, 비폭력 문화와 생명존중에로의 헌신. 이는 재래의 전통에서 '살인하지 말라', '생명을 존중하라'는 지침을 새롭게 살려내는 내용이다. 이를 보다 구체화시켜 보자. ① 모든 사람은 자유로운 발전의 권리를 갖는다. ② 있을 수 있는 갈등은 폭력 없이 정의의 테두리 안에서 해결되어야 한다. 세계평화 없이 인류의 생존은 불가능하다. ③ 젊은이들은 비폭력문화를 학습해야 한다. ④ 우리와 더불어 이 행성에 거주하고 있는 동물과 식물의 생명도 마찬가지로 보호, 보존, 배려할 가치가 있다. ⑤ 우리가 진정으로 사람다워지기 위해서는 타자에 대해 관심을 갖고 도울 준비가 되어 있어야 한다.

둘째, 일체성의 문화와 정의로운 경제체계에 대한 헌신. 이는 재래 전통에서 '도둑질하지 말라', '정직하고 공정하게 거래하라' 는 지침을 재활시키는 내용이다. 이것은 다음의 요구들을 담고 있다. ① 어느 누구든 타인의 것이나 공공의 것은 그것이 무엇이건 훔치거나 또는 처분할 수 있는 권리를 갖지 않는다. ② 극단적 빈곤과 소유의 격차는 증오와 폭력을 낳는다. 세계의 정의 없이 세계의 평화 없다. ③ 젊은이들은 의무를 이행하고 공동선에 기여하기를 학습해야 한다. ④ 정의로운 경제제도를 구축하는 일에 모든 국가들 및 국제기구들이 참여해야 한다. ⑤ 진정한 인간이 되기 위하여 우리는 경제력 및 정치력을 인류에 봉사하는 것으로 활용하고, 상호 존중의 마음과 배려심을 함양하며, 절제감과 겸손을 소중히 여겨야 한다.

셋째, 관용의 문화와 신뢰의 삶에 대한 헌신. 이것은 재래의 전통에서 '거짓말하지 말라', '진실하게 말하고 행동하라' 고 가르쳐 온 지침이다. 이를 다음과 같이 구체화시킬 수 있다. ① 어떤 사람이나 어떠한 공동체도 인간에게 거짓말할 수 있는 권리는 없다. ② 대중매체 종사자들, 예술가 · 작가 · 과학자들, 국가의 지도자들 · 정치인들 · 정당들, 종교의 대표자들에게는 각별히 이 책임이 요구된다. 진실성과 사람다움이 없이는 세계정의가 없다. ③ 젊은이들은 진실하게 생각하고, 말하고, 행동하는 것을 배워야 한다. ④ 진정으로 사람답게 되기 위해서는 진리에 기여하고 항심과 신뢰심을 유지해야 한다.

넷째, 평등한 권리의 문화와 남성과 여성 사이의 협력에 대한 헌신. 이것은 전통적으로 '성적으로 부도덕한 짓을 하지 말라' 또는 '남녀 간 서로 존중하며 사랑하라' 고 가르쳐 온 지침의 연장이다. 이를 구체적으로 살펴보자. ① 어느 누구도 타인을 단순한 성의 대상으로 전락시키거나 성적 예속상태로 이끌 수 있는 권리를 갖지 않는다. ② 성의 착취와 성적 차별은 인간 타락의 가장 나쁜 형태들 중의 하나이다. 남녀 간의 협력적 공동생활 없이 진정한 사람다움은 있을 수 없다. ③ 젊은이들은 성욕이 지닌 창조적이며 긍정적인 힘의 차원에 대해 학습해야 한다. ④ 남녀 간의 관계는 간섭하는 행동이나 착취가 아니라 사랑, 협력, 신뢰의 성격을 지녀야 한다. ⑤ 결혼이라는 사회제도는 사랑, 관대함, 지속성을 본성으로 한다. ⑥ 사람다움을 위해서는 상호 존중, 상호 협력, 상호 이해, 사랑이 필요하다.

이에서 알 수 있는 것처럼 '선언' 의 윤리적 내용은 최소윤리에 지나지 않는다. 이 밖의 많은 윤리적 문제들은 어떻게 대처해야 하는가? 선언의 참여자들은 이들 지침에 의거하여 발전적 해결을 이룩해 가고자 한다. "'자주 논의되는 윤리적 문제들' 에 관한 보편적 합의를 얻기란 어려울 것이다. 그럼에도 불구하고 많은 논쟁적인 문제들에 있어서조차 우리가 여기에서 협동적으로 발전시킨 기본지침들에 입각하여 적절한 해결을 이루어야 한다"[42]는 것이다. 그리고 선언에서의 중심은 어디까지나 인간의 존엄성을 존중하는 것이다. 모든 인간은 연령, 성, 인종, 피부색, 신체적 · 정신적 능력, 언어, 종교, 정치적 견해, 국가적 혹은 사회적 출신에 대한 구별 없이 양도할 수 없는 존엄성을 갖는다. 인간은 언제나 권리의 주체이고 목적이어야 하며, 결코 경제, 정치, 매체, 연구기관, 기업체들에 있어서 상업화와 산업화의 단순한 수단이나 대상으로 되어서는 안 된다.

5. 맺는 말

우리는 지금 지구위성 전체가 하나의 마을로 탈바꿈되어 가는 전대미문의 대변혁 속에 살고 있다. 이른바 제2의 근대화 또는 세계화, 지구화가 그것이다. 이 세계화는 재래의 국경을 허물면서 이동과 교류, 동화와 갈등, 관용과 배타의 격랑을 낳고 있다. 물리적 및 정신적 지역 안에 제한되어 있던 삶의 관행이나 판단의 척도, 종교적 지향들이 국지적 제방을 넘어 세계라는 대해로 흘러들면서 문화상대주의를 부채질한다. 문화상대주의는 수월하게 상대적 도덕관을 두둔하고 그것은 다시 삶의 의미와 가치와 평가기준에 대한 인식혼란을 야기시킨다. 다름이 자기 정당화에 국한될 때 교호관계를 통한 지양의 계기는 살려질 수 없다. 세계화의 와중에서 빚어지고 있는 문화와 도덕의 상대주의화에 직면하여 세계가 공유하는 윤리는 기대할 수 없는 것인가?

이 글에서는 세계윤리를 '전 인류에게 공통적인 기본윤리', '구속력 있는 가치, 최종적 표준, 그리고 개인적 태도에 관한 근본적 합의'로 이해하면서 세계윤리의 구축방안과 그것의 기본내용을 '구성' 개념으로 포괄하고자 하였다. 킴리카의 '두 단계 접근법'에 의탁하여 먼저 재래의 윤리적·종교적 전통들 안에 기존하는 공통의 윤리적 지침들을 확인하고 합의하는 과정에 의거하여 '기본도덕'을 마련하고, 차후의 대화와 교호작용을 통하여 '최대도덕', '분화된 도덕'들 간의 동질적 융화를 지향하는 도정을 제시하고자 하였다. 그러므로 이 글의 논의주제는 우선 1단계의 작업, 즉 윤리적 요구들의 이질적 현상들 배후에 있는 확인 또는 합의가능한 동질의 규범들을 찾는 일에 주목하면서 제2단계로의 발전가능성에도 유의하는 것이었다. 이 같은 의도에 부응하리라고 기대되는 방법적 틀로서 국제법의 기획, 자연법의 전통, 종교들 간의 대화를 선정하였다.

먼저 '국제법의 기획'은 국가들 간의 합의가능한 공통의 토대에 의거한다는 점에서 제1단계의 기본도덕에 대한 요청에 부합하는 것이다. 결과적으로 국제법의 기획은 인권 중심의 국제정치체제를 도덕에 대한 보편적 합의에 의해 이루어지는 새로운 세계질서의 기반으로 본다. 국제법의 기획이 마주치는 최대의 딜레마는 보편주의와 다원주의 간의 갈등이다. 필자는 이 같은 갈등의 해소책으로 롤즈의 『만민법』의 접근법을 도입하여 소개하였다. 거기서의 내용을 모든 사회가 견지해 주기를 기대하는 '인권'을 중심으로 요약하여 생명권, 자유권, 법 앞에서의 공식적 평등으로 정리하였다. 나아가 지금까지 이룩되어 온 국제적 실천의 공동원리들에 대해서도 살펴보았다.

국제법의 기획이 지향하고 있는 기본도덕은 도덕주체를 국가와 개인으로 구분하여 국가들 간의 윤리와 전 세계에 걸쳐 개인들이 준수해야 할 개인윤리로 나누어 정리할 수 있다. 전자의 것으로는 국가들 간의 평등, 독립, 자결권, 상호 불간섭, 평화, 책무의 성실한 이행, 상호 협력, 인권과 기본자유의 존중, 환경보호 등이 요청되고 있으며, 후자의 것에는 인간의 자유와 독립, 약속이행, 평등, 불간섭, 인권존중 등이 중심을 이룬다.

세계윤리의 요청에 응답한다는 시각에서 볼 때 국제법의 기획이 지니는 근본문제는 무엇인가? 그것은 인권 중심의 국제정치체제를 도덕에 관한 보편적 합의에 의해 조직되는 신생 세계질서의 토대로 볼 수 있는가 하는 점이다. 달리 표현하자면 서구의 윤리적 및 종교적 견해를 보편적인 것으로 수용할 수 있느냐는 것이다.

다음으로 '자연법의 전통'은 자연법이란 모두가 의무적으로 준수해야 할 규칙들이라는 점에서, 그리고 실제의 다양한 도덕체계들을 자연법의 관점에서 수렴하여 이들 체계의 규범내용에서 보다 많은 또는 보다 완전한 합의가 이루어지길 기대할 수 있다는 점에서 세계윤리에 대한 제1단계 사례로 평가할 수 있다. 더 나아가 자연법의 기본원리들에 대한 공통적 이해로부터 경전들에 내장되어 있는 '최대윤리'에 대한 해석상의 합의로 나아가길 기대할 수 있다는 면에서 제2단계로의 발전도 가능케 해준다.

자연법의 입장에서 본질적인 점은 보편적이며 자연적인 선이 존재한다는 것이다. 이 점은 아퀴나스에 의해 강조된 이래 대표적 자연법론자들의 공통된 믿음이다. 아퀴나스에 따르면 선은 행하고 악은 피해야 한다는 것이 자연법의 근본원리이다. 따라서 선이 일체의 근본이며, 선이 옳음에 앞선다. 인간은 자신의 자연적 성향을 통하여 선들을 직접적으로 파악하고 지향할 수 있는데, 아퀴나스는 생명, 출산, 앎, 사회, 합리적 행위를 기본선으로 지칭한다. 아퀴나스의 것과 더불어 이 글에서는 현대의 대표적 자연법론자들이 기본선으로 간주하고 있는 것들을 정리하였다. 우리는 자연법론자들의 선에 관한 목록을 통하여 자연법 전통의 윤리사상이 지니는 근본지향을 유추할 수 있다. 자연법에서의 기본도덕은 앞에서 지적한 '선의 목록'을 실천하는 일이다.

자연법의 근본구조(악을 피하고 선을 추구하는 것)는 인간본성에 근거해 있지만 그것의 구체적 적용은 언제나 특정 상황과 그 상황에 따르는 요구들에 대한 사려분별을 필요로 한다. 또한 자연법적 사고는 일반적으로 공평성을 선으로 인식하면서도 인간의 존엄성과 합리적 공동체가 지닌 고유의 선이라는 입장에서 비강제적 형식의 도덕적 간섭을 선호한다.

자연법은 그것의 고전적 공식화에서 니힐리즘과 상대주의를 함께 아우르는 도덕회의론에 대한 대안으로 등장했다. 도덕회의론은 모든 도덕명제들에 함축된 도덕적 믿음은 여하한 실제적 또는 객관적 기반도 지니지 못한다고 본다. 이에 반해 자연법의 도덕관은 일정한 선을 표명해 주는 일반적 원리, 즉 고정되어 있어 변경할 수 없는 일련의 규칙들에 입각해 있다.

자연법은 인간의 선에 관한 이론이다. 그 결과 기본선들에 대한 목록이 윤리사상의 근간으로 제시되고 있다. 그리고 자연법의 도덕은 흔히 법칙론적인 것으로 이해된다. 그러하다면 선의 선됨을 보장해 주는 것은 무엇인가? 자연성이나 인간의 성향에만 의거하여 선을 정당화시킬 수 있을까? 법칙 또는 동기 외에 '결과' 는 최소한 일부의 경우에서 추구할 원리를 선택하거나 마련함에서 결정적 역할을 할 수 없는 것일까? 또 어떤 것은 자연스럽지 않다는 이유에서 잘못된 것으로 분류하는 경우도 있는데, 자연법이론에 있어 '자연', '자연적', '자연스러운' 이라는 말이 가끔은 애매하게 사용되기도 한다. 그것들이 서술적 의미를 지니는 때도 있고 규범적 의미로 쓰이는 때도 있다. 그럼에도 불구하고 자연법의 윤리는 인간의 기본선과 그것의 가치에 대한 근거를 마련해 주고자 한다. 그것은 현대의 다원화된 도덕사상들에 도전할 수 있는 활력과 과제를 아울러 지니고 있는 것이라고 평가할 수 있다.

종교들 간 대화의 소산인 '세계윤리를 향한 선언' 은 다양한 전통들 안에 이미 존재하고 있는 도덕의 공통분모를 명확하게 제시해 주고, 최소윤리와 최대윤리를 구별하며, 다양한 표현들을 활용하여 종교전통들 자체 내에 자기 비판과 자기 지양의 불을 지피고 있다는 면에서 세계윤리를 향한 두 단계 접근법에 훌륭하게 부응한다. 그것은 또한 과거에 바탕을 둔 윤리적 합의를 선언하고 있지만 다른 한편으로는 미래를 향한 윤리적 과제를 각성시켜 준다는 사실에서도 그러하다.

'선언' 의 참여자들은 현재를 '근본적 위기', '상호 관련 상황' (네트워크 사회), '대화의 시대' 라는 성격을 지닌 '패러다임 이행기' 로 이해하면서 새로운 시대에 부응할 세계윤리를 요청한다. 세계윤리는 가정과 공동체, 민족, 국가, 종교 등 삶의 전 영역에 걸쳐 최종적이며 무조건적 규범인 황금률로부터 세계종교들에 공유되어 있는 인간행위를 위한 '네 가지의 광범하고 요래된 지침' 을 도출한다. ① 비폭력문화와 신뢰의 삶에 대한 헌신, ② 일체성의 문화와 정의로운 경제체제에 대한 헌신, ③ 관용의 문화와 신뢰의 삶에 대한 헌신, ④ 평등한 권리의 문화와 남성과 여성 사이의 협력에 대한 헌신이 세계윤리 내용의 근간을 이룬다. 이들 내용은 최소윤리에 지나지 않는다. 이것 밖의 윤리문제들에 대해서는 이 지침들에 의거하여 직접적 해결을 도모해 가야 한다.

세계윤리 선언은 왜곡된 절대주의 형태를 취하지 않고서도 상대주의를 압도했다. '선언' 은 상대주의자들에게는 절대적 가치가 존재한다는 사실을 확인시켜 주고, 절대주의자들에게는 그들이 자랑하는 진리란 그들만의 배타적인 소유물이 아니라 다른 곳에서도 발견할 수 있다는 사실을 깨닫도록 해준다. 다른 한편 '선언' 은 존중과 이해 대신에 광신주의와 불관용을 설교하는 류의 종교 대표자들을 비판하면서 자기 이해와 자기 비판을 적극 권장하고 있지만, 정작 종교적 상호 작용이 지녀야 할 합당한 성격과 종교에 관한 학적 판단으로서의 상호 비판에 대해서는 언급이 없다. 상호 비판이 허용되지 않는 상호 이해란 어차피 한정적일 수밖에 없을 것이다.

우리가 '구성' 하고자 하는 세계윤리는 다양한 문명이 공존하면서 상호 교류가 촉진되고 있는 오늘의 세계에서 요망되는 다음의 공통원칙들을 충족시킬 수 있어야 한다.[43] ① 서로 간의 차이의 인정, ② 모든 생명현상의 기저인 생물권의 유지, ③ 갈등해결에서, 특히 대량살상무기 사용의 폭력 삼가, ④ 현행의 사회적 양극화 경향을 치유하며 사회적 평등을 증진시키도록 상호 지원, ⑤ 은밀히 정치적 · 경제적 권력이 되는 조직적 범죄활동의 억제, ⑥ 인간의 기본권에 대한 합의된 이해 등이 그것이다. 앞에서 살펴본 세 가지 대표적 윤리사상들이 이들 원칙을 어떤 내용들에서, 그리고 어느 정도로 충족시켜 주고 있는지를 평가하기 위해서는 또 다른 연구를 필요로 한다. 남은 과제는 이것만이 아니다. 다음 단계의 또 하나의 과제는 유대교, 기독교, 불교, 유교, 이슬람교, 국제법 전통, 자유주의, 페미니즘의 각각에서 강조되고 있는 도덕의 중심요소들을 구체적으로 살펴 그것들을 보편적 세계윤리로 융화시키고 또 고양시키는 일이다.

주

1. 세계화 개념에 관해서는 조태훈, "세계화에 대한 진단과 제언", 『국민윤리연구』, 제60호, 2005, 12. 특히 제II절 참고.
2. Hans Küng(1998), 159–169쪽.
3. June O'Connor, "Does Global Village Warrant a Global Ethic?", *Religion*(1994) 24, 155–164쪽.
4. Kwame Anthony Appiah(2006), 5, 16쪽.
5. Samuel P. Huntington(1996).
6. Hans Küng(1998), 92쪽.
7. Hans Küng(2002), 13, 42쪽. '세계윤리' 개념은 막스 후버에 의해 제시되었다. 그는 법률을 넘어서고, 따라서 법률에 근거하지 않는 '국제윤리' 개념을 전개하면서 '세계윤리'로의 통일이 갖는 어려움을 지적하고 있다. Max Huber, "Prolegomena und Probleme eines Internationalen Ethos", *Die Friedens–Warte* 53, 1955/56, 4, 305–329쪽.
8. Will Kymlicka, "The Globalization of Ethics", in *The Globalization of Ethics*, ed., by William M. Sullivan, Will Kymlicka(Cambridge University Press, 2007), 10쪽.
9. Michael Walzer(1994), 1–10쪽.
10. Will Kymlicka, ibid., 4–5쪽.
11. William M. Sullivan, Will Kymlicka, ed.(2007), 137–138쪽.
12. Ibid., 210쪽.
13. 국제법의 전통에 대해서는 Daniel Pilpott, "Global Ethics and the International Law Tradition", William M. Sullivan, Will Kymlicka, ibid., 17–37쪽 및 Hans Küng(1991), 1–24쪽 참조.
14. Daniel Pilpott, ibid., 22–23쪽.

15. D. V. Jones, *Code of Peace : Ethics and Security in the World of the Warlord States* (Chicago : Chicago University Press, 1989) ; Daniel Pilpott, ibid., 23쪽.
16. Daniel Pilpott, ibid., 18쪽.
17. John Rawls(1999), 11쪽.
18. John Rawls(1993), 37쪽.
19. John Rawls(1999), 65쪽.
20. Mark C. Murphy, "Natural Law, Common Morality, and Particularity", William M. Sullivan, Will Kymlicka, ed.(2007), 137쪽.
21. 전형적 자연법론자들로는 Thomas Aquinas, Thomas Hobbes 그리고 현대의 Germain Grisez, Alasdair MacIntyre, Mark C. Murphy 등을 거명할 수 있다.
22. Mark C. Murphy, "The Natural Law Tradition in Ethics", in *Stanford Encyclopedia of Philosophy*, 23, 2002, §1. 4.
23. Thomas Aquinas(1978) 제II부 제I편, 제9. 71문 및 Stephen Buckle, "Natural Law", in *A Companion To Ethics*, ed., by Peter Singer(Blackwell Publishing Ltd., 2003), 165쪽.
24. Ibid., 제94문 3.
25. G. 달 사쏘-R. 꼬지 편찬(2004), 제II부 제I편 제94문 2.
26. Mark C. Murphy(2002), §2. 1, §2. 2.
27. Cicero, *De Re Publica*, III, xxii, Stephen Buckle, ibid., 164쪽에서 재인용.
28. Thomas Aquinas(1978),제I부, 제94문 2 : 제94문 3.
29. ① 쾌락과 고통의 부재(일부 논자들은 쾌락이란 그것을 느끼는 활동을 따나서는 선이 아니라고 주장한다. 다른 일부의 논자들은 고통의 부재는 인간 본성의 완성이나 성취가 아니어서 기본선에 포함시킬 수 없다고 말한다. 또 일부 논자들은 고통의 회피는 단지 내적 평화와 같은 다른 기본선의 한 사례에 지나지 않는다고 본다), ② 생명(단순히 살아 있다는 것이 선인가 아니면 생명은 어떤 차원의 활력을 향유할 때만이 고유한 선인가?), ③ 종교(신과의 조화는 진정으로 인간의 선인가? 그것은 단지 우애의 일종인가? 그것의 선으로서의 지위는 신과 같은 그러한 어떤 존재의 유무에 의존하는가?), ④ 결혼생활(결혼의 선은 단지 우애, 출산, 합리적 작용 등과 같은 다른 여러 선들의 결합에 지나지 않는가? 아니면 그것은 실제로 명백한, 분석적으로 분리시킬 수 없는 가치인가?) Mark C. Murphy(2002), §2.3.
30. 기본선의 목록에 관해서는 Mark C. Murphy, ibid.

31. William M. Sullivan, "Ethical Universalism and Particularism : A Comparison of Outlook", in William M. Sullivan, Will Kymlicka, ed.(2007), 206–207쪽 참고.
32. Hans Küng And Helmudt, ed.(1998), pp. 3–6 ; Hans Küng and Karl–Josef Kuschel, ed.(1993), 7–39쪽 ; Leonard Swidler, ed.(1999), 39–51쪽.
33. Hans Küng, "세계종교들–세계평화–세계윤리 : 21세기를 향한 현실적 비전", 2000년 9월 22일 서울 YMCA 회관 대강당에서의 강연문, 2쪽.
34. Hans Küng, And Helmut Schmidt(1998), 3쪽.
35. Hans Küng, 위 강연문, 3–4쪽.
36. Leonard Swidler(1999), 4쪽.
37. Ewert Cousins, "Judaism–Christianity–Islam : Facing Modernity Together", *Jounal of Ecumenical Studies*, 30 : 3–4, Summer–Fall, 417–425쪽.
38. Leonard Swidler(1999), 4, 16쪽.
39. Hans Küng(1998), 107쪽 ; Leonard Swidler(1999), 18–19쪽.
40. Hans Küng and Josef Kuschel(1993), 23쪽 ; Hans Küng And Helmut Schmidt(1998), 15쪽 ; Leonard Swidler(1999), 43쪽.
41. Hans Küng and Josef Kuschel(1993), 24–34쪽 ; Hans Küng And Helmut Schmidt(1998), 17–29쪽 ; Leonard Swidler(1999), 44–50쪽.
42. Hans Küng and Josef Kuschel(1993), 35쪽 ; Hans Küng And Helmut Schmidt(1998), 31쪽 ; Leonard Swidler(1999), 50–51쪽.
43. Ken Booth, Tim Dunne, Michael Cox, ed.(2001), 231쪽.

참/고/문/헌

조태훈, “세계화에 대한 진단과 제언”, 『국민윤리연구』, 제60호, 2005, 12.

한스 큉, “세계종교들 – 세계평화 – 세계윤리 : 21세기를 향한 현실적 비전”, 2000년 9월 22일 서울 YMCA 회관 대강당에서의 강연문.

G. 달 사쏘–R. 꼬지 편찬, 『성 토마스 아퀴나스의 신학대전 요약』, 이재룡 · 이동익 · 조규만 옮김, 가톨릭대학교출판부, 1995.

Appiah, Kwame Anthony, *Cosmopolitanism*, New York & London : W.W. Norton & Company, 2006.

Aquinas, Thomas, *The Summa Theologica*, Encyclopaedia Britannica, Inc., 1978.

Booth, Ken, Dunne, Tim, Cox, Michael, ed., *How Might We Live : Global Ethics in the New Century*, New York : Columbia University Press, 2001.

Buckle, Stephen, “Natural Law” in *A Companion To Ethics*, ed., by Peter Singer, Blackwell Publishing Ltd., 2003.

Cousins, Ewart, “Judaism–Christianity–Islam : Facing Modernity Together”, *Jounal of Ecumenical Studies*, 30 : 3–4 (Summer–Fall), 1993.

Huber, Max, “Prolegomena and Probleme eines Internationalen Ethos”, *Die Frieden–Warte* 53, 1995/56, 4.

Huntington, Samuel P., *The Clash of Civilizations and the Remaking of World Order*, New York : Simmon and Schuster, 1996.

Küng, Hans, *A Global Ethic of Global Polities and Economics*, New York, Oxford : Oxford University Press, 1998.

Küng, Hans And Schmidt, Helmut, *A Global Ethic and Global Responsibilities : Two Declarations*, SCM Ltd., 1998.

Küng, Hans and Kuschel, Josef, *A Global Ethic : The Declaration of the Parliament of the World's Religions*, New York, London : Continuum, 1993.

Murphy, Mark C., "The Natural Law Tradition in Ethics" in *Stanford Encyclopedia of Philosophy*, 23, 2002.

O'connor, June, "Does Global Village Warrant a Global Ethic?", *Religion*, 24, 1994.

Rawls, John, *The Political Liberalism*, New York : Columbia University Press, 1993.

______, *The Law of Peoples*, Cambridge : Harvard University Press, 1999.

Sullivan, William M., Kymlicka, Will, ed., *The Globalization of Ethics*, Cambridge : Cambridge University Press, 2007.

Swidler, Leonard, *For All Life : Toward a Universal Declaration of a Global Ethic*, White Cloud Press, 1999.

Walzer, Michael, *Thick and Thin : Moral Argument of Home and Abroad*, Notre Dame : University Notre Dame Press, 1994.

6장

인문과학의 위기에 대한 접근법

- 하버마스의 형식화용론을 중심으로 -

1. 머리말

인문학과 인문과학의 개념은 구분해야 한다. 서양 학문사의 흐름을 따라 '인문학'은 인문과학과 사회과학을 포괄하는 것으로서 자연과학에 대칭되는 분야로 이해되며, '인문과학'은 사회과학 및 자연과학과 구별되는 것으로서 19세기 중엽 이후 독일에서 '정신과학', '역사과학', '문화과학' 등으로 명명되어 온 이른바 문·사·철을 포괄하는 영역을 제시한다. 하버마스가 그의 『인식과 관심』에서[1] 학문을 경험·분석적 학문(자연과학), 체계·행위정향적 학문, 역사·해석학적 학문(정신과학)으로 분류한 것에 있어서 역사·해석학적 학문이 우리가 말하는 인문과학을 가리키는 것이다. 이 글에서는 '학문론'을 중심으로 하는 것이 아니기 때문에 둘을 엄격하게 구분하지 않고 중첩적으로, 때로는 어느 한편에 강조점을 두는 것으로 유연하게 활용하고자 한다.

'인문학'을 어떻게 규정할 것인가는 그 영역과 주제의 다양성으로 인해 매우 복잡한 과제이다. 그러나 인문학이 지니는 문화의 창조적 전승, 사회통합, 개인적 인간화의 기능, 즉 문화와 사회, 그리고 인격을 향한 기능은 수월하게 확인할 수 있다. 이들 세 가지, 이른바 '생활세계의 구조적 구성요소'와 관련하여 우리는 주요 접근방법으로 하버마스의 언표적 행위 개념을 중심으로 하는 '의사소통행위론'에 주목하게 된다. 의사소통행위론이 인문학을 위한 유효한 접근법일 수 있다고 보는 것은 그것이 개인 · 사회 · 문화적 생활의 보편적 하부구조를 밝혀줄 수 있다고 믿기 때문이다.

의사소통행위론은 '이해'의 측면에서 보면 문화적 앎의 전승과 혁신에 기여하며, '행위조정'의 측면에서 보면 사회통합과 유대의 형성에 기여하고, '사회화'의 측면에서 보면 개인적 정체성 형성에 기여한다. 의사소통행위는 곧 문화적 재생산, 사회의 통합, 개인의 사회화를 주도한다. 이 같은 의사소통행위론의 중심에는 '담론원리'가 작용하고 있다. 이 원리는 행위규범들을 공평하게 정당화할 수 있는 관점을 설명하기 위해 의도된 것으로서, 이 원리 자체는 의사소통적으로 구조화된 생활양식 일반에 내장되어 있는 인식의 체계적 관계들을 반영한다. 이러한 맥락에서 담론원리는 인문학에의 유효한 접근법일 수 있다.

인문학의 접근법을 연구함에 있어 최근 많이 논의되고 있는 '인문과학의 위기'라는 과제를 간과할 수 없다. 그 '위기'에 대한 이해가 연구접근법에도 영향을 미칠 것이기 때문이다. 이 '과제'는 특히 헤겔과 니체를 거쳐 오늘날의 이른바 '포스트' 계열의 사상들, 이를테면 후기구조주의, 해체주의로 지칭되고 있는 푸코, 데리다, 리오타르, 그리고 이들에 선행하는 하이데거 등의 주장에 주목하도록 한다. 이들의 논의에서는 '근대화 및 근대성'(모더니티의 기획)에 대한 비판과 극복이 배경을 이루고 있다. 그러므로 우리는 인문과학의 위기라는 주제를 '모더니티의 기획'과 관련하여 개괄적으로 정리할 것이다. 더욱이 '인문과학의 위기'를 초래한 데에는 신자유주의 및 그 물적 토대로서의 정보화[2]가 주된 요인으로 작용하고 있음도 함께 살펴볼 것이다.

담론의 원리, 즉 화용론적 접근도 합리성의 부산물인 이원론적 담론의 틀에 묶여 있다는 한계를 드러낸다. 더욱이 의사소통적 합리성에 의거하는 것만으로 '가치 있는 삶'을 보장할 수 없다. 의사소통적 합리성의 수준에서는 인격적 측면과 비인격적 측면과의 조화로운 성숙을 기대하기 어렵기 때문이다. 그러므로 이 연구는 비인격적(기능적 · 기계적) 합리성과 인격적(실천적 · 도덕적) 합리성을 결합시키는 과제에까지 나아가게 될 것이다. 또한 담론원리 및 의사소통적 합리성은 인간의 감성적 · 심미적 영역을 경시한다. 이런 측면에서의 보완책도 고려하게 될 것이다.

2. 인문과학 위기의 사회적 배경

근자에 이르러 '인문과학의 위기'에 대한 성찰과 논의가 분분하다. 근대문명, 정보사회, 자유주의, 자본주의, 그리고 IMF와 학부제가 인문과학 위기의 원인들로 지적되곤 한다. 이러한 논의는 결국 "인간활동의 성패가 이윤축적 여부로 좌우되는 세상이 어떻게 인간다운 삶과 장기적으로 양립할 수 있는가?"[3]라는 문제로 환원될 수 있다. 정보화, 상업성, 시장성, 효율성이 인간적 삶을 지향하는 인문과학을 위기로 밀어넣고 있다. 따라서 '인문과학 위기의 대처방안'을 찾는 노력은 당연히 지식의 상업화 · 도구화를 가속시키는 정보화의 정체에 비판적으로 대응하는 것이어야 한다. 그리고 인문과학의 위기를 초래한 사회적 배경을 이해하기 위해서는 근대화 및 근대성이 지닌 특성들을 살펴야 한다. 이를 위하여 우리는 '생활세계의 식민화' 및 '생활세계의 문화적 빈곤화' 테제를 중심으로 '모더니티 기획'의 병리적 현상들을 일별하는 방법에 의거하려고 한다.

베버 이래 일반적으로 지적되고 있는 것처럼 근대사회의 발전은 균형을 상실한 선별적 또는 일방적 진전이라는 특성을 지닌다. 그러한 발전은 결과적으로 체계에 의한 생활세계의 식민화[4]로 이끌었으며, 이는 다시금 생활세계를 기형화시켰다. 이런 발전은 역설적이게도 생활세계의 합리화에 따른 부산물이었다. 생활세계의 합리화는 결국 그 자체를 속박함과 동시에 유토피아적 견해를 갖게 해줌으로써 이른바 '근대성의 역설'[5]을 초래한 것이다. 이와 동시에 국가에 의해 지원받는 경제체계의 내재적 역동성은 체계의 복합성을 점차 증대시키고, 형식적으로 조직화되어 있는 행위영역들을 확대시킬 뿐만 아니라 그것들의 내재적 응축성 또한 강화시킨다.[6] 이는 다시금 식민지화의 증대, 즉 상징적으로 구조화되어 있는 생활세계에로 경제적 및 행정적 하위체계의 침투가 증대되는 것을 가리킨다. 하버마스에 의하면 식민지화 명제를 해명해 주는 것으로서 ① 사회생활의 공공영역에서 법령화가 증대되는 것,[7] ② 사회생활의 사적 차원이 점점 상품화되는 것을 지적할 수 있을 뿐만 아니라, 식민지화 명제에 의거하여 ③ 퍼스낼리티 발달상의 구조적 변화(정신병리)도 설명할 수 있다.[8]

화폐화 및 관료주의화로의 경향이 실제로 생활세계의 통합기능을 완전히 체계의 메커니즘으로 이행하게 되는 상태로까지 이끌어갈 것인지는 아직 명확하지 않지만, 하버마스의 진단과 예상에 따르면 의사소통행위 메커니즘에 의거하여 통합되는 사회생활 영역은 체계 메커니즘에 의거해서는 그 통합을 기대할 수 없다. 의사소통 메커니즘도 체계 메커니즘도 그들 본성상 자체의 재생산을 위해서는 의사소통행위 매체에 의존해야 한다. 그러므로 자체의 재생산을 위해 이해지향 행위에 의존해야 하는 생활세계의 영역들이 의사소통행위로부터 분리되어 체계통합 메커니즘에 종속될 때 여하한 방법으로든 간에 붕괴를 피할 수 없다. 이로써 상업화(상품화)와 관료주의화는 사회의 병리현상을 유발시키게 된다.[9)]

또한 하버마스는 우리들로 하여금 근대사회에서 갈등을 억제하는 수단으로서의 이데올로기적 사유형태를 대체한 의식의 파편화에도 주목하도록 한다. 이로부터 우리는 그가 근대사회의 특성으로 보고 있는 두 번째 유형의 병리적 발달, 즉 '생활세계의 문화적 빈곤화'를 만난다. 이 두 번째 유형의 병리적 경향은 전문화가 증진된 결과 이른바 전문가 문화와 일반의 공중문화 간의 거리가 점차 확대된다는 사실에 기인한다. 각 전문적 가치영역 내의 학습과정이 자동적으로 일상적 의사소통 실천으로 환류되지 않고 그것과 단절된다. 이로써 생생한 전통이 무미건조해지고 일상적 실천의 빈곤화로 이어진다.

왜 이런 일이 일어나는가? 생활세계의 합리화가 왜 행정적 및 경제적 하위체계와 생활세계를 분리시킬 뿐만 아니라 전문가 문화를 분리시키며 또한 전문가 문화를 공고화시키기까지 하는가? 이에 관한 하버마스의 명확한 해명은 없지만 그의 생각과 주장들을 정리해 보면 생활세계의 빈곤화가 경제적 및 행정적 하위체계의 명령에 종속하는 생활세계의 식민화와 연결되어 있다고 믿는 것 같다. 그는 문화적 빈곤화와 의식의 파편화(이것은 후기자본주의 사회들에 있어서 기능상으로 이데올로기와 같은 것이다) 간의 연결을 암시하는 정도에 그치고 있다. 여하튼 오늘에 있어서 일상적 의식은 '총체'를 파악할 힘을 상실하고 파편화된다. 이것은 문화적 가치영역들과 일상의 의사소통 실천과의 분리에 직결되어 있다. 식민지화의 은유로 표현해 보면 경제적 및 행정적 하위체계들의 명령이 마치 식민지 사령관이듯 생활세계로 하달되어 자체로의 동화를 강요한다.[10] 일상적 의식이 파편화함으로써 시장과 행정기구가 지닌 식민지화의 폭력을 저지하고 '자유의 제도들'을 건립할 수 있을 조정력을 갖지 못하게 된다. 이러한 맥락에서 이해하자면 전문가 문화와 일상적 실천 간의 분열에서 유래되는 의식의 파편화는 체계통합이 생활세계를 침식한 결과이다.

논의를 '인문학 위기의 사회적 배경'이라는 우리의 주제에 한정시켜 볼 때 지금까지 살펴본 근대화 또는 근대성의 사회적 병리현상[11]이 인문과학 위기의 직접적 요인들이라고 평가할 수 있다. '체계에 의한 생활세계의 식민화'는 표본적인 경우로서 '물질적' 재생산을 강화시키는 반면 '문화적' 또는 '상징적' 재생산은 등한히 하는 현실을 초래함으로써 인문과학에 대한 필요와 지향의식을 둔화시킨다. '생활세계의 문화적 빈곤화'는 전문가 문화와 일상적 실천 간의 괴리를 증대시킴으로써 대다수 일상인의 의식이 파편화되고, 따라서 비판의식이나 반성의식이 약화됨은 물론 '현실순응주의'로 길들여져 인문과학적 세계에 대한 개념들이 위축 또는 고갈되는 참상을 초래하고 있다. 이 같은 근대성의 병리현상은 리오타르의 '정보화'에 따른 '탈현대적 현상'이라는 측면에서도 고려될 수 있다.[12]

오늘의 신자유주의 및 그것의 물적 토대인 정보화는 세계화와 지식의 상품화를 결과하였다. 정보화와 더불어 ① '수행성의 원리', 즉 '최적수행의 원리'[13]가 학적 탐구를 주도한다. 최소의 투입으로 최대의 산출을 기하고자 하는 것이다. 지식·정보의 수행능력이 중시될 수밖에 없다. 이는 곧 지식·정보를 효율성과 유용성을 따라 평가하는 것을 말한다. 따라서 기술은 참된 것, 의로운 것, 아름다운 것에 관계하는 게임이 아니라 효용성에 관계하는 게임이다. 기술적 '수'는 그것이 보다 잘 하거나 또는 다른 것보다 에너지를 적게 소모할 때 '좋은 것'이다. "무엇이 가치 있는 지식·정보인가?"가 판단과 평가의 척도이니만큼 해방 또는 자유의 서사형태로서의 지식·정보라는 기준은 해체된다. 교육은 민주시민의 교양을 전수하는 것이 아니라 "어떻게 경제적 경쟁에 기여할 것인가"에 부합하도록 추진된다.

② 자본주의적 생산양식이 지식·정보를 지배한다. 지식·정보가 효율성이라는 기준에 따라 생산·유통됨으로써 상품으로서의 가치를 중시하게 된다. 상품가치가 없는 지식·정보는 외면당한다. 돈이 되지 않는 것은 증거능력도 없다. 학적 언어 게임이 부자 게임으로 된다.[14] 여기서는 최고의 부자가 상승할 수 있는 최선의 기회를 갖는다. 재산과 효용성과 진리 간에 등치관계가 이루어지고, 이들 등치관계의 상호성이 드러난다. 재산 없이는 기술 없고 기술 없이는 재산도 없다. 지식이 생산력으로, 달리 말하면 자본순환의 한 계기가 된다. 기술과 이익의 유기적 관계가 기술과 과학의 관계에 선행한다. 여기서는 '진리'가 목표인 것이 아니고 수행성, 즉 투입·산출 간의 가능한 최선의 이득이 목표인 별개의 언어 게임이 이루어진다. 국가 또는 회사는 새로운 목표인 권력추구를 위하여 이상주의적 및 인본주의적 정당성 서사를 포기해야 한다. 과학자들, 기술자들, 그리고 모든 방편들은 진리발견보다는 권력 증대에 활용된다. 권력은 훌륭한 수행성일 뿐만 아니라 효율적인 검증이고 또한 훌륭한 심판자이기도 하다. 그것은 효율성을 토대로 하여 과학과 법률을 정당화시키고 과학과 법률을 토대로 하여 이것의 효율성

을 정당화시킨다. 더욱 놀라운 사실은 기술적·경제적 효율에 따라 진리가 결정됨으로써 진리가 단수가 아닌 복수로 존재하게 된다는 것이다. 데이터뱅크가 미래의 백과사전으로 됨에 따라[15] 키보드 기술, 정보 검색 능력이 진리의 전통적 관념을 대체한다.

③ 거대서사의 정당성 훼손과 허무주의가 도래한다. 그것이 사변적 서사이건 또는 해방적 서사이건 간에 거대서사는 그 신뢰성을 상실한다. 이것은 제2차 세계대전 이후의 급격한 기술의 발달 및 공산주의적 대안의 폐퇴와 더불어 재화와 서비스의 개인적 향유를 독려해 온 자본주의의 발달에 의거한 것이었다.[16] 전통적 서사에서는 인지적 가치를 지니는 지시적 명제와 실천적 가치를 지니는 규범적 명제가 일치했다. 이제는 실제적 상황을 진술하는 명제가 참이어도 거기에 바탕을 둔 규범적 명제가 정당하다고 입증할 수 없다.[17] 이론이성과 실천이성이 괴리된 것이다. 더욱이 학문분야를 가르는 다양한 고전적 분계선들이 붕괴되고 학문들 사이의 경계들이 뒤섞이면서 새로운 영토가 탄생하고 학문의 분화 및 세분화가 거대서사의 정당성을 부인하게 되었다. 거대서사, 보편적 원리, 총체적 사회인식을 거부하고 다원성, 이질성, 상황성을 강조하는 데서 결과되는 진리의 상대주의화, 기능적 유용성에 따르는 진리의 복수화, 거대서사에 대한 불신과 거대서사의 붕괴에서 귀결되는 진리의 다원화 등은 전통적 진리 개념을 무력화시키고 일종의 허무주의에로 유인한다.

지금까지 살펴본 바와 같이 우리는 하버마스가 말하는 '근대성의 병리현상들'과 리오타르가 개념화하고 있는 '탈현대적 현상들'을 인문학 위기의 사회적 배경으로 해독한다. 그러하다면 우리는 어떤 준거에 의거하여 근대사회의 발전을 병리적인 것으로 비판할 수 있는가? 더 나아가 체계통합 양식이 점차 생활세계 영역으로 침식해 가는 것을 비판하고 세 개의 문화영역에서 전문가들이 이룩한 앎과 빈곤화된 생활세계 간의 연결을 재생시켜 줄 수 있을 그러한 준거로 어떤 것을 기대할 수 있는가? 우리는 이 같은 '준거'로 하버마스의 '의사소통적 합리성' 개념[18]을 도입하고자 한다.

'의사소통적 합리성' 개념은 두 가지 측면에서 근대성의 병리현상을 평가하고 비판할 수 있는 준거를 마련해 준다.[19] 첫째, 그것은 역사적으로 분화된 이성의 세 차원들 간의 자유로운 상호 작용을 위한 모델을 마련해 준다. 둘째, 그것은 우리의 일상적 의사소통 실천에 함축된 어떤 이상화에 의거해 있어서 우리로 하여금 현실의 의사소통 실천이 그러한 이상화에 따르지 못하는 것을 비판할 수 있도록 해준다. 앞에서 논의한 것처럼 근대사회의 합리화 과정은 선별적 혹은 불균등한(불균형적인) 것이었다. 따라서 현대사회에 있어 권력과 화폐라는 하위체계의 명령이 생활세계의 의사소통행위를 지배해 가는 것을 비판하면서 하위체계의 통합 메커니즘과 생활세계의 통합 메커니즘 간의 새로운 균형을 요망하게 된 것이다. 균형적인 또는 비선별적인 유형의 합리화란 세 개의 문화적 가치영역의 조화로운 상호 작용을 가리키는 것으로서, 거기서는 어느 영역도 주도적이지 않고 세 영역 모두가 제도적으로 생활세계에 정초될 것이다. 일방적 합리화와 하나의 합리성 복합체가 주도하여 다른 두 가지를 희생시키게 되는 것을 비판할 수 있는 '준거'는 "인지적 · 도구적인 것과 도덕적 · 실천적인 것, 심미적 · 표현적인 것이 일상적 실천을 통해 자유로이 작용하여 인지적 해석과 도덕적 기대와 표현 및 평가가 '장애 없이', 그리고 '균형적인' 방법으로 상호 침투하게 되는 것"을 가리킨다.[20]

하버마스에 있어서 문화영역들 간의 자유롭고 조화된 상호 작용 개념은 근대성의 조건 하에서의 이성의 통일이라는 이념을 나타내는 것이다. 이성의 통일을 뒷받침해 주는 것이 일상의 의사소통행위에서 화자는 매번의 언표행위로써 서로 환원불가능한 세 개의 타당성 차원들과 동시에 관계한다는 내용의 '형식화용론'이다. 문화영역들의 균형적 발전을 향도해 갈 수 있을 이성의 통일적 기능은 의사소통적 합리성으로 구현되는데, 이에 관한 구체적 탐구가 형식화용론의 주제를 이룬다.

3. 형식화용론

의사소통행위론은 특히 현대사회의 일상적 의사소통[21]의 보편적 전제들을 추구하는 재구성 이론에 의거한다. 이 재구성적 학문을 하버마스는 '보편적' 또는 '형식적' 화용론이라고 부르는데, 이것은 상호 양해를 가능케 해주는, 이론화 이전의 보편적이며 함축적인 앎을 재구성하는 준선험적 분석이라고 말할 수 있다.[22]

화용론이란 무엇인가? 그것이 어떤 근거에서 인문학의 주요 접근법일 수 있는가? 또한 그것은 어떻게 사회의 질서확립에로 이어지며, 어떻게 진리와 자유의 이념을 구현시킬 수 있다는 것인가? 하버마스의 '형식화용론'은 문장들의 음성론, 구문론, 의미론의 특성들뿐만 아니라 '발화'의 화용론적 특성까지도, 즉 언어 능력뿐만 아니라 의사소통 능력까지도 보편적 용어들로써 합리적으로 재구성할 수 있다는 견해이다.[23] 여기에는 어떤 언어에 있어 문장을 생성시키는 규칙인 문법론과 언표행위에 있어 문장을 배치시키는 규칙인 보편적 화용론은 별개의 것이라는 이해가 전제되어 있다. "문법규칙에 따라 문장을 생산하는 것은 언어상황 일반의 하부구조를 이루는 화용규칙에 따라 문장을 전개시키는 것과는 다르다."[24)]

이러한 보편적 또는 형식화용론의 최초 과제는 "합의에 입각한 담화행위의 일반적 전제들"을 재구성하는 것이다.[25)] 이러한 과제는 하버마스의 연구전략 전반과의 관련 하에서 이해해야 한다. 그는 이해지향의 담화를 분석하기 위한 토대로서 합의에 입각한 담화를 분석하여 거기로부터 파생적(전략적)이며 기형적인 담화양식을 분석하는 데로 나아간다. 그는 이 같은 담화행위에 대한 분석결과를 활용하여 사회탐구를 위한 적합한 토대 마련을 목적으로 '의사소통행위' 라는 일반 개념(비언어적 행위를 포함하는 개념)을 해명하고자 한다. 이로써 하버마스의 형식화용론은 두 가지 주요 기능을 수행한다.[26)] 첫째, 그것은 그의 사회이론의 결정적 요소인 의사소통행위론을 위한 이론적 기반을 제공한다. 다음으로 그것은 진리, 합리성, 행위 등의 문제들을 계속하여 철학적으로 논의해 갈 수 있도록 기여한다. 우리는 우선 형식화용론의 이러한 주요 기능에서 그것이 지니는 인문학적 접근법으로서의 유효성을 파악할 수 있다. 화용론은 사회이론, 진리, 합리성, 행위 등 달리 말해서 문화와 사회와 인간의 문제들을 합리적으로 논의할 수 있는 방법을 제공해 주기 때문이다. 그리고 화용론의 이 같은 기능은 의사소통행위의 중심을 이루는 '타당성 주장'과 그 연장선상의 '논증' 및 '담론' 개념에 의거한다.

형식화용론의 일차적 대상은 일상의 언어실천이며, 현대사회에서의 일상적 언어실천에 대한 형식화용론의 탐구는 사회적 행위자들이 상호 이해를 도모하고자 하는 목적으로 상호 작용할 때 관련되는 보편적 능력을 재구성하고자 하는 노력이다. 하버마스의 사회이론에 있어 결정적 역할을 하는 의사소통 능력은 상호 이해지향 행위가 사회적 행위의 기본유형이라는 주장에 입각해 있다. 이런 행위를 '의사소통적 행위' 라고 명명하는 것인데, 그것에 대한 하버마스의 분석은 모든 언어에는 타당성과의 연결이 내장되어 있다는 주장으로 전환한다. 보다 정확히 표현하자면 일상의 의사소통 과정에 활용되는 언어적 발화는 타당성을 '주장하는 것' 으로 이해할 수 있다. 그의 관점에서 보면 일상의 언어적 상호 작용은 우선 타당성 주장을 제기하고 또 그에 반응하는 것이다. 하버마스는 물론 전략적 상호 작용, 비유적 상호 작용, 상징적 상호 작용과 같은 다른 형태를 허용하고 있지만 그것들은 어디까지나 의사소통행위에 의존하는 것이다. 의사소통행위는 그 기본형태가 화자에 의해 제기되는 타당성 주장에 대해 청자가 예/아니오로 응답하는 것에 의거한다. 주지하는 바와 같이 타당성 주장에는 세 가지 유형이 있다. 이 세 가지의 보편적인 타당성 주장은 세 가지 언표행위를 분류하는 기반이 된다.[27)]

형식화용론이 견지하는 탈형이상학적 · 언어학적 사회론이 어떻게 가능한가? 간략하게 말하자면 타당성 주장을 중심으로 하는 일상 언어의 상호 작용을 통해서이다. 이와 관련하여 우리의 논의에 있어 중요한 사항은 일상의 언어적 상호 작용이 타당성 주장을 제기하고 인정하는 것에 의존한다는 사실로부터 '사회질서' 를 다음과 같은 두 가지 중요한 특성을 갖는 상호 인정 관계의 네트워크로 파악할 수 있다는 것이다. 첫째, 약속과 책임의 협동적 관계가 그것이다. 즉 의사소통적 상호 작용의 참여자들은 어떤 정해진 방법으로 행동에 착수하며, 상호 작용의 성공은 관련 당사자 간의 협동에 의존한다. 둘째, 의사소통행위에 특징적인 상호 인정 관계는 고유의 합리적 차원을 갖는다. 즉 의사소통행위자는 자신의 발화로써 제기하는 주장들의 타당성을 위한 이유를 제공해야 할 의무를 지니는 반면, 그의 행위 상대자는 제공된 이유를 수용하거나 아니면 보다 나은 이유를 근거로 하여 그것에 도전한다. 이러한 의미에서 일상의 의사소통행위는 기본적인 '논증' 실천과 관계된다. 그리고 논쟁적인 타당성 주장을 찬성 또는 반대하는 이유를 제공하는 일은 다른 보다 힘겨운 형식의 논증, 즉 '담론'(논의)이 가능함을 말해준다.[28)]

의사소통행위 및 '담론'(논의)에 입각해 있는 의사소통적 합리성은 진리 및 정의의 이념과 어떻게 연계되는가? '담론'으로 알려져 있는 논증과정에서는 일상적 의사소통행위에 이미 작용하고 있는 어떤 '이상화의 전제'[29)]가 형식화된다. 이상화의 전제들은 논증 실천과 그 결과를 아울러 가리킨다. 하버마스에 있어 불가피하게 논증을 유도하는 다양한 이상화의 전제들은 진리 및 정의의 이념에다 타당성의 모든 국지적 맥락을 초월하는 이념으로서의 의미를 부여해 준다. 일상의 논증과정에 제기되는 타당성 주장이 원칙적으로 논증상의 가능한 정당화와 관련되는 만큼 그것들은 고유의 맥락초월적 힘을 갖는다. 이 힘은 일상의 의사소통 과정에 내장되어 있는 합리적 잠재력이다. 일상의 의사소통 과정에는 타당성 주장으로 드러나는 합리적 잠재력이 내장되어 있다는 것이다.

이로써 일상의 의사소통행위는 비판적 사회이론에 있어 중요한 의미를 갖는다. 무엇보다도 의사소통적 합리성에 대한 탈형이상학적 관점의 토대, 따라서 비판을 위한 기준을 일상의 의사소통 과정에서 제기되는 타당성 주장의 맥락초월적 잠재력 안에서 찾을 수 있다. 이로써 이성이 일상의 삶 속으로 상황화된다. 달리 말해서 이성이 지향하는 진리 및 정의의 이념이 인간의 일상적 활동의 일부인 이상화의 전제 속에 정초된다. 더욱이 의사소통적 합리성은 의사소통적 활동의 어떤 국지적 맥락 내에서 기능하는 그런 류의 타당성 표준들에로 환원될 수 없다. 오히려 의사소통적 합리성이 의거하고 있는 이상화의 전제들이 도달된 합의의 결과 및 정당화의 실천 그 자체 등과 관련하여 국지적 정당화 실천을 비판하기 위한 기준을 마련해 준다. 그러므로 의사소통적 합리성은 전통적인 진리 및 정의관에 대한 탈형이상학적 대안을 마련해 주면서도 가치상대주의를 피하도록 한다.

이상과 같은 화용론 일반에 관한 이해를 바탕으로 하여 이제 '의미', '진리', '훌륭하고 참된 삶' 등에 대한 화용론적 접근을 살필 수 있게 된다. 인문학에 있어 이들 이념이 중심적 위치를 점유하는 것이니만큼 이들 개념에 대한 화용론적 파악을 해명함으로써 화용론이 갖는 인문학적 접근방법으로서의 의의를 아울러 평가할 수 있을 것이다.

'화용론적 의미론'에 따르면 발화를 이해한다는 것은 그것이 제기하는 주장을 이해하는 것이다. "발화의 이해는 청자가 그것을 받아들일 수 있는 조건을 아는 것"이다. "무엇이 그것을 수용할 수 있도록 하는지를 알 때 우리는 그 발화를 이해한다."[30] 이로써도 알 수 있거니와 화용론적 의미론은 일상의 언어 활용과 논증과의 내재적 연결을 주장한다. 언어적 발화에 대한 모든 이해는 합의지향의 논증에서 제기되는 이유들에 대한 평가와 연계된다는 것이다. 이것은 곧 이해가 상호 주관적 평가의 과정과 연계되어 있다는 지적이기도 하다. 그리고 이해는 상호 양해[31]와 내재적으로 연결되어 있다. 상호 양해는 담화의 내재적 목적이다.[32]

하버마스의 '상호 주관주의적' 또는 '형식화용론적' 접근은 진리-조건적(언설가능성 조건적) 의미론과 사용지향의 의미론에 대한 통찰을 생산적이며 보다 명료한 방법으로 결합시키고자 한다. 그는 의미와(맥락초월적 타당성 개념을 뜻하는) 진리 간의 연계성을 견지한다. 그러므로 그는 진리-조건적 의미론의 통찰을 자신의 화용론적 의미론 안으로 통합시킴으로써 '의미론적 접근'을 지양하며, 논증을 통해 타당성 주장을 평가함으로써 상호 양해에 이르는 것과 이해가 연결되어 있음을 밝혀 사용지향의 이론이 지닌 한계도 극복하고자 한다. 이 점은 무엇보다도 덤밑(Dummett)의 '언설가능성-조건'을 '수용가능성-조건'으로 변용시킨 것에서 잘 파악할 수 있다.

수용가능성 조건 개념은 "청자가 긍정적 입장을 취하도록 화자에 의해 동기를 부여받을 수 있는 그러한 '본질적 조건'을 가리킨다.[33] 화자는 자신의 언표행위 제공을 청자가 수용하도록 '합리적 동기부여'를 할 수 있다. 화자는 만약 도전에 직면하면 자신의 타당성 주장에 대한 청자의 비판에 대응하는 확실한 이유 제시를 보장한다.

결국 형식화용론적 의미론은 우리가 수용할 수 있는 조건을 알 때 그 언표행위를 이해한다는 단순한 개념에서 출발한다.[34] 무엇이 그것을 수용할 수 있도록 하는지를 알 때 우리는 발화를 이해한다. 그러므로 "어떤 것의 타당성에 관하여 누구와 논의하거나/합의에 도달하기 위하여 그 말을 어떻게 사용해야 할 것인지를 알지 못하면 우리는 언어적 표현의 의미를 이해하지 못할 것이다."[35] 뿐만 아니라 어떤 발화를 이해하는 것은 무엇이 그것을 받아들이도록 만드는지를 아는 것이라는 생각은 의미에 대한 전통적 의미론이 지닌 세 가지 '추상화'[36]를 극복하는 한편, 잠재적으로 시·공적인 모든 맥락을 초월하는 타당성 개념을 견지하도록 한다.

다른 한편 발화를 이해하는 것은 그것을 상황 내의 발화로 이해하는 것이다. 이는 곧 언표행위란 언제나 다양한 종류의 암묵적인 앎을 배경으로 하여 이해된다는 것을 의미한다. 발화는 '상황 내의' 언어적 표현이다. 발화를 이해하는 것은 일반적으로 그것을 특정한 상호 작용 맥락 안에서의 언표행위로 이해하는 것이다. 문장의 의미가 아니라 발화의 의미에 초점을 맞추는 화용론적 의미론은 특히 이 점을 중시한다. 달리 말해서 발화를 이해함에 있어서 상호 작용 맥락이 수행하는 역할을 인정하고 또한 발화를 그 맥락에 순응시켜야 한다.[37] 결국 화용론적 의미론은 발화와 상황, 그리고 이것들이 입각해 있는 맥락 간의 관계를 확인하려는 것이다. 발화를 이해하는 것은 그것을 일정한 상황 내의 발화로 이해하는 것이며, 상황은 다시금 다양하고 광범한 맥락의 일부이다. 따라서 화용론적 의미론은 다양한 종류의 배경적 앎에 주목하게 된다.

다음으로 화용론적 접근에 있어 '진리'는 어떻게 파악되고 있는가? 결론적으로 말해 화용론적 진리관에 있어 '진리'는 단지 말의 형식적 구조들 속에 반영되는 가장 명백한—유일한 것이 아니고—타당성 주장이다. 그러므로 궁극적으로 진리를 위한 기준과 진리주장의 논증적 해결을 위한 기준은 별개의 것이 아니다. 어떤 조건 하에서 명제가 참인가는 결국 어떤 조건 하에서 그 명제의 언설이 정당화되는가라는 문제와 분리될 수 없다. 진리의 이념은 오직 타당성 주장의 논술적 보충과의 관련 하에서만 밝혀질 수 있다. 따라서 화용론적 진리론의 논리는 '이론적 담론의 논리' 형식을 취한다. 달리 말해서 그것은 논증을 통해 합리적 합의를 이룩할 수 있는 화용론적 조건을 음미하는 형식을 취한다. 이로써 화용론적 진리론은 '합의진리론' 또는 '담론진리론'으로 명명된다.

진리주장의 기준 또는 근거는 무엇인가? 하버마스가 자주 활용하는 공식은 합리적 합의가 진리의 궁극적 기준이라는 것이다. 즉 진리주장의 해결은 확실성의 경험이나 탈언어적 실제와의 상응성도 아닌 논증적 논의에 의존한다는 것이다. 진리주장은 본래적으로 합리적 합의 가능성을 가리킨다.

비판적 논의를 통해 이루어지는 합의가 진리주장을 보장해 준다면 합리적 합의와 단순한 사실상의 합의를 어떻게 구별할 수 있는가? 합의는 담론에 대한 외적 제약을 통해서나 또는 담론구조 안에 내장된 내재적 제약을 통해서가 아니라, 오로지 활용된 논거의 설득력에 의해 이루어질 때 '합리적으로 동기가 부여된' 또는 '합리적으로 정초된' 것이다.

'제약'을 받지 않는다는 것은 무엇을 말하는가? 힘 또는 힘에 의한 위협과 같은 외재적 제약이나 정신적 일탈 혹은 이데올로기적 편향과 같은 내재적 속박이 없는 것을 가리키는데, 이것들은 형식상으로는 의사소통의 화용론적 구조에 의하여 특성화할 수 있다. 화용론적 구조는 모든 참여자들에게 언표행위를 선택하여 전개시킬 수 있는 기회가 균등하게 배분될 때, 대화의 역할담당에 있어 결과적인 기회균등이 보장될 때—'일반적인 상등성 요건'이 갖춰질 때—비로소 제약으로부터 자유로운 것이다.[38]

이들 요건과 더불어 이상적 담론의 조건은 이상적인 생활양식의 조건과 연결된다. '순수한' 담론 = 합리적 합의 = 진리의 개념은 '순수한' 의사소통적 상호 작용의 조건과는 별개로 인식될 수 없다. 이러한 의미에서 담론이 진정한 합의에로 유도될 수 있는 이상적 담화상황의 요건들은 전통적인 자유 및 정의의 이념에 대한 의사소통 이론적 개념화를 포괄한다. 즉 "명제들의 진리는 결국 훌륭하고 참된 삶의 지향과 연계된다."[39]

화용론적 진리론을 정리해 보자. 우선 진리의 궁극적 기준으로서의 '합의'가 '합리적 의지'(칸트)의 산물이기 위해서는, 달리 말해서 합의가 합리적이기 위해서는 '보다 나은 논거의 비강제적인 힘'만이 허용되는 유일의 힘이어야 하고, 또한 협동적 진리추구가 허용되는 유일의 동기여야 한다. 따라서 담론상황은 구조상으로 논증적 추론—이것이 공개적이든 잠재적이든, 의식적이든 무의식적이든—에 대한 제약을 배제해야 한다. 그것은 곧 '이상적 담화상황'[40]이어야 한다는 것이다. 내재적 및 외재적 제약으로부터의 자유가 형식화용론의 특성을 이룬다. 따라서 진리의 이념은 궁극적으로 모든 왜곡화의 영향으로부터 벗어난 상호 작용 형식을 가리킨다.

'화용론적 진리론'에서의 진리는 단지 말의 형식적 구조들 속에 반영되는 가장 명백한 타당성 주장이다. 진리 개념에는 비판이론이 목표하는 모든 형태의 불필요한 지배로부터 벗어난 삶의 양식, 즉 '훌륭하고 참된 삶'이 내재해 있으며, 그것은 또한 모든 의사소통행위에 선취되어 있다. 이상적 담화상황을 현실화시켜 줄 이상적 삶의 양식이 없으면 인간의 자유 및 자율성이라는 것도 단지 부분적인 것에 지나지 않는다. 그뿐만 아니라 사회적 조정의 근본매체는 언어상의 비제약적 합의이다. 인정된 보편적 타당성 주장은 권력이나 제도로부터 도출되는 것이 아니기에 더욱 자발적으로 동기를 부여하는 힘을 갖는다. 결국 화용론의 전개는 담론원리에 의거해 있으며 담론원리는 의사소통행위의 타당성 주장이 지향하는 맥락초월적 잠재력을 통해 관철되고 있음을 확인할 수 있다.

지금까지 다소 장황하게 논의해 온 것에서 알 수 있듯이 이상적 담화상황, 의사소통행위, 의사소통적 합리성, 이상화의 전제, 탈형이상학적 진리관, 정의관 등을 중심으로 하는 화용론이 사회의 질서 확립을 주도하며, 진리와 자유 및 훌륭하고 참된 삶에로 이끌어 가는 유효한 방법이라는 사실에서 우리는 화용론이 인문학을 위한 최선의 합리적 접근법이라고 평가한다. 더욱이 '근대성의 역설', 사회적 병리현상, 지배 또는 왜곡 등을 화폐화 및 조직화를 수반하는 기능적 체계가 강화되고 탈언어화, 소통행위의 차단, 왜곡된 의사소통 따위가 증대되는 데서 기인하는 것으로 진단하는 우리는 이 같은 역설 또는 병리현상의 치유와 지양도 의사소통적 이성을 회복시키는 의사소통행위론과 화용론을 통해 기대할 수 있다고 본다.

4. 화용론의 한계

형식화용론적 접근에 대한 논의에서 우리는 다음과 같은 몇 가지 문제점을 발견한다. 이것은 바로 화용론의 기능적 한계를 드러내는 것으로 평가할 수 있다.

(1) 의사소통행위, 의사소통합리성, 담론원리, 합의 등의 중심개념인 '타당성 주장'에 있어서 도덕적 타당성, 진리의 타당성 외에 평가적 타당성 주장 및 심미적 타당성 주장은 어떻게 이해해야 하는가? 앞에서 논의한 바에 따르면 타당성 주장 일반은 심미적 타당성 주장과는 만족스럽지 못한 관계를 이루고 있으며,[41] 평가적 타당성 주장은 간과하고 있지는 않지만 별다른 언급이 없고, 언어의 드러내고 표명하는 기능과 관련된 그런 부류의 주장은 무시하고 있다. 하버마스는 일면 평가적 언설이 합리성의 중심 전제를 만족시키는 것으로 보고 있는 듯하다. 즉 평가적 발언은 평가하는 이유들에 의거하여 상호 주관적으로 검토할 수 있다는 것이다. 그러면서 그는 평가적 주장은 그의 도식이 허용하는 세 가지 범주의 언표행위 중 어느 것에도 수월하게 연결되지 않는다고 보는가 하면, 때로는 평가적 주장을 표현적 타당성 주장과 연결시키기도

한다. 그러나 우선 평가적 주장이 화자의 주관적 진실성과 관련하여 정당화되는 것이 아니라는 점에서 평가적 주장과 표현적 주장은 명백하게 구별된다. 예컨대 "나는 진흙의 진한 강 냄새를 즐기고 있다"고 할 때 화자는 전적으로 진실을 말할 수 있지만 진흙이 진한 강 냄새를 지닌다거나 이 냄새는 즐겁다는 주장은 올바르지 않을 수 있다. 마찬가지로 평가적 주장은 경험적 또는 이론적 진리 주장과도 구별된다. 하버마스는 평가적 주장이 세 가지 범주의 언표행위 중 어느 것에도 수월하게 적합하지 않기 때문에 그것이 명백한 어떤 타당성 주장도 제기하지 않는다고 결론짓는다.[42] 하버마스의 현행의 타당성 주장 이론에서는 표명하고, 세계를 창조하고, 드러내는 언어활용 양식은 설명하기가 어렵다. 그는 이 같은 기능을 정당화시키지 못하였음을 인정할 수밖에 없었다.[43]

하버마스가 심미적 타당성 주장을 확실하게 설명하지 못하는 것도 같은 맥락에서 이해할 수 있다. 그가 한때는 표현적 타당성 주장과 심미적 타당성 주장 모두를 주관적 진실성과 관련시킴으로써 이들 양자를 적절하게 구별짓지 못하다가 근자에 이르러서는 예술작품들이 진실성 주장과는 구별되는 타당성 주장을 제기한다는 사실을 인정한다. 그러나 심미적 타당성 주장이 일상적 의사소통행위 영역에 귀속하는 것이 아니라면 이러한 인정 또한 문제시된다.

하버마스의 관점은 이러하다. "우리가 예술적 담론에서 예술작품 평가를 위한 이유들을 논의할 수 있다는 사실은 … 분명코 예술작품에는 타당성 주장이 내재해 있음을 말해주는 것이다. 우리가 하나의 작품에 귀속시키는 심미적 '타당성' 또는 '통일성'은 외관상 친숙한 것에 대해 우리의 눈을 뜨게 해주는, 즉 외관상 친숙한 현실을 새롭게 드러내도록 해주는 그 작품 특유의 조명적 힘을 나타낸다."[44]

그런데 이 같은 성격의 타당성 주장은 생활체험의 총체적 복합체에서만 발현될 수 있는 '진리'에 대한 잠재력을 나타낸다. 따라서 이 '진리 잠재력'은 의사소통행위를 구축하는 세 가지의 타당성 주장들 중 어느 것과도 상관되지 않을 수 있다. 예술적 진리 문제가 야기시킨 난점을 해결하기 위한 하버마스의 노력은 예술 특유의 타당성 주장을 의사소통행위 영역으로부터 분리시키는 것이다. 예술작품이 제기하는 진리 주장은 범주상으로 일상의 의사소통 실천에서 확언적 발화와 관련하여 제기되는 그런 부류의 진리 주장과는 구별되는 것으로 보인다. 예술의 진리 잠재력은 진리노정적 잠재력으로서, 그것에서는 타당성 주장에 대한 평가보다 심미적 체험이 선행하기 때문이다. 더욱이 심미적 체험은 도덕적 · 인지적 · 표현적 차원을 두루 갖는다. 그것은 자아와 세 가지 세계 모두와의 관계를 변형시키고 우리의 인지적 해석, 규범적 기대, 주관적 선호에까지 영향을 미치며, 이들이 상호 연결되어 있는 총체성을 변형시킨다.

초기 저작들에서의 하버마스는 일상적 언어 활용에 함축된 타당성의 세 번째 차원을 심미적 · 표현적 타당성으로 언급하곤 하였다.[45] 이 모델에 의거하면 예술은 자아의 표현으로 인식되며, 예술의 타당성은 그것이 진정으로 내재적 본성을 표현하고 있는가에 따라 평가된다. 이 설명이 심미적 타당성에 관한 것으로는 극히 불만스럽지만, 이러한 견해의 이점은 그것이 일상적 의사소통행위 내에 심미적 타당성 차원을 허용하게 한다는 사실이었다. 반면에 하버마스의 현재 입장은 심미적 타당성 주장의 특성은 인정하면서도 일상적 의사소통행위 안에 그것의 위치를 용납하지 않는 것이다. '의사소통행위'가 제한되고 화용론적 담론의 원리가 심미적 타당성 차원을 포괄하지 못하는 결과로 된다.

더욱이 비판이론에서 인식하고 있는 '인간해방'의 본질을 총체성을 회복하는 것 또는 소외를 지양하는 것이라고 이해할 때 그러한 총체성을 인간과 자연, 인간과 타자, 주체와 객체, 또는 개별적 실존의 다양한 측면들 간의 소외되지 않은 관계로 규정할 수 있다. 미학이 비판이론의 지속적 관심의 일부가 되어온 것은 바로 이 같은 총체성에 대한 관심에서였다. 비판이론가들은 언제나 미학을 인간과 자연, 주체와 객체, 이성과 감관 간의 소외되지 않은 관계를 구현시켜 주는 것으로 보아왔기 때문이다. 비판이론가들은 미학을 그러한 해방된 관계의 모델임과 동시에 그러한 관계가 미학적 차원의 한계를 초월하여 존재할 수 있음을 말해주는 것으로 이해해 왔다. 이 같은 비판이론의 전반적 시각에서 볼 때 심미적 타당성 주장을 명백하게 개념화시키지 못하는 하버마스의 의사소통행위론은 '미학과 해방' 또는 미학과 자기 반성[46] 개념을 통해 보완될 여지가 있다.

(2) 다음으로 의사소통적 합리성의 해방 능력과 인간의 행복과의 관계를 간과하고 있음을 지적할 수 있다. 행복과 성취가 없는 해방이 과연 바람직한 것일까? 이에 관한 이해를 위하여 잠시 의사소통적 합리성 개념의 특성에 주목해 볼 필요가 있다. 무엇보다 의사소통적 합리성은 유토피아적 내용을 지닌다고 보겠다. 개인들로 하여금 여하한 강제도 없이 상호 양해에 이르도록 하며, 또한 개인의 정체성이 자신들의 내적 자아와 조화되어 발전하도록 해주는 '손상되지 않은 주관성 및 상호 주관성' 의 이념이 그러하다. 손상되지 않은 주관성 및 상호 주관성 개념은 자유로운 상호 승인이라는 평형관계의 가능성을 암시한다. 하버마스는 또한 의사소통적 합리성 개념의 유토피아적 내용을 '생활세계의 합리화' 에 의거하여 표현하기도 한다. 즉 그것은 타당성 주장에 대한 상호 주관적 평가과정을 통해 문화전통이 재생산되며, 규범을 확립하고 정당화시키는 비판적이며 개방된 논증수행에 의해 정당한 질서가 이루어지고, 비판적 반성과정을 통해 개별적 정체성이 스스로 규제되

는 것을 뜻한다.[47] 그러나 이것들을 예컨대 생활세계의 합리화가 어떤 신념이 참되다거나 또는 어떤 가치가 올바르다는 등의 구체적 내용을 일러주는 것으로 잘못 이해해서는 안 된다. 하버마스의 유토피아적 기획은 순전히 형식적 성격의 것으로 보아야 할 것이기 때문이다.

그렇다고 하더라도 하버마스가 의사소통적 사회화를 오로지 논증에 의한 상호 양해라는 메커니즘만으로 설명하고 있는 부적절성은 보완의 여지를 남기고 있다. 사회화에는 인간의 행복을 자극하는 의미론적 잠재력이나 기존의 전통적 해석이 크게 작용한다. 그러므로 의사소통행위 자체만으로는 인간의 행복을 뒷받침하는 의미론적 잠재력을 산출하지 못한다. 뿐만 아니라 점차 공개적이며 비판적으로 타당성 주장을 음미한다는 의미에서의 반성의 증대는 지금까지 사회 및 역사와의 관련 하에서 사람들이 스스로를 이해할 수 있는 원천이 되어왔던 전통적 해석과 실천을 서서히 침식해 가게 되었다. 우리가 수월하게 이해할 수 있는 바로서 과학, 법, 도덕, 예술 등 이른바 전문가 문화로 생산된 특수한 지식이 전통을 통해 생산되는 의미론적 잠재력을 온전히 대체할 수는 없다. 하버마스가 이 문제를 진지하게 취급하지 않은 것은 그가 일상어가 지닌 세계표현적 및 세계해명적 차원을 경시하고 있는 것과 관련해 있다. 뿐만 아니라 그가 이 문제를 충분히 고려하지 못한 것은 행복보다는 자유에 더 관심을 갖고 있다는 증거라고도 하겠다. 분명히 행복 또는 성취가 없는 해방이 실제로 바람직한 것인지는 진지하게 검토해 볼 필요가 있다.

(3) 또 하나 간과할 수 없는 문제점은 탈언어적 또는 언어 이전의 차원에 대한 해명이 도외시되고 있다는 점이다. 하버마스의 의사소통행위론에서는 원칙상 주관성과 주관성에 대한 해석 사이에, 즉 나 자신과 나와 타인이 생각하는 나 사이에 간격이 용납되지 않는다. 이것은

체험과 행위를 '언어화' 하는 보다 일반적인 경향의 일부로 간주할 수 있다. 의사소통행위론에서는 인간의 체험과 행위를 언어화함으로써 인간의 체험이나 행위가 지니는 탈언어적 및 언어 이전의 차원을 충분하게 고려할 수 없다. 의사소통적 투명성이라는 이념에 충실하고자 하는 데서 빚어진 이러한 난점은 합리적 논의의 목표인 '합의' 를 강조하는 것과 밀접히 연관되어 있다. 그러므로 타당성과 합의와의 연결을 단절시키거나 혹은 유연하게 하는 것이 그러한 난점을 피할 수 있는 방법이 될 것이다.[48] 따라서 의사소통적 합리성 개념의 올바른 지향은 논증의 '결과' 에 대해서보다는 논증 '실천' 의 화용론적 전제에 더 주력하는 일일 것이다. 여하튼 의사소통행위론에서는 인간의 체험과 행위가 지닌 언어 이전의 및 탈언어적 차원의 중요성을 인식해야 한다.

이상과 같은 일부의 결함들을 원만하게 보완할 수 있을 때 화용론적 접근법, 즉 담론원리가 인문학의 유효한 방법론으로 기능 · 기여할 수 있을 것이다. 우리는 이에 상응하는 보완책을 미학과 자기 반성과의 상호성, 동양 '공부' 의 중심을 이루고 있는 '수양론', 그리고 하야카와류의 의미론[49]에서 찾고자 한다.

5. 보완적 결론

(1) 먼저 미학과 자기 반성과의 교호적 관계[50]에 관해 살펴보자. 최근의 정치사는 자유에 대한 관심이 미학, 즉 예술의 차원, 상상력, 미의 체험 등과 조우됨을 말해준다. 예컨대 1960년대의 정치적 요구는 제도적 구조의 변화뿐 아니라 일상생활, 문화, 환경의 질적 변화까지를 포괄

하는 것이었다. 이 같은 미학과 자유와의 연결은 인간의 해방을 목표로 삼고 있는 비판이론의 주요 관심사이기도 하다.

미학과 비판이론은 어떻게 연결되고 있는가? 비판이론이 독일 관념론에서 출발하여 마르크스를 거쳐 20세기의 프랑크푸르트학파의 작업에로 이어진 것이라는 면에서 보면 이 점은 쉽게 파악할 수 있다. 비판이론에서 인식하고 있는 해방의 본질은 총체성의 회복, 즉 소외의 지양이다. 총체성은 곧 인간과 자연, 인간과 타자, 주체와 객체, 단일 인격 존재의 다양한 측면들 등의 서로 소외되지 않은 관계를 말한다. 이러한 총체성에 대한 관심으로 말미암아 미학이 언제나 비판이론의 주요한 탐구영역이 되었다. 비판이론은 동시에 이성과 자유와의 연계, 보다 구체적으로 표현하자면 반성적 사유가 갖는 해방적 힘에도 관심을 기울인다.

비판이론가들은 부단히 사유의 비판적이며 변증법적 활동을 중시하면서 그릇된 관념의 지배로부터 인간을 해방시킴으로써 인간의 자유를 증대시켜야 한다고 주장한다. 그러나 비판이론가들은 미학과 자기 반성 과정의 해방적 가치를 주장하면서도 이들 관계를 체계적으로 탐구하지는 않았다. 미학은 우선 자유로운 '관계'의 모델로, 반면에 자기 반성은 해방적 '과정'으로 인식되어 온 것이 사실이다. 그러나 이러한 구분은 전적으로 정확한 것도 아니려니와 미학과 자기 반성과의 관계를 규정해 주기에 충분하지도 않다. 잘 알고 있는 바와 같이 비판이론의 역사를 통해 자기 반성과 미학은 선별적 관심의 주제로 기능하였다.

하버마스는 자기 반성의 성격을 탐구하여 해방의 과정을 이해하는 데 주요한 기여를 하였다. 그의 입지는 프랑크푸르트학파가 실증주의를 비변증법적이며 일차원적 사유로 비판하는 것에 입각해 있다. 변증법적 사유에 의하면 인식과 관심 사이에는 언제나 긴밀한 연관이 있는

데, 실증주의는 이 관계를 부인하고 객관적인 과학적 인식을 구축하고자 한다. 하버마스는 이러한 갈등의 해소책으로 칸트와 피히테에 크게 의존하여 실질적이면서 동시에 관념적인 '관심' 개념을 부각시켜 관심에 따른 지식유형을 구분한다.[51] 이 맥락에 따르면 인간의 '자기 반성'은 지배로부터 해방되고자 하는 '해방적 관심'에 의거한다. 이 자기 반성은 역사적임과 동시에 초역사적이다. 그리고 관심에 따라 생산되는 지식은 의사소통적 상호 작용의 구조 안에서 이루어진다. '지배'란 의사소통적 상호 작용이 관심의 소유자이며 지식의 산출자로서의 인간의 근본적 본성을 체계적으로 부인하는 것이라고 이해할 수 있다. 이러한 왜곡은 주어진 또는 자연적인 객관성이라는 공통적 형태를 띠어 이것이 의사소통, 의식, 행위 따위를 제약한다. 자기 반성적 인식은 바로 그러한 왜곡을 치유함으로써 지배를 극복하고자 한다.

다른 한편 20세기의 주된 논의들이 관념변증법과 유물변증법을 매개시키고자 노력했으나 결과적으로는 이들 주제 자체도 또한 주제들 간의 관계도 온전히 명료화시키지 못하였다. 하버마스의 자기 반성과 관련한 의사소통행위론에 관한 연구는 이들 주제에 관한 사유의 새로운 기반을 마련해 주지만, 그러나 미학에 대한 해석 및 미학의 주장들을 포괄하여 고려하지는 않는다. 미학과 자기 반성과의 관계에 대한 고찰이 요구되는 까닭이 여기에 있다. 베버가 제안하고 있는 것처럼[52] 이러한 노력은 하버마스의 자기 반성 이론을 포괄하는 이성 개념에 의거하여 칸트, 쉴러, 마르쿠제 등이 밝힌 매개자요 조정자로서의 미학 개념을 새로이 다듬는 일이다. 따라서 의사소통적 이성론은 그렇게 다듬어진 미학 개념으로 보완되어야 할 것이다. 그러한 과정의 결과는 관념론과 유물론 간의 대립을 지양하는 변증법을 공식화할 수 있도록 바탕을 마련해 줄 것이다. 미학과 자기 반성을 어떻게 매개시킬 것인가?

우선 우리는 이론적 수준에서 '해방' 개념을 세 측면으로 구체화시킬 수 있다. ① 어떻게 해야 사물들이 본질적으로 또는 이상적으로 존재하는가 하는 문제, 이것은 곧 해방의 목표이다. ② 무엇이 잘못되었는가 하는 문제, 즉 지배나 억압의 본성에 관한 것, ③ 실천 또는 간여의 문제 등이 그것이다.

첫 번째 측면부터 고찰해 보자. 우리가 미학을 반성과 상호성의 계기들을 포괄하는 것으로 이해하면 미학과 자기 반성이 변증법적이며 반성적이고 또 호혜적이라는 등의 공통적 구조를 지니고 있음을 알 수 있다. 보다 구체화시켜서 우리가 미학적 주체를 다른 미학적 주체 및 미학적 객체와 관련시키고 또한 이성적 주체를 다른 주체 및 그의 이성적 대상들과 관련시키면 그것들, 즉 미학적 주체와 이성적 주체의 체험이 논리적 공통구조를 지님을 알 수 있다.[53] 자기 반성 이론에서 구체적인 한 사례를 찾아본다. 하버마스가 말하는 '이상적 담화상황'에서 각 주체는 자기 체험의 독자성을 체험한다. 동시에 그것을 다른 사람이 이해할 수 있는 보편적 용어로 번역한다. 또한 각 주체는 그러한 보편적 용어를 통해서만 등장하는 타인 역시 독자적 체험을 하는 주체라는 사실을 반성적으로 인정한다. 뿐만 아니라 총체성을 추구하는 미학과 소외의 지양으로서의 해방을 추구하는 자기 반성은 앞에서 지적한 바의 총체성이 곧 소외되지 않은 관계라는 의미에서 동일한 지향적 구조를 지닌다는 것을 알 수 있다.

미학적 체험과 자기 반성이 지닌 이상과 같은 논리적 구조의 모델에서 우리는 해방의 다른 두 측면, 즉 무엇이 잘못되었으며 또 그것을 교정하기 위해 어떻게 간여해야 하는지도 이해할 수 있다. 미학적 체험과 자기 반성이 자아 혹은 주체를 중심으로 하는 일련의 반성적 운동으로 이루어진다면 이들 운동과정의 본성상 반성운동의 차단이나 왜곡이 빚어질 수 있으며, 다른 한편 변화된 활동을 하거나 의도적으로 간여함으로써 그 계기들을 재구성하거나 또는 차단이나 왜곡상황을 타개할 수도 있다. 더욱이 자아는 반성운동의 추진체이기 때문에 미학적 주체 또는 의사소통적 주체로 이론화되는 자아는 언제나 왜곡이라는 희생을 함축하는가 하면 또한 언제나 해방의 잠재적 추동력을 지니기도 한다.

반성운동을 차단하여 주체와 객체, 주체와 타자 간의 상호 관계, 따라서 자아의 자율성까지를 파괴하는 것이 지배, 따라서 허위의식, 이데올로기이다. 하버마스는 이러한 현상을 체계적으로 왜곡된 의사소통, 즉 일부의 내용들을 배제시키는 의사소통으로 규정하고, 이러한 배제의 결과 혹은 수단은 일부 영역에서 반성적 차원의 의사소통이 작동하지 못하는 것이라고 본다. 그러한 경우 의사소통 내부로 수용될 수 없는 내용들은 천부적인 것으로, 즉 자연의 일부로 간주되어 부당한 권위를 행사하게 된다. 결국 자기 반성의 차단은 부당한 권위 및 몰가치적 과학을 산출시킨다. 이로써 우리는 해방의 또 한 측면으로 '무엇이 잘못되었는가' 라는 주제의 내용, 즉 지배와 억압의 본성은 자기 반성의 차단에서 빚어지는 체계적으로 왜곡된 의사소통의 경우임을 알 수 있다.

더 나아가 우리는 미학과 자기 반성을 서로 간여시킬 수 있다. 예컨대 하버마스의 경우 비판이론가들의 활동보다는 치료적 대화를 통해 자기 반성적 간여를 도모하는 것이다. 비대칭적인 치료적 대화를 통해 한 멤버의 자기 반성 능력은 대화의 맥락 안에서 타자의 의사소통에 적용되어 그의 왜곡된 의사소통을 치유, 온전한 주체성을 회복할 수 있게 한다. 따라서 반성적 간여가 자율성을 회복시키는 결과를 갖는다. 우리는 미학적 성찰을 통해 자연의 영역과 감성적인 것을 주체 및 이성과 호혜적 관계로 연결시킬 수 있으며, 또한 자기 반성을 철저화함으로써 이성이 주체의 비합리적 영역과 호혜적 관계를 이룩하도록 이성을 재규정할 수 있다. 이러한 수준에서 우리는 미학과 자기 반성과의 교호관계를 도모할 수 있게 된다.

⑵ 타당성 주장, 논증 및 합의 위주의 의사소통적 합리성은 '수신'을 통한 실천적 또는 인격적 합리성과 결합되어야 한다. 궁극적 의미에서 인간의 '해방' 또는 '행복'도 인격적 수양이 전제되지 않고는 불가능하다. 수양론은 화용론에 대한 보완적 요소에 그치는 것이 아니고, 인문학 연구의 주요 접근법일 뿐만 아니라 또한 인문학의 내용을 구성해주는 것이기도 하다. 하버마스의 근대성 진단에서 강조하고 있는 선별적 혹은 불균등한 근대화가 사회적 병리현상들을 낳았다는 주장은 우선적으로 기능적 · 체계적 발전과 인격적 성숙 간의 불균등화로 파악해야 할 것이다.

기계장치의 영향 하에서 '개인중심적 합리성'이 '기술적 합리성'으로 변해가고 있는 지금의 상황에서는 더욱이 인간화의 '수행'이 요청된다. 오늘 우리의 생활조건을 일별해 보면 '수행'이 얼마나 절실한 것인지를 어렵잖게 깨달을 수 있다. 현재와 같은 기술의 지배는 무엇보다도 인간의 기계화를 촉진시킨다. 그 까닭은 이러하다.[54)] 기술발전의 과정은 '새로운 합리성과 새로운 표준'을 따르는 개인들을 결과한다. 이전의 개인은 어떤 근본적인 표준과 가치의 주체로서 여하한 외적 권위도 침입하여 방해할 수 없었다. 그러한 기준과 가치가 생활양식을 이루었으며, 그것들은 인간의 능력과 기량을 최대한으로 발전시키는 데 가장 적합한 것이었다. 그런데 기계화와 기능적 합리화가 증대되면서 힘이 약한 경쟁자들을 대기업의 지배 하에 들어가도록 만들어 결국은 자유로운 경제주체들을 지양했을 뿐만 아니라, 효율성의 추구가 모든 낭비를 제거하고 일체의 우회적 방법을 피하기 위하여 전반적인 통합과 단순화를 요구하여 곧 철저한 조정으로 이끌었다.

'수행'을 외면한 채 자신의 주체적 사고와 선택, 감성적 느낌과 자기 지양의 끈질긴 의지 같은 것이 약화·소멸해 버리면 인간은 저항력도 없이 '명랑한 로봇', '조직인간', '부드러운 자동인형'[55]이 된다. 그런 존재에게는 책임의식이 깃들일 여지가 없다. "행동에 대해 충분한 책임을 떠맡는 인격인은 증발되고 없다." 아마 이것이 현대사회에 있어서 사회적으로 조직화되어 있는 악의 가장 공통적인 특징이리라.[56]

현대인은 부단한 조종과 설득을 통하여 무조건적으로 자아를 포기하도록 유인당하고 있다. 스스로 깨닫지 못하는 사이에 점차 자아에 대한 의식이 둔화·마비되고 있는 것이다. 기계와 더불어 무제약적으로 돌진하고 있는 사회, 생산적 기능이 느낌을 거추장스럽게 여기고 합리성이 자비의 마음을 용납하지 않는 사회에서 지식만으로는 우리를 구원하기에 충분치 않다. 우선은 '수양'을 통한 인격적 자아를 우주의 초점으로 확립해내는 일이 중요하다.[57]

(3) 지금 필요한 것은 사고와 느낌을 결합시키는 일이다. 거기로부터만 새로운 균형과 새로운 건전성이 나올 수 있으며, 그것만이 보다 향상된 이성에 대한 전망을 보장해 준다. '충분한 인간성'의 실현, 즉 인류를 homo sapiens로부터 homo humanus로 전환시키는 것은 우리가 잃어버린 상호 이해의 세계, 모든 인간적 관계의 원천을 회복하는 일에 달려 있다. 그것을 위해서는 '타당성 주장' 및 '논증'을 중심으로 하는 의사소통적 합리성만으로는 부족하다. 그것은 인과적 설명의 관행, 논증적 합리성의 수준을 넘어서서 문화적 의미와 가치를 풍요롭게 향유하는 데까지 나아감으로써 가능해진다. 이 같은 요구에 부응할 수 있을 화용론에 대한 보완적 시사를 하야카와 류의 '의미론'[58]에서 찾아보기로 한다.

말이 인간의 신념, 편견, 이상, 열망 등을 빚어내며 인간 삶의 도덕적 및 지적 분위기, 즉 인간의 '의미론적 환경'[59)]을 이룬다는 사실은 설명의 여지가 없다. 여기서 우리는 '의미론적 환경'과 화용론에서 강조하는 네 가지의 '타당성 주장'을 대비시켜 볼 필요가 있다. 앞의 제3장에서 일별해 본 바와 같이 형식화용론적 의미론은 우리가 그것을 수용할 수 있는 조건을 알 때 그 언표행위를 이해한다는 것이다. 이는 곧 언표행위가 제기하는 타당성 주장에 대해 청자가 예/아니오로 대응하는 관계를 지시하는 것이다. 따라서 화용론적 의미론은 발화와 상황, 그리고 이것들이 입각해 있는 맥락 간의 관계를 확인하는 데 역점을 둔다. 그 결과 화용론적 진리는 확실성의 경험이나 탈언어적 실제와의 상응성도 아닌 논증적 논의에 의존하게 된다. 이로써 보건대 언어의 논증적 논의영역은 '의미론적 환경'의 일부에 지나지 않음을 알 수 있다. 화용론에서 "모든 언어에는 타당성과의 연결이 내장되어 있다"고 전제하는 것 자체가 타당성, 논증, 논거, 담론 밖의 언어활용, 즉 '의미론적 환경'의 다른 부분을 배제시키는 결과를 낳는다.

우리는 말을 통해서 주어지는 '언어적 세계'와 우리 자신의 체험을 통해서 알고 있거나 또는 알 수 있는 '연장적 세계'를 구별할 수 있다. 이는 상징이 곧 상징되는 그 사물이 아님을 의미한다. "상징을 지배하는 원리들 중의 첫 번째 것은 상징이 바로 상징되는 대상 자체가 아니며, 말이 곧 대상적 사물인 것이 아니고 지도가 곧 그것이 나타내는 영토인 것은 아니라는 것이다."[60)] 우리는 두 세계 안에 살고 있는 것이다. 뿐만 아니라 '의미' 이해에 있어서 역시 '외연적 의미'와 '내포적 의미'를 구별할 수 있다.[61)] 발화의 '외연적 의미'는 연장적(물리적) 세계 내의 것을 가리키는 것으로서 지도가 아니고 영토이기 때문에 말로는 다 표현될 수 없는 것이다.

이에 반해 '내포적 의미'는 우리의 머리 속에서 빚어지는 것이다. 대체로 다른 말의 발언을 통해 드러내는 의미가 그것이다. 발화가 외연적 의미를 지닐 때 논의를 종결시키고 합의에 도달하기는 쉽지만, 발화가 내포적 의미만 갖고 외연적 의미를 지니지 못하면 논쟁이 끝없이 진전되어 갈등만을 초래할 수 있을 뿐이다. 이것은 결국 '무의미한 논쟁'인데, 그 까닭은 감관자료가 뒷받침되지 않는 발화들에 입각해 있기 때문이다. 더욱이 어떠한 말도 두 번 다시 동일한 의미를 지닐 수가 없다. 말의 의미는 그것이 발언되기 전에는 이해할 수 없다. 발언에 앞서 이해할 수 있는 것은 어디까지나 그러리라는 추정에 지나지 않는다. 그뿐 아니다. 일정한 맥락 안에서 모든 말은 서로 간에 상호 작용한다. 따라서 우리는 다음과 같은 작은 결론을 얻을 수 있다. 말만을 통해서 이해를 얻을 수는 없고 참된 이해를 위해서는 말이 드러내는 사물과 관계해야 한다. 사전적 정의는 우리 자신과 타인으로부터 우리의 무지의 폭을 가리도록 해준다. 그러므로 글쓰기와 생각하기에서 참으로 유능한 사람은 상상력과 통찰을 통해 동일한 주제를 다양한 관점에서 바라볼 수 있다. 따라서 하버마스 류의 화용론적 언어 이해는 그 지평의 한계를 보다 확대시킬 수 있어야 한다.

또한 언어에는 일의 수행을 이끄는 도구적 성격의 '리포트 언어' 외에 화자의 느낌을 직접적으로 표현하는 '정의적 언어'도 있다. 앞의 것이 우리에게 정보를 전달해 주는 것이라면 뒤의 것은 우리의 느낌을 자극하거나 표현하는 것으로서 일종의 '힘'으로서의 성격을 갖는다. 정의적 언어는 특히 ① 소리의 색조, ② 리듬, ③ 느낌의 분위기 등의 요소를 지닌다.[62] 이들 요소는 하버마스가 화용론에서 구체화시키고 있는 확언적 · 규제적 · 표현적 언표행위의 어디에도 포섭되지 않는 것들이다. 더욱이 정의적 언어 또는 느낌에 관해 반드시 '합의'가 이루어져야 하는 것도 아니다. 담론원리에 의거하는 화용론적 접근법은 이들 의미 및 의미요소에 주목해야 한다.

이로써 보건대 인문학 연구의 접근법을 원만하게 구축할 수 있기 위해서는 의사소통행위론, 의사소통합리성, 담론원리 등을 포괄하는 '형식화용론'의 방법과 더불어 ① 인격적 수양론에 대한 실천적 방법론, ② 언어학적 '의미론'에 대한 폭넓은 연구가 병행되어야 한다는 결론에 이른다. 따라서 이들 두 가지가 우리의 새로운 과제로 부각된다.

주

1. J. Habermas, *Erkenntnis und Interesse*(Frankfurt am Main : Suhrkamp, 1968), 242–243쪽.
2. J–F. Lyotard, *The Postmodern Condition : A Report on Knowledge*, trans., by Geoff Bennington & Brian Massumi(Mineapolis : University of Minnesota Press, 1984), 특히 27–53쪽 참고.
3. 백낙청, "세계시장의 논리와 인문교육의 이념", 『현대의 학문체계–대학에서 무엇을 배울 것인가』(서울 : 민음사, 1994), 295쪽.
4. J. Habermas, *The Theory of Communicative Action*, trans., by Thomas McCathy (Boston : Beacon Press, 1989), Vol. 2, 329쪽. 이하 TCA. I 또는 II로 약칭함.
5. 근대사회가 추진됨에 따라 생활세계가 점차 합리화된 것, 달리 말해서 사회 성원들의 행위, 실천, 해석 등이 기존의 규범적 맥락으로부터 분리되어 점점 더 상호 양해지향의 행위에 의존하게 된 것을 말한다. 이해지향 행위과정이 사회생활의 보다 많은 영역으로 확대됨으로써 의사소통행위의 매체가 과부하 상태에 이르러 의사소통행위가 사회통합의 부담을 견뎌내지 못한다. 이로써 부담을 이완시켜 줄 메커니즘이 생겨나고 또 행위조정 매체가 언어에서 화폐나 권력 같은 매체로 전환된다.
6. TCA. II, 351쪽.
7. '법령화'란 가정이나 교육제도처럼 지금까지 의사소통적으로 구조화된 사회생활 영역과 형식적인 법률과의 관계가 확대되는 것을 가리킨다.
8. TCA. II, 386쪽.
9. J. Habermas, "Ein Interview mit der New Left Review", in *Die Neue Unübersichtlichkeit*(Frankfurt am Main : Suhrkamp, 1985), 242쪽.
10. TCA. II, 355쪽.

11. 하버마스에 있어 '사회적 병리현상' 개념은 근대성의 발전경향(생활세계의 식민화와 문화적 빈곤화)과 생활세계에 대한 이것들의 결과(예컨대 의미상실, 아노미, 정신적 병리현상 등)를 아울러 지칭한다.
12. Jean-Francois Lyotard(1984), 특히 37-53쪽.
13. 위의 책, 44쪽.
14. 위의 책, 45쪽.
15. 위의 책, 51쪽.
16. 위의 책, 37-38쪽.
17. 위의 책, 40쪽.
18. '의사소통적 합리성' 개념은 현대사회의 일상적 언어실천에 함축되어 있는 것으로 간주되는 합리성 잠재력, 즉 일상적 담화의 타당성 토대에 함축된 합리성 잠재력으로서 탈형이상학적이지만 불퇴전의 이성 개념에 토대를 마련해 주는 것을 가리키는데, 그것은 현대사회에서의 의사소통행위를 지도하여 일상의 의사소통이 타당성과 연계되도록 하는 어떤 이상화에 정초해 있다. 따라서 의사소통적 합리성 개념은 언표행위와 다양한 종류의 타당성 주장 간의 연결에 입각한다.
19. Maeve Cooke, *Language and Reason*(Cambridge, Massachusetts : The MIT Press, 1994), 144-145쪽.
20. J. Habermas, "A Reply to My Critics", in *Habermas : Critical Debates*, ed., by J. B. Thompson and D. Held(London : Macmillan, 1982), 226쪽.
21. 여기에는 담화 또는 말이 인간의 삶에 있어 특징적이며 포괄적인 매체라는 인식이 전제되어 있다. "언어는 다음과 같은 세 가지 기능을 한다. (a) 문화를 재생산하고 전통을 유지하는 기능(가다머는 이 관점에 입각하여 그의 철학적 해석학을 전개했다), (b) 사회통합 또는 사회적 상호 작용을 통해 상이한 행위자들의 계획을 조정하는 기능(의사소통행위론은 이 관점에 의거해 있다), (c) 사회화 또는 문화적 욕구해석의 기능(이 관점에서 G. H. 미드는 그의 사회심리학을 전개했다). J. Habermas, *Moral Consciousness and Communicative Action*, trans., by Christian Lenhardt and Shierry Weber Nicholsen(Cambridge Massachusetts : The MIT Press, 1995), 25쪽.
22. 1976년에 발표한 『보편적 화용론이란 무엇인가?』의 1979년도 영역판 주석에서 하버마스는 '보편적'이라는 말에 불만을 토로하면서 '형식적' 화용론—'형식적 의미론'의 연장—의 용어를 선택하였다. 따라서 이들 개념은

상호 교환이 가능한 것이다.

23. '합리적 재구성'에 관해서는 J. Habermas, *The Postmetaphysical Thicking*, trans., by William Mark Hohengarten (Cambridge, Massachussets : MIT Press, 1993), 특히 제3장, 29–32쪽 참고.
24. J. Habermas "What is Universal Pragmatics?", in *Communication and the Evolution of Society*, trans., by Thomas McCarthy (Boston : Beacon Press, 1979), 5–6쪽.
25. 위의 책, 1쪽.
26. J. Habermas, *On the Pragmatics of Communication*, ed., by Maeve Cooke (Massachusets : The MIT Press, 1998), 1쪽.
27. J. Habermas, "What is Universal Pragmatics?", 앞의 책, 28쪽.
28. '담론' (논의)은 의사소통 참여자들이 문제의 주장이 갖는 타당성 또는 비타당성에 관한 합의를 목적으로 '보다 나은 논거의 비강제적인 힘'에 따르는 '특이하게 비실제적'인 의사소통 형식이다. 합의는 '우리(실제의 참여자)들에 있어서만' 타당한 것이 아니라 '객관적으로' 타당한 것, 모든 합리적 주체들에게 타당한 것으로 간주된다. 이러한 의미에서 담론은 '무조건적인 것을 위한 조건'이다. 그리고 '담론'에는 이론적인 것과 실천적인 것 등 두 종류가 있다. 이의 '인상적 사례들'로는 J. Habermas, *Theory and Practice* (Boston : Beacon Press, 1973), 25쪽 참조.
29. 이를테면 논증 참여자들은 논란이 되고 있는 타당성 주장의 그 타당성에 관해 합의에 도달코자 하는 공통의 목적을 지니고 있다. 보다 나은 논거 외의 여하한 힘도 용납되지 않는다. 유능한 당사자는 누구도 토론으로부터 배제되지 않는다. 유관한 논거는 의도적으로 억압되지 않는다. 참여자들은 동일한 언어를 동일한 방법으로 사용한다 등등. J. Habermas (1993), 46–47쪽.
30. TCA. I, 297쪽.
31. 하버마스의 화용론에 있어 '상호 양해' (Veständigung)는 파악으로부터 합의에 이르기까지의 의미를 포함하는 것인 데 비해 '합의' (Einverständnis)는 진지한 논증과정을 거쳐 도달된 또는 검증된 합의를 뜻한다. 대비적으로 평가하자면 앞의 것이 합의에 도달해 가는 과정을 중시하는 데 비해 뒤의 것은 합의에 도달된 상태를 중시한다. 그러나 하버마스의 용례에 있어 '상호 양해' 개념은 합의에 도달해 가는 과정과 합의에 도달된 상태를 동시에 의미한다.

32. TCA. I, 298쪽.

33. TCA. I, 298쪽.

34. J. Habermas, "A Reply", in *Communicative Action*, ed., by Axel Jonneth and Hans Joas (Cambridge, Massachusetts : The MIT Press, 1991), 237쪽.

35. 위의 책, 23쪽.

36. 의미론적 추상화, 인지론적 추상화, 객관주의적 추상화. "A Reply", 앞의 책, 234쪽.

37. 하버마스의 의미 설명이 분명코 발화의 언어적 표현 활용에 중점을 두고 있지만, 방법론적 이유에서 그것은 '표준적 형식'의 발화와 그러한 발화를 '표준적 조건 하에서' 활용하는 것에 제한시키고 있다.

38. J. Habermas, "Wahrheitstheorien", in *Wirklichkeit und Reflexion*, ed., by H. Fahrenbach (Pfüllingen : Neske, 1973), 237, 239쪽.

39. 위의 책, 239쪽.

40. 위의 책, 239쪽.

41. 심미적 '타당성' 또는 '통일성'에 관해서는 J. Habermas, "Question and Counterquestions", in *On the Pragmatics of Communication* ed., by Meave Cooke (Cambridge, Massachusetts : The MIT Press, 1998), 414-145쪽 참조.

42. TCA. I, 16쪽.

43. "A Reply", 221쪽.

44. J. Habermas, "Questions and Counterquestions", 앞의 책, 415쪽.

45. 하버마스는 종종 '심미적·표현적' 합리성을 언급하며(TCA. II, 326쪽), 진실성 주장을 예술 및 예술비평의 영역과 연결시킨다(TCA. I, 238쪽).

46. Shierry M. Weber, "Aesthetic Experience and Self-Reflection As Emancipatory Processes : Two Complementary Aspects of Critical Theory", in *On Critical Theory*, ed., by John O'Neill (New York : The Seabury Press, 1976), 특히 78-82쪽 참조.

47. TCA. II, 153쪽.

48. 이 점에 관해서는 M. Cooke, "Habermas and Consensus", in *European Journal of Philosophy* 1, no. 3 (1993) 및 "Habermas, Autonomy and the Identity of the Self", in *Philosophical and Social Cirticism* 18, no. 3/4 (1992) 참고.

49. S. I. Hayakawa and R. Alan, *Hayakawa, Language in Thought and Action* (San Diego, New York, London : Harcourt, Inc., 1990) 참고.

50. Shierry M. Weber의 앞의 논문 참고.
51. J. Habermas, *Knowledge and Human Interests*, trans., by Jeremy J. Shapiro (London : Heineman, 1972), 특히 제9장.
52. 특히 Shierry M. Weber, 앞의 논문, 96–103쪽.
53. 위의 글, 99–100쪽.
54. H. Marcuse, "Some Social Implications of Modern Technology", in *The Essential Frankfurt School*, ed., by Andrew Arato and Eike Gebhardt (New York : Continuum, 1982), 140–142쪽 참고.
55. C. Wright Mills, *The Sociological Imagination* (New York : Oxford University Press, 1959) 참고.
56. Stanley Milgram, *Obedience to Authority : An Experimental View* (New York : Harper & Row, 1975), 11쪽.
57. 수양 또는 수행의 구체적 내용과 방법은 별도로 논의되어야 한다.
58. S. I. Hayakawa and Alan R. Hayakawa (1990), 제1부.
59. 위의 책, 11쪽.
60. 위의 책, 19쪽.
61. 위의 책, 36–37쪽.
62. 위의 책, 43쪽.

참/고/문/헌

백낙청, "세계시장의 논리와 인문교육의 이념", 『현대의 학문체계-대학에서 무엇을 배울 것인가』, 서울 : 민음사, 1994.

조태훈, "미래사회에서 예상되는 인간소외의 심화를 극복하기 위한 대학교양교육개선에 관한 연구", 『국민윤리연구』, 제36호.

Arato, A and Gebhardt, E., ed., *The Essential Frankfurt School*, New York : Continuum, 1982.

Benhabib, S., *Critique, Norm and Utopia*, New York : Columbia University Press, 1986.

______, *Situating the Self*, London and New York : Routeledge, 1992.

Cooke, Maeve, *Language and Reason*, Cambridge, Massachusetts : The MIT Press, 1994.

______, "Habermas and Consensus", in *European Journal of Philosophy* 1, no. 3, 1993.

______, "Habermas, Autonomy and the Identity of the Self", in *Philosophical and Social Cirticism* 18, no. 3, 4, 1992.

Fahrenbach, H., *Wirklichkeit und Reflexion, Festschrift für W. Schulz*, Pfü-llingen, Neske, 1973.

Habermas, J., *Erkenntnis und Interesse*, Frankfurt am Main : Suhrkamp, 1968.

______, *Knowledge and Human Interests*, trans., by Jeremy J. Shapiro, London : Heineman, 1972.

______, *Communication and the Evolution of Society*, trans., by Thomas McCarthy, Boston : Beacon Press, 1979.

______, *The Theory of Communicative Action* I, II, trans., by Thomas McCarthy, Boston : Beacon Press, 1984.

______, *Die Neue Unübersichtlichkeit*, Frankfurt am Main : Suhrkamp, 1985.

______, *Postmetaphysical Thinking*, trans., by William Mark Hohen–garten, Cambridge, Messachusetts : The MIT Press, 1993.

______, *Moral Consciousness and Communicative Action*, trans., by Christian Lenhardt and Shierry Weber Nicholsen, Cambridge, Massachusetts : The MIT Press, 1995.

______, *Between Facts and Norms*, trans., by William Rehg, Cambridge, Massachusetts : The MIT Press, 1996.

______, *On the Pragmatics of Communication*, ed., by Maeve Cooke, Massachusetts : The MIT Press, 1998.

Hayakawa, S. I and Hayakawa, Alan R., *Language in Thought and Action*, San Diego, New York, London : Harcourt, Inc., 1990.

Lyotard, J–F., *The Postmodern Condition : A Report on Knowledge*, trans., by Geoff Bennington & Brian Massumi, Mineapolis : University of Minnesota Press, 1984.

McCarthy, T., *The Critical Theory of Jürgen Habermas*, Cambridge, Massachusetts : The MIT Press, 1985.

______, *Ideals and Illusions*, Cambridge, Massachusetts : The MIT Press, 1991.

Milgram, S., *Obedience to Authority : An Experimental View*, New York : Harper & Row, 1975.

Mills, C. W., *The Sociological Imagination*, New York : Oxford University Press, 1959.

O'Neil, J., ed., *On Critical Theory*, New York : The Seabury Press, 1976.

Thompson, J. B. and Held, D., ed., *Habermas : Critical Debates*, London : Macmillan, 1982.

Wellmer, A., *Ethik und Dialog*, Frankfurt am Main : Suhrkamp, 1986.

7장

공통도덕의 토대로서 인권

1. 머리말

이 장의 중심내용은 문화와 도덕의 상대주의를 지양할 수 있을 공통도덕의 토대를 '인권'에 정초시킬 수 있는지를 검토하는 데 있다. 이를 위하여 필자는 '행위의 규범구조'와 행위자에게 필수적으로 수반되는 요건들을 분석하여 윤리학과 정치학의 보편타당한 기반을 마련하고자 하는 기워드(A. Gewirth)의 기획을 추적하여 그 논거의 타당성 여부를 점검하는 방법에 의존하고자 한다. 예상대로 공통도덕의 토대가 인권에 정초될 수 있다면 한 걸음 더 나아가 인권을 강화하고 향상시켜 줄 어떤 내용의 도덕학이 요청되는지를 살피는 데로 나아갈 것이다. 주제의 탐구를 위한 단계적 논의 전개는 다음과 같은 순서를 따를 것이다.

제2절에서는 공통도덕이 요구되는 현실적 사정을 개관하면서 정

작 공통도덕이란 어떤 성격과 기능을 지녀야 하는 것인지 알아볼 것이다. 제3절에서는 인권이 도덕적 논의의 중심이 되는 까닭이 무엇인지, 공통적 도덕규범의 기반을 어디에서 찾을 수 있는지, 공통도덕의 규범적 · 보편적 토대를 인권에서 찾고, 다시금 인권을 인간행위의 필요조건에 근거지우는 일이 가능한지를 따질 것이다. 제4절에서는 향후 인권의 강화와 발전은 여하한 내용과 방향을 갖추어야 할 것인지, 권리공동체 또는 인권공동체와 인권도덕의 발전을 위한 우리의 과제가 무엇인지를 찾아볼 것이다. 마지막으로 제5절에서는 앞에서의 논의결과들을 정리하고 검토하면서 남은 과제에 관해 간단히 언급할 것이다.

2. 공통도덕

1) 왜 공통도덕이 문제되는가?

공통도덕의 문제에 대해서는 몇 가지 관점에서 접근할 수 있다. 먼저 세계화의 시각에서 바라보자. 오늘의 시대상을 표현해 주는 중심개념으로 후기산업사회, 탈(후기)근대, 세계화 등을 들 수 있다. 필자는 이들 개념의 구체적 내용에서는 서로 간의 차이를 말할 수 있을 것이나 일반적 지향에서는 공통성을 지니는 것으로 이해하면서 결국에는 '세계화'로 수렴시킬 수 있다고 본다.

세계화 개념은 관찰하는 시각에 따라 매우 다의적이다. 우선 기든스(A. Giddens)에 있어 세계화란 시간과 공간이 그 제한성을 넘어 크게 확대되는 '시-공의 원격화'[1]로 이해되며, 로버츤(R. Robertson)은 이를

'세계의 압축 및 전체 세계에 대한 의식의 강화' 로 정의한다.[2] 홀름(H-H. Holm)과 소렌젠(G. Sorenzen)은 세계화를 지나치게 경제 중심으로 파악하는 경향을 경계하면서 세계화란 "경제 · 정치 · 사회 및 문화적 관계들이 국경을 넘어 확대되는 것"[3]이라고 본다. 필자는 이들 이해를 종합하여 "세계화는 상호 작용 및 권력행사의 범대륙적 혹은 범지역적 연결 네트워크를 생성시킴으로써 사회관계와 상호 거래의 공간적 조직을 변형시키는 역사적 과정을 가리킨다"[4]는 헬드(D. Held)와 멕그루(A. Mc-Grew)의 규정으로 요약하고자 한다.

시-공의 원격화를 가속시키고 있는 오늘의 세계화 과정은 특히 문화상대주의를 조장한다.[5] 지역이나 문명권의 영향 하에서 길들여진 진리인식과 가치평가의 시선들이 이질적인 것들과 조우하는 과정에서 흡수와 대립 또는 충돌을 빚게 되고, 급기야는 극단적 도덕상대주의를 부채질하는 경향을 낳는다. 극단적 도덕상대주의는 도덕명제들이 자신들의 문화 밖에 있는 사람, 행위, 관행에 정당하게 적용될 수 있다는 믿음을 거부한다. 다양성, 다원화, 전통, 역사 등의 강조는 많은 경우 공통도덕에 대한 기대를 약화시키고 개별도덕을 옹호하면서 도덕상대주의를 암암리에 지원한다. 우리는 대체로 현대세계는 공동체 및 사회적 유대의 상실과 같은 생각과 가치의 다원성을 드러내고 있으며, 현실은 공통도덕을 지닌 하나의 현실이 아니라 서로 양립하기 어려운 도덕들이 다양화되어 있는 실정이라고 이해한다.

공통도덕이 문제되는 또 하나의 까닭을 도덕 자체의 성격에서 발견할 수 있다. 이에 관한 논의에는 도덕에 관한 이해가 전제되어야 한다. '도덕' 이란 무엇인가? "도덕이란 행위와 제도를 위한 일련의 규칙들 또는 지침들로서, 특히 이들 규칙 또는 지침들은 행위자와 그 밖의 다른 사람들에게 가장 중요한 가치 또는 이익으로 간주되는 바를 보장해 주는 것이라고 정의할 수 있다."[6] 이 같은 이해에 의거해 볼 때 공통도덕에 대한 요구는 도덕이란 옳고 그름에 대한, 해야 할 것과 하지 말아야 할 것에 관한 냉엄한 불일치, 즉 서로 갈등을 빚는 주장들과 반대주장들의 무대라는 사실로부터 나온다. 많은 경우 이 같은 주장과 반대주장은 그 자체로는 결론내리기 어렵다. 그것들은 흔히 우연적인, 논리적으로 부인할 수 있는, 때로는 외관상 자의적인 가정들, 믿음들, 또는 원칙들에 의거하고 있기 때문이다.

도덕상의 갈등은 우선 '실천적 관심사'에서 야기된다. 두 개 혹은 그 이상의 집단이 일부 문제를 두고 갈등을 빚을 때 그들 사이에 활용되는 도덕용어, 원칙들, 추론방식, 특정 경우에 대한 판단 등이 어느 정도로 유사한지를 살펴 공통도덕의 존립가능성을 타진할 수 있는 경우는 실천적 관심사에 의거한다. 실천적 관심사는 다음 단계에 '철학적 관심사'로 이행하게 된다. 우리는 모든 사람들이 도덕주제에 관해 정확히 동일한 방법으로 생각하고 또 말하는 것은 아님을 알고 있다. 그래서 그 차이를 철학적으로 설명하고자 하며, 이 때 사람들은 철학적 관심사로 나아가는 것이다. 실천적 관심사와 철학적 관심사는 각기 독립적으로 일어날 수 있지만 그것들은 종종 한데 어우러진다. 도덕적 갈등의 경우 실제로 어떻게 반응할 것인가에 관한 숙고는 도덕의 본성에 관한 철학적 반성을 불러일으킬 수 있으며, 철학적 반성은 우리가 생활 속에서 직면하는 갈등들에 실천적으로 접근하는 방법에 영향을 줄 수 있다. 이러한 맥락에서 보면 공통도덕은 실천적 관심사이면서 동시에 철학적 관심사이다.

2) 공통도덕의 존립

문화상대주의 또는 도덕상대주의의 정세 하에 있는 지금의 우리는 도덕에 관한 대립적 주장들에 직면해 있다. 한편으로는 공통의 도덕기준을 지닌 공통도덕이 존재한다는 믿음이 있고, 다른 한편에는 현행의 도덕기준들은 조화될 수 없는 불일치 상태에 있다고 본다. 이런 갈등을 해소시킬 수 있는 어떤 방법이 가능할까? 공통도덕에 이를 수 있는 길은 무엇인가? 이 주제와 관련하여 우선은 도덕적 논의의 대상과 차원을 달리함에 따라 견해의 일치와 불일치 또는 합의와 이탈이 빚어지게 된다는 사실을 이해하는 일이 중요하다. 이것은 곧 공통도덕과 연계되는 그 주변의 도덕 개념들을 살펴보는 일로 이어져야 할 것이다. 이를테면 황금률처럼 아주 일반적인 원칙들이나 혹은 일반적인 도덕적 목적에 대해서는 공동의 합의가 수월해지는 반면에, 보다 구체적인 규칙들이나 수단들 또는 순전히 현실적인 고찰들에서는 견해의 불일치가 잦은 것을 본다. 다른 각도에서 바라보자면 합의가 비교적 용이한 일반원칙들이나 목적들은 너무 광범하거나 애매하여 인간행위를 위시한 사회정책이나 제도들에 구체적 지침을 마련해 주기가 어렵고, 반면에 보다 구체적이고 직접적인 고려사항들은 특정 사안에 국한되기가 쉬워 일반적 적용이 불가능해지기도 한다. 이런 류의 어느 현상에다 비중을 두는가에 따라 도덕 개념의 내포와 외연이 달라진다. 필자는 여기서 '공통도덕' 개념을 뚜렷하게 하고 더불어 공통도덕의 정립을 도모하기 위한 사전 정지작업의 일환으로 기워드의 도덕관 구분으로부터 도움을 받고자 한다.[7)]

기워드는 공통도덕의 개념인식을 명확하게 하기 위하여 도덕에 관한 두 가지 종류의 개념을 구분한다. 실제적 도덕관과 규범적 도덕관 간의 구별, 보편도덕과 특수도덕 간의 구분이 그것이다. 앞의 것부터 정리해 보자. 실제적 도덕관[8)]은 실제의 정언적 의무로 견지되는 규칙들이나 지침들로 구성된다. 그러한 규칙이나 지침들은 다시금 그것들을 준수해야 한다고 말하고, 준수해야 하는 것으로 믿고, 실제로 그들 자신의 행위를 통해 올바른 것 혹은 의무적인 것으로 '준수'하는가에 따라 논의의 문제, 신념의 문제, 행위의 문제로 나뉠 수 있다. 이처럼 마땅히 이행해야 한다는 사고에 바탕을 둔 실제적 도덕 개념에도 실천의 차원에 따르는 층이 나누어질 뿐만 아니라, 어떤 경우에는 실제도덕이 단순하게 습속이나 습관적인 사고방식 또는 행동양식으로 존재하기도 한다. 그러나 의무적인 구속요소가 없으면 습속은 도덕일 수 없다. 어쨌건 실제적 도덕관에는 다의적이며 다원적인 도덕 개념이 존립할 수 있음을 알 수 있다.

실제적 도덕관에서 볼 때 공통도덕은 어떤 의미를 갖는가? 실제적 이해에서의 공통도덕은 '모든 사람들'이 자신들의 논의나 신념 또는 행위에서 정언적 의무로 견지하는 일련의 행위규칙 또는 지침이라고 볼 수 있다. 우리가 '모든 사람들'이라는 말뜻을 글자 그대로 받아들일 경우 과연 그러한 공통도덕이 존재하였거나 아니면 지금 존재한다고 말할 수 있을까? 이러저러한 도덕이 공통으로 유지되었던 시대란 유관한 특정 집단에 한정되었던 것이 아닌가? 예컨대 마르크스주의자, 몰몬교도, 무슬림이나 가톨릭으로부터 다양한 종교집단들에 이르기까지 그들 공통의 실제도덕이란 제한된 자기들 집단 내부에 한정되었다.

그뿐만 아니라 이들 하나하나의 집단 내부에도 많은 불일치가 존재해 왔다. 실제적 도덕관은 사회학이나 사회심리학 같은 경험적 분과를 통해 적절하게 연구할 수 있으나 그것들은 계속해서 규범적 도덕관의 지원을 요하는 문제를 제기한다. 이로써 우리는 실제적 도덕관이나 실제적 도덕들에서는 뜻 그대로의 공통도덕 확립이 어렵다는 사실을 알 수 있다. 그 같은 실제적 도덕관에 대조되는 것이 규범적 도덕관이다.[9)]

규범도덕은 그 자체로 타당하기 때문에 정언적 의무로 준수되어야 하는 도덕적 계율이나 규칙 또는 원칙들로 구성된다. 이 같은 규범적 의미에서 공통도덕이란 그것의 규범들, 즉 그것의 규칙이나 원칙들이 타당하거나 또는 정당화되고 모든 사람들에게 의무로 부과되어 반드시 준수되어야 하는 것을 가리킨다. 그러므로 공통도덕의 존립에 관한 우리의 논의는 우선적으로 규범도덕관에 의거하는 것임을 알 수 있다. 그러나 규범도덕관에서는 도덕적으로 올바른 기준 또는 원칙이 있어야 한다는 것은 무엇을 의미 또는 의도하며, 도대체 그러한 것이 존재한다면 그것을 어떻게 입증 또는 정당화할 수 있는가 하는 문제가 제기된다.

여기까지의 논의에서 분명해졌거니와 공통도덕의 존재에 관한 많은 논의들은 도덕에 관한 실제적 견해와 규범적 견해 간의 구분이라는 중요한 측면을 무시한 데서 기인하는 것으로 보인다. 실제의 측면에서 공통도덕의 존재가 부정적으로 평가된다고 하여 그것이 규범의 측면에서도 똑같이 부정적으로 평가되는 것은 아니기 때문이다. 그러나 실제의 도덕문제에 관한 부정적 해답은 규범적 문제에 대한 모든 긍정적 응답에 대해 심각한 도전을 제기할 수 있다. 따라서 위에서 언급했던 것처럼 어떤 도덕규칙이나 원칙이 올바른 것이라는 규범적 주장을 위해서는 그에 대한 정당화가 이루어져야 한다. 그렇다면 규범적 도덕관을 정당화할 수 있는 근거가 무엇인가?

규범적이며 보편적인 공통도덕을 확인·확립하고자 하는 목적의 또 다른 하나의 예비조치로서 보편도덕과 특수도덕의 구분에도 주목해야 한다.[10)] 이 구분은 무엇이 도덕적으로 올바른가에 대한 메타윤리의 차원, 즉 제2차적 판단의 차원에 관계되는 것이 아니라 그러한 판단의 실질을 이루는 제1차적 내용에, 특히 자신들의 이익이나 가치가 그 도덕판단에-의해 영향을 받는 사람들에 관련된다. 모두에게 동일한 판단 기준을 적용하는 것이 보편도덕이며, 개별적 특성이나 상황이 고려되는 것은 특수도덕이다. 실질적인 것에 초점을 맞출 때 공통도덕은 그 규칙을 통해 판별되는 선한 것과 악한 것, 이익과 부담은 모든 사람들에게 공통적이어야 한다는 것, 다시 말해 선 · 악, 이익 · 부담 따위가 모든 사람들에게 보편적이며 평등하게, 그리고 공평하게 배분되어야 한다는 것을 의미한다. 이 같은 실질적 · 분배적 의미에서의 공통도덕이 도덕적 보편주의, 즉 보편도덕이 뜻하는 바다.

이와는 달리 가족, 지역공동체, 계급, 종교 등등의 어떤 특정 집단들에다 우선적 지위를 부여하거나 또는 각별하게 대우하는 것은 특수도덕으로 지칭할 수 있다. 이러한 구분에서 보자면 공통도덕이란 규범적 성격과 보편적 능력을 지니는 것으로 이해된다. 그렇다고 하여 실제적 도덕관과 규범적 도덕관이라는 메타윤리적 구분과 보편도덕과 특수도덕이라는 실질적-배분적 구분 간에 필연적 상관관계가 있는 것은 아니다. 최소한 '논리적' 으로는 실제적 도덕관이 보편주의적일 수도 있고 특수주의적일 수도 있으며, 규범적 도덕관 역시 보편주의적이거나 특수주의적일 수 있다.

공통도덕은 규범적 성격과 보편주의적 능력을 지니는 것이라고 이해할 때 그것이 갖는 최대의 과제는 이해관계의 갈등을 규제할 수 있는 규범을 어떻게 마련해 줄 수 있는가 하는 점이다. 위에서 본 실제도덕이나 특수도덕들에서처럼 이해관계를 수용하는 내용이 크게 대립될 때 모든 사람들에게 이득이 되는 행위규칙이 어떻게 가능한가? 두 가지 방안을 생각할 수 있다. 하나는 이해관계에 대한 인식과 규범적 도덕 간의 관계가 한결같이 모든 사람들의 이익을 증진시켜 주는 경우인데, 이때는 아무런 문제가 발생하지 않는다. 이해상의 갈등이 없으면 도덕상의 갈등도 없기 때문이다. 다른 하나의 경우는 규범적 도덕이 옳고 그름에 관해, 그리고 왜 그러한지에 대해 밝혀줌으로써 이해관계들 간을 평결해 주는 것이다. 여기서 우리가 주목해야 할 것은 물론 후자이다. 따라서 규범적이며 보편적인 도덕이 당면하는 과제는 그것이 어떻게 그같이 평결하고 규제하는 역할을 성공적으로 수행할 수 있는가 하는 것이다. 이것은 위에서 지적했던 규범적 도덕관의 정당화 과제와 이어진다.

이 과제에 대해서는 제3절에서 구체적으로 논의할 것이나 여기서 간략히 그 대요를 말하자면, 다양한 도덕적 갈등들 가운데서 '인권의 원칙'이 타당한 보편도덕인 공통도덕의 규범토대를 마련해 준다는 것이다. 그 원칙은 행위 및 일반적으로 성공하게 될 행위의 필요조건으로부터 합리적으로 도출되며, 따라서 그것이 모든 합리적 행위자에 의해 논리적으로 수용된다는 사실은 그것이 보편적 타당성의 합리적 토대임을 말해준다. 달리 표현하자면 행위자의 어떤 평가적 및 의무적 판단들이 논리적으로 모든 행위 안에 함축되어 있음을 뜻하는 행위의 '규범구조'를 분석함으로써 윤리학을 위해 보편적으로 타당한 기반을 정립할 수 있다는 것이다.

이러한 입장에서 필자는 기워드의 논의를 비판적으로 추적하면서 메타윤리의 차원에서 규범적이고 그 범위에 있어 보편적인 공통도덕의 기반으로 '인권' 개념을 제시하고자 한다. 우리가 추적해 온 '공통도덕'이라는 용어를 다양한 문화 속에 살고 있는 모든 사람들에게 공동으로 적용될 뿐만 아니라 그 자체 정당성을 지니는 도덕 판단이라는 의미, 그리고 범문화적이며 범전통적인 도덕이라는 함의를 아울러 지니는 것으로 개념화하면서 그것의 토대를 인권에 정초시키려 한다.

3. 인권의 원칙

1) 인권

먼저 '인권' 개념에 주목해 보자.[11] 인권은 모든 사람들이 단지 인간이기 때문에 균등하게 갖는 도덕적 권리이다. 그것을 '도덕적'이라고 부르는 것은 그것이 타당한 도덕원칙에 입각해 있으며 또한 타당한 도덕원칙에 의해 정당화되기 때문이다. 하나의 원칙을 도덕적이라고 부르는 것은 그것이 현재 또는 장래의 모든 행위자들에게 제기되는 어떤 행위의 요건, 행위자나 발화자 및 그 수신자들의 이익, 특히 가장 중요한 이익을 증대시키는 일과 관련된 행위요건을 정언적 의무로 제시하고 있음을 가리킨다. 인권은 균등한 보편성을 갖기 때문에 그것을 정당화하는 도덕원칙 역시 권리에 의해 보장되는 이익이 모든 사람들에게 동일한 이익으로 되기를 요구한다. 인권이란 우리가 단지 인간이기 때문에 갖게 되는 권리라면 오로지 인간만이 인권을 갖는다. 또한 개별적 인간만이 진정한 인간존재이기 때문에 오직 개인만이 인권을 가질 수 있다. 모든 종류의 집단들이 많은 그리고 다양한 권리를 갖지만 그것들은 인권이 아니며 인권일 수 없다.

인간에게는 도덕적 권리 외에도 법률적 권리, 지적 권리, 타산적 권리 등이 있다. 이들 간의 차이는 우선적으로 그 권리들을 정초시키거나 정당화시켜 주는 원칙이나 기준의 종류가 다름에서 연유한다. 예컨대 법률적 권리는 실정법 및 기타의 법령에 의거한다. 그러므로 이들 권리를 서로 혼동하지 않는 것이 중요하다. 또한 오직 하나의 권리에 속하는 특성을 권리일반의 속성으로 돌리지 않아야 한다. 다른 한편 모든 권리는 그것들이 권리인 한에서 어떤 공통의 특성을 갖고 있다. 철학자들은 그 공통의 특성이 무엇인지를 분석하고자 노력해 왔다. 필자는 호펠드(Wesley N. Hohfeld)의 구분에 의존하고자 한다.[12] 그는 권리라는 용어가 법률문헌에서 다양한 뜻으로 활용되고 있음을 밝히면서 그 중에서도 특히 네 가지 주요 의미를 구별했다. 그는 기본적으로 권리를 '법률적 상관자' 와 '법률적 대립자' 를 갖는 법률적 관계로 이해한다.

⑴ **요구권의 의미** : A가 B를 상대하여 X에 대한 요구권을 가지면, B는 A에 대하여 A가 X를 소유하거나 또는 X를 수행하는 데 간섭하지 않아야 하는 상관적 의무를 갖거나 또는 어떤 상황에서는 X를 A에게 주거나 혹은 A가 X를 갖거나 이행하도록 지원할 의무를 갖는다.

⑵ **자유권의 의미** : A가 B를 상대하여 X에 대한 자유권(또는 특권)을 가지면, B는 A가 X를 이행하지 못하도록 하는 여하한 상관적 권리도 갖지 않는다. 그리고 요구권의 경우와는 대조적으로 B는 A가 X를 이행하는 데 간섭하지 말아야 할 의무를 갖지 않는다.

⑶ **힘의 의미 또는 힘으로서의 권리의 의미** : A가 B와 관련하여 X에 대한 힘(또는 힘으로서의 권리)을 가지면 A는 B의 어떤 관련 지위상에 변화를 결과시킬 수 있는 법률적 또는 다른 정당한 입장에 있게 된다. 그리고 B는 이 변화를 받아들여야 하는 상관적 책무를 갖는다.

⑷ **면책권의 의미** : A가 B를 상대하여 X에 대한 면책권을 가지면, A는 X와 관련하여 B의 법률적 또는 여타의 정당한 권리나 통제로부터 자유롭거나 또는 면제된다. 그리고 B는 A의 법률적 또는 다른 타당한

지위에 영향을 끼칠 수 있는 상관적 자격이 없는 상태에 놓인다.

필자는 기워드와 더불어 이 같은 네 가지 권리 의미를 요구권을 중심으로 파악한다. 이를테면 요구권을 중심에 두고 다른 것들을 주변의 것으로 보는 입장이다. 요구권의 일반적 구조는 다음과 같은 공식으로 된다. A는 Y에 의거하여 B를 상대로 X에 대한 권리를 갖는다. 여기에는 다섯 가지 중요한 요소들이 있다. ① 권리의 주체(A), 즉 권리의 소유자, ② 권리의 본성, 즉 권리는 무엇으로 되어 있는가? 또는 어떤 사람이 권리를 갖는다는 것은 무엇을 의미하는가? ③ 권리의 대상(X), 즉 그것은 무엇에 대한 권리인가? ④ 권리의 상대방(B), 의무담지자, 즉 상관적 의무를 갖는 개인이나 집단, ⑤ 권리를 정당화시켜 주는 근거(Y).

요구권을 중심으로 이해하면 한 사람의 요구권은 다른 사람 또는 다른 사람들의, 첫 번째 사람이 권리를 갖도록 허용되는 방식으로 상관적 의무를 수반한다. 인권이 왜 요구권인가에 대한 본질적 이유는 인권이 특별하게 중요한 어떤 대상들 또는 자원에 대한 권리라는 사실이며, 어떤 사람이 이들 대상을 갖기 위해서는 다른 모든 사람들이 최소한 그가 대상을 소유하는 데 간섭하지 말아야 하기 때문이다. 그뿐만 아니라 경우에 따라서는 다른 사람들이나 집단이 어떤 이의 대상 소유를 지원해야 한다.

인권은 인간행위의 필요조건에 대한 모든 인간들의 권리이기 때문에, 달리 말해서 인간의 행위가 전적으로 가능하고 일반적으로 행위의 목적을 달성할 수 있기 위해 반드시 충족되어야 하는 그러한 조건에 대한 모든 인간의 권리이기 때문에 도덕논의에 있어 인권이 최상의 중요성을 지니며, 다른 모든 도덕적 고찰에 있어 중심적 위치를 갖는다. 인권은 그러한 권리이기 때문에 모든 사람들에 의해 존중받아야 하며, 국가는 이들 권리보장에 기여하는 것이 최우선적 과제이다.

인권의 대상은 합목적적 인간행위의 필요조건이며, 인권의 정당성은 이들 필요조건이 인권의 대상이라는 바로 그 사실에 있다. 이로써 현재 또는 장래의 모든 행위자에 있어 인권의 대상은 '필수적 자원', 즉 그가 전적으로 행위할 수 있기 위해, 또는 행위의 목적을 달성할 수 있을 일반적 성공기회를 갖고 행위할 수 있기 위해 반드시 지녀야 하는 자원이다. 이어서 밝히겠지만 그것은 다름 아닌 합목적적 행위의 필요조건인 자유와 안녕이다.

2) 규범도덕의 토대

이제 인권이 공통도덕을 위해 규범적이며 보편적인 토대를 마련해 준다고 주장하기 위해서는 다음과 같은 세 가지 조건이 충족되어야 한다.[13] 첫째, 사람들은 다양한 목표 또는 목적들을 다양한 방법으로 추구하기에 그것들을 공통분모로 환원하는 일이 불가능한 것처럼 보이는데, 이들 다양한 것들 가운데서 그리고 이들 다양성에도 불구하고 모든 사람들이 개별적으로 '공유'하는 이해관심이 따로 있다는 사실이 밝혀져야 한다. 둘째, 공통으로 분배되어 있는 이 이해관심이 일부의 타당한 의미에서 여러 가지 다양한 이해관심들보다 우선하거나 또는 보다 근본적이어서 다른 것들에 비해 규범적 우월성을 갖는다는 사실을 밝혀야 한다. 셋째, 공통의 이해관심이 평등하고 보편적인 권리의 대상, 따라서 인권의 대상이라는 합리적 증명 또는 정당화가 이루어져 그것을 옹호하거나 충족시키는 일이 모든 사람들에게 있어 의무적인 것이 되고, 그것들이 규범적으로나 실제적으로 인권이라는 도덕원칙에 입각한 공통도덕의 정초로서 기여할 수 있어야 한다.

구체적 내용에서는 이 같은 세 가지 조건으로 나누어 살펴볼 수 있으나 사실해명은 인권을 인간행위의 필요조건에다 정초시키는 기본입장만으로 가능해진다. 즉 인권을 인간행위의 필요조건에다 근거지우는 기본입장만 해명되면 이들 세 가지 요구에 대한 실질적 응답이 이루어진다. 인권이 공통도덕의 토대를 마련해 준다는 것은 자유와 안녕을 그 특성으로 하는 '행위'에다 모든 특정 이해관심들의 공통분모로서의 최고 자리를 부여하는 것을 가리키기 때문이다. 공통도덕의 기반을 이루고 있는 것은 인권이며, 인권은 '행위'를 그 내용으로 삼고 있다는 것이다. 인간은 인식하는 존재임과 동시에 행위하는 존재이다. 이 존재양식의 우위성이 후자에 있다는 것은 칸트의 지적처럼 타당한 것이다.

모든 이해관심들의 공통분모로서 행위를 중심으로 삼는 이유는 일체의 도덕들 및 실천규칙들은 그것들의 구체적 내용에서는 많은 차이가 있더라도 직접 혹은 간접으로 사람들에게, 특히 서로에 대해 어떻게 행위해야 하는가를 일러주는 일과 관련되어 있다는 것이다. 도덕은 어떤 사람의 무슨 이해관심을 중요시하여 지원해야 할 것인가에 관해 서로 차이를 빚어낸다. 이러한 차이들 가운데서도 모든 도덕들은 행위와 관련되어 있다는 점에서 공통적이다. 따라서 모든 도덕들에 공통되는 필수적 내용 또는 주제를 제공해 주는 것이 행위이다. 기워드에 따르면[14] 도덕적 및 다른 실천적 규칙(계율)이 사람들에게 주어질 때 그에 응하는 행위에는 두 개의 전제가 따른다. 이들 전제는 모든 행위가 갖는 총체적 특성과 필요조건을 가리킨다. 총체적 특성의 하나는 자발성 또는 자유이고 다른 하나는 합목적성 또는 안녕이다.[15] 자유는 행위의 '절차상의' 필요조건으로서, 그것은 관련 상황을 알고서 자신의 자발적 선택에 의거하여 자신의 행동을 조정하는 것이다.[16] 안녕은 행위의 '실질적인' 필요조건으로서, 자신의 목적달성을 위해 필요한 일반적 능력과 조건을 구비하는 것이다.

인권을 인간행위의 필요조건에다 정초시키는 중요한 이유는 권리의 궁극적 목적이 모든 사람들에게 근본적인 도덕적 지위를 보장해 주기 위한 것이라는 점을 드러내는 데 있다. 모든 인권, 즉 자유뿐만 아니라 안녕에 대한 권리는 각각의 사람들이 다른 사람들의 주체적 행위에 의존해 있는 수동적 수신자와는 반대로 상호 존중과 협력을 바탕으로 하여 다른 사람들과 관계할 수 있는, 스스로 조정하고 스스로 발전해 가는 행위자라는 의미에서 합리적 자율성을 지니는 것을 목적으로 한다. 권리가 타인들로부터의 적극적 지원을 필요로 하는 때에도 그들의 지향은 의존성을 강화 또는 증대시키는 것이 아니라 사람들로 하여금 주체적 행위자로 되도록, 즉 타인의 지배나 타인의 위해를 받음이 없이 자신들의 생활을 조정하고 자신들의 목적을 효율적으로 추구하고 또 유지할 수 있도록 지원하는 것이다. 이러한 면에서 주체적 행위는 인간 존엄성의 형이상학적 기반이며 도덕적 바탕이다.

3) 총체적 정합성의 원칙

도덕은 우선 사람 상호 간의 행위에 관한 것, 즉 행위자가 다른 사람들에게 영향을 미치는 행위와 관련된다. 그러한 행위가 거래 또는 상호 작용을 이룩한다. 그러므로 모든 사람들은 서로에 대해 행위자이며 수신자이다.[17] 도덕과 관련하여 결정적인 것은 상호 작용이 자유와 안녕에 대해 미치는 영향, 즉 주체적 행위조건에 대한 영향이다.

모든 행위자는 최소한 암묵적으로 그가 장래의 합목적적 행위자라는 충분한 이유에서 자유와 안녕에 대한 권리를 갖고 있다고 주장한다. 이 주장으로부터 보편화가능성의 원리에 의거하여 장래의 모든 합목적적 행위자들은 자유와 안녕에 대한 권리를 갖고 있다는 사실이 귀결된다. 행위자가 이 일반화를 부인하면 그는 자기 모순에 빠진다. 왜냐하면 그는 장래의 합목적적 행위자라는 사실이 자유와 안녕에 대한 권리 소유의 충분조건이라는 점을 긍정하면서 동시에 부정하기 때문이다.

행위자는 일반화된 권리 진술, 즉 "장래의 '모든' 합목적적 행위자들은 자유와 안녕에 대한 권리를 갖고 있다"는 진술을 받아들여야 하기 때문에 또한 "나는 장래의 '어떤' 합목적적 행위자라도 최소한 그의 자유와 안녕을 간섭해서는 안 된다"는 판단 역시 수용해야 한다. 여기서의 '모든'으로부터 '어떤'에로의 이행은 일반화에서의 '모두'란 집단적 의미가 아니라 배분적 의미라는 사실에 의해 보장된다. 그것은 각자를, 따라서 장래의 합목적적 행위자 누구나를 가리킨다. 행위자의 행위를 수신하는 사람들은 자신들이 충족시키고자 하는 목적을 지닌 장래의 행위자이기 때문에 행위자는 자신이 논리적으로 관련되어 있는 일반화가 그의 수신자들에게도 적용된다는 것을 인정해야 한다. 즉 수신자들 역시 자유와 안녕에 대한 권리를 갖는다. 이를 보다 구체적으로 살펴보자.

먼저 자유에 대한 그들의 권리는 행위자가 상호 작용, 즉 거래에 참여할 것인지의 여부를 조정할 권리를 갖고 있다는 사실을 의미한다. 따라서 행위자는 수신자들을 강제하여 그들의 자유를 방해하는 일을 피해야 한다. 수신자들의 거래 참여는 그들 자신의 의지에, 즉 그들 자신의 비강제적 선택에 의거하는 것이어야 한다. 다음으로 수신자들의 안녕에 관한 권리란 행위자가 합목적적 행위를 위해 필요한 조건과 능력을 유지해 갈 권리가 있는 것과 마찬가지로 그의 수신자들 역시 그것들을 유지해 갈 권리가 있다는 사실을 의미한다. 따라서 행위자는 수신자들의 기본적 안녕(생명과 신체보전 및 정신적 안정), 안녕의 유지(기만당하지 않고, 사취당하지 않고, 약탈당하지 않는 것), 안녕의 증진(자존감, 교육, 재산상의 수입을 위한 기회 등 자신의 목적달성 수준과 행위 능력을 향상시키는 것)에 간섭하여 수신자들에게 해를 끼치는 일을 최소한 피해야 한다. 더욱이 어떤 경우에는, 즉 그의 수신자들의 안녕이 그들 자신의 노력만으로는 유지될 수 없을 때는 수신자들의 안녕에 대한 권리는 수신자들이 이들 조건 또는 능력을 가질 수 있도록 행위자가 적극적으로 지원해야 한다는 요구를 수반한다. 이 사실을 '권리' 개념을 중심으로 하여 다시 정리해 보자.[18] 각자는 자유와 안녕에 대한 권리를 소유하고 있으므로 어느 한 개인의 권리는 그 권리소유자가 자기 권리의 대상을 소유하는 일에 간섭하지 않는, 다른 사람의 상관적 의무를 수반하여 다른 사람들은 권리소유자의 이해관심에 대해 최소한 소극적 배려를 해야 한다. 더욱이 일부의 경우 문제의 권리가 그 권리소유자로 하여금 자신의 권리대상을 소유할 수 있도록 지원하게 하는 적극적 의무를 수반할 때는 그에 마땅하도록 적극적 대응을 해야 한다.

이로써 모든 행위자는 논리적으로 어떤 총체적 의무를 인정해야 한다는 결론에 이른다. 소극적 측면에서 행위자는 그의 수신자를 강제하거나 손상시키지 않아야 한다. 적극적 측면에서 행위자는 수신자가 이들 필수적 자원을 달리 소유할 수가 없고 또 행위자가 수신자들을 도울 수 있을 때는 언제나 그들이 자유와 안녕을 얻을 수 있도록 지원해야 한다. 이 같은 의무와 권리의 포괄적 원칙은 모든 행위자와 관련된 다음과 같은 규칙을 따르는 것이라고 표현할 수 있다 : "너 자신과 더불어 너의 수신자들의 포괄적 권리에 따라 행위하라." 이것을 기워드는 '총체적 정합성의 원칙'[19] 또는 '인권의 원칙'[20]이라고 명명한다. 그렇게 이름 부르는 까닭은 그것이 정합성에 대한 형식적 고려와 행위의 총체적 특성 또는 행위의 자원에 대한 권리를 실질적으로 고려하는 것과 결합시켜 주기 때문이다.

총체적 정합성의 원칙은 두 가지 면에서 필수적 원칙이다. 첫째, 어느 행위자든 그것을 부인하거나 또는 위반하는 경우 자기 모순에 이른다는 점에서 그것은 형식상으로나 또는 논리적으로 필수적인 것이다. 위반하는 경우 그는 자신이 어떤 능력을 소유함으로써 스스로 주장하는 권리가 그러한 능력을 소유한 다른 사람에게는 해당되지 않는다고 우기는 처지가 될 것이기 때문이다. 둘째, 다른 원칙들과는 달리 총체적 정합성의 원칙이 갖는 의무는 어느 행위자가 그의 성향이나 이해관심 또는 이상을 바꿈으로써, 또는 협약에 의해 규정되는 제도적 규칙에 호소함으로써 피할 수 있는 것이 아니라는 사실에서 이 원칙은 역시 실질적으로 필요한 것 또는 정언적인 것이다. 행위의 총체적 특성은 주체적 행위의 필수구조와 관련되기 때문에, 그리고 행위자는 단순히 그가 미래의 합목적적 행위자인 한에서 이들 특성에 대한 권리를 갖고 있다고 주장해야 하기 때문에 그는 합리적으로 그의 수신자들 역시 그들이 장래의 합목적적 행위자인 한, 이들 권리를 갖고 있다는 사실을 받아들여야 한다.

현재 또는 장래의 각 행위자가 자신에게 있어 자유와 안녕이 필수적 자원이라고 믿고 있다는 사실로부터 그는 또한 논리적으로 자신이 자유와 복지에 대한 권리를 갖고 있으며, 현재 또는 장래의 다른 행위자들 역시 자신과 마찬가지로 이들 권리를 소유하고 있다는 점을 사실로 받아들여야 한다는 것이 밝혀진다. 따라서 이들 권리는 현재나 장래의 모든 잠재적인 행위자들에게 보편적으로 배분되어 있기 때문에 그것들은 바로 인간의 공통된 권리, 즉 인권이라는 결과가 도출된다. 그것들은 공통의 인권이며, 또한 만인에 대한 만인의 권리이기 때문에 각자는 권리의 소유자일 뿐만 아니라 다른 모든 사람들에 대해 그들의 권리를 존중 또는 증진시켜야 하는 의무도 함께 지닌다. 이러한 방법을 통해 인권의 원칙이 규범적이며 실질적인 공통도덕의 토대를 제공해 준다는 점이 해명된다.[21]

지금까지 필자는 기워드의 논의를 추적·검토하여 사람들 사이에 이해관계의 마찰이 빚어지고 또한 도덕에 관한 실제적 견해들 간에 갈등이 빚어지는 가운데서도 규범적 도덕관—총체적 정합성의 원칙 또는 인권의 원칙—은 합리적으로 만인에게 타당한 것으로 확립될 수 있다는 사실을 확인할 수 있었다. 이 원칙은 실제적-분배적 방법과 메타윤리적 또는 도덕판단적 방법 양자에 있어 공통적인 규범도덕의 기반으로서 기여하는 것이었다. 구체적으로 말해 실제의 면에서 인권의 원칙이 견지하는 자유와 안녕에 대한 정당한 관심은 모든 사람들에게 공통으로 분배되며, 따라서 그것은 보편적인 것이다. 메타윤리의 면에서 인권의 원칙은 그것이 합리적 정당성을 지니기 때문에 모든 사람들이 자신들의 사고와 행위를 위해 타당한 것으로 수용해야 한다는 규범적-도덕판단적 의미에서 공통도덕의 기반으로서 기여한다. 이 정당성은 사실상 최소한으로 합리적인 사람, 즉 모든 정상인들의 특성인 논리적 및 인지적 능력을 지닌 모든 행위자에 의해 파악가능하다. 왜냐하면 간략히 말해 그것은 현재 또는 장래의 행위자는 스스로를 위해 주체적 행위자로서의 총체적 권리를 지녀야 하며, 또한 각 행위자는 다른 모든 현재 또는 장래의 행위자에 대해서도 이들 권리를 인정해야 하고, 다른 행위자들 역시 나의 권리의 필수적 요소가 의거하고 있는 것과 동일한 자질과 능력을 갖고 있기 때문이다.

이제 인권이 공통도덕의 규범적 및 실제적 토대를 마련해 준다는 주장에 반대하는 논의들을 살펴보고 그에 응답하면서 인권의 발전적 구현에 관하여 생각해 보고자 한다.

4. 인권의 실현

1) 인권공동체

인권이 공통도덕의 토대를 제공해 준다는 주장에 대하여 두 종류의 반대가 있다.[22] 하나의 반대는 '도덕' 의 측면을 강조하고 다른 하나는 '공통' 의 측면을 강조한다. 이기주의의 반대와 민족 중심의 반대가 그것이다. 앞의 것부터 살펴보자.

이기주의의 반대는 '도덕' 의 측면에다 초점을 두는데, 이것은 최소한 벤덤과 마르크스까지 소급된다. 이들의 입장에 따르면 인권론에서 인식하고 있는 '자아' 는 순전히 이기적 · 자기 중심적, 따라서 비도덕적인 것이다. 대표적인 한 예로 화이트의 주장[23]에 주목해 보자. 그의 중심논의는 일부 유형의 이기주의자에 있어 합리성에 대한 요구는 아무런 도덕적 의무를 불러일으키지 않고도 충족될 수 있다는 것이다. 달리 말해서 정합적이며 타산적인 행위에는 필연적인 여하한 도덕적 제약도 함축되어 있지 않다는 것이다. 이러한 그의 주장이 의거해 있는 기반을 간략히 더듬어 보자.

앞에서 본 바와 같이 기워드의 목표는 행위의 '총체적 특성' 을 기술해 주는 비도덕적 전제들로부터 우리가 어떻게 최상의 도덕원칙을 도출할 수 있는지를 입증하는 것이었다. 그는 자발성과 합목적성이라는 특성에 의해 규정되는 행위 개념에다 연역논리와 귀납논리의 공준으로 규정되는 이성을 적용함으로써 궁극적으로 '총체적 정합성의 원칙', 즉 인권의 원칙에 도달할 수 있었다. 그것은 각 행위자들에게 "너 자신과 더불어 너의 수신자들의 포괄적 권리에 따라 행위하라"를 요구한다. 여기서는 이기주의자도 자신의 비도덕적이며 자기 욕구 중심의 세계로부터 '총체적 의무'를 지니는 도덕적 세계로 유도될 수 있다는 것이다.[24] 화이트는 이기주의자의 관점에 의거하여 기워드의 바로 이 주장을 반대한다. 힘과 지배가 유일한 고려대상인 이기주의자의 세계관에서는 그러한 의무론적 판단의 활용은 있을 수 없다는 것이다. 화이트가 인용하고 있는 두 개의 경우에 주목해 보자.

[예, 1] 기워드에 의하면, 만약 어떤 사람이 당위를 기준으로 하여 자신이 X를 행해야 한다는 사실을 받아들이면, 그는 또한 똑같은 기준에 따라서 그가 X를 행함에서 다른 사람에 의한 방해나 간섭을 받지 않아야 한다는 점에서 그가 자유로워야 한다는 것도 사실로 받아들여야 한다. 따라서 "나는 X를 행해야 한다"는 "나는 X를 행할 수 있도록 자유로워야 한다"를 수반한다. 방해나 간섭이 없는 것이 자신이 X를 행하는 필요조건인 한에서, 자신을 위해 X를 행하는 데 수반되는 필요조건을 수용함은 자기가 X를 행하는 데 아무런 간섭이 없어야 한다는 요구를 암암리에 받아들이는 것이다.[25] 그러므로 우리가 "나는 X를 행할 수 있도록 자유로워야 한다"는 진술을 도출할 수 있다면 그 진술은 '타자지향적 자유' 개념을 활용하고 있기 때문에, 이 진술로부터 "다른 모든 사람들은 내가 X를 행하는 것을 방해하지 말아야 한다"는 타자지향적 당위를 끌어낼 수 있다.[26] 이기주의자, 극단적 비도덕주의자가 이 점에 이르면 사실상 함정에 빠진다. 그는 자기 모순을 빚지 않고는 이 논거

에 반대할 수 없다.

이와는 달리 화이트가 말하는 극단적 이기주의자의 입장에서 볼 때[27] "나는 X를 행해야 한다"는 이기주의자의 진술과 관련하여 "나는 X를 행할 수 있도록 자유로워야 한다"와 "다른 모든 사람들은 내가 X를 행하는 것을 방해하지 말아야 한다"는 것이 실제로 무슨 의미가 있느냐는 것이다. 자연적 세계와 사회적 세계를 똑같이 자신의 힘을 획득하고 스스로가 지배자임을 입증하면서 자기의 발자취를 남기고자 노력하는 그러한 영역으로 보는 극단적 이기주의 및 비도덕론자의 세계관에 입각하여 생각해 보라는 것이다.

[예, 2] 기워드에 의하면,[28] 행위자가 ① "나는 나의 삶을 보존해야 한다. 삶은 어떤 행위자에게 있어서나 필수적 선이기 때문이다"라고 이해한다면 그는 ② "나는 나의 삶을 보존할 수 있도록 자유로워야 한다." 그리고 ③ "다른 모든 사람들은 나의 삶을 방해해서는 안 된다"는 사실도 수용할 것임에 틀림없다. 뒤의 두 진술은 ①의 필요조건을 가리키기 때문이다. 따라서 기워드에 있어서 극단적 이기주의자는 합리적 행위자로 되고자 하는 자신의 욕구를 단념하지 않는 한 ②와 ③의 수용을 거부할 수 없다. 이에 대하여 화이트[29]는 삶을 일반적 선으로 이해하는 데 기워드의 논의의 결함이 있다는 것이다. 화이트의 입장에 따르면 행위자에게 일반적 선으로서의 삶은 언제나 특정의 삶, 행위자가 기본적 의미에서 살만한 가치가 있다고 여기는 삶이다. 그러므로 극단적 이기주의자에 있어 살만한 가치가 있는 삶은 다른 행위자들의 그것과는 크게 다르다. 그에게 있어 가치 있는 삶은 인간세계 및 자연세계로부터의 치명적 위협과 도전이 잠재해 있는 맥락 하에서의 삶이다. 이러한 위협과 도전을 제거해 버리는 것은 그로 하여금 자신이 가치 없는 삶으로 여기고 있는 것을 따르도록 하는 짓이다. 따라서 그에게 있어

③은 ①에서 언급하고 있는 그러한 삶을 유지하기 위한 필요조건이 아니다. ②가 타자지향적인 한에서 그것 역시 필요조건이 아니다. 이를테면 ②를 자기 주도적 입장에서 이해하여 "나는 행위에 착수하기 전에 길게 숙고하는 허약한 습관에서 벗어나야 한다"와 같은 보다 자율적인 '당위' 진술을 도출할 수 있다. 만약 ②와 ③이 ①을 위한 필요조건이 아니라면 극단적 이기주의자는 여기에 제시된 추론들에 따르지 않을 수 있지만, 그렇다고 하여 기워드가 말하는 의미에서 그의 합리성 요구가 약화되는 것은 결코 아니다.

이상에서 추적해 본 화이트의 이기주의자 또는 극단적 비도덕주의자 논변은 기워드의 합리성 개념을 확장시켜 주는 긍정적 공헌을 인정할 수 있으나 다음과 같은 중요한 두 가지 시각에서 비판할 수 있다. 첫째, 자신이 기워드의 '행위'가 갖는 총체적 특성, 즉 자발성(자유)과 합목적성(안녕)의 불충분성을 지적하면서 부가적으로 제시했던 하버마스의 '행위자들 간의 책임에 대한 기대'(각주, 15)에 부합되지 않는다. 자발성과 합목적성 및 행위자들 간의 책임에 대한 기대를 행위의 총체적 특성으로 인정하려면 극단적 이기주의자에 있어서도 그 같은 책임기대가 허용되어야 할 것이며, 반대로 이기주의자에게는 행위자들 간의 책임에 대한 기대가 용납될 수 없는 것이라면 자신이 말한 행위의 총체적 특성에 대한 '보완'은 의미가 없어진다. 둘째, "인간의 이기심도 타인의 감정을 고려하여 행사할 때 유덕하게 될 수 있다"는 믿음과 더불어 '합당감' 또는 '공감'(A. Smith)에 입각한 자유방임의 원칙이 영국의 근대 시민사회 형성의 원리로 기능해 온 경험론적 역사나[30] 다음과 같은 합리론적 전통도 화이트식의 이기주의 이해를 교정시켜 준다. "인간은 근원적으로 자유이며, 나와 타자와의 관계에 있어서 서로 자기만을 주장하는 상극성을 띠면서도 동시에 하나의 카테고리에 환원하는 공동존재로서의 '우리'를 경험한다. 나는 의식적 존재로서 절대 확실하다. 이것은 논리적으로나 현실적으로나 자명한 사실이다. 그런데 이것은 나만의 영역은 아니다. 다른 나의 의식, 즉 타자의 의식에도 적용되는 것이다."[31]

기워드가 지적하고 있는 것처럼[32] 이기주의 논변에서는 권리와 공동체를 상호 대립적인 것으로 파악하여 인권의 원칙에 의거하는 '권리 공동체'를 부인한다. 이기주의자의 시각에 따르면 권리는 사람들로 하여금 자기 이익을 도모하도록 하기 때문에 그것은 보다 광범한 사회적 목표를 생각하지 않고 자기 자신의 욕구 또는 결핍을 충족시키려는 적대적 편견을 야기시킨다. 또한 권리는 경쟁과 갈등을 전제한다. 그 까닭은 권리란 자기 중심적 개인들의 적대관계에서 유린당하지 않을 보장책을 강구하는 것이기 때문이다. 따라서 그것은 공동체의 가치를 묵살하고 우리가 서로에 대해서, 그리고 대규모 사회에 대해 지녀야 하는 도덕적 책임을 약화 또는 무화시키게 된다. 반면에 공동체는 그러한 갈등을 배격한다. 그것은 공통의 이익, 상호 동정, 동류의식을 지향한다. 그러므로 사람들이 사회적 조화를 도모하도록 해주는 공동체의 제 관계를 유지할 때 권리에 대한 요구는 사라진다. 따라서 권리주장은 이기적이며 반도덕적인 것으로 간주된다.

이는 올바른 진단이 아니다. 인권이란 바르게 이해하면 인간관계에 대해 공동체주의적 견해, 즉 상호 배려와 사회적 연대를 중시하는 견해이기 때문이다. 이와 관련하여 인권이 현실사회의 유대를 위한 필수적 기반으로 기여할 수 있다는 것을 밝힐 수 있다. 권리의 논리적 구조에 따르면[33] "모든 인간은 다른 사람들과 상대하여 자유와 안녕에 대한 균등한 권리를 갖고 있다. 따라서 모든 사람들은 인권의 주체 또는 소유자일 뿐만 아니라 그것의 책임자 또는 의무담지자이다. 이는 엄격히 각자는 자기 외의 모두를 상대하여 권리를 지니며, 다른 모든 사람들 또한 그에 상대하여 권리를 갖기 때문에 각 개인은 자기 외의 모두에 대해 상관적 의무를 지닌다. 따라서 인권 개념은 상호적 보편성을 수반한다. 즉 각자는 다른 모든 사람들의 권리를 존중해야 하는 반면에 그의 권리소유 또한 다른 모든 사람들에 의해 존중받아야 한다. 따라서 각자는 권리의 이득과 의무의 부담을 공유한다. 인권은 상호 배려를 요구하며, 따라서 그것은 이기주의라기보다는 일종의 이타주의이다."

인권원칙은 필요하고 또 실현가능할 때는 서로 도울 것을 요구하기 때문에 사사로운 이익에 대한 배타적 편견과는 대조되는 사회적 유대의 원칙이다. 그것에 의거하는 권리공동체[34)]는 보다 소박하고 현실적이면서도 보다 안전한 인간적 공동체를 염원한다. 따라서 그러한 공동체는 합리적 인격체로서의 행위자를 구현하고자 하는데, 합리적 인격체로서의 행위자는 인권의 상호 보편성에 의해 요구되는 바와 같이 서로 간의 행위 기대를 적절히 고려하며, 각자는 자기 자신의 권리와 더불어 다른 사람의 권리를 존중하고, 각자는 자신과 타인을 배려함에 있어 어떤 평등성 또는 상호성을 유지해야 한다. 따라서 합리적 자아는 권리공동체 안에서 그가 타인에 대한 권리와 동시에 타인을 향한 의무도 갖는다는 사실을 인식한다. 인간은 권리의 주체인가 아니면 의무의 당사자인가라는 물음에 대하여 인간은 권리의 주체이면서 동시에 의무의 당사자라고 응답하는 것이 도덕적 인권론의 인간관이다. 인간사회는 권리공동체이다.

2) 세계인권선언 모델

인권이 공통도덕의 기반을 제공해 준다는 주장에 대한 두 번째 반대는 민족 중심의 반대이다. 우선 이 민족 중심의 논변은 특수도덕의 관점에 의거한다. 집단이 다름에 따라 그에 적합한 도덕요건도 달라지는 것이기 때문에 공통의 보편도덕이란 존립할 수 없다는 입장이다. 이 입장에 의하면 역사와 전통, 그리고 삶의 조건이 다르면 그들 각자가 견지해 온 도덕적 준거 역시 달라질 수밖에 없다. 또한 상호 간의 관계가 다름에 따라 도덕적 요구나 평가 역시 다를 수밖에 없다. 예컨대 부모와 자식 간이나 또는 가족성원 간의 도덕적 관계는 정치나 사업상의 경쟁자들 간의 도덕적 관계와는 다르며, 공동체 내부자들 간의 도덕적 관계는 외부자들과의 관계와 같을 수 없다는 것이다. 이러한 인식의 연장선상에서 인권 또는 자연권은 모든 인간에게 보편적 또는 공통적인 것이 아니라 서구 문화에 특유한 자아관을 반영하는 것이라고 주장하는 것이 민족중심적 반대의 요점이다.

민족중심적 반대의 입론에 따르면 전근대의 서구사회 및 비서구사회에서는 집단, 종족 또는 부족, 사회질서 또는 신의 질서에 최상의 가치가 부여되었으며 개인 자체는 종속적 역할을 가질 뿐이었다. 그러한 사회에서는 권리 개념이 차지할 자리가 없었다. 이 같은 부정적 결론은 로마법에까지 적용된다. 따라서 전근대적 행위자들에게 자유와 안녕에 대한 권리가 귀속되었다고 주장하거나 판단하는 것은 시대착오적인 것이다. 뿐만 아니라 근대 서구사회에서의 자아는[35] 합리적 · 이해타산적 · 자율적 · 자기 중심적 자아이며, 거기에 상응하는 제도는 산업자본주의 또는 후기자본주의와 대부분의 경우 자유민주주의이다. 그러나 이 같은 개인중심적 풍토는 세계의 다른 많은 지역들에는 낯선 것이다. 따라서 서구적 인권론이 보편성과 공정성을 지닌다는 주장은 세계의 다른 부분들에서 자아가 어떻게 이해되고 있는지를 전혀 모르고 있으며, 최악의 경우 사악한 문화제국주의를 부추기는 것이다.

민족 중심의 견해에서 주장하고 있는 것처럼 인권 개념이 전적으로 근대 서구의 구성물이라고 보아야 하는가? 이 문제는 인권 개념을 고대와 중세의 자료들에서, 그리고 비서구의 문화 속에서도 발견할 수 있으면 수월하게 해결할 수 있게 된다. 그러한 사실 확인에 앞서 우리가 유념해야 할 것이 있다. 하나의 개념을 소유하거나 활용하는 것과 그것을 명백하게 인식하고 해명할 수 있는 것을 구별하는 일이 중요하다.[36] 언어를 사용하는 모든 사람들이 언어에 관한 이론가이거나 분석가가 아니듯 소유되거나 또는 활용되는 모든 개념들이 명백하게 분석되는 것은 아니다. 따라서 사람들은 그것에 관한 분명한 어휘를 소유하지 않고도 권리 개념을 활용할 수 있다. 어느 시기 어느 지역에 우리가 지금 알고 있는 것과 동일한 인권 개념이 활용되고 있었던가 하는 주제에만 매달릴 필요가 없다. 나아가 권리 개념이 갖는 역사적 보편성은 뚜렷하게 불평등한 사회 및 권리분배를 극단적으로 제한했던 역사적 현실과 양립가능하다. 많은 또는 대부분의 사회에서 결과적으로 일부의 행위자들만이 자유와 안녕에 대한 권리를 가졌다는 사실이 모든 행위자들은 암암리에 이 권리를 가져야만 한다고 생각하고 있었다는 명제와 모순되지 않는 것은 아니다. 권리 '소유' 라는 개념은 결과적인 것과 규범적인 것 사이, 사회적으로 용인되거나 법률상으로 시행된 것과 용인되거나 시행되어야만 하는 것 사이에 위치하여 양쪽 성질을 겸비한 것이다.

이제 권리 개념을 근대라는 시기에 한정시키는 소극적 견해는 역사적 명제로서는 잘못된 것임을 밝혀줄 수 있을 몇 가지 사례를 보기로 하자. 먼저 권리 개념은 원시사회들에서도 발견된다. 그러한 사회들이 법체계를 갖고 있다는 인식은 그들의 사회적 관계 구성이 권리와 의무라는 네트워크에 의거해 있음을 자세하게 기술할 수 있게 해준다. 말리노프스키(B. Malinowski)가 멜라네시아인들에 관해 적고 있는 것처럼 "모든 사람들의 권리에는 엄격한 구분과 규정이 있어 이것이 공동체의 것을 제외하고는 어느 것이든 권리에 따라 소유할 수 있도록 하였다."[37] 이들 권리는 상관적 의무를 수반하며, 불이행의 경우 각 공동체의 성원들에 의해 제재를 받도록 하는 정교한 단서조항도 마련되어 있었다. "그들은 만약 어느 때나 법을 부인하는 죄를 지으면 이러저러한 방법으로 엄한 처벌을 받게 된다는 것도 알고 있었다. 따라서 각 공동체는 그 권리이행을 위한 무기인 호혜의 원칙을 갖고 있었다." 문제의 권리는 재산소유를 넘어 결혼, 모권, 경제교환, 신체적 위해의 방어 등을 포괄하는 다른 다양한 관계들에로 확대된다. 그리고 이 관계들은 법규에 의해 규제된다. 법규들은 다시금 그 공동체 개별성원들에게 인지되고 또 내면화된다.

고대의 경우로 눈을 돌려보면 유기성과 불평등성을 근간으로 삼고 있는 플라톤과 아리스토텔레스의 사회철학에 있어 모든 사람들에게 균등하게 속한다고 볼 수 있을 권리주장은 발견하기 어렵다. 위계적 정치질서를 지지하는 이들 두 사람의 교의는 지혜로운 사람이 덜 지혜로운 사람을 다스릴 수 있는 자연권에 입각해 있는 것이라고 설명할 수 있다.

로마인들은 권리 개념을 소유하고 활용하였지만 근대 이래의 법률서적들에서 행해지듯 충분하고도 명백하게 제시하거나 분석하지는 않았다. 더 나아가 봉건주의와 관련해서도 유사한 이야기가 가능하다. 봉건영주와 신하 간의 서약의식은 양쪽에다 권리뿐만 아니라 의무도 낳는 것으로 인식되었다. 그것은 계약적인 것이었으며, 그러므로 양편에서 생겨난 권리는 법률적 권리이고, 그것들은 영주에 의해서가 아니라 봉토를 중심으로 한 전체적 제도에 의해 사법적으로 해석될 수 있었다. 이로써 알 수 있거니와 권리 개념은 근대 서구사회에 한정되는 것이 아니다. 따라서 모든 행위자들에게 그가 자유와 안녕에 대한 권리를 가지고 있다는 암묵적 판단을 귀속시키는 것이 시대착오적인 것은 아니다. 더욱이 인권은 실증적 개념이나 또는 경험적인 것에 대한 서술 개념이 아니라 규범적 개념이기 때문에 인권 개념이 다양한 시대나 또는 다양한 지역에 수용되지 않았다는 것이 인권 개념이 타당하지 않다거나 또는 그것이 일부의 제한적 관련성만을 갖는다는 주장을 입증해 주는 것은 아니다.

이제 우리는 인권 개념에 관한 민족 중심의 논변을 비판적으로 음미함으로써 인권이란 모든 인간에게 공통적·보편적인 것이며, 인권의 원칙이 타당한 보편도덕의 규범 토대를 확립해 준다는 사실을 확인할 수 있다. 뿐만 아니라 인권이 비록 서구의 유산들 중 중요한 일부이긴 해도 보편성과 중첩적 합의라는 점에 초점을 맞춰보면 그것은 역시 모든 문화, 종교, 문명들이 공유해 있는 유산들의 일부라는 사실도 알 수 있다. 그러한 성향을 지닌 '인권'의 실체는 오늘날 어떤 변모를 드러내고 있는가? 달리 말해서 인권의 강화와 확대에 주력하는 현대인들의 노력은 어떤 구체적 성과를 도모해 가고 있는가?

우리가 구체적으로 인정된 인권에 관한 현대적 합의를 개관하는 데서는 무엇보다 '세계인권선언'의 중심역할을 인정해야 한다. 현행 인권사항에 대한 논의와 실천에서 세계인권선언이 모델의 역할을 하고 있기 때문이다. 따라서 필자는 현재 및 향후의 인권 논의들의 바람직한

인권항목	관련 법조항
비차별성	U2, E2, C2
생명	U3, C6
자유와 안전	U3, C9
노예상태로부터의 보호	U4, C8
고문으로부터 보호	U5, C7
법률적 인격성	U6, C16
균등한 법의 보호	U7, C14, C26
법적 구제	U5, C2
자의적 체포, 구금 또는 추방으로부터의 보호	U9, C9
독립적이며 공평한 재판을 받음	U10, C14
무죄로 추정 받을 권리	U11, C14
소급법으로부터의 보호	U11, C15
사생활권	U12, C17
이동의 자유	U13, C12
국적	U15, C24
혼인하여 가족을 이룰 권리	U16, C23
가족에 대한 보호와 지원	U16, E10, C23
배우자의 자유로운 동의로써만 결혼	U16, E10, C23
사상, 양심, 종교의 자유	U18, C18
의견과 표현의 자유	U19, C19
집회의 자유	U20, C21
결사의 자유	U20, C22
참정권	U21, C25
사회보장	U22, E9
노동	U23, E6
정당하고 유리한 노동조건	U23, E7
노동조합	U23, E8, C22

휴식과 여가	U24, E7
적합한 생활수준	U25, E11
교육	U26, E13
문화생활참여	U27, E15
자결권	E1, C1
아동에 대한 보호와 지원	E10, C24
기아로부터의 자유	E11
건강	U25, E12
피난처	U14
재산	U17
의무적 초등교육	E14
자유를 박탈당한 때의 인간적 대우	C10
빚 때문에 투옥되는 것을 보호	C11
법에 따라서만 외국인 추방	C13
전쟁선동과 차별유인금지	C20
소수자 문화	C27

방향 또는 준거를 뜻하는 용어로 '세계인권선언 모델'이라는 개념을 제시한다. 필자는 이 개념을 통하여 ① 인권의 주체들이 지구상의 모든 지역 모든 인간들에로 확대되고 있을 뿐만 아니라, ② 현대세계는 인간의 존엄성에 대한 중요한 위협들에 대항하는 진보된 공동의 이해를 법제화시키고 있으며, ③ 역사적 조건들을 반영하는 인권의 목록을 점차 증진시켜 주고 있다는 점을 아울러 드러내고자 한다.

세계인권선언을 모델로 하여 현재의 인권강화 노력의 실상과 대요를 다음과 같이 목록화할 수 있다.[38] 여기서 U는 '세계인권선언', C는 '시민적 및 정치적 권리에 관한 국제 규약', E는 '경제적·사회적·문화적 권리에 관한 국제 규약'을 가리키며, 숫자는 각각의 조항을 나타낸다.

이들 목록은 인권의 구체적 내용들 전반을 아우르는 것이라고 평가할 수 있다. 이들은 점차 현재 및 장래의 행위자들에게 내면화되어 인권을 고양시키는 방향으로 기능해 갈 것이 기대된다. 그리고 이러한 인권의 구체화 및 분화는 사실상 기워드가 대별하고 있는 세 종류의 권리에 입각해 있는 것으로 이해할 수 있다.[39] 기워드는 인권을 ① 기본권(생명, 신체보존, 정신적 안정 등), ② 손상당하지 아니할 권리(기만당하지 않고, 사취당하지 않고, 약탈당하지 않는 것), ③ 개선의 권리(자존감, 교육, 재산상의 수입을 위한 기회 등 자신의 목적달성 수준과 행위 능력을 증진시키기 위해 필요한 능력과 조건을 갖추는 것)로 구분한다.

3) 구성주의 인권론

지금까지 필자는 ① 규범적 문제들을 다룰 수 있는 바탕을 인권 개념에서 찾을 수 있다는 것, ② 인권 또는 인권원칙(총체적 정합성의 원칙)이 공통도덕을 위한 규범적이며 보편적인 기반을 제공해 준다는 것, ③ 인권이 공통도덕의 규범적 및 보편적 기반을 마련해 준다는 주장에 대한 두 가지 반대, 즉 이기주의와 민족 중심의 논변을 비판적으로 살폈다. 이제 우리에게 다가선 중요한 물음은 인간이 도덕적 권리를 갖고 있다는 뚜렷한 준거, 달리 말해서 인권의 원천이 무엇이며 인간이 그러한 권리를 소유하고 있음을 어떻게 알 수 있는가 하는 의문이다. 역사적으로 이 문제와 관련하여 많은 논의가 있어 왔다. 칸트, 키에르케고르, 니체, 밀, 마르크스 같은 사상가에 의해 개괄되어 있는 경쟁적 견해들만을 보더라도 그들은 각기 권리소유의 준거 또는 권리의 원천을 이성, 종교, 권력, 유용성, 경제적 계급 혹은 역사에서 찾거나 또는 그런

것들에 의해 규정되는 것이라고 보았다. 이 문제와 관련하여 우리는 다섯 가지 서로 다른 최근의 입장들을 접할 수 있다.[40)]

첫째, 직관론이 있다. 이 주장에 의하면 인간이 양도할 수 없는 권리를 소유하고 있다는 것은 자명하며, '세계인권선언'이 담고 있는 권리들은 자명한 권리들이다. 이러한 이해가 지니는 문제점은 다른 종류의 직관론적 입장과 마찬가지로 이 주장 역시 직관들이 서로 갈등하는 경우에는 무력해진다는 것이다.

둘째, 제도론이 있다. 권리는 약속이행의 경우처럼 제도들이 지닌 형식적 또는 비형식적 규칙에 기반을 둔 거래로부터 생겨난다는 제도론의 입장은 일부의 제도들은 도덕적으로 그릇된 것일 수 있으며, 따라서 제도상 또는 거래상의 규칙이 권리의 근거로 유지되기 위해서는 별도의 도덕적 정당화가 이루어져야 한다는 난점을 지닌다.

셋째, 욕구론이 있다.[41)] 사람들은 욕구를 갖고 있기 때문에 거기로부터 권리가 발생한다는 것이다. 그러나 이것은 기껏해야 권리소유를 위한 필요조건을 가리킬 뿐이다. 만약 어떤 욕구 X를 소유함이 X에 대한 권리를 산출해 주기에 충분한 것이라면 인간에게는 욕구증대에 따라 관리하기 어려운 양의 권리증대가 빚어질 것이기 때문이다.

넷째, 인간의 존엄성 이론이라고 명명할 수 있는 것으로서 인간은 그들이 고유한 가치 또는 존엄성을 갖기 때문에, 또는 그 자체 목적이기 때문에 또는 신의 자식이기 때문에 도덕적 권리를 갖는다는 주장이다. 이것은 정당화되어야 할 주장을 단지 반복하는 것일 뿐이다. 그러나 여기서 우리가 유념해야 할 점은 어떤 맥락에서든 인권과 인간의 존엄성 간의 강력한 관계가 간과되거나 경시되어서는 안 된다는 것이다. 자유롭고 합리적인 행위자로서의 인간의 지위가 이러저러한 사회정치적 제도에 의해 공략당하거나 혹은 침해당하더라도 인권이 표명하고 또

옹호하는 것은 인격으로서의 그들의 존엄성이다. 인권은 주체적 행위 및 일반적으로 성공적인 행위의 필요조건인 자유와 안녕을 그 대상으로 갖고 있기 때문에, 그리고 그러한 권리를 갖는다는 것은 그 대상을 소유하기 위해 정당한 요구를 할 수 있는 입장에 있는 것이기 때문에 사람들이 그러한 행위자로서의 자신들의 존엄성에 대한 인식을 점진적으로 증진시키는 일은 매우 중요하다.

다섯째, 롤즈(J. Rawls)의 이론인데, 이에 따르면 사람들이 각자의 개별적인 모든 자질들을 무지의 베일로 가린 채 자기들 사회의 헌법구조를 선택하게 된다면 각자는 분명코 기본권을 확보 · 소유하게 된다는 것이다. 그러나 인간이 평등한 도덕적 권리를 소유하고 있는지에 대해 이 이론이 정당한 해답을 마련해 주고 있다고 본다면 순환논증에 빠질 것이다. 그 논증은 자신들의 모든 개별적 자질들에 대해 공히 균등하게 무지한 상태에 있다는 평등성을 전제로 할 때만 그것의 평등주의적 결론에 이르기 때문이다. 인간은 사실상 자신들의 모든 개별적 자질들에 대해 무지한 것이 아니기에 여기서 말하는 무지가 독자의 합리적 정당성을 지니지 못한다. 더욱이 실제의 합리적 정보를 지닌 사람들이 왜 그러한 무지로부터 오는 평등한 도덕적 권리의 원칙을 수용해야 하는가?

이상의 모든 것들은 도덕적 권리 또는 인권에 대해 지나치게 '인식론적' 또는 '존재론적' 견해를 취했기 때문에 난점이 빚어진 것이다.[42] 도덕적 권리는 알려지는 어떤 것 또는 존재하는 무엇이 아니라고 주장할 수 있다. 권리판단에 대한 올바른 분석은 '서술적'인 것이 아니라 '규정적(규범적)'인 것 또는 다른 어떤 비인식론적인 종류이다. 권리판단은 다른 사람들을 상대하는 주장 또는 요구이며, 또한 어떤 인식가능한 사실이 존재한다는 것을 말하는 것이 아니라 그것들은 옹호, 주장, 권고하여 어떤 사실이 존재하도록 한다.

다시 우리의 물음에로 돌아가 보자. 인권의 원천이 무엇이며 그러한 권리의 소유를 어떻게 알 수 있는가? 역사적으로 대부분의 인권옹호와 그 선언문들은 근본에, 특히 인간본성에 호소했다. 그러나 필자의 견해는 어떤 의미에서든 인간본성이 인권의 기반이라고 말할 수 없을 뿐만 아니라 인권에는 여하한 바탕도 없다는 것이다. 인간의 본성은 사회에 앞서 주어지는 것이라기보다는 사회적 기획이다.[43] 달리 말해서 인간본성은 '자연'의 한 사실이 아니라 도덕적으로 정립되는 것이다. 그것은 자연적 · 사회적 · 역사적 · 도덕적 제 요소들의 결합체이며, 객관적 역사과정에 의해 전적으로 규정되는 것이 아니라 제약되는 것이다. 개인의 '본성' 또는 '성격'이 자연적 자질, 사회와 환경의 영향, 개인적 행위 등의 상호 작용에서 빚어지듯 인간존재는 서로 간의 사회적 행위를 통하여 본질적 본성을 창조한다. 인권은 이러한 자기 창조작업을 실현시키기 위한 실제적 모델과 일련의 관행을 마련해 준다.

필자는 이러한 시각에서 더넬리(J. Donnelly)의 '구성주의 인권론'을[44] 지지한다. 인권은 규제적 규칙임과 마찬가지로 구성적 규칙이다. 인권은 유토피아적 이상임과 동시에 그 이상을 실현시키기 위한 현실적 실천사항이다. 따라서 인권은 스스로를 충족시켜 가는 도덕적 예언, 즉 타인을 인간답게 대우하면 당신도 진정 인간다운 대접을 받을 것이라는 예언으로 볼 수 있다. 인권이론과 문헌들은 현실적 존재의 조건, 즉 이미 실현되어 있다는 의미에서 '실제적인 것'을 넘어서 보다 심층적인 인간의 도덕적 현실로 보이는 '가능한 것'을 제시한다. 인권은 인간이 '존재'하는 방법에 관한 것이기보다는 인간이 될 수 있는 것에 관한 것이다. 따라서 인권은 자연적 또는 법률적 인간보다는 도덕적 인간에 관한 것이다.[45] 더욱 중요한 점은 인권이 개인들을 특정 성향의 정치적 주체로, 즉 자유롭고 평등한 권리소유자로서의 시민을 '구성한다'는 것이다. 인권은 도덕적 시각과 정치적 실천을 결합시켜 준다. 이로써 이해할 수 있는 것처럼 인권에 관해 설명해 주는 완결된 도덕철학 또는 정치철학을 기대하기는 어렵다.

5. 맺는 말

인간의 사회적 공존을 위해서는 이익이나 가치에 대한 평가기준이나 또는 이해 간의 마찰을 완화 · 조정할 수 있을 준거로서의 공통도덕이 필수적 요건이다. 그러함에도 불구하고 오늘의 세계는 공통도덕의 존립을 어렵게 하는 크고 작은 요인들이 산재해 있다. 필자는 지금까지 공통도덕이 요구되는 현실의 사정들을 개관하고, 공통도덕의 규범적 성격과 보편주의적 능력을 지적한 후 공통도덕을 인권 개념에다 정초시키는 논거를 제시하였다.

일체의 도덕들 및 실천규칙들은 구체적 내용에서는 많은 차이가 있더라도 모두는 사람들에게 어떻게 행위해야 하는가를 일러주는 일과 관련되어 있기 때문에 행위를 인간이 지닌 모든 이해관심들의 공통분모로 볼 수 있다. 도덕 및 여타의 실천규칙들이 사람들에게 주어질 때 그에 응하는 행위에는 두 개의 전제가 따른다. 자발성 또는 자유와 합목적성 또는 안녕이 그것이다. 자유는 행위의 과정적 필요조건으로서, 관련 상황을 인식하고 자신의 비강제적 선택에 의거하여 자기 행동을 조정하는 데 있다. 그리고 총체적 정합성의 원칙, 즉 인권의 원칙에 따르면 각자는 다른 사람의 자유권 또는 안녕의 권리를 위배하거나 위협하지 않는 한 자신이 바라는 어떤 행동이든 할 수 있는 자유로운 존재이다. 안녕은 행위의 실질적 필요조건으로서, 자신의 목적달성을 위해 필요한 일반적인 능력과 조건을 갖는 것이다. 안녕의 내용은 '기본적 안녕' (생명과 신체보전 및 정신적 안정), '안녕의 유지' (기만당하지 않고, 사취당하지 않고, 약탈당하지 않는 것), '안녕의 증진' (자존감, 교육, 재산상의 수입을 위한 기회 등 자신의 목적달성 수준과 행위 능력을 향상시키는 것) 등 세 가지 층의 위계를 이룬다. 안녕의 권리 상호 간에 갈등이 빚어지는 경우에는 '기본적인 것' 이 우선한다. 이로써 현재와 장래의 모든 행위자들은 자유와 안녕에 대해 균등한 도덕적 권리를 갖는다. 이 같은 자유와 안녕이라는 인간행위의 필요조건에다 인권을 정초시키는 것이 필자의 근본 시각이었다.

인권은 인간행위의 필요조건에 대한 모든 인간들의 권리이기 때문에, 달리 말해 인권이란 인간의 행위가 전적으로 가능하기 위해 또는 일반적 행위목적을 달성할 수 있기 위해 반드시 충족해야 하는 그러한 조건에 대한 모든 인간의 권리이기 때문에 도덕 논의에 있어 인권이 최상의 중요성을 지니며, 다른 모든 도덕적 고찰에 있어 중심위치를 차지한다는 사실을 밝혔다. 그러므로 인권은 모든 사람들에 의해 존중받아야 하며, 이들 권리보장에 기여하는 것이 국가의 최우선적 과제라는 점도 부언하였다.

모든 행위자에게 자유와 안녕이 필수적 자원이라는 사실로부터 각 행위자는 자신이 이들 권리를 갖고 있는 것과 마찬가지로 다른 모든 현재 및 장래의 행위자들 역시 자기와 동일한 이들 권리를 갖고 있다는 사실을 수용해야 한다는 점이 밝혀진다. 이들 권리는 행위자로서의 모든 사람들에게 보편적으로 배분되어 있기 때문에 그것들은 바로 인간의 공통된 권리, 즉 인권이라는 결과가 도출된다. 그 인권은 공통된 권리이며 또 만인에 대한 만인의 권리이기 때문에 각자는 권리소유자이면서 동시에 다른 사람들의 권리를 존중해야 하는 의무담지자이다. 이로써 인권의 원칙이 공통도덕의 토대를 마련해 준다는 사실이 밝혀진다.

인권의 원칙에 의거하는 인권공동체 또는 권리공동체의 실현에 대해 회의하는 입장의 논거에도 유의하였다. 권리와 공동체를 대립적으로 이해하는 '이기주의' 의 논변을 살피고, 권리의 논리적 구조를 분석하여 고유한 개인들의 규범적 속성으로서의 인권이 현실사회의 유대를 위한 필수적 기반으로 기여할 수 있음을, 그리고 무엇보다도 인간사회는 권리공동체임을 해명하였다. 이어서 인권 개념이 근대 서구사회로부터 비롯된 퍽 제한적 용어라는 '민족 중심' 의 입론을 비판적으로 논의하여 인권의 강화와 발전을 추구하는 현대인들의 노력이 의거해야 할 바람직한 방향 또는 준거로 '세계인권선언' 모델을 제시하였다.

더 나아가 인권의 원천에 대해 물으면서 필자는 인권에는 여하한 기반도 없다고 보았다. 인간의 본성은 사회에 앞서 주어지는 것이라기보다는 사회적 기획의 소산이다. 인간의 본성은 '자연' 의 한 가지 사실이 아니라 도덕적으로 정립되는 것이다. 인간으로 됨은 '사실' 을 넘어서는 지향적 '당위' 에 의존한다. 인간은 서로 간의 사회적 행위를 통하여 본질적 본성을 창조한다. 이러한 근거에서 필자는 '구성주의 인권론' 을 옹호했다. 인권은 인간이 존재하는 방법에 관한 것이라기보다는 인간으로 될 수 있는 규범적 과제에 관한 것이다. 우리의 사람됨과 사회정치적 제도의 구축은 우리가 어떤 인간으로 되기를 지향하는가, 어떤 수준의 도덕성을 견지하는가, 그리고 인권의 원칙을 얼마나 성숙되게 구현하는가에 따라 달라질 것이다. 인권에 입각하여 도덕을 고양시키는 일은 전적으로 우리들 자신의 소관사항이다.

여기까지의 논의결과 우리는 다음과 같은 사실들을 새로운 소득으로 평가하고자 한다. 첫째, 공통도덕 확립을 위한 규범적 토대를 마련하였다. 즉 다양한 도덕의 원천과 준거를 지양하여 이익과 가치평가의 확고한 기준을 정립할 수 있게 되었다. 둘째, 인격을 중심으로 하는 새로운 도덕, 즉 인간의 격조를 향상시키고 사람들의 공통관계를 도덕적이도록 해주는 인격도덕의 발전을 독려하고 또 그것의 실효를 기대할 수 있을 것이다. 셋째, 인권도덕론이 도덕적 인간학의 새로운 기반을 조성해줄 것으로 기대된다.

우리의 다음 과제는 인권도덕론을 보다 구체적으로 구명하고 구현하는 일이다.

주

1. Anthony Giddens, *The Consequences of Modernity*(Cambridge : Polity Press, 1990), 64쪽.
2. Roland Robertson, *Globalization : Social Theory and Global Culture*(London : GAGE Publications, 2000), 8쪽.
3. H-H. Holm and G. Sorenzen, *Whose World Order : Uneven Globalization and the End of the Cold War*(Boulder : Westview Press, 1995), 1쪽.
4. D. Held and A, McGrew, "The End of the Older Order? Globalization and The Prospects for World Order", *Review of International Studies*, 24, 1998, 219쪽.
5. 세계화와 세계문화에 관해서는 조태훈, "세계화와 더불어 국민국가는 소멸하는가?", 『국민윤리연구』, 제63호, 2006, 제II장 참고.
6. Alan Gewirth, "Common Morality and The Community of Rights", in ed., by Gene Outka and John P. Reeder, Jr., *Prospects For A Common Morality*(Princeton, New Jersey : Princeton University Press, 1993), 30쪽.
7. Ibid., 30-32쪽.
8. Ibid., 30쪽.
9. Ibid., 31쪽.
10. Ibid., 31-32쪽.
11. Alan Gewirth, *Human Rights : Essays on Justification and Application*(Chicago and London : The University of Chicago Press, 1982), Part I, 및 James W. Nickel, "Human Rights", in *Encyclopedia of Ethics*, ed., by Lawrence C. Becker(New York and London : Garland Publishing, Co Inc., 1992) 참고.
12. Wesley N. Hohfeld, *Fundamental Legal Conceptions as Applied in Judicial Reasoning*(New Heaven & London : Yale University Press, 1964).

13. Alan Gewirth (1993), 35–36쪽.
14. Ibid., 36쪽.
15. 화이트(Stephen K. White)는 하버마스(J. Habermas)에 의거하여 이들 두 특성 외에 제3의 것으로 '행위자들 간의 책임에 대한 기대'를 첨가하고 있다. 그의 "Normative Structure of Action", *The Review of Politics*, Vol. 44 (April 1982), No. 2, 283쪽.
16. 여기서 인간의 행위와 자유를 동일시하고 있는 아렌트의 사상도 우리의 이해에 도움이 된다. "인간이 행위하는 한 사람은 자유롭다. 행위와 자유존재는 동일한 것이기 때문이다." "자유의 근원은 인간이 탄생한다는 사실과 함께 주어져 있고 새로운 시작을 할 수 있는 인간의 능력 속에 존재한다." 한나 아렌트(Hannah Arendt) 저, 이진우·박미애 옮김, 『전체주의의 기원』 2 (한길사, 2006), 264–265쪽.
17. 행위의 규범구조를 분석하여 '총체적 정합성의 원칙', 즉 인권원칙을 도출하는 과정에 대한 논의는 특히 A. Gewirth, *Reason and Morality* (Chicago and London : The University of Chicago, 1981), 129–150쪽 참고.
18. A. Gewirth (1993), 37쪽.
19. Ibid., 39쪽 ; A. Gewirth (1982), 135쪽.
20. A. Gewirth (1993), 38쪽.
21. Ibid., 38쪽.
22. Ibid., 40–46쪽.
23. Stephen K. White (1982), 283–296쪽 참고.
24. A. Gewirth (1981), 79, 81쪽.
25. Ibid., 91쪽.
26. Ibid., 95쪽.
27. Stephen K. White (1982), 286쪽.
28. A. Gewirth (1981), 54쪽.
29. Stephen K. White (1982), 287–288쪽.
30. 영국 시민사회 사상의 성립에 관해서는 平田淸明 엮음, 장하진 옮김, 『사회사상사』(한울, 1985), 제2장 제4절 참조.
31. 유준수, 『서구의 사고방식과 비판정신』(경문사, 1985), 238쪽.
32. A. Gewirth (1993), 43–46쪽.
33. Ibid., 44쪽.

34. Ibid., 46쪽.
35. Ibid., 40쪽.
36. A. Gewirth (1981), 98쪽.
37. B. Malinowski, *Crime and Custom in Savage Society*(London : Routledge and Kegan Paul, 1926), 19쪽 ; A. Gewirth (1981), 101쪽에서 재인용.
38. Jack Donnelly, *Universal Human Rights in Theory & Practice*(Ithaca and London : Cornell University Press, 2003), 24쪽.
39. A. Gewirth (1993), 36쪽 ; A. Gewirth (1981), 54–57쪽.
40. A. Gewirth (1982), 43–46쪽.
41. 전통적 권리이론으로 '욕구권리설'과 '의지권리설'이 공존해 있는데, 전자는 인간의 욕구에다, 그리고 후자는 행위자의 의지에다 어떤 두드러진 법률적 또는 도덕적 지위를 마련해 주는 것으로 이해되고 있다.
42. A. Gewirth (1982), 45쪽.
43. Jack Donnelly, *The Concept of Human Rights*(London · New York : Croom Helm/St. Martin's Press, 1985), 37–44쪽.
44. Jack Donnelly (1985), 31–43쪽.
45. Jack Donnelly (2003), 15–17쪽.

참/고/문/헌

유준수 저, 『서구의 사고방식과 비판정신』, 경문사, 1985.

平田淸明 엮음, 장하진 옮김, 『사회사상사』, 한울, 1985.

한나 아렌트 저, 이진우 · 박미애 옮김, 『전체주의의 기원』 1. 2, 한길사, 2006.

Donnelly, Jack, *Universal Human Rights in Theory and Practice*, Ithaca and London : Cornell University Press, 2003.

______, *The Concept of Human Rights*, London, New York : Croom Helm/St. Martin's Press, 1985.

Freeman, Michael, *Human Rights*, Cambridge : Polity Press, 2008.

Gert, Bernard, *Common Morality*, Oxford, New York : Oxford University Press, Inc. 2004.

Gewirth, Alan, "Common Morality and The Community of Rights", ed., by Gene Outka and John p. Reeder, Jr., *Prospects For A Common Morality*, Princeton, New Jersey : Princeton University Press, 1993.

______, *Human Right : Essays on Justification and Application*, Chicago and London : The University of Chicago Press, 1982.

______, *Reason and Morality*, Chicago and London : The University of Chicago Press, 1981.

Giddens, Anthony, *The Consequences of Modernity*, Cambridge : Polity Press, 1990.

Held, D. And McGrew, A., "The End of The Older Order? Globalization and The Prospects for World Order", *Review of International Studies*, 24, 1998.

Holm, H.-H and Sorenzen, G., *Whose World Order? Uneven Globalization and the End of the Cold War*, Boulder : Westview Press, 1995.

Ishay, Micheline R., *The History of Human Rights*, Berkeley, Los Angels, London :

University of California Press, 2008.

Nickel, James W., "Human Rights", in *Encyclopedia of Ethics*, ed., by Lawrence C. Becker, New York and London : Garland Publishing, Inc., 1992.

Robertson, Roland, *Globalization : Social Theory and Global Culture*, London : Sage Publications, 2000.

White, Stephen K., "Normative Structure of Action", *The Review of Politics*, Vol 44 (April, 1982), No 1.

8장

하버마스의 '생활세계의 식민화' 테제

1. 머리말

하버마스는 그의 '언어적 전회' 이래 사회이론의 탐구에 있어 '의사소통행위', '의사소통합리성', '이상적 담화상황' 등을 중심으로 하여 생활세계의 복원 또는 부활을 지향하는 노력을 계속하고 있다. 이 같은 노력의 저변에는 체계이론(노동-전략적 행위-체계)과 행위이론(상호 작용-의사소통행위-생활세계)을 후자 중심으로 종합하고자 하는 의도가 전제되어 있다. 이는 근대적 합리화의 진척에 따라 생활세계가 점차 합리화·기술화됨으로써 체계의 분화와 복합화가 증대되고, 드디어는 체계에 의한 생활세계의 병합 및 식민지화가 결과된 것으로 규정한 데서 비롯된 것이다. 이러한 시각에서 볼 때 인간의 삶은 점차 탈언어화·탈규범화하여 매체에 의해 조정되는 체계의 메커니즘에 지배되고 있다. 이와 더불어 인간의 이성과 그 선험적 장소로서 생활세계 또한 과학(진리), 도덕(정당성), 예술(진실성) 등 서로 다른 영역들로 분화 · 파편화되어 있다. 우리는 이 같은 현실을 어떻게 받아들여야 하는가.

이 글은 '생활세계의 식민화' 라는 결론에 이르기까지 하버마스가 수행한 탐구와 분석 및 진단을 검토하는 데 일차적 목적을 둔다. 아울러 어떻게 이러한 사태가 결과된 것인가를 살펴보는 일이 반드시 어떻게 하면 이러한 사태를 지양할 수 있을지를 반성적으로 깨닫게 할 수 있는지를 알아보고자 한다. 달리 말해서 생활세계의 식민화에 대한 실증적 및 분석적 이해가 동시에 그것의 지양을 위한 길을 열어줄 수 있는지를 검토하려는 것이다.

2. 논의의 출발점

하버마스의 문제들은 직접적으로 마르크스와 루카치의 '상품형태' 론 및 '사물화' 이론, 베버의 '합리화' 론, 호르크하이머와 아도르노의 '도구적 이성' 분석 등으로 전개된 주제 맥락에 의거해 있다. 따라서 하버마스가 이들에 관한 논의를 어떻게 비판 · 발전시키고 있는지를 추적해 보면 자연스럽게 그의 탐구주제와 만나게 된다.

1) 마르크스와 루카치의 '사물화' 이론

마르크스의 '상품형태' 개념부터 보면 이것은 헤겔의 '본질과 현상' 에 입각한 사용가치와 교환가치의 구분에 의거한다. 마르크스에 따르면[1] 상호 작용들이 더 이상 규범과 가치를 통해 조정되는 것이 아니라, 교환가치라는 매개를 통해 조정되는 정도만큼 행위자들은 서로에 대하여(그리고 자신에 대해) 대상화의 태도를 취하게 된다. 교환가치라는 매개에 의거하는 거래는 언어를 통하나 이해도달이라는 상호 주관성의 영역을 벗어난다. 마르크스는 규범적인 것과 주관적인 것을 지각할 수 있고 조작할 수 있는 사물상태와 동일시하는 결과를 대상화 또는 객관화로 규정한다.[2] 임금노동자가 자신의 전반적 생존을 위해 시장에 의존하는 만큼 익명적인 물가안정화 과정이 그의 생활세계를 침식하여 사회적 관계를 순전히 도구적 관계로 전환시킴으로써 의사소통적으로 확립된 상호 주관적 인륜성을 파괴한다. '보편적 언어로서의 화폐'[3]가 소통관계를 지배하며 루카치가 말하는[4] '사회조직의 합리화', 즉 '자본주의적 상품교환' 이 인간관계를 대변하게 된다. '계산되고 또 계산될 수 있는 것에 입각한 합리성의 원리' 가 지배적으로 된다.

이 같은 마르크스의 '상품형태' 및 인간의 '사물화' 개념을 계승하여 발전시키고 있는 루카치의 입론을 이해하기 위해서는 우선 그의 '객관성 형식'[5]을 살펴보는 것이 좋겠다. 루카치는 '객관성 형식' 이라는 신칸트학파의 개념을 딜타이의 '실존형식' (Daseinsform) 또는 '사고형식' (Denkform)의 의미로 활용하고 있는데, 이것은 전체적 사회의 발전단계를 특징짓는 것이기도 하다. 사회의 발전은 인간의 존재를 규정해 주는 객관성 형식의 부단한 변형과정이라고 볼 수 있다.

객관성 형식이 인간과 그 환경과의 상호 작용을 매개함으로써 이것이 인간의 내적 삶과 외적 삶의 객관성을 규정해 준다. 자본주의 사회 역시 특정 형식에 의해 규정되는데, 이 특정의 형식은 그 성원들이 범주적으로 대상적 자연, 사람 상호 간의 관계, 그들 자신의 주관적 자연을 해석하는 방식, 즉 그들의 내적 삶과 외적 삶의 객관성을 확립해 준다.

자본주의 사회에서 우세를 떨치고 있는 객관성 형식은 세계관계들, 즉 말하고 행위하는 주체들이 대상세계, 사회세계, 그들 자신의 주관적 세계 내의 사물들과 관계할 수 있는 방법에 편견을 지니게 한다.[6] 이러한 편견은 '사물화'로 특성화할 수 있다. 사회적 상호 관계와 주관적 체험을 사물에, 즉 우리가 지각하고 조작할 수 있는 대상에 동화시키는 것을 말한다. 세 개의 세계들이 일면적으로 조정되어 인간 상호간의 관계와 주관적 체험에 대한 우리의 이해에 범주적 착오가 개입된다. 우리는 그것들을 사물형태로, 즉 대상세계에 속하는 실체들로 파악하는 것이다. 조직적으로 뿌리내리고 있는 이런 류의 오해는 주체의 '사고방식'뿐만 아니라 그들의 '존재방식'에까지 영향을 미친다. 생활세계 자체가 사물화되는 것이다.

이 같은 기형화의 원인은 임금노동에 근거하며, 또한 "인간의 기능을 상품으로 전환시키는"[7] 생산양식에 있다. 합리화와 사물화는 동일과정의 두 측면이다. '상품형태'는 보편적 성격을 띠며, 순수히 그리고 단순하게 자본주의 사회의 '객관성 형식'으로 된다.

루카치는 마르크스와 베버를 결합시켜 사회적 노동영역과 생활세계 맥락을 동시에 '사물화'와 '합리화'라는 두 측면으로 분리시키는 성과를 이루었다. 행위주체가 교환가치 지향으로 전환함으로써 그들의 생활세계는 대상세계 체제로 한정된다. 그들은 자신과 타인에 대하여 성공지향 행위적 대상화 태도를 취하며, 그렇게 함으로써 자신들은 다른 행위자에 의해 '취급당하는' 대상으로 만든다. 사물화는 "생산자들이 사회라는 맥락 안에서 독립적이며 사적인 인간으로 존립하기 위한 조건"[8]이다. 인간은 교환관계를 통해 사회화된다.

루카치는 노동자들이 그들의 상호 관계를 규범과 가치가 아니라 교환가치라는 탈언어화된 매체에 의거하여 추진할 때 빚어지는 생활세계 맥락의 사물화를 그들의 행위지향의 합리화가 지닌 다른 측면으로 인식한다. 자본주의 사회의 합리화 유형의 특성은 인지적·도구적 합리성 복합체가 실천적 합리성을 희생하고 확립된다는 사실이다. 즉 의사소통 관계가 사물화된다는 것이다.[9)]

마르크스와 루카치에 있어서 사물화 이론은 계급의식론으로 보강된다. 그러나 복지사회국가라는 수단에 의해 계급대립이 화해되고 계급구조가 점차 완화됨을 따라 계급의식론은 그 경험적 관련성을 상실한다. 그것은 엄격히 계급규정적 생활세계라고 볼 수 없는 사회에서는 더 이상 적용시킬 수 없다. 이러한 사정 하에서 호르크하이머와 그의 동료들은 계급의식론을 '대중문화론'[10)]으로 대체하였던 것이고, 하버마스는 이에서 한 걸음 더 나아가 새로운 '근대적 이해양식'[11)]을 말한다. 루카치의 '객관성 형식'이 하버마스에서는 '이해양식'으로 수용되고 있다.

2) 베버의 지양

잘 알려져 있는 바와 같이 베버는 '합리화' 이론[12)]을 통하여 근대적 의식구조는 세계관의 합리화라는 보편사적 과정으로부터, 달리 말해 종교적·형이상학적 세계관의 각성으로부터 이루어진 것이라고 평가한다. 그는 "서구문화가 지닌 특수하고 독자적인 합리주의"[13)]에 대한 설명요소로 근대의 자연과학, 대학이라는 시설 안에서 이루어진 과학적 활동의 체계적이며 조직적인 전문화, 과학적인 법학, 법의 제도화, 근대적 국가행정, 민법 및 이익지향적 자본주의 기업 하에서 이루어진 이해타산적 상업, 자본주의 경제윤리 등을 지적한다. 그리고 근대화적 합리화는 목적합리성 위주로 진행되어 결과적으로 '합리화의 역설', 즉 근대에 대한 베버의 진단을 지배하는 두 가지 개념인 '자유의 상실'과 '의미의 상실'을 결과하였다는 것이다.[14)]

하버마스는 베버의 합리화론에서 우선 두 가지 문제점을 지적한다. 첫째는 그가 행위체계의 합리화를 오로지 목적합리성의 측면에서만 연구하였다는 것이고, 다른 하나는 그가 자본주의적 근대화 유형과 사회구조적 합리화를 대체로 동일시한다는 점이다. 따라서 우리가 행위이론이라는 수단만으로는 파악할 수 없는 계급구조의 병리적 부작용을 설명하기 위해서는 행위지향으로부터 목적합리적 행위의 하위체계들에로 초점을 옮겨야 한다고 하버마스는 지적한다.[15)] 마찬가지로 베버가 요청하고 있는 관료주의화와 자유의 상실 간의 연결은 가치합리성이 목적합리성으로 대체된 것에만 의거하는 것이 아니라 체계와 생활세계의 분리, 그리고 체계에 의한 생활세계의 병합이 그것의 식민지화로 전환되는 과정에도 의거하는데,[16)] 이 같은 일은 핵가족을 중심으로 하는 사적 영역과 소비와 그 구성원의 사회화에 기여하는 공적 영역, 그리고 국가에로 대중의 충성을 전달하는 문화적 매체 체계의 분화를 통해 일어나는 것임을 밝힌다.

하버마스는 베버의 합리화 이론 및 의미의 상실, 자유의 상실 등에 대한 비판적 재구성을 통하여 다음의 명제들을 제시한다.

"(p) 자본주의 사회로부터 시작되는 근대사회들의 출현은 후인습적 도덕과 법률의 표출을 제도적으로 구현하고 동기부여적으로 정돈시키게 되었다.

(q) 자본주의적 근대화의 유형은 인지적 도구적 합리성이 경제와 국가의 한계를 넘어 다른 영역들, 즉 의사소통에 의해 구조화되는 생활

영역들에로 파동쳐 들어가 거기서 도덕 · 실천적 합리성과 미학적 · 실천적 합리성을 희생시키고서 지배권을 장악한다.

(r) 이것이 생활세계의 상징 재생산에 혼란을 야기한다."[17)]

"(p)와 (q)를 결합시켜 목적합리적인 경제적 및 행정적 행위의 제도화가 화폐와 권력이라는 매체를 생활세계에 정돈시키는 것이라고 해석할 수 있다. 명제 (q)는 화폐와 권력이라는 매체에 의해 분리된 행위체계들이 전통적인 계급사회에서의 통합수준보다 한결 높은 수준의 통합을 가능케 하며, 그것들은 전통사회들을 경제적으로 구성되는 계급사회들로 재구성되도록 한다는 사실들을 말해준다. (q)와 (r)은 다음과 같은 가정에 의해 연결될 수 있다. 즉 발전된 자본주의 사회들에 있어서 체계통합의 메커니즘이 사회통합의 조건 하에서만 그 기능을 충족시킬 수 있는 그러한 행위영역들에 침입한다."[18)]

여기서 우리는 다음의 사실을 지적할 수 있다. 하나는 베버의 근대사회 출현에 대한 설명은 명제 (p)에 초점을 두며, 그의 시대진단은 (r)에서 주장되는 병리적 부작용을 가리키지만 그는 명제 (q)에는 주목하지 않는다는 점이다. 다음으로는 이로부터 근대화 과정의 분석에 대한 총체적 과정을 도출하는 일에 관한 것이다. 즉 점진적으로 합리화되는 생활세계가 경제와 국가관리처럼 점차 복합적으로 되며, 또한 형식적으로 조작되기도 하는 행위영역으로부터 분리되기도 하고 그것에 의존하기도 한다. 의존의 경우, 즉 체계의 명령에 의한 생활세계의 '합병'에서 결과되는 의존은 물질적 재생산에 있어서 결정적인 불균형—체계론적 분석에서 말하는 체계위기—이 오로지 생활세계의 상징 재생산에 있어서 혼란을 치르고서야, 달리 말해서 주관적으로 체험되는 정체성을 위협하는 위기 또는 병리라는 값을 치르고서야 모면할 수 있는 것일 때 그 의존은 내적 식민화 또는 사회병리적 형태를 취하게 된다는 것이 그것이다.

“일상적 의사소통 실천이 일면적으로 조직되거나 또는 사물화되는 것은 매체조정적 하위체계가 생활세계로부터 분리되고, 또한 그것의 조직형태가 생활세계의 것과는 달라지기 때문이 아니라 경제적 및 행정적 합리성 양식들이 … 화폐와 권력매체로 전환되기를 거부하는 그러한 행위영역들 안으로 침투해 들어가기 때문이다.”[19]

베버에 관한 하버마스의 비판적 이해와 재구성은 결국 “무엇이 생활세계의 식민화를 결과하는가”라는 주제로 귀결된다.

3) 호르크하이머와 아도르노의 한계

하버마스는 호르크하이머와 아도르노의 중심논의[20]들을 다음과 같이 독해한다.[21] 우선 그들의 ‘도구적 이성’ 개념은 인식하고 행위하는 주체의 합리성이 조직적으로 보다 고차적 질서의 목적합리성으로 확대됨을 시사한다. 따라서 자기 규제적인 체계의 합리성은 체계구성원들의 의식은 간과한 채 전반적인 목적합리성의 모습을 띠게 된다. 그들은 체계합리성과 목적합리성을 혼동함으로써 그들에 앞선 베버가 그러했던 것처럼 구조적으로 분화되어 있는 생활세계 테두리 내에서의 행위지향의 합리화(행위합리성)와 분화되어 있는 체계들의 조정역량의 확대(체계합리성)를 적절하게 분리시킬 수 없었다.

또한 호르크하이머와 아도르노는 형식적으로 조직된 행위영역이 발달할 수 있기 위해서는 그에 앞서 세계관의 합리화로부터 생활세계의 소통합리성이 발달해야 한다는 사실을 인정하지 못하였다. 자동적인 체계의 내재적 역동성에 의한 생활세계의 식민화에 저항할 수 있는 내적 논리를 부여해 주는 것은 이 소통합리성뿐이라는 것을 인식하지 못한 것이다.

더욱이 그들은 베버가 수행했던 세계관의 합리화에 관한 연구 또는 문화적 근대성이 지닌 독립적 논리에 관한 연구를 신중하게 고려하지 않았을 뿐만 아니라, 그들은 다음의 두 방향에 있어서도 무비판적이었다.[22] 먼저, 마르크스에 대해 그들은 가치론의 기본전제들을 자신들의 암묵적인 정통성 주장의 중추로 고수함으로써 복지사회국가라는 수단을 통하여 계급갈등이 지양된 바탕 위에 입각해 있는 발전된 자본주의 현실을 보지 못하였다. 다음으로, 베버에 대해 그들은 목적합리성 모델에 고착되어 도구적 이성에 대한 비판을 기능주의적 이성에 대한 비판으로 확대시키지 않았다.

지금까지 우리는 하버마스의 주제 접근이 의거하고 있는 논의맥락을 간략히 검토하였다. 그 과정에서 마르크스와 루카치, 베버, 호르크하이머와 아도르노의 문제의식이 근대적 합리화에 자극된 것이며, 하버마스는 이를 '생활세계의 합리화', '합리화의 역설', '체계의 강화' 등을 열쇠 개념으로 삼아 발전적으로 흡수하고 있음을 확인할 수 있었다. "합리화 과정이 진전됨에 따라 목적합리적 행위의 하위체계들은 점점 더 윤리적 기반에 입각한 그 성원들의 동기로부터 독립되고, 따라서 도덕 · 실천적 합리성과 관련되어 있는 어떤 내재적 행동 조절을 점진적으로 피상화시킨다"[23]는 진단이다. 그리고 그는 비판이론 이전의 탐구방법들은 생활세계와 체계를 분리시키지 못했기 때문에 근대성의 병리를 정확하게 포착할 수 없었다고 평가한다.[24] 그렇다면 그에게 있어 생활세계와 체계의 분리는 어떻게 해명되고 있는가.

3. 생활세계와 체계의 분화

하버마스의 접근법인 '발달심리학의 발생적 구조주의'는 미드와 뒤르껭을 거쳐 베버의 합리화 이론을 새롭게 읽는 데로 나아가, "생활세계의 합리화에 의해 강화된 체계의 메커니즘이 생활세계의 의사소통 구조를 일변시키고 또한 거기에다 과중한 부담을 지우게 된 '역설적 상황'을 포착하고자 한다."[25] 이를 위해서는 '문화적 근대성이 지닌 의사소통적 합리성'과 자기 유지적인 경제 및 행정의 행위체계들이 지닌 기능주의적 합리성을 구별하는 일이 중요하다. 근대성이 지닌 이들 두 가지 특징적 측면, 즉 '생활세계의 합리화'와 '사회체계의 복합성 증대'를 혼융시킴으로써 탈근대성을 주제로 삼는 논의들에 있어 많은 혼란이 조성되고 있음도[26] 유념해야 할 사항이다.

1) 생활세계의 합리화와 기술화

체계의 분화와 복합화는 생활세계의 합리화 및 기술화에서 빚어지는 것이기 때문에 먼저 생활세계의 합리화를 추적해 볼 필요가 있다. 생활세계의 합리화 이념은 "생활세계의 구조적 구성요소들과 그것들을 유지하는 데 기여하는 과정들이 분화되면 될수록 상호 작용 맥락이 더욱 더 합리적으로 동기부여된 상호 이해의 통제 하에, 즉 결과적으로 보다 나은 논증의 권위에 의존하는 합의형성의 통제 하에 들어간다"[27]는 것이다. 보다 구체적으로 말해 생활세계의 합리화란 합리화 과정이 문화전통들은 계속하여 비판 · 갱신되고, 정치형태들은 정당화의 형식적 절차에 의존하며, 퍼스낼리티가 점차 자동화되는 그러한 가설적 최종상태를 향해 구조적으로 분화된다는 것을 뜻한다. 그리고 그러한 합리화 과정에서 전통과 사회화 과정의 제도 및 내용과의 관계는 점차 반성적 · 비판적으로 된다.

"생활세계는 그것이 규범적으로 '귀속되는' 합의에 의해 인도되는 것이 아니라 직접적으로나 간접적으로나 의사소통적으로 '성취되는' 이해에 의거하는 상호 작용을 허용하는 정도만큼 합리화되는 것이라고 말할 수 있다."[28]

생활세계가 합리화됨으로써 윤리적으로 중립화된 행위영역들이 형식적 과정에 의거하여 자체의 규범을 제정하고 정당화하는 일이 가능해진다. 생활세계의 합리화는 언어독립적 조정매체의 강화, 사회관계의 법제화, 형식적으로 조직된 행위영역의 분화를 가능케 하였다. 18세기 이래[29] 부르주아의 사법질서 내에 화폐매체가 합법적으로 제도화함으로써 자본주의 경제가 매체에 의해 조정되는 하위체계로 확립되었다. 더불어 사회관계의 법제화가 진척됨에 따라 형식적으로 조직된 행위영역들이 생활세계의 맥락으로부터 분리되고, 사회적 행위가 규범맥락으로부터 광범하게 이완되어 구체적인 윤리적 생활이 도덕과 법률로 분화되었다. "화폐와 권력이라는 매체가 언어를 대신함으로써 목적합리적 행위의 하위체계들이 분화"[30]하고, 법제화의 증대와 더불어 사람들은 자신의 정체성을 위협받음이 없이 도덕적으로 규정된 상호 이해지향 행위로부터 법률적으로 조직된 행위영역으로 이행할 수 있었다.

여기서 문제가 수반된다. "생활세계의 합리화가 하위체계들의 출현과 성장을 가능케 하며, 하위체계들의 독립적 요구가 생활세계 자체에 대해 파괴적으로 되돌아온다."[31] 더욱이 분화된 사회체계 안에서 생활세계가 하위체계로 위축되어 그것이 점차 '지역화' 하기에 이른다.

행위조정이 언어로부터 화폐 및 권력과 같은 조정매체로 이행한다는 것은 이해지향의 상호 작용이 생활세계 맥락으로부터 분리됨을 의미한다.[32] 화폐나 권력 같은 매체는 경험적 연관을 동반한다. 그것들은 계량적 가치에 대해 목적합리적 태도를 취하게 하고, 다른 참여자들의 의사결정에 대해 일반화된, 전략적 영향을 발휘케 하는 한편 합의지향적 의사소통 과정을 '무시한다.' 그것들이 단순히 언어적 소통을 간소화시키는 것이 아니라 보상과 처벌이라는 상징적 일반화로써 그것을 '대체' 하는 한, 상호 이해과정이 뿌리박고 있는 생활세계 맥락은 매체조정적 상호 작용으로 인하여 그 가치가 약화된다. 생활세계는 더 이상 행위조정을 필요로 하지 않게 되는 것이다.

화폐나 권력과 같은 매체를 통해 이루어지는 사회조직의 하위체계들의 분화는 생활세계를 떠나 독립적일 수 있으며, 그렇게 되면 생활세계는 체계의 환경으로 밀려나게 된다. 따라서 조정매체로 행위가 이행하는 것은 생활세계의 관점에서 볼 때 소통의 비용과 위험을 줄이고 의사결정에 개입될 수 있는 우연성을 대폭적으로 배제하는 것으로, 따라서 이러한 의미에 있어서 '생활세계의 기술화' 로 나타난다. 뿐만 아니라 매체의존성으로 말미암아 언어를 통한 합의형성이 보다 약화되면 될수록 매체조정적 상호 작용의 네트워크는 더욱 더 복합화한다.[33] 언어를 대체한 두 개의 메커니즘은 별도의 다양한 소통유형들을 증진시키게 되는 것이다.

2) 체계와 생활세계

그렇다면 체계와 생활세계는 어떻게 개념화할 수 있는가. 우리가 알고 있는 것처럼 마르크스 역시 생활세계에 대한 체계의 파괴적 영향, 즉 상부구조에 대한 토대의 파괴적 영향을 강조했다. 그렇다면 수월하게 마르크스의 입장, 즉 가치론의 관점에서 생활세계와 체계의 문제에 접근해 볼 수 없는 것일까. 이에 관한 검토는 하버마스의 입론을 구체화시키는 데 도움이 될 것이다. 그는 마르크스의 논지를 아래와 같은 세 가지 이유로 거부하고 자신의 독자적 통찰을 개진한다.[34]

(1) 마르크스는 '체계'와 '생활세계'라는 두 가지 분석차원을 언급하였지만 그의 경제적 기본개념 속에는 이들의 구분이 실제로 전제되어 있지 않다. 마르크스는 체계와 생활세계를 결합시켜 주거나 아니면 오히려 공산주의적 인륜성을 지닌 생활세계에서 체계과정을 지양하게 될 그러한 총체성에 대한 유토피아적 이념을 견지한다. 따라서 그는 시장경제와 근대국가 같은 분화된 하위체계가 갖는 적극적 가치를 파악하지 못한다.

마르크스의 오류는 체계와 생활세계를 변증법으로 결합시켜 근대시기에 이루어진 '체계분화의 차원'과 체계분화가 '제도화'되어 있는 '계급규정적 형태' 간을 분명하게 분리시킬 수 없도록 한 데서 연유한다. 그는 헤겔주의적인 총체적 사유의 유혹에 압도되어 체계와 생활세계의 변증법적 '가짜 통합'을 지향했던 것이다.

(2) 마르크스는 전통적 생활양식의 파괴와 탈전통적 생활세계의 사물화를 구별해 줄 수 있는 기준을 갖고 있지 않다. 이를 위한 그의

'소외' 개념은 충분히 고려된 적합한 개념이라고 볼 수 없다. 마르크스는 '소외' 개념을 임금노동자의 존재방식에 적용한다. 『경제 · 철학초고』에서 소외 개념은 아직 창조적 생산력에 대한 표현주의적 모델을 견지하고 있는데, 이를테면 예술가는 자신이 자기 작품을 형상화하는 데로 자신의 본질적인 힘을 전개시킨다는 것이 그러하다. 이것이 소외된 노동을 비판하기 위한 기준을 마련해 주고 있는 것이다. 그러나 마르크스가 가치론으로 이행해 감으로써 헤르더와 낭만주의로부터 이어받은 그 같은 '자기 형성의 이념' 에서 벗어난다. 구체노동의 추상노동으로의 전환이라는 생각과 더불어 소외 개념은 그 규정력을 잃어버리는 것이다. 그것은 이제 '자신의 본질적인 힘의 표현' 으로부터의 일탈을 가리키는 것이 아니라 그 자체 목적인 삶을 도구화하는 것을 가리킨다.

또한 가치론은 생활세계에서 이뤄진 합리화의 정도에 상대해서 드러나는 소외의 증후들을 확인할 수 있도록 해줄 기반을, 즉 사물화 개념을 위한 기반을 제공해 주지 못한다. 극단적으로 합리화된 생활세계에서 사물화는 오로지 의사소통적 사회조직화의 조건에 의거하여 측정할 수 있는 것이지 전근대적 생활양식에 대해 향수를 느끼게 되는, 흔히 낭만화되곤 하는 과거를 배경으로 하여 측정할 수 있는 것은 아니기 때문이다.

(3) 마르크스는 생활세계를 체계에 포섭시키는 특수한 경우를 지나치게 일반화시킨다. 사물화는 설령 그것이 상품 및 임금관계로부터 기인된다고 하더라도 사회적 노동영역에 한정되는 것이 아니다. 화폐에 의해 조정되는 경제는 권력이라는 매체에 의해 분화된 행정체계에 의해 기능상으로 보충되고 있기 때문에 형식적으로 조직화되어 있는 행위영역들은 화폐와 권력이라는 두 개의 매체를 통해 삶의 의사소통 맥락을 흡수할 수 있다. 따라서 사물화 과정은 공적 영역에서와 마찬가

지로 사적 영역에서도 나타날 수 있는 것이다. 사적 영역에서는 소비자로서의 역할에도, 그리고 직업역할에서도 수반될 수 있다. 마르크스를 미혹시킨 것은 베버에 있어서와 마찬가지로 창조적 실천이라는 의미의 목적합리적 행위 모델이었다.

마르크스는 구체노동의 추상노동으로의 전환이 '체계' 면에서 유발된 사회적 관계 일반의 사물화의 특수한 한 경우임을 인식할 수 없었다. 이는 그가 합목적적 행위자 모델에서 출발하고 있기 때문이다. 따라서 마르크스주의는 자본주의에 대해 만족스러운 설명을 할 수 없었다. 보다 적합한 방법은 토대와 상부구조의 틀보다 더욱 정교한 체계와 생활양식 모델을 발전시키는 것이다. 그러면 그것은 경제에 대한 국가의 간섭, 대중민주주의, 복지사회국가 등과도 관계할 수 있게 될 것이다. 이러한 이해의 바탕 위에서 하버마스는 행위이론 내의 패러다임 변화를 확인하면서 행위이론과 체계이론 간의 관계를 문제삼는다.

"체계분화의 단계들과 사회통합 형태들 간의 그러한 관계를 분석함에 있어서 우리는 참여자들의 행위지향을 조화시키는 조정 메커니즘과 기능적으로 행위결과들을 편합시킴으로써 비의도적인 행위들의 상호 연결을 공고화시키는 메커니즘을 구분해야 한다. 전자의 경우 행위체계의 통합은 규범적으로 보장되는, 또는 의사소통적으로 성취되는 합의에 의해 이루어지며, 후자의 경우는 개인적 의사결정에 대한 비규범적 규제에 의해 이루어지는데, 이것은 행위자의 의식을 넘어선다. 행위지향에 영향을 미치는 사회의 사회적 통합과 행위지향에 의거하면서도 그것을 넘어서까지 관철되는 체계통합과의 구분은 사회 개념 자체에 있어 그에 상응하는 분화를 요구한다."[35] "우리는 사회를 동시에 체계와 생활세계로 인식한다."[36]

사회적 행위는 시장제도와 같은 외재적 · 탈규범적 체계들에 의해서도 조정된다. 그러므로 우리는 사회통합과 체계통합을 분리하여 두 관점을 유지해야 한다. 사회의 통합을 오로지 사회통합으로만 이해하는 것은 자신의 관점을 일면적으로 제한시키는 것이며, 반면에 사회를 오로지 자기 규제적 체계로만 보는 것은 그 자체가 체계유지를 위해 결정적인, 생활세계의 구조들에 접근하는 길을 단절시키기 때문이다. 사회들이란 '체계적으로 공고화' 되고 '사회적으로 통합' 되는 집단들의 행위복합체이며, 사회적 진화는 사회의 조정역량의 증대와 동시에 문화 · 사회 · 인격의 분화와도 관련된다.[37]

그렇다면 생활세계의 구체적인 모습과 기능은 어떤 것인가. 생활세계는 상호 작용 하의 타당성 맥락으로 나타나며, 의식에 의해서가 아니라 문화적으로 전승되고 언어상으로 조직화된 해석 패턴의 저장소로 인식된다.[38] 그것은 인간이 객관적 세계, 주관적 세계, 규범적 세계 속에 있는 항목들과 관계하는 '지평' 이다. "생활세계는 화자와 청자가 만나는, 그들이 자신들의 발화를 통해 세계(객관적 · 사회적 · 주관적 세계)에 합당한 것을 주장할 수 있는, 또한 그들이 그러한 타당성 주장들을 비판하고 확정하여 불일치를 해결함으로써 일치를 이룰 수 있는 선험적 장소이다."[39]

인간이란 스스로 책임져야 하는 행위수행자이면서 동시에 그가 입각해 있는 전통, 그가 속해 있는 연대집단, 그것에 노정되어 있는 사회화와 학습과정 등의 결과이다. 따라서 문화론적 시각에서 보면 생활세계는 문화적으로 전승된 배경으로서의 앎이며, 참여자의 관점에서 보자면 그것은 이해도달 과정을 형성시키는 지평으로 나타난다.[40]

배경으로서의 생활세계는 그 구성원들 자신에 있어서는 대체로 주제화되지 않지만 이론가들은 생활세계의 자원을 세 가지 광범한 구성요소들로 분화시킬 수 있다. 타당시되는 확신과 이념의 보고(문화), 집단의 결속 또는 연대를 보장해 주는 규범, 충성, 제도 등등 (사회)구성원들에게 내면화되어 있는 능력과 역량(인격) 등이 그것이다. 따라서 생명력 있는 생활세계는 이념들의 문화적 전승을 통해서, 사회적 통합의 형식들을 통해서, 그리고 구성원들의 사회화를 통해서 재생산된다.[41)]

"상호 이해라는 기능의 측면에서는 의사소통행위가 문화적 인식을 전승하고 갱신시킨다. 행위조정의 측면에서는 그것이 사회통합과 연대의 확립에 기여한다. 끝으로 사회화의 측면에서는 의사소통행위가 개인의 정체성 형성에 기여한다. 생활세계의 상징구조들은 타당한 지식의 지속, 집단유대의 공고화, 책임 있는 행위자들의 사회화를 통해 재생산된다. 재생산과정은 생활세계의 현존조건과 새로운 상황과를 연계시키는데, 이는 (문화전통의) 의미 또는 내용의 의미론적 차원(사회적으로 통합되는 집단들의), 사회적 공간의 차원, 그리고 (연속적인 세대들의) 역사적 시간 안에서 이루어진다. 이 같은 문화적 재생산, 사회적 통합, 사회화 등의 제 과정에 상응하는 문화, 사회, 인격이 생활세계의 구조적 요소들이다."[42)]

이어서 하버마스는 기능적 체계와 의사소통적 생활세계를 분리시키는 데로 나아간다. 체계와 생활세계를 분리함으로써 ① 사회의 진화, ② 법과 도덕이라는 형식이 생활세계라는 내용으로부터 분리되는 것, ③ 생활세계의 구조적 분화에 상응하는 다양한 재생산 과정을 분석할 수 있기 때문이다.[43)]

우리는 여기서 우선적으로 생활세계와 체계의 구획을 명확히 해둘 필요가 있다. 이들의 영역 확인은 양자의 대비적 이해를 도울 수 있을 것이기 때문이다. 생활세계를 문화와 사회와 인격으로 분화시킬 때 그 '사회'는 다시 경제적 관계(화폐), 사회적 관계(시민사회), 정치적 관계(권력)로 구분할 수 있다. 이 때 사회에서 정치와 사회가 분리되고 남은 부분이 '시민사회' 이다. 그렇게 되면 문화와 시민사회와 인격을 포괄하는 세계가 '생활세계' 이며, 이전의 사회에서 떨어져 나간 경제관계와 정치관계가 '체계'를 이룬다.[44)]

하버마스에 따르면,[45)] 체계와 생활세계 간의 광범한 분리는 유럽 봉건제의 성층화된 계급사회로부터 근대 초의 경제적 계급사회들에로 이행하기 위한 필요조건이었다. 그뿐만 아니라 자본주의적 근대화 유형은 기형화로, 즉 화폐와 권력에 의거해 분화되고 또 자족적으로 된 하위체계들의 요구에 따라 생활세계의 상징구조가 사물화되는 현실로 나타났다. 이를 보다 구체화시켜 보자.

화폐와 권력이라는 매체를 통하여 경제와 국가라는 하위체계들이 생활세계 지평 내에 구축되어 있는 제도복합체로부터 분화된다. '형식적으로 조직된 행위영역들' 이 출현하여 생활세계의 맥락으로부터 벗어남으로써 이들은 더 이상 상호 이해의 메커니즘에 의거하지 않는다. 이들 새로운 조직체들과 더불어 체계 중심의 관점이 생겨나는데, 이 관점에서 보면 생활세계는 멀리 비껴나가 체계환경의 한 요소로 인식된다. 조직체들은 생활세계의 상징구조들로부터 분리되어 중립화됨으로써 자율성을 지니게 된다. 달리 표현하면 조정매체(화폐, 권력)에 의거하여 형식적으로 조직되는 행위영역(기능적 체계영역)이 생활세계로부터 분리되는 것을 의미한다.

"구성원들은 형식적으로 조직화되어 있는 행위체계들을 배경삼아 행동하며 … 교환과정 및 권력과정을 통해 조정된다. 이들 매체에 의해 조정되는 행위체계들 안에서 사회는 제2의 자연으로 응결된다. 행위자들은 언제나 상호 이해 지평으로부터 고개를 돌려 전략적 태도를 취할 수 있고, 또한 규범적 맥락을 객관적 세계 내에 존재하는 어떤 것으로 대상화시킬 수도 있다. 그러나 경제영역과 관료주의적 영역이 출현한 현대사회들에 있어서는 사회적 관계들이 오로지 화폐와 권력을 통해서 규제된다."[46]

이 같은 체계분화는 앞에서도 지적한 바와 같이 교환관계 및 권력관계와 더불어 이루어진 것이다. 따라서 자본주의 사회들에서는 아무리 중상주의적이거나 아니면 국가간섭주의적이라 하더라도 경제체계는 그 자체의 원리에 따라 작용하며 행정체계 또한 분화되어 직접적인 국가 통제로부터 비교적 독립적으로 된다. 생활세계의 합리화에서 진전된 생활세계의 기술화 및 체계의 분화와 복합화는 점차 체계에 의한 생활세계의 합병과 식민화로 이어진다.

3) 생활세계의 합병

하위체계들의 강화와 매체 조정 메커니즘들의 확대는 체계에 의한 생활세계의 합병을 결과하고, 그것의 진행은 드디어 생활세계의 식민화를 초래한다. 그러므로 우리는 여기서 생활세계의 합병이 그것의 식민화로 전환되는 입구를 최소한 분석적으로 확인하기 위해 근대사회들에 있어 체계와 생활세계간의 교환관계를 보다 뚜렷하게 드러낼 필요가 있다. 이를 위하여 우리는 하버마스가 베버를 비판적으로 지양 · 재구성해 가는 과정을 추적해 보는 것이 좋겠다.[47]

(1) 행위조정적 상호 이해와 조정매체와의 관계부터 보자. 경제와 국가라는 하위체계들의 관점에서 보면 생활세계와 하위체계들과의 상호 작용은 평행으로 연결된 상호 교환관계의 형태를 취한다. 경제체계는 노동과 임금을 교환하고, 또한 소비자의 요구와 상품 및 서비스를

교환한다. 행정은 조세와 조직상의 기능수행을 교환하고, 또한 대중의 충성과 정치적 의사결정을 교환한다. 생활세계의 관점에서 보면 이들 상호 교환관계를 중심으로 다양한 사회적 역할이 구체화된다. 한편으로는 고용인과 소비자의 역할이, 다른 한편으로는 국가의 피보호자와 시민의 역할이 이루어진다.

여기서의 문제는 생활세계 전반을 체계의 방편인 조정매체가 주도해 가려는 경향이 증대하는 데 있다. 그러나 밝혀진 바와 같이 오로지 경제의 기능과 정치의 기능을 충족시켜 주는 행위영역들만이 조정매체로 전환될 수 있다. 조정매체는 문화 재생산, 사회통합, 사회화의 영역에서는 작동하지 못하는 것이다. 달리 표현하자면 조정매체들은 문화 재생산, 사회통합, 사회화의 기능에 있어서 행위조정적 상호 이해의 메커니즘을 대체할 수 없는 것이다. 생활세계의 물질적 재생산과는 달리 생활세계의 상징 재생산은 그것이 체계통합의 기반으로 전환되면 병리적 부작용을 수반하게 된다.

(2) 사적 영역에서는 생활양식이 일면화되고 또 공적 영역에서는 정당화 문제가 발생하게 됨을 살펴야 한다. 베버의 분석에 따르면, 프로테스탄트의 소명윤리가 사적 생활 영위에 영향을 미치지 않게 되자 부르주아층의 생활을 이끌어 간 조직적 · 합리적 방법이 '정신이 없는 전문인' 이라는 공리주의적 생활방식과 '심정이 없는 향락인' 이라는 심미적 · 쾌락주의적 생활방식으로 대체되었다.[48] 이들 두 생활방식은 전혀 다른 퍼스낼리티 유형으로 대변되는데, 동일한 사람이 두 방식을 겸유할 수도 있다. 그러할 경우 인격의 분화와 더불어 개인들은 자신의 삶에다 일정수준의 정합적인 방향을 부여할 수 있는 능력을 상실하게 된다.

조직적 · 합리적 생활 영위가 약화되는 만큼 목적합리적 행위지향이 지배적으로 된다. 전문인들의 생활 영위는 그들 자신과 타인에 대한 인지적 · 도구적 태도에 의해 지배된다. 반면에 향락인들의 생활방식은 표면적 태도에 의해 빚어지고 또한 지배된다. 베버는 여기서 사적 영역의 적응력(전문인)도 오로지 표현을 위주로 하는 생활방식(향락인)도 전통적 토대를 지닌 생활세계의 상호 주관적 통일을, 주체적으로 이룩되고 또한 도덕적 중심을 지니며 확신에 바탕한 통일적 사생활 영위로 지속시키기 위해 필요한 내재적 역량을 마련해 주지 못한다고 보는 것이다.

사생활에 있어서의 적응력 문제와 더불어 공적 영역에서는 정당화의 문제가 야기된다. 베버의 견해에 따르면, 모든 관료적 · 법률적 지배는 언제나 객관적으로는 불가피하지만 주관적으로는 견디기 어려운 정당성 상실을 초래한다.[49] 현대국가가 독점하고 있는 권력의 정당성은 그 의사결정의 적법성, 즉 합법적으로 정립된 절차인지를 규정해 줄 수 있는 사람들의 권력에 의존한다. 뿐만 아니라 형식주의에 의거하는 법치는 "정치적 추론으로부터 윤리를 완전 배제"[50]시키는 상황을 낳고, "사회정의를 외치는 혜택받지 못하는 그런 계급들의 정서적 요구"[51]를 거스르게 된다.

그러나 베버가 전문인과 향락인 간의 양극화 및 공적 영역의 정당화 문제를 그들 자체의 내재논리를 지닌 가치영역들 간의 대립결과로만 보는 한 그것을 충분한 설명이라고 보기는 어렵다. 일면적 생활양식(전문인 · 향락인)과 피상적인 정당화가 빚어지는 것은 문화적 가치영역들의 조화불가능성 때문이 아니라 사적 및 공적 영역에 있어서 일상적 실천이 화폐화 · 관료화되기 때문이다. 달리 말해서 베버가 지적한 문제들은 사적 생활영역과 정치적 · 공적 생활영역으로부터 도덕 · 실천적 요소들을 배제시키는, 체계의 명령에 의한 생활세계의 식민화 현상으로 보아야 한다는 것이다.

(3) 다음으로 문화적 합리화에 따른 사물화와 문화적 빈곤화에 주목해 보자. 베버는 문화적 근대성을 종교적 · 형이상학적 세계관으로 표현된 실체적 이성이 오로지 논증에 의한 정당화의 형식을 통해서만 결합할 수 있는 그러한 계기들로 분해된다는 사실로 특성화한다. 전통적 문제들이 진리, 규범적 정당성, 진실성 또는 아름다움이라는 특정한 관점들로 분화되고, 또한 그것들이 각기 인식의 문제, 정의의 문제, 취향의 문제로 취급됨으로써 과학, 도덕, 예술의 가치영역들로 분화된다. 그에 상응하는 문화적 행위체계에서는 과학적 논의, 도덕과 법이론 연구, 예술의 생산과 비평이 모두 전문가들의 소관사항으로 제도화된다.

이 같은 전문화의 결과 전문가 문화와 광범한 공공의 문화는 점차 거리가 멀어진다. 전문적 작업과 반성에 의해 문화에 수반되는 것들은 자연스럽게 일상의 실천으로 살려지지 않는다. 문화적 합리화는 오히려 생활세계가 점차 빈곤화되는 위험을 초래한다. 생활세계의 중추를 이루는 상호 이해지향의 과정은 문화전통 전반을 필요로 하는데, 그것을 가능케 해줄 의사소통의 하부구조가 문화의 합리화로 인해서 두 개의 상호 연동적이며 또한 서로를 강화시켜 주는, '체계상으로 유발된 사물화와 문화적 빈곤화' 에 의해 위협받게 된다. 이를테면 생활세계가 법제화되고 또한 그것이 형식적으로 조직된 행위영역으로 동화되며, 동시에 문화전통이 생활세계로 유입되는 길이 차단되기 때문이다.

그러한 일상적 실천의 기형화 속에서 경직화의 증후들(사물화)이 황폐화의 증후들(문화적 빈곤)과 결합한다. 경직화의 증후, 즉 일상적 의사소통의 일면적 합리화는 매체에 의해 조정되는 하위체계들의 자율성이 증대되기 때문인데, 그 하위체계들은 생활세계의 지평을 너머 탈규범적 현실로 객체화될 뿐만 아니라 오히려 그것들의 요구가 거꾸로 생활세계의 중심영역으로 침투한다. 황폐화, 즉 생생한 전통의 고갈은 과학,

도덕, 예술이 분화되는 것에서 기인하는데, 이는 전문가들이 취급하는 분야의 자율성이 증대하는 것을 의미할 뿐만 아니라 전통으로부터의 분리를 뜻하기도 한다.

(4) 이 같은 과정과 경우들을 통하여 마치 적장이 확보된 도성으로 입성하듯 경제적 · 행정적 합리성 양식들이 화폐나 권력이라는 매체로 전환되기를 거역하는 행위영역들에로 침투한다.

우리가 위에서 이해할 수 있었던 것처럼 생활세계의 합리화가 체계에 의해 유발된 생활세계의 사물화를 빚어내고, 동시에 자본주의적 근대화는 전통적 생활양식과 그것들이 지닌 의사소통 중추를 약화 또는 해체시켰다. 자본주의적 근대화는 전통적 생활양식을 파괴했을 뿐, 그 생활양식들을 생활세계가 합리화되기 이전의 일상 실천에서 유지되던 인지적 · 도구적 요소와 도덕 · 실천적 요소 및 표현적 요소의 융화가 보다 높은 차원에서 지속되도록 유지하지는 못했다. 이것을 어떻게 설명해야 하는가.

18세기 후반 이래 부르주아의 문화비평은 언제나 근대성의 병리를, 세속화된 세계관은 사회적 통합력을 상실한다는 사실이나 또는 사회의 높은 수준의 복합성은 개인의 통합력에 과도한 부담을 준다는 것 중의 하나로써 설명하려 했다. 그러나 우리는 이제 지금까지의 논의결과에 의존하여 보다 폭넓은 이해를 도모할 수 있게 된다. 예컨대 마르크스, 뒤르껭, 베버 등이 각자 독자의 방법으로 관심을 기울였던 '기형화' 현상을 생활세계의 합리화 또는 체계복합성의 증대만으로는 충분한 해석이 될 수 없다고 보는 것이다. 세계관의 세속화도 사회의 구조적 분화도 그 자체가 불가피한 병리적 부작용을 도래시킨 것은 아니었다.

일상의 의사소통 실천이 일면적으로 합리화되거나 사물화된 것은 단지 매체조정적 하위체계와 그것들의 조직양식이 생활세계로부터 분리되었기 때문만이 아니라, 경제적 및 행정적 합리성 양식들이 독점적 영향력을 갖고서 화폐와 권력이라는 매체로 전환되길 거부하는 행위영역들에로 침투했기 때문이다. 사실상 조정매체로의 전환을 거부하는 행위영역들은 문화전승, 사회통합, 아동양육으로 구체화되는 것으로서 계속하여 행위조정 메커니즘으로서의 상호 이해에 의존해야 하는 것이었다.

이로써 우리는 의미상실 및 자유상실 현상 역시 구조적으로 빚어진 결과임을 알 수 있고, 나아가 어떻게 하면 매체조정적 하위체계들이 불가항력적인 내재적 역동성을 발휘하여 생활세계를 식민화하고 더불어 생활세계를 과학, 도덕, 예술로 파편화시켰던가를 파악할 수 있게 된다.

4. 내적 식민화와 그에 대한 저항

1) 내적 식민화

합리주의의 특성을 이루고 있는 과학, 도덕, 예술의 분화는 전문가들이 다루는 분야들의 자율성을 증대시켰을 뿐만 아니라, 이들 분야를 일상의 실천을 통해 준자연적 방식으로 지속되고 있는 전통의 흐름으로부터 분리시키는 결과를 낳기도 하였다. 일상의식과 전문문화가 분리된 것이고, 이런 분열은 반복해서 문제시된다. 더욱이 일상의식은 이미 타당성 주장이 무효화된 전통들에 의지하고 있는 처지여서 전통주의라는 덮개를 벗어버리면 절망적으로 분산되고 만다.

"오늘의 우리는 '허위의식' 대신에 사물화의 메커니즘에 의해 계몽을 방해하는 '파편화된 의식'을 갖는다. 이와 더불어 '생활세계의 식민화'를 위한 조건이 마련된다. 자율적인 하위체계들의 요구가 이데올로기적 베일을 벗으면 밖으로부터—마치 식민지배자들이 부족사회로 진격하듯—생활세계로 침투하여 자체에로의 동화과정을 강화한다."[52]

앞에서 우리는 매체에 의해 통제되는 경제와 국가의 하위체계들이 화폐와 관료제적 수단으로써 생활세계의 상징 재생산에 간섭하는 사실에 의거하여 사물화의 증후들을 설명하였다. 이 같은 가설에 따르면 다음과 같은 경우에 '생활세계의 식민화'가 발생할 수 있다.[53]

- 전통적 생활양식이 심하게 해체되어 생활세계의 구조적 구성요소들(문화, 사회, 인격)이 심하게 분화될 경우
- 체계와 생활세계 간의 교환관계가 분화된 역할들(예컨대 조직적인 일터에서 피고용자의 역할, 개별 가정의 소비자로의 역할, 정부의 관료제에 대한 의탁자 관계의 역할, 정당화 과정의 공식적 참여자로서의 역할)을 통하여 규제될 경우
- 피고용자의 노동력을 활용할 수 있고 또한 유권자의 투표권을 동원할 수 있도록 해주는 실제적 추상[54]이 관련 당사자들의 묵인 하에(시간과 돈에 의거하는) 사회적 보상과 거래될 경우
- 이러한 보상이 복지사회국가의 유형을 좇아 자본주의 성장의 결실로부터 재정적으로 지원되고, 또한 이러한 보상이 노동세계와 공공영역으로부터 귀환하여 자아실현 및 자율성에 대한 개별적 희망이 중심을 이루는 그러한 역할들, 즉 소비자와 의탁자의 역할 속으로 유입될 경우

그렇다면 '생활세계의 식민화' 란 구체적으로 어떤 사실을 지칭하는가. 하버마스는 '생활세계의 식민화' 와 '내적 식민화' 라는 개념을 아울러 활용하고 있는데, 이것을 간략히 규정해 보면 "경제와 국가의 하위체계들이 자본주의의 성장결과로 점차 복합성을 지니게 되며, 또한 그것들이 생활세계의 상징 재생산 속으로 더욱 더 깊이 침투해 간다는 사실을 말한다."[55] 이는 곧 "의사소통합리성의 준거 소멸"을 가리키는 것이기도 하다. 그리고 사회학적으로 볼 때 자본주의적 근대화의 진전에 따라 전통주의의 잔재가 일소되고 문화 재생산, 사회통합, 사회화의 중심영역들이 공공연하게 경제성장의 소용돌이와 그에 따른 법제화의 소용돌이 속으로 빨려들어 간 곳에서는 어디서나 이러한 현상이 불가피한 것으로 파악되고 있다.

이와 더불어 하버마스는 내적 식민화 테제를 검증할 수 있는 실제의 사례로 의사소통적으로 구조화된 행위영역의 법제화를 들고 있다.

2) 의사소통적으로 구조화되어 있는 행위영역의 법제화

생활세계의 상징 재생산이 병리적 결과를 빚지 않고는 체계통합의 토대로 전위될 수 없는 것이 사실이라면, 게다가 사회복지국가 프로그램의 성공적인 추진이 불가피하게 생활세계의 상징 재생산을 병리화시키는 부작용을 초래할 수밖에 없다면 결국 문화 재생산, 사회통합, 사회화의 영역들이 형식적으로 조직되어 있는 행위영역에 동화될 수밖에 없을 것이다. '형식적으로 조직되어 있는 것' 이란 우선 근대적 법률형태로 구성된 것을 말한다. 따라서 사회통합으로부터 체계통합으로의 이행은 법제화의 과정이라는 형식을 취하게 된다. '법제화' 란 지금까지는 비공식적으로 규제되어 온 사회문제들을 법률적으로 규제하는 법의 '확대'와 법률적 사태에 대한 총괄적 진술을 보다 상세한 진술들로 구체화시키는 법의 '강화'를 동시에 의미한다.[56)]

법제화의 경향을 자유의 보장 또는 확대로 이해할 것인가, 아니면 자유의 제약 또는 박탈로 이해할 것인가.[57)] 이를 판단하기 위한 준거로 하버마스는 두 가지를 제시한다.[58)] 첫째는 기본권을 자유와 참정권으로 양분한 고전적 구분에 의거하는 것이다. 이 기준에 따르면 정치참여 형태들이 여러 면에서 제한적이라 하더라도(조직정책, 의회의 엘리트주의 등) 자유의 원리 및 민주적 자유는 명백히 해방적인 것이라고 평가할 수 있다. 두 번째 가능한 기준은 법률규범의 정당화와 관련된다. 법제화가 실증주의적 의미에 있어 절차를 통해서만 정당화될 수 있는지, 아니면 형식적 절차를 넘어서는 실질적인 정당화에 부응하는지를 판별하는 것이다.

주지하는 바와 같이 일반적으로는 전자의 경우, 즉 법실증주의 경향이 압도적이다. 그러나 사실상의 합법적 제도나 행위들은 단순한 절차적 정당화 이상의 것을 요구한다는 데 문제가 따른다.[59)] 실질적 정당화는 법의 절차적 정당화나 매체적 기능 너머에 있는 생활세계와의 관계까지 고려해야 한다는 것이다. 하나의 사례로서 사회복지 영역의 경우, 법률이 형식적으로 조직화되어 있는 것이 아니라 의사소통적으로 구조화된 생활세계의 영역들에 관여하게 되면 사회복지법을 '매체'로 활용함으로써 설명되는 '사물화 결과',[60)] 즉 '법규범의 과도한 부과'[61)]를 야기하게 된다. 다른 사례로서 자녀양육권의 경우, 가족법은 '매체로서의 법률'의 한계를 노정하고 또한 법제화된 영역의 의사소통 구조를 어지럽히는 길을 열기도 한다.

오늘날 어렵잖게 관찰할 수 있는 것처럼 가정과 학교에서 여러 관계들을 형식화시키는 것은 관련 당사자들에 있어서 그들의 사회적 상호 작용을 객체화시키는 것이고, 아울러 그들의 상호 관계를 '생활세계로부터 이탈시키는 것' 이기도 하다. 가정에서의 사회화 과정이 법규범에 앞서 존재하며 또한 법규범을 제약하듯 교육과정도 마찬가지이다.[62] 의사소통행위를 통해 이루어지는 가정과 사회의 형성과정은 법률적 규제로부터 독립하여 기능할 수 있어야 한다. 그럼에도 불구하고 법제화의 구조가 사회적으로 통합되어 있는 맥락을 합법적 제도들로써 단순히 보완시키는 것이 아니라, 사회적으로 통합되어 있는 맥락을 법이라는 매체에 의존시키게 되면 기능적 혼란이 불가피해진다.[63]

후랑켄버그의 지적처럼[64] 법정이나 학교 행정이 자신들의 권리를 행사하는 법률적 형식과 오로지 상호 이해지향의 행위를 통해서만 성취가능한 교육적 과제 간에는 구조적 차이가 있다. 더욱이 교육에 대한 법제화의 강화는 교사들을 불안하게 만들고, 법률에 대해 지나치게 경직되거나 아니면 암암리에 불복종하도록 만든다.

가정의 경우 가족관계나 아동관계의 법제화에 있어 무엇보다 중요한 것은 갈등을 탈사법화하기 위해 가능한 모든 조치를 강구해야 한다는 것이다. 마찬가지로 학교 교육에 대해서도 교육과정의 탈관료화가 요구되고 있다. 법치 하에서의 학교 구성은 법률이라는 매체를 통해서가 아니라 갈등해결을 위한 합의지향 과정을 통해, 즉 교육과정에 관계하는 사람들의 자발적 · 주체적인 의사결정 절차를 통해 이루어져야 한다.

우리가 가정, 학교, 사회복지정책 등등과 같은 영역들에 있어서 법제화가 지니는 역설적 구조를 연구해 보면 그러한 분석에서 정상적으로 결과되는 요구들의 의미를 해독하기란 그리 어렵지 않다. 문제는 기능상으로 가치 · 규범 · '합의형성을 통한 사회통합' 등에 의존하고 있는 삶의 영역, 즉 생활세계를 보존하고 그것들을 그 자체의 역동성을 따라 점증하고 있는 경제적 및 행정적 하위체계들의 체계적 요구에 희생되지 않도록 보호하는 것, 그리고 생활영역이 법률이라는 매체를 통한 사회조직 원리로 전환되는 것을 방지하는 일이다.[65] 이를 위한 노력들을 우리는 '식민화에 대한 저항' 으로 개념화할 수 있다.

3) 식민화에 대한 저항

이러한 저항요소와 관련하여 하버마스는 먼저 지난 수십 년 동안 서구의 선진사회들에 나타난 새로운 갈등들[66]에 주목한다. 이들 갈등은 지금까지 대체로 그러하였던 것처럼 물질적 재생산 영역에서 발단된 것도 아니고, 정당이나 사회결사체들을 통해 해소될 수 있는 것도 아니며, 또 배상으로 완화시킬 수 있는 것도 아닌 말 그대로 새로운 류의 것들이다. 그것은 문화 재생산, 사회통합, 사회화의 영역들에서 야기된 것들로서, 그 저변에는 화폐와 권력이라는 매체에 반응하지 않는, 달리 말해서 의사소통적으로 구조화된 행위영역의 사물화가 반영되고 있다. 따라서 이 문제는 오늘날 일방적으로 추구되고 있는 사회복지국가적 보상책으로 타개해 갈 수 있는 손쉬운 문제가 결코 아니다. 그것은 근본적으로 위기에 처한 생활양식을 방어 또는 복원하는 문제이다.

이 같은 '새로운 갈등' 과 관련하여 우리는 두 가지 관점을 정리해 볼 수 있다. 하나는 힐데브란트와 달튼 등이 활용하는 '낡은 정치' 와 '새로운 정치' 개념[67]에 의거하는 것이고, 다른 하나는 '중심' 과 '주변' 개념에 의거하는 것이다. 먼저 하버마스는 잉겔하트의 '조용한 혁명' 이란 표현[68]을 차용하면서 힐데브란트 등이 연구한 '낡은 정치' (경제적 · 사회적 안전, 국내적 · 군사적 안전이 중심문제)로부터 '새로운 정치'(삶의 질, 평등한 권리, 개인의 자기 실현, 참여, 인권 등에 주력하는 것)로 주제가 변하고 있다는 주장을 지지한다. 더욱이 사회적 통계에 의거해 보면 '낡은 정치'는 고용자 · 노동자 · 중간계급의 상인 등에 의해 보다 강력한 지지를 받았던 것인 데 비해 '새로운 정치'는 신중간계급, 젊은 세대보다 많은 공식적 교육을 받은 집단들에서 더욱 강력한 지지를 받고 있음에 주목하면서 이처럼 '낡은 정치'로부터 '새로운 정치'로 요구가 이행하는 현상은 '내적 식민화' 테제의 거부와 지양이라는 이념적 지향에 부합한 것이라고 평가한다.

'중심'과 '주변' 개념에 의거하는 다른 하나의 관점은,[69] 생산과정에 '직접적으로' 개입하여 사회복지국가 실현의 토대가 되는 자본주의 성장을 유지해 가는 데 주력하는 계층들로 구성된 '중심'과 다른 한편, 각양각색의 집단들이 한 덩어리로 결합하여 구축된 '주변' 간에 일련의 갈등이 형성되고 있음을 간파한다. 여기서 말하는 '주변'에는 후기 자본주의 사회에서 '생산주의적 중심'으로부터 점차 소원해지고, 복합성의 증대가 갖는 자기 파괴적 결과에 더욱 드세게 반응을 보이거나 혹은 그것들에 의해 점점 더 심한 제약을 받는 그러한 집단들이 속한다. '주변'에 속하는 다양한 이질적 집단들을 통일시켜 주는 유대는 무엇보다도 성장에 대한 비판이며, 이것에서 생활세계의 식민화 경향에 대한 저항이 운동의 형태를 띠게 된다. 예컨대 생태학적 주제나 평화의 주제로 시작된 청년운동이나 대안운동은 모두가 성장비판이 공통의 관심사이다. 그 구체적 내용들로는[70] '녹색' 문제(도시환경의 파괴, 주택발달 · 산업화 · 공해로 인한 시골의 훼손, 문명화에 수반되는 건강악화, 제약학적 부작용 …), 과도한 체계복합화의 문제(군사적 파괴잠재력, 핵무기 계획, 원자이용, 유전공학, 개인 자료의 저장과 이용 …에서 빚어지는 문제, 이러한 문제들은 생활세계로 침투하여 생활세계 영역들을 폭파시킨다), 의사소통적 하부구조의 과부하(직업에 있어 노동이 이익의존적으로 도구화되는 것, 경쟁이나 실적에 대한 압력이 팽대하여 심지어 초등학교에까지 그러한 경향이 확대되는 것, 서비스나 인간관계의 화폐화, 삶의 사적 영역과 인격적 생활양식마저 소비중심적으로 재규정되는 것 …) 등을 살필 수 있다.

또 다른 측면에서 하버마스는 생활세계의 식민화에 대한 저항의 한 형태로 '대항 제도들'[71]이 발전하고 있는 사실 또한 중요시한다. 이러한 제도들은 경제적 및 정치·행정적 행위체계의 내재적 역동성을 제한하고 약화시키고자 생활세계 내부로부터 성장해 나오는 것이다. 그것은 형식적으로 조직화되어 있는 행위영역의 일부를 복원시키기 위하여 그것들을 조정매체의 지배로부터 분리시켜 이들 해방된 영역들을 행위조정적 이해도달의 메커니즘으로 되돌리려고 노력한다. 결국 체계적 기능 일변도에 의해 압도되고 있는 생활세계의 가능한 한 많은 영역을 의사소통적 이해맥락으로 전환시키려는 것이 대항제도들의 이념적 지향이라고 규정할 수 있겠다.

5. 맺는 말

머리말에서 밝혔던 것처럼 이 글은 체계에 의한 '생활세계의 식민화'라는 결론에 이르기까지 하버마스가 수행한 탐구와 분석과 진단을 검토하는 데 주력하였다. 그의 논의전략과 지향목표를 긍정적으로 수용하고자 한 것이다. 그러한 결과 다음과 같은 이해에 당도하게 된다.

(1) 근대적 합리화 및 생활세계의 합리화에 따라 체계가 확장되고 목적합리성이 증대되어 조정매체가 언어를 대체하고, 따라서 언어의존적 상호 이해과정이 억압되는 현대사회의 위기가 초래되었는데, 이러한 위기의 극복은 '의사소통합리성'을 실현하는 데서 가능하다는 것이 하버마스의 중심논의였다. 『의사소통행위론』에서 개진하고 있는 바와 같이 의사소통 기능이 생산기능에 우선한다. 그러므로 목적합리적 행위인 노동이 의사소통으로부터 독립된 독자의 영역이 아니라 의사소통 행위의 하위행위로서 의사소통행위에 포함된다. 따라서 언어가 사회적 통일을 보장하는 보편적 매체로 되며, 이 보편적 매체의 왜곡과 억압이 없는 자유롭고 이상적인 수행을 '의사소통합리성'으로 개념화한다. 이 같은 시각에서 우리는 '생활세계의 식민화'를 지양할 수 있는 길을 의사소통합리성에서 찾고자 한 그의 선택을 공감 · 지지할 수 있다. 더욱이 그의 '생활세계 식민화' 테제는 그의 '보편화용론' 및 '의사소통행위론',[72] '공론장 이론',[73] '민주주의론 및 법률론'[74] 등과의 유기적 연관구조 안에서 논의 · 평가되어야 한다.

(2) '생활세계의 식민화'에 대한 실증적 · 분석적 이해가 그것의 지양을 위한 길을 열어줄 수 있는가. 하버마스는 생활세계의 합리화 과정에서 사물화 현상이 불가피했던 것으로 파악함으로써 근대화 과정 자체에 자기 파괴적 요소와 지속적 합리화를 통하여 그것을 극복할 수 있는 가능성이 동시에 들어 있다고 본다. 그는 근대화에 대한 '사실분석'을 통하여 자기 극복의 가능성이라는 '해방전략'을 제시하고 있는데, 이 해방전략이 어떻게 정당화될 수 있느냐[75]가 문제의 핵심이다. 이 문제 또한 '의사소통행위' 및 '의사소통합리성' 논의의 수용과 신뢰여부에로 연결된다.

(3) 그러나 현실사회에서 의사소통적 보편성이 어떻게 살려질 수

있는가는 또 다른 문제이다. 즉 자본과 권력이 중심매체로 기능하고 있는 자본주의 사회에서 자유롭고 이상적인 의사소통을 어떻게 구체화시킬 수 있을 것인가. 개인들의 기대와 요구가 자본주의 사회의 전체적 진행방향을 어떻게 수정할 수 있을 것인가. 뿐만 아니라 '체계확장' 에 종사했던 사회구성원이 자유로이 생활세계의 부활에로 고스란히 이동할 수 있을까. 더 나아가 생활세계의 부활이 체계의 확장을 제어할 수 있을까?[76)]

(4) 체계에 의한 '생활세계의 식민화' 는 기능적 · 목적지향적 · 성공지향적 행위조정과 합의지향적 · 이해지향적 행위조정 간의 문제이기도 하지만 더 나아가 사회구성원들의 행위가 체계에 강제적으로 포섭되었음을 뜻하는 것인데, 그렇다면 사회구성원들이 체계의 강제로부터 벗어날 수 있는가 하는 문제도 생겨난다.

(5) 하버마스는 새로운 사회운동과 '시민사회' 의 등장을 생활세계의 부활을 실증해 주는 사례로 간주하는데, 그렇다면 그 같은 생활세계의 부활이 체계의 확장을 어느 정도로 제어해 줄 수 있을까.

위에서 든 의문들은 하버마스에로 돌리는 질문일 뿐만 아니라 '생활세계의 식민화' 를 지양하고자 하는 바로 우리 자신의 고뇌의 표현이며 자문이기도 하다.

주

1. K. Marx, *Grundrisse Kritik der Politischen Okonomie*(Berlin, 1953), 908–909쪽.
2. 위의 책, 910쪽.
3. K. Marx, *Economic and Philosophic Manuscripts of 1844*, Collected Works(Moscow, Progress Publishers, 1975), vol. 3, 325쪽.
4. G. Lukacs, *History and Class Consciousness*(Cambridge, Mass, The MIT Press 1983), 88쪽.
5. 위의 책, 83쪽.
6. 위의 책, 153쪽.
7. 위의 책, 92쪽.
8. K. Marx(1953), 909쪽.
9. J. Habermas, *The Theory of Communicative Action*, vol. 2(Boston : Beacon Press, 1984), 363쪽.
10. M. Horkheimer and Th. Adorno, *Dialectical Enlightenment*(New York : The Seabury Press, 1972), 120–167쪽.
11. J. Habermas, *The Theory of Communicative Action*, vol. II(Boston : Beacon Press, 1987), 352–353쪽.
12. M. Weber, *The Protestant Ethic and the Spirit of Capitalism*(London : George & Uniwin, 1978), 특히 introduction.
13. 위의 책, 26쪽.
14. 하버마스에 있어 '합리화의 역설'은 베버의 것을 지양하는 것으로서, 생활세계의 규범적 합리화에서 출발한 합리화가 하위체계의 합리화로 발전하고 그 결과가 오히려 생활세계의 식민화를 초래하게 된 과정을 설명해 주는 것이다.

15. J. Habermas (1987), 303쪽.
16. 위의 책, 318쪽.
17. 위의 책, 304–305쪽.
18. 위와 같은 곳.
19. 위의 책, 330쪽.
20. M. Horkheimer and Th. Adorno (1972).
21. J. Habermas (1987), 333–334쪽.
22. J. Habermas, 위의 책, 333–334쪽.
23. 위의 책, 353쪽.
24. 위의 책, 376쪽.
25. 위의 책, 378쪽.
26. 위의 책, 396쪽.
27. 위의 책, 145쪽.
28. 위의 책, 340쪽.
29. 위의 책, 317–318쪽.
30. 위의 책, 342쪽.
31. 위의 책, 186쪽.
32. 위의 책, 183쪽.
33. 위의 책, 184쪽.
34. 위의 책, 338–343쪽.
35. 위의 책, 117쪽.
36. 위의 책, 118쪽.
37. 위의 책, 152쪽.
38. 위의 책, 124쪽.
39. 위의 책, 126쪽.
40. 위의 책, 134–135쪽.
41. J. Habermas, *Between Facts and Norms* (Cambridge, Mass. : The MIT Press, 1996), 518쪽.
42. 위의 책, 137쪽.
43. 위의 책, 149–150쪽.
44. 황태연, "하버마스의 소통적 주권론과 쌍선적 토론정치 이념", 정호근 외 공저, 『하버마스 : 이성적 사회의 기획, 그 논리와 윤리』(서울 : 나남출판, 1997),

198–202쪽 ; Carig Calhoun, ed., *Habermas and the Public Sphere*(Cambridge, Mass. : The MIT Press, 1994), 7–9쪽 참고.

45. J. Habermas(1987), 283쪽.
46. 위의 책, 154쪽.
47. 위의 책, 318–331쪽.
48. M. Weber(1978), 180–182쪽.
49. M. Weber, *Economy of Society*, 3 vols. G. Roth and C. Wittich, eds.(New York : Bedminister Press, 1968), 885–887쪽.
50. M. Weber, "*Religious Rejection of the World and Their Directions*", in H. Gerth and C. W. Mills, eds., *From Max Weber*(New York : Bedminister Press, 1946), 334쪽.
51. M. Weber(1968), 892쪽.
52. J. Habermas(1978), 355쪽.
53. 위의 책, 356쪽.
54. 이는 마르크스의 개념으로서 생활세계의 합리화와 매체에 의해 조정되는 하위체계의 복합성 증대를 의미한다. 마르크스는 이 개념으로서 관련인들이 생활세계의 기형화로 체험하게 되는 역설, 그것도 오로지 사물화(또는 합리화)의 분석을 통해서만 파악할 수 있는 역설을 말하려고 한다(위의 책, 378쪽).
55. 위의 책, 367쪽.
56. 하버마스는 법제화의 과정을 크게 ① 부르주아 국가, ② 입헌국가, ③ 민주적 입헌국가, ④ 민주적 복지사회국가 등으로 구분짓고, 이 과정들을 체계와 생활세계 간의 분리 및 생활세계와 자율적 하위체계들의 내재적 역동성 간의 갈등이라는 관점에서 특성화하고 있다(위의 책, 357–362쪽 참고).
57. 하버마스는 법제화를 '자유를 보장해 주는 것', '자유를 제약하는 것', '권력을 균형화하는 것', '사회적 상황을 규정해 주는 것' 등으로 구분하기도 한다(위의 책, 361–362쪽).
58. 위의 책, 364–365쪽.
59. 법률은 매체로서의 기능과 제도로서의 기능을 갖는데(위의 책, 365쪽), 매체로서의 기능에서는 현존하는 법률이 많은 기능을 지닐 수도 있고 적은 기능을 지닐 수도 있지만 생활세계의 지평을 떠나서 법규범이 자유를 보장해 주는 성격을 갖는지 아니면 자유를 제약하는 성격을 갖는지를 묻는 것은 무의미하다. 자유를 보장하는 것과 제약하는 것이라는 양면성은 제도로서의

법과 매체로서의 법 간의 변증법으로 환원시킬 수 있는 것이 아니다. 자유를 보장하는가 아니면 제약하는가는 생활세계의 관점에서, 즉 합법적 제도와의 관련 하에서만 운위할 수 있는 것이기 때문이다(위의 책, 367쪽).

60. 위의 책, 367쪽.

61. 위의 책, 369쪽.

62. 오늘날 법제화와 관료화가 교수와 학습에 점점 더 깊숙이 침투해 가고 있다. 법률매체가 교육활동 형식과 알력을 빚는다. 교육을 법이라는 매체 하에 종속시킴으로써 교사의 교육적 자유와 창발성을 위태롭게 하기도 한다.

63. 위의 책, 369쪽.

64. G. Frankenberg, "*Elemente einer Kritik und Theorie des Schulrechts*", diss.(University of Munich, 1978), 227–228쪽 ; 하버마스 위의 책, 327쪽에서 재인용.

65. J. Habermas(1978), 372–373쪽.

66. 위의 책, 392쪽.

67. K. Hildebrandt and R. J. Dalton, "Die neue Politik", *Politische Vierteljahresschrift 18*(1977) 230쪽 ; S. H. Barnes, M. Kasse, et al., *Political Action*(London : Beverly Hills, 1979).

68. R. Inglehert, "Wertwandel und Politisches Verhalten", in J. Matthes, ed., *Sozialer Wandel in Westeuropa*(Frankfurt, 1979).

69. J. Habermas(1987), 392–393쪽.

70. 위의 책, 394–395쪽.

71. 위의 책, 396쪽.

72. J. Habermas(1984) 및 (1987).

73. J. Habermas, *The Structural Transformation of the Public Sphere*(Cambridge, Mass. : The MIT Press, 1999).

74. J. Habermas(1996).

75. 김창호, "하버마스의 체계와 생활세계", 장춘익 외 공저, 『하버마스의 사상』(서울 : 나남출판, 1996), 193쪽.

76. 이홍균, "하버마스의 이론적 전략", 정호근 외 공저, 앞의 책(1997), 162쪽.

참/고/문/헌

이진우 엮음, 『하버마스의 비판적 사회이론』, 서울 : 문예출판사, 1996.

장춘익 외 공저, 『하버마스의 사상』, 서울 : 나남출판, 1996.

정호근 외 공저, 『하버마스 : 이성적 사회의 기획, 그 논리와 윤리』, 서울 : 나남출판, 1997.

Calhoun, Craig, ed., *Habermas and the Public Sphere*, Cambridge, Mass. : The MIT Press, 1994.

Gerth, H. and Mills, C. W., eds., *From Max Weber*, New York : Bedminister Press, 1946.

Habermas, J., *The Theory of Communicative Action*, vol. 1, trans., by Thomas McCarthy, Boston : Beacon Press, 1984.

______, *The Theory of Communicative Action*, vol. 2, trans., by Thomas McCarthy, Boston : Beacon Press, 1987.

______, *Beween Facts and Norms*, Cambridge, Mass., The MIT Press, 1996.

______, *The Structural Transformation of the Public Sphere*, trans., by Thomas Burger, Cambridge, Mass., The MIT Press, 1999.

Horkheimer, M. and Adorno, Th., *Dialectic of Enlightenment*, New York : The Seabury Press, 1972.

Lukàci, G., *History and Class Consciousness*, trans., by Rodney Livingstone, Cambridge, Mass., The MIT Press, 1983.

Marx, K., *Grundrisse der Kritik der Politischen Ökonomie*, Berlin, 1953

______, *Economic and Philosophic manuscripts of 1844*, in Collected Works, vol. 3, Moscow : Progress Publishers, 1975.

Matthes, J., ed., *Sozialer Wandel in Westeuropa*, Frankfurt, 1979.

Outhwaite, W., *Habermas : A Critical Introduction*, Stanford, California : Stanford Univ. Press, 1994.

Simmel, G., *The Philosophy of Money*, trans., by Tom Bottomore and David Frisby, London & New York : Routledge and Kegan Paul Ltd., 1990.

Weher, M., *The Protestant Ethic and the Spirit of Capitalism*, London : George & Uniwin, 1978.

______, *Economy and Society*, 3vols., ed., by Guenther Roth and Claus Wittich, New York : Bedminister Press, 1968.

9장

하버마스 '인식관심설' 의 기본 지향

1. 머리말

하버마스는 1965년 프랑크푸르트대학 취임강연 「인식과 관심」에서 '인식관심' 설을 제기하였다. 그는 전통적 인식론과 후설의 순수인식을 비판하면서 인식이 순수한 주관과 객관의 관계에서 이루어지는 것이 아니라 인식주관의 근본적인 이해관심에 의거하여 규정되는 것이라고 밝혔다. 이어 1968년에는 취임강연과 동일한 제목의 『인식과 관심』을 출간하여 인식과 관심과의 관계를 분석함으로써 철저한 인식비판이란 오직 사회이론으로서만 가능하다는 점을 천명하였다. 이는 1060년대 당시 독일 사회학계의 주요 논쟁의 한 축으로 대두되었던 실증주의를 비판하고 실증주의가 간과한 인식에서의 주체의 역할, 즉 '자기 반성' 및 '비판' 의 정신을 회복시키려는 것이었다. 자체의 방법과 관점을 유일한 과학으로 절대시하고 있는 실증주의를 지양하기 위해서는 과학의 인식론적 기초에 대한 구체적 탐구, 즉 과학의 자기 반성이 요망되었던 것인데, 그 결과가 인식의 관심 의존성으로 해명되었던 것이다.

"기술적 통제를 지향하고 생활에서의 상호 이해를 지향하며 외관상 '자연스런' 제약처럼 보이는 것으로부터 해방되고자 하는 것 등이 특수한 관점을 이루며, 우리는 어떤 방법으로든 간에 이들 관점으로부터 현실을 파악할 수 있다."[1)]

이 같은 인식관심은 인류의 자연사 속에 뿌리를 두고 있는 것으로서 다양한 탐구의식들을 이끌어 가는 일반적 지향 또는 일반적 인식전략으로 드러나며, 그것들은 '준선험적' 지위를 갖는다. 경험 · 분석적 학문의 접근법은 '기술적' 인식관심과 결합하고, 역사적 · 해석학적 학문은 '실천적' 인식관심과 결합하며, 비판지향적 학문은 '해방적' 인식관심과 결합한다.[2)] 그리고 경험 · 분석적 학문은 법칙적 인식을 이룩하고자 하는 자연과학 및 사회과학을 포괄한다. 역사적 · 해석학적 학문은 의미형태들을 해석을 통해 이해하고자 하는 정신과학, 역사학, 사회과학 등을 포괄한다. 비판지향적 학문은 정신분석, 이데올로기 비판(비판적 사회이론), 반성적 · 비판적인 분과로 이해되는 철학 등을 포괄한다.[3)]

하버마스의 이 같은 인식관심설이 의도하는 근본지향이 무엇이며, 어떤 방법을 통해 실현을 기대할 수 있을 것인지를 밝히려는 것이 이 장의 목적이다. 이를 위하여 인식관심설이 구체화되는 과정적 배경을 추적해 보고, 인식관심설의 개별적 내용을 정리해 본 뒤에 그것이 지닌 한계와 문제점이 이후 어떤 형태로 변형되어 전개되고 있는지를 알아보고자 한다. 이러한 작업을 통해 우리는 '인식관심'설로 출발한 하버마스의 중심주제, 즉 그의 철학적 과제를 확인함과 동시에 그것이 현재 어떤 방향으로 전개되고 있는지 점검해 볼 수 있으리라 기대한다.

2. 인식관심설의 배경

하버마스의 진단에 따르면 전통철학과 실증주의는 공히 '객관주의적 환상'에 사로잡혀 있다. '객관주의적 환상'이란 세계는 인식자로부터 독립해 있는 사실들의 우주로 이해되며, 인식자의 과제는 그러한 우주를 존재하는 그대로 기술하는 것이라고 보는 입장을 가리킨다. 객관주의적 환상은 사실들이 구성되는 것임을 은폐하고 이론적 명제들이 타당한 의미를 갖게 되는 전제조건인 선험적 구조를 간과한다. 이것이 전통철학, 특히 실증주의의 맹점이자 한계이다. 그러한 환상을 제거하고 이론적 진술들을 생활세계 내의 선행하는 준거들과 관련시켜 이해하면 진술들과 인식을 이끌어 가는 관심과의 관계가 명백해진다는 것이 하버마스의 통찰이다. 그의 인식관심설의 등장은 전통철학, 특히 실증주의와 과학철학을 배경으로 하여 정리해 볼 수 있다.

1) "나는 인식과 관심과의 관계를 분석하고자 하는 일관된 의도에서 근대 실증주의의 이전 역사를 재구성하려는 역사적 지향의 노력에 착수하고 있다. 인식론이 해체되고 과학철학이 등장하는 과정을 추적함으로써 우리는 방기된 반성단계로의 길을 열고자 한다. 출발점을 되돌아본다는 시각에서 이 길을 되밟아감으로써 망각된 반성체험을 회복할 수 있을 것이다"[4]라는 하버마스의 언급에서 알 수 있듯이 『인식과 관심』은 우선 지난 몇 세기 동안 실증주의의 지배 하에서 차단되어 온 반성의 길을 열기 위한 노력이다. 여기에는 칸트로부터 마르크스에 이르는 사이에서 방기된 반성단계들에 대한 고찰을 전제한다. 먼저 헤겔은

선험철학의 무자격 전제들을 비판한다.[5] 칸트의 선험적 반성은 절대적 단초일 수 없고, 그에 앞서 주어져 있는 어떤 것에 의존한다는 것이 헤겔의 비판내용이다. 그러나 헤겔의 동일성의 철학 또한 경험과학을 가능한 인식의 한 범주로서 비판적으로 파악하지 못하고 절대지의 학문 속에서 그것을 해체해 버린다.

뒤이은 마르크스[6]에 있어서 인식주체는 선험적 자아도 절대적 정신도 아니다. 그것은 신체를 가진 노동하는 주체로서, 그 역량은 "인간 생활의 지속적이며 자연스러운 불가피성"인 자연과의 대결이라는 가변적 형태를 통해 역사적으로 발전한다. 노동하는 주체는 감성적 활동을 통해 자신들과 자연의 물질교환을 규제하고, 또 그렇게 함으로써 세계를 구성한다. 따라서 마르크스는 인류의 자기 형성 과정의 재구성을 그것의 관념론적 전제로부터 분리시켰으며, 그렇게 함으로써 인식주체에게 반성의 길을 열어주고, 칸트의 선험적 비판이 지닌 개인주의적이며 몰역사적인 제약성과 헤겔의 동일성 철학의 관념론적 편향을 피하였다. 그러나 그 역시 자신의 메타비판이 만들어냈던 인식론을 철저하게 하는 데 있어 엄격한 과학이라는 외관을 요구했다. 그는 근대사회의 경제적 운동법칙을 '자연법칙'으로 전개시켰다. 이렇게 함으로써 그 또한 19세기 후반의 실증주의의 공세에 대해 철저한 반성을 견지할 수 있었다.

'방기된 반성단계들'을 복원시키려는 하버마스의 인식관심설은 인식이 삶에 뿌리를 둔다는 것을 밝힘으로써 인식론을 철저하게 하려는 것이다. 달리 말해서 그것은 가능한 인식의 아프리오리한 조건의 문제를 해결하고자 한다. 이 노력은 "우리가 현실을 파악하는 특수한 관점들", 체계적 탐구를 이끌어 가는 "일반적 인식전략들"은 "인류의 자연사 속에 그 뿌리를" 두고 있으며, 그것들은 "사회·문화적 생활양식의

명령"과 결부되어 있는 것으로 이해하게 된다.[7]

2) 다른 한편 인식관심설은 현대 과학철학의 한계, 즉 실증주의적 과학철학의 경험주의적 전제를 비판 · 지양하고자 한다. 이를 위하여 하버마스는 꽁트와 마하로부터 시작하여 포퍼, 쿤 등을 차례로 살핀다.

우선, 마하의 '사실존재론'은 현상론적 입장으로서 감각경험에 의거한다. 그에게서는 직접적 소여를 가리키는 다양한 개념들, 예컨대 관념, 인상, 감각작용 따위가 '사실의 문제'에 관한 지식의 경험적 바탕을 발견해 주는 것으로 간주된다. 이 같은 마하의 현상론은 전통적인 주관주의적 형태의 경험론과 마찬가지로 과학적 지식을 구성하는 데 있어 '과학탐구자들의 공동체'가 갖는 역할을 체계적으로 설명해 주지 못한다.

인간은 의사소통의 파트너이며 과학공동체의 일원으로서 단순한 현상론적 기술의 대상으로 환원될 수 없다. 인간은 과학자공동체의 특성인 의사소통 구조의 맥락 안에서 논의되어야 한다. 이 점에 주목한 사람이 퍼어스이다. 그는 원초적 감각인상에 의존하는 것을 명백히 거부하고, 자연과학적 지식의 대표적 특성을 이루는 것으로서 상호 주관적으로 승인되는 인식과정에다 초점을 맞추는 과학탐구의 견해를 발전시켰다.

실증주의적 과학철학의 경험주의적 전제들을 비판하고 있는 사람들 중 영향력 있는 또 한 사람으로는 포퍼를 들 수 있다. 그에게 있어서는 기본적 관찰진술이란 '이론의존적'이다. 과학에 있어서 결정적 역할을 하는 것은 지각이 아니라 관찰인데, 관찰은 우리가 능동적으로 참여하는 하나의 과정이다.[8] 인식주체는 생물학적 및 문화적으로 제약된 '기대지평' 내에서 체험을 하게 된다.[9] 그리고 기대지평은 예컨대 과학자들의 경우 상당한 정도에 이르기까지 언어상으로 형성된 이론들이나 가설들로 구성되어 있음으로써 준거체계로 기능한다. 또한 과학적 지식의 증대는 오류가 제거되고 우리의 이론내용의 참 또는 진리가 증가하는 '학습과정' 으로 볼 수 있다. 이로써 알 수 있는 것처럼 실증주의가 갖는 경험론적 전제에 대한 포퍼의 비판은 인식주체란 능동적이며, 생물학적 및 문화적으로 제약되고 또한 역사적 발전과정 속에 있을 것이라는 이해에 의거한다.

다른 한편 포퍼는 자신의 인식론을 '인식주체가 없는 인식론' [10)]으로 공식화한다. 포퍼는 예컨대 토마스 쿤과 같이 과학공동체 내의 상호작용 구조를 주체화하는 노력을 지식사회학으로 간주하여 그것을 탐구의 논리 자체로부터 배제시킨다. 이 같은 명백한 반전은 진리의 상응설, 이론·문제·논거 등등을 '제3세계' 의 거주자로 보는 준플라톤적 이해, 비판적 합리주의 자체가 갖는 결단론의 토대에 의거하고 있다. 이것은 결국 사실들이란 준거체계 또는 기대지평 안에서만 구성된다는 자신의 명제가 함축하고 있는 선험적 전환을 거스른다. 사실들이 독립적인 것이면 기본적 관찰 명제들이란 협약을 통해 확립된다는 자기 입장을 견지하지 않아도 된다. 협약은 물론 일정한 형식의 합의로부터 결과된다. 간단히 말해서 협약이라는 개념은 구성적 준거체계라는 개념과 마찬가지로 탐구자공동체 내의 의사소통 구조에 대한 체계적 분석을 요구하게 된다. 포퍼는 적합하지 않은 객관주의적 '사실' 개념을 유지함으로써 자신의 선험적 전환을 불가능케 만든 것이다. 뿐만 아니라 그가 말하는 '제3세계' 역시 언어·전통·문화의 물상화로서 결국 견지될 수 없는 견해이다.

토마스 쿤은 과학의 발전을 단일방향의 비가역적 과정으로 파악하며 과학적 진보에 대한 믿음을 갖는다고 말한다. "보다 뒤에 나온 과학이론들이 이전의 그것에 비해 그것들이 활용되는 전혀 다른 환경들에 있어 문제를 해결하는 데 훨씬 낫다"[11]는 것이다. 그런데 과학공동체의 구성원들은 초역사적인 구성적 가치들만을 공유하는 것이 아니라 이를테면 특수한 상징적 일반화, 특정 모델, 특정 가치, 성공적인 과학수행의 특정한 모범들 따위를 공유한다. 이들 공동의 약속이 과학 자체를 구성하는 것은 아니지만, 이것들은 그 공동체에 의해 수행되는 정상과학의 특정한 전통을 위해 결정적인 것이다. 이들 공동약속에 있어서의 구조변동은 패러다임 변경을 초래한다.

비록 의무, 가치, 규칙, 약속, 태도, 구조 등이 분명 경험적 조건 하에서 제기되고 발전한다고 하더라도 그것들은 여전히 과학적 인식을 가능케 해주는 조건일 뿐이다. 그러므로 탐구의 논리는 경험적인 것과 선험적인 것을 결합시키는 방향으로 나아가야 한다. 이러한 시각에서 볼 때 '새롭게 변형된 선험철학의 개념'이 필요한 지점에서 쿤은 경험적 심리학 및 지식사회학과 준선험적 탐구논리를 연결시키는 데까지는 이르지 못하였다.[12]

이상과 같은 배경 하에서 하버마스는 비판적 합리주의 및 실증주의를 지양하면서 인류의 학습을 통한 자기 형성 과정에 초점을 맞추어 그의 인식관심설을 전개하게 된다. 그러면서 그는 인식관심설의 기본 내용을 다음과 같이 테제화하고 있다.[13]

(1) 선험적 주체의 성과들은 인류의 자연사에 그 토대를 두고 있다.

(2) 인식은 자기 보존에 기여하기도 하고 동시에 단순한 자기 보존을 넘어서기도 한다.

(3) 인식구성적 관심은 노동 · 언어 · 권력을 매체로 하여 형성된다.

(4) 자기 반성의 힘 안에서는 인식과 관심이 하나가 된다.

(5) 억압된 대화의 역사적 자취들을 밟아서 억압되어 온 것들을 재구성하는 변증법을 통하여 인식과 관심의 통일성이 드러난다.

3. 인식관심설

우리가 현실을 파악하게 되는 특정 관점들은 사회조직의 일정 수단들과 연계되어 있는 인류의 관심구조에서 기원한다는 것이 인식관심설의 대요이다. 예컨대 기술적 관심은 노동과 결합해 있는 생활양식의 요구에서 생기며, 실천적 인식관심 역시 심층적인 사회문화적 생활의 요구에 근거해 있다. 이 점을 달리 설명하면 기술적 통제를 지향하며, 삶에 있어서 상호 이해를 지향하고, 외관상 자연적 속박처럼 보이는 것으로부터의 해방을 지향하는 것 등이 특수한 관점들을 확립시키며, 우리는 그러한 관점들로부터 현실을 파악할 수 있다는 것이다. 우리가 현실을 파악하는 특수한 관점들은 '가능한 인식의 세 범주'의 근거를 이룬다. 우리의 기술적 통제력을 확장시켜 주는 정보, 공통의 전통 안에서 행위지향을 가능케 해주는 해석, 의식으로 하여금 실체화된 힘에의 의존에서 벗어나도록 해주는 분석 등이 그것이다. 이들 관점은 그 근저에 있어 사회조직의 일정한 수단들, 즉 노동, 언어, 권력과 연결되어 있는 인류의 관심구조에서 기원한다.[14)]

기술적 인식관심은 통제를 목적으로 하며, 법칙과학들과 관련된다. 역사적 · 해석학적 학문들의 실천적 인식관심은 상호 이해 및 속박 없는 의사소통의 증대를 목적으로 하며, 비판지향적 학문의 해방적 관심은 세력관계, 무의식의 제약, 실체화된 권력에의 의존성으로부터 인간을 해방시키고자 한다. 앞의 두 관심은 현존하는 학문들의 자기 반성을 통해 발전할 수 있는 것인 데 반해 세 번째 해방적 관심은 그것들과는 다른 독자적 성격과 위치를 갖는다. 앞의 것들이 기술적 합리성 및 실천적 합리성을 추구하는 것인 데 비하여 해방적 관심은 결국 총체성 · 보편성으로서의 합리성 또는 '비판적 사회이론'을 추구하는 것이다. 따라서 비판적 사회과학은 경험적 · 분석적 학문과 역사적 · 해석학적 학문의 변증법적 종합이라고 말할 수 있다.[15] 이들 관심을 구체화시켜 보자.

1) 기술적 인식관점

'기술적 인식관심'이라는 말은 인간생활의 재생산이라는 기본조건으로부터 도출되는 탐구의 기본방향, 즉 일반적 인식전략을 가리킨다. 경험 · 분석적 탐구는 기술적으로 활용할 수 있는 정보를 제공해 준다는 것이 하버마스의 기본 믿음이다. 경험 · 분석적 탐구의 구조는 도구적 행위의 행동체계에 의해 규정된다.[16] 그러한 탐구를 구성하는 방법론적 연관은 인간생활의 구조로부터 본래 누적적 학습과정과 연계되어 있는 목적합리적 행위를 통해 스스로를 재생산하는 유적 명령으로부터 생겨난다. 인류의 자기 형성이 위험해지지 않기 위해서는 이들 과정이 방법론적 탐구형태로 유지되어야 한다.

이렇게 보면 기술적 관심은 인간의 역사적 삶에서 비롯하는 것이다. 그러함에도 불구하고 오늘날 기술적 합리성이 문제되는 까닭은 무엇이며, 기술적 합리성의 독점적 지배로부터 벗어나는 어떤 길이 있을 수 있는가? 하버마스에 의하면 우리에게 실제로 문제가 되는 것은 기술적 이성 그 자체가 아니라 그것이 "삶의 양식으로까지, 달리 말해서 생활세계의 역사적 총체성으로까지"[17] 확대되었다는 사실이다. 이렇게 이해할 때 기술적 합리성과 기술적 지배논리의 보편화로부터 결과된 주체의 기형화에 대한 적절한 반응은 '타락한 본성의 회복'을 통해 과학과 기술을 대체시키는 것이 아니라 과학을 지식의 한 범주로, 기술적 조정을 하나의 행위양식으로 보는 반성적 이해를 도야하는 일이다. 기술적 합리성은 포괄적 합리성 이론 안에 제한적으로 자리매김될 때 그 정당성을 획득한다. 인식관심설이 의도하는 바가 바로 이것이다.

기술적 인식관심에서 전개되는 것이 경험 · 분석적 학문이다. 경험 · 분석적 학문을 이해하기 위하여 먼저 경험 · 분석적 탐구와 해석학적 탐구의 차이에 주목해 보자. "경험 · 분석적 탐구는 도구적 행위의 행동체계 내의 전과학적 차원에서 진척되어 온 누적적 학습과정의 체계적 연속이다. 해석학적 탐구는 전통과 관련되어 있는 상징적 상호 작용 구조 내의 전과학적 차원에서 일어나는 상호 이해(및 자기 이해)에 도달하는 과정에서 방법론적 형식을 부여한다. 앞의 것은 기술적으로 활용할 수 있는 지식의 생산을 목적으로 하고 뒤의 것은 실천 상 효율적일 수 있도록 지식을 명료화하는 것을 목적으로 한다. 경험적 분석은 대상으로서의 자연과정에 대한 기술적 조정을 가능케 하는 관점으로부터 실제를 드러내고, 해석학은 자신의 문화를 점유하는 수직적 차원에서 뿐만 아니라 외국문화를 해석하는 수평적 차원에서도 행위지향적 상호 이해를 가능케 하는 상호 주관성을 유지한다. 엄격히 경험과학은 도구적 행위의 선험적 조건에 따르는 반면에 해석학적 학문은 의사소통행위 차원에서 이루어진다."[18] 이로써 알 수 있거니와 경험 · 분석적 학문은 실제가 도구적 행위의 행동체계 내에 등장하는 한에 있어서 그것을 드러낸다.

2) 실천적 인식관심

하버마스의 지적에 따르면, 마르크스의 저작들에 있어서 치명적인 결점은 인류의 발전을 오로지 사회적 노동의 차원, 즉 생산과정상에서만 일어나는 것으로 간주한다는 점이다. 인류의 '자기 생산행위'를 노동으로 환원시키고 이론상 상징적 상호 작용의 구조와 문화적 전통의 역할을 배제시키는 경향은 고전적 마르크스주의가 반성적 지식론을 전개시키지 못한 근원이라고 본다. 인식비판이 이루어지는 것은 바로 이 차원에서임에도 불구하고.

실천적 관심은 위의 마르크스 비판의 예에서 보는 바와 같이 사회조직 내의 개인이 생존해 가기 위해서는 일상적 언어소통에 있어 신뢰할 수 있는 이해의 상호 주관성이 확립되어 있어야 한다는 사회문화적 삶의 요구에 바탕을 두고 있다.

"해석학적 이해는 바로 그 자체의 구조에 있어서 문화전통 내에서 개인과 집단들의 행위지향적 자기 이해 및 상이한 개인들과 집단들 간의 상호 이해를 가능케 하기 위한 것이다. 그것은 의사소통행위가 의존해 있는 무제약적 형태의 합의와 개방적인 유형의 상호 주관성을 가능케 해준다. 그것은 두 가지 차원에서, 즉 자기 자신의 개인적 내력(생활사)과 그가 속해 있는 집단적 전통이 지닌 수직적 차원에서, 그리고 서로 다른 개인들, 집단들, 문화들이 지닌 전통들 사이를 매개시켜 주는 수평적 차원에서 의사소통이 붕괴되는 위험을 방지한다. 이들 의사소통의 흐름이 중단되어 상호 이해의 공통주관성이 경직되거나 분열되면 도구적 행위가 성취될 수 있을 기본적이며 또한 상보적인 조건, 즉 무제약적인 합의와 비폭력적인 승인가능성이 혼란을 빚는다. 이것이 실천의 전제이기 때문에 우리는 문화과학의 인식구성적 관심을 '실천적'이라고 부른다."[19]

자연과학자들 공동체가 전제하고 있는 의사소통 구조는 그 자체 경험·분석적 과학의 틀 내에서 포착되지 않는다. 개념, 방법, 이론 따위를 논의하고 또 합의가 이루어지며 공통의 의미, 규범, 가치 등등의 구조가 의거하고 있는 차원은 도구적 행위와 동일시될 수도, 또 그것에로 환원할 수도 없는 상징적 상호 작용의 차원이다. 약정들의 적합성 또는 개념들의 의미에 관한 담론의 합리성은 대상 과정들에 대한 조작적 합리성이 아니다. 그것은 의도와 의미, 목적, 가치, 이유 등에 대한 해석과 관련한다. 따라서 경험·분석적 탐구로써 생산되는 객관적 인식은 상호 주관적 이해양식의 인식 없이는 불가능하다. 자연과학에서는 상호 주관적으로 타당한 전과학적 및 메타과학적 언어의 활용가능성, 공통된 의미와 가치라는 기본구조의 활용가능성을 전제한다. 과학적 의사소통을 하나의 요소로 지니는 문화적 삶의 연관은 문화과학의 영역에 속한다.

이 같은 실천적 인식관심에서 역사적·해석학적 학문이 전개된다. 역사적·해석학적 학문은 앞에서 살펴본 경험·분석적 학문과는 다른 방법론적 틀에서 인식을 도모한다. 여기서는 명제의 타당성의 의미가 기술적 통제라는 준거틀 안에서 구성되는 것이 아니다. 공식적 언어와 대상으로 되는 체험의 차원들이 아직 분리되지 않는다. 이론들은 연역적으로 구성되는 것이 아니고 체험은 조작의 성공과 관련하여 조직되는 것이 아니기 때문이다. 사실에의 접근은 관찰이 아니라 의미이해에 의해 이루어진다. 경험·분석적 과학에 있어 합법칙적 가설의 검증이 여기서는 텍스트의 해석과 대비된다. 따라서 해석학의 규칙들이 문화과학의 진술들이 갖는 의미의 타당성을 규정한다. 경험·분석적 학문들과 마찬가지로 해석학은 특수한 행위체계에, 이 경우에는 일상어에 의해 매개되는 상호 작용 체계에 뿌리내리고 있다. 특정의 삶의 구조에 뿌리내리고 있음은 해석학적 탐구가 특정의 인식관심, 즉 의사소통행위가 의거해 있는 개방적 상호 주관성과 비폭력적 승인이라는 유형을 유지하고자 하는 '실천적 관심'에 의해 지배됨을 의미한다.

이 같은 관점에서 볼 때 역사주의 역시 정신적 사실을 직접적 소여의 증거인 것처럼 간주함으로써 그것을 있는 그대로 해석 · 이해하여 순수이론을 확립하려는 또 하나의 객관주의적 환상에 빠져 있다. 그것은 마치 해석자가 텍스트의 의미원천이 되는 세계 또는 언어의 지평 자체에로 자신을 전치시키는 것처럼 보인다. 그러나 여기서 사실들이란 먼저 그것을 확립시켜 주는 기준과 관련하여 구성된다. 따라서 실증주의와 마찬가지로 역사주의도 사회인식에 필요한 비판적 성찰과 자기 반성이라는 비판적 계기를 상실하고 있다.

특히 역사주의는 해석자의 전(前)이해를 고려하지 않는다. 해석학적 인식은 언제나 이 전(前)이해를 통해 매개되며, 전(前)이해는 해석자의 초기상황에서 도출된다. 전통적 의미의 '세계'는 해석과 동시에 명료화되는 정도만큼만 그 해석자에게 자신을 드러낸다. 이해하는 주체는 두 세계, 즉 전통적 의미의 세계와 해석자 자신의 세계 사이에 의사소통을 이룩한다. 그는 전통을 자기 자신 및 자신의 상황에 '적용함으로써' 전통의 실질적 내용을 파악하는 것이다.

방법론적 규칙이 이런 방법으로 해석과 그 적용을 통합시킨다면, 이것은 해석학적 탐구란 행위지향적 상호 이해를 가능케 하는 상호 주관성을 보존하고 또 확대시키려는 구성적 관심에 따르는 실제를 드러낸다는 사실을 가리킨다. 의미이해는 바로 그 구조에 있어서 전통으로부터 도출되는 자기 이해의 틀 내에서 행위자들 간에 가능한 합의를 얻고자 한다. 이것을 기술적 관심과는 대조적으로 '실천적' 인식관심이라 부른다.

3) 해방적 인식관심

해방적 인식관심은 우선 앞의 두 관심들에 의존적 · 파생적 위치를 갖는다. "인류의 자기 형성 과정에 투여된, 그리고 반성운동을 추진하는 이성의 해방적 관심이 상징적으로 매개된 상호 작용과 도구적 행위의 조건을 충족시키고자 하는 한, 그 관심은 실천적 및 기술적 인식관심이라는 제한된 형식을 지닌다. 어느 정도 관념론에 의거하여 도입된 이성의 관심이라는 개념은 유물론적으로 재해석될 필요가 있다. 해방적 관심은 그 자체가 가능한 상호 주관적 행위지향과 가능한 기술적 통제에 대한 관심들에 의존한다."[20]

다른 한편 해방적 인식관심은 앞의 두 관심을 아우르는 가장 근본적인 인식관심이다. 그러니까 해방적 관심은 파생적이며 동시에 가장 근본적인 인식관심이다. 우리가 기술적 관심과 실천적 관심에 의해 지도되는 인식형태들과 분과들을 반성해 보면 그것들이 개방되고 자유로우며 비강제적인 의사소통에 대한 내적 요구를 포함하고 있다는 사실을 깨닫는다. 경험 · 분석적 과학과 역사적 · 해석학적 분과들에 있어서 인식주장의 타당성은 언제나 검사와 도전과 합리적 재평가를 허용한다. 우리는 기술적 관심과 실천적 관심에 의해 전제되어 있는 것으로부터 해방적 관심을 도출할 수 있다. 그러나 이성의 관심은 자체의 충분한 발전을 위한 조건을 증진시키고 왜곡되지 않은 의사소통을 최대한으로 명백하게 요구하는 데 있다는 의미에서 해방적 관심이 기본적인 것이다.[21] 이 같은 해방적 인식관심의 전개가 사회비판 이론을 구성한다.

하버마스는 마르크스의 이데올로기 비판과 프로이드의 정신분석이 그 같은 비판지향적 탐구의 고전적 실례이긴 하지만 그것들을 단순하게 비판이론의 패러다임들로 간주할 수는 없다고 본다. 그 창시자들에 의해 밝혀져 있는 바와 같이 그것들은 공히 '과학이라는 오해'를 빚고 있다. 그러므로 비판적 사회이론의 적절한 모델을 구축하는 일은 아직 미해결상태에 있다는 것이다. 그렇다면 해방적 관심에 적절한 철학적 탐구양식은 어떠한가? 앞에서 본 바와 같이 칸트의 선험적 인식비판 및 헤겔의 현상학적 의식반성은 그 현상형태에 있어서 하버마스의 인식이론 논의를 위한 출발점을 마련해 주기는 하지만 하버마스는 이들 중의 어느 것도 철학의 적절한 견해로 여기지 않는다.

하버마스는 기존 분과학들의 기반을 따지는 것이 아니고 사회적 및 철학적 탐구의 새로운 견해를 형성하기 위한 예비학으로서 인식론적 반성을 도모하고자 한다. 해방적 인식관심에 바탕을 둔 비판적 사회이론이라는 이념이 하버마스 사고의 중심을 이루고 있음을 우리는 그의 여러 가지 논의들에서 포착할 수 있다. 그의 비판이론 개념의 대체적 윤곽은 그의 『인식과 관심』에 나타나 있지만 그것의 발전된 모습은 『의사소통행위론』에 이르러서 등장했다.

현존하는 주요 이론들은 경험적 탐구를 발전시켜 온 결과들로서 그들 자체의 '특수한 정당성'을 지니며, 비판이론은 다양한 이론들 및 그들의 이질적 방법과 전제들을 비판적으로 통합시키는 과제를 갖는다. 비판이론은 하나의 경쟁자로서 기존의 탐구노선과 관련하는 것이 아니라, 근대사회의 등장에 대한 개념에서 출발함으로써 그들 접근방법이 지닌 구체적 한계와 상대적 타당성을 설명하려고 한다.[22] 이로써 하버마스는 비판이론을 어느 것도 배제시키지 않으면서 모두를 보다 포괄적인 틀 속에 포함시킴으로써 경험상으로 타당한 다른 접근법들을 자기 반성적으로 '지양' 하는 것이라고 본다. '다원주의적이면서도 포괄적인 접근법' 이라고 명명한 보어맨의 지적[23]이 비판이론의 방법적 측면을 잘 말해주고 있다.

비판이론에는 '통일성과 다양성이라는 헤겔식의 문제' 가[24] 변증법적으로 살려지고 있는 것—이를 하버마스는 '절차에 입각한 이성의 통일' [25]이라 표현하기도 한다—외에도 다양한 신칸트학파적 이원론의 용어들 사이의 긴장이 있다. 하버마스는 그것에 의거하여 그의 이론을 서술하고 있는데, 이를테면 재래과학과 해석학, 의사소통행위와 전략적 행위, 체계와 생활세계, 이상적 조건과 실제적 조건, 도구적 합리성과 의사소통적 합리성 등이 그것이다. 어쨌건 해방적 관심이 주도하는 비판이론은 호르크하이머의 지적처럼 "인간을 노예화시키고 있는 상황으로부터 인간을 해방시키고자 한다."[26]

지금까지의 논의를 종합해 보면 하버마스에 있어 기술적 관심과 실천적 관심의 배후에는 이성의 해방적 관심이 자리해 있으며, 이성의 해방에의 관심은 곧 자기 반성에 의거하는 성숙한 자율성에의 관심이고, 그것이 그리는 억압과 왜곡 또는 혁명의식이나 계급의식이 사실상 존립할 수 없는 미래사회는 지배 없는 담론 하에서 이견이나 불일치를 점진적으로 해소시켜 가는 변증법적 과정으로 존재한다. 그의 인식관심설은 결국 '인간해방론' 으로 귀결되는데, 그의 해방이론은 완결된 사회이론이 아니라 개방적 비판이론이라는 사실에 유의해야 한다.

4. 인식관심설의 발전적 지양

하버마스는 『인식과 관심』에서 개괄된 체계적 계획이 심각한 결함을 지니고 있음을 곧 깨닫게 되었다. 우리는 번쉬타인의 분석적 해명을 좇아[27] 네 가지의 중요한 결함 또는 부적합성을 지적할 수 있다. 주지하는 바와 같이 하버마스는 후일의 『의사소통행위론』을 통해 자신의 초기 통찰들을 보존하면서 중요한 문제점들을 교정하고 또 탐구의 새로운 방향을 발전시켰다.

1) 하버마스는 먼저 『인식과 관심』을 주도한 그의 분석의 핵심에 중대한 결함이 있음을 깨달았다. 즉 '반성' 또는 '자기 반성'이라는 기본개념이 애매하게 활용되고 있다는 사실이었다. 최소한 두 개의 논리적으로 서로 다른 반성 개념을 언급할 수 있는데, 이들은 신중한 구분을 요하는 것이다. 하버마스는 한편으로는 칸트를 그의 출발점으로 삼아 '인식비판' 의 이념을 제기하고 철저히 규명하고자 한다. 이 맥락에서는 '자기 반성' 이 주관적 인식조건에 대한, 대상화하는 과학이 취급하는 그 사실들의 '아프리오리한 구성' 에 대한, '인식주관의 종합적 성취' 에 관한 반성을 의미한다. 달리 말해서 이성의 활용조건에 대한 이성의 자기 반성을 뜻하는 것이다. 이런 의미에서 퍼어스는 '자연과학의 자기 반성' 을, 그리고 딜타이는 '문화과학의 자기 반성' 을 전개시켰다.

다른 한편 하버마스는 마르크스와 프로이드를 출발점으로 삼아 주체가 담화 및 행위구조 속에 은폐되어 있는 '실체화된 권력' 에 의존해 있는 것으로부터 해방시킬 것을 목표로 하는 '이데올로기 비판' 이념을 전개시키고자 한다. 이런 맥락에서의 '자기 반성' 은 "억압된 대화의 역사적 자취들을 들춰서 억압되어 온 내용을 재구성하는 변증법"[28]을, 즉 "자기 형성 과정에 있어 이데올로기적으로 현재의 실천과 세계관을 규정해 주는 그러한 결정요소들"[29]을 의식하도록 하는 변증법을 가리킨다. 이러한 맥락에서 마르크스는 인류사를 사회적 노동과 계급투쟁에 의해 매개되는 자기 형성 과정으로 재구성하여 자본주의 사회의 생산관계로부터 이데올로기적 베일을 제거했던 것이다. 그리고 프로이드의 정신분석이 "발생적으로 중요한 생활사의 국면들을 이전에는 차단되었던 기억에로 들춰내 개인 자신의 자기 형성 과정을 의식하도록 한 것"[30]도 같은 방법의 것이다.

자기 반성의 이들 두 개념은 동일한 것이 아니다. 앞의 경우에서는 타당한 인식과 행위의 일반적 전제 및 조건들에 대한 철학적 반성을 다룬다. 소크라테스에서부터 계몽사상을 거쳐 칸트와 그 이후에 이르기까지 이런 류의 반성은 흔히 이성의 최고법정으로, 가장 순수한 형태에 있어서의 이성으로 특성화시켜 왔다. 뒤의 경우에는 특정(개인 또는 집단) 주체의 구체적 형성사에 대한 반성에 관계한다. 그것의 목표는 자기 기만으로부터의 해방을 통한 주체 자신의 행위지향적 자기 이해이다. 그러함에도 하버마스는 『인식과 관심』에서 이 같은 결정적인 구분을 충분하게 밝히지 않았을 뿐만 아니라 두 극 사이를 내왕하였다.

2) 두 번째의 주요 결함 역시 앞의 것과 별개의 것이 아니다. 하버마스는 인식구성적 관심을 '준선험적인 것' 으로 이해하며, 이들 인식관심은 단순히 우연적이며 돌발적인 것이 아니라 인간에게 있어 기본적이고 불가피한 것이며, 인간존재로서의 우리의 모든 것 속에 뿌리를 두고 있다고 본다. 그러므로 그것은 인식론적으로 선험적 주장이라는 지

위에 가깝다. 그런데 칸트와 그 후의 선험철학의 전통에서 보면 선험적 주장들은 '선천적' 이어서 그것은 '후천적' 이며 경험적인 것들과는 구별되어야 한다. 우리가 알고 있듯이 칸트에 있어 선천적 종합판단에서 경험내용을 제거(순수화)시키지 않고서는 선천적 종합판단의 보편성과 필연성을 정당화할 수 없다. 그러나 하버마스는 언제나 이성과 의사소통행위에 의해 전제되어 있는 기본구조, 규칙, 범주 등을 확인할 수 있다는 생각에는 공감해 왔으면서도 그러한 탐구가 순수 선험철학에 의해 수행될 수 있다는 사실에 대해 극단적으로 회의적이었다. 진정한 과학의 경험적 가설들을 전개시키는 비판적 사회과학은 순수 선험철학의 유산과는 단절해야 한다는 것이다. 그 결과 『인식과 관심』에서 하버마스는 의사소통행위와 합리성에는 필연적이며 보편적인 조건들이 있다는 주장과 이것들을 과학적 방법으로 발견 · 보증할 수 있다는 믿음 등이 두 가지가 어떻게 동시에 견지될 수 있는지를 밝혀주지 않았다.

3) 세 번째 결함은 사실상 가장 중대한 것이라고 평가할 수 있는 것이다. 이 결함은 또한 하버마스의 '언어적 전환' 을 이해할 수 있는 관건이기도 하다. 『인식과 관심』을 주도한 방법론적 접근은 인식론적 관심에 의해 주도되었다. 후일 잘 밝혀진 바와 같이 인식론적 지향은 지금의 하버마스가 '의식철학' 또는 '주체철학' 이라고 명명하고 있는 것에 의존한다. 인식론적 지향은 데카르트의 '주관성' 에다 그 근대적 뿌리를 두고 있는 것으로서, 독일의 관념론과 후설의 현상학에서 '의식' 과 '주관' 은 아직도 우선적 지위를 차지하고 있다. 하버마스는 이 같은 의식 또는 주체철학의 시각은 의사소통행위가 지닌 상호 주관적이며 대화적인 성격을 파악하는 길을 혼란시키고 심지어는 가로막는다는 사실을 깨달았다. 그것이 '언어학적 전환' 을 통해 『의사소통행위론』으로 발

전 · 전개되고 있다. 의사소통행위론의 입장에서 보면 '상호 주관성' 이라는 개념마저도 그것이 "주체들이란 그들의 사회적 상호 작용에 있어서, 그리고 상호 작용을 통해서 어떻게 구성되며 형성되는지에 초점을 맞추기보다는 오히려 자족적인 주체들이 어떻게 상호 연결되는가를 이해하는 일을 주된 관심사로 간주하는 한 주체철학이 지닌 부담을 벗어나지 못한다"[31)]는 것이다.

4) 네 번째로는 『인식과 관심』에서 전개한 비판적 사회과학에 대한 논의의 개괄성에 주목할 필요가 있다. 『인식과 관심』에서는 비판적 사회과학의 이념 또는 가능성이 중심을 이루고 있을 뿐, 그것의 실질적 전개에 주력하는 것은 아니었다. 뿐만 아니라 하버마스가 마르크스의 이데올로기 비판이 견지하고 있는 방법에 주목하고 또 프로이드의 정신분석에 대한 독자적 해석을 추구하는 것으로부터 우리는 그가 말하는 사회과학의 방법론적 특성을 이해할 수 있다.

번쉬타인의 지적처럼[32)] 당시의 지적 분위기를 고려해 보면 우리는 그의 주제의식을 공감적으로 이해할 수 있다. 실증주의와 역사주의의 유산들이 비판적 사회과학의 가능성을 문제삼았을 뿐만 아니라, 제1세대 비판이론가들 또한 비판적 사회과학의 역사적 실현가능성을 회의하고 있었다. 특히 제1세대 비판이론가들은 근대성을 목적합리성으로 파악하고 있는 베버를 따라 '도구적 이성' 비판과 '부정의 변증법' 으로 경도되어 있었다. 이 같은 도전적 상황에 직면하여 하버마스는 비판적 사회과학의 길을 열고 그 개념적 가능성을 보여줄 필요가 있었다. 그러나 『인식과 관심』에서는 그러한 탐구계획이 어떻게 전개될 수 있을 것인지에 대한 제안과 암시는 있었지만 아직 그것의 체계적 전개는 이루어지지 않았다. "『인식과 관심』은 미래의 비판적이며 과학적인 사회분석을 위한 서론이었다."[33)]

위에서 우리는 『인식과 관심』이 지닌 결함 또는 부적합성을 중요한 몇 가지 측면에서 지적 · 정리하였다. 1968년 이후 하버마스의 사상 전개에서는 예컨대 '준선험적' 인식관심 같은 언급이 사라졌다. 이런 점을 두고서 일부 사람들은 그가 『인식과 관심』의 주요한 체계적 명제들을 포기한 것이라고 생각하기도 한다. 사실은 전혀 그렇지 않다. 그가 자신의 철학적 논의에서 의식철학과 주체철학의 흔적을 지우고자 노력해 온 것은 사실이지만, 그의 본래의 인식관심설에 들어 있는 통찰은 개념상으로 변형되어서 그의 의사소통행위론의 맥락 안에 새로이 등록되어 있음을 확인하게 된다. 한편의 기술적 인식관심과 다른 한편의 실천적 및 해방적 관심은 각기 목적합리적 행위와 의사소통행위라는 범주적 구분으로 전승 · 발전한다. 이제 여기서는 『인식과 관심』에서의 주제가 어떤 형태로 변모 · 발전하는지를 위에서 지적한 결함과 관련하여 살펴보기로 한다.

첫째, '자기 반성' 개념의 애매성과 인식관심이 지닌 '준선험적' 성격을 연결시켜서 이성의 보편적 조건을 합리적으로 재구성하는 방향으로 전개시키고 있음을 볼 수 있다. 하버마스는 칸트의 선험철학의 기획에서, 즉 이성의 활용을 위해 요구되는 보편적 조건을 반성하는 이성의 기획 속에서 그가 건전한 것이라고 이해하는 바를 '재구성적 과학'[34)]을 통하여 살려내고자 한다. 그러면서도 그는 그러한 탐구가 '선천적'이라는 견해와는 단절코자 한다. 달리 말해서 방법론적으로 가장 중요한 점은 재구성적 과학들이 선험철학의 변양된 형태들이 아니라 '경험적'이라는 사실이다. 그것들 자체가 확인이나 반증의 적합한 기준을 따른다는 것이다.

다른 한편 이들 재구성적 과학들은 현대의 자연과학으로 대표되는 경험 · 분석적 학문들과는 조심스럽게 구별해야 한다. 재구성적 과학이란 심층문법과 '전(前)이론적'인 인식의 규칙들을 해명하는 과학이라고 말할 수 있는데—촘스키의 '생성문법', 피아제의 '인지발달이론', 콜버그의 '도덕발달이론' 등이 그 실례들이다—'전 이론적 인식'을 보다 적합한 과학적 세계설명으로 대체시키고자 하는 경험 · 분석적 학문과는 달리 재구성적 과학은 우리들의 '전 이론적 인식'의 기본 문법과 규칙들을 설명하고 명료화시킨다. 하버마스가 발전시키고 있는 '의사소통행위론'과 '의사소통적 합리성 이론', 그리고 '보편적 화용론'[35] 등이 재구성적 과학이다.

일견 하버마스는 해방적 비판의 실천에 관여하기보다는 오히려 재구성적 과학으로서의 의사소통행위론과 보편적 화용론에로 더욱 경도된 듯한 모습을 보이기까지 하였는데, 이는 해방적 비판 자체를 가능케 하기 위하여, 즉 그것이 자의적이며 상대주의적이라는 비난에서 벗어나기 위하여 그것의 규범적 근거를 명료화하고 또 정당화시킬 필요가 있었기 때문이었다. 해방적 비판을 위한 규범적 근거를 마련하는 일이 의사소통행위론 또는 보편적 화용론의 과제였다. 이로써도 족히 이해할 수 있거니와 해방적 비판을 향한 『인식과 관심』의 주제의식은 개념적 변화와 확대를 통해 줄기차게 관철되고 있다.

둘째, 발전된 의사소통행위론은 더 이상 의식철학 또는 주체철학과 벗하지 않는다. 의사소통행위론은 언어철학, 보다 구체적으로 표현하자면 '언표행위론'에 입각해 있다. 그리고 의사소통행위는 상호 이해를 지향하는 독특한 유형의 사회적 상호 작용으로서 성공, 즉 효과적인 목적달성을 지향하는 목적합리적 행위형태와는 구별된다. 적절한 수단에 의하여 목적 또는 목표를 달성하고자 하는 앞의 것과는 달리 의사소통행위의 목표는 상호 이해, 공통된 인식, 상호 신뢰, 상호 일치 등의 상호 주관적 상호 관계를 결과하는 합의를 도출하는 것이다. 합의는 이해 가능성, 진리, 진실성, 정당성이라는 타당성 요구들의 인식에 바탕을 두고 있다. 모든 의사소통행위는 배경적 합의에 기대어서 이루어진다.

대부분의 경험적 상황에 있어서 우리는 갈등과 불일치를 다양한 전략과 기술에 의거하여 해결하지만 의사소통상의 붕괴를 해결하기 위해서는 '담론'과 논증의 수준으로 나아가게 된다. 이상적으로 말해서 그러한 담론에서는 '보다 나은 논거의 힘' 외의 여하한 세력도 허용될 수 없어야 한다. 이 점은 과학적 담론의 영역에서 오랫동안 이행되고 있는 것이다. 상호 경쟁적인 과학이론들과 가설들, 연구계획, 또는 패러다임 사이에 심각한 갈등이 있으면 비조작적이며 비강제적인 논증을 통해 그러한 차이점을 해소시키게 되는 것이 그러하다.

또 하나 주목해야 할 사실은 의사소통행위론을 철저하게 하기 위해서는 역사적인 사회제도와 실천양식 속에는 얼마나 많은 서로 다른 유형의 행위와 합리성이 뿌리박고 있는지를, 그것들이 역사적 경과를 따라 어떻게 변하고 발전하는지를 파악해야 한다는 것이다. 하버마스가 말하는 '합리화' 과정이 바로 이 점에 초점을 두는 것이다. 그가 말하는 합리화란 사회적 행위양식의 합리성 또는 타당성의 증대를 의미한다. 여기서는 목적합리적 행위의 합리화와 의사소통행위의 합리화를 범주상으로 구별해야 한다. 앞의 것은 기술적 수단이 지닌 경험적 효율성과 적합한 수단들 간의 선택의 정합성을 위주로 하고, 뒤의 것은 체계적으로 왜곡된 의사소통을 극복하는 것으로 나아간다.

셋째, 하버마스는 의사소통행위론과 사회과정들의 역동성을 설명해 줄 수 있는 적합한 사회적 이론은 별개의 것이 아니고 개념상 서로 연결되어 있다고 본다. 그러므로 그는 사회적 행위와 행위체계의 합리성을 명시적이거나 묵시적으로 평가함이 없이 단순하게 사회적 양식들을 기술·설명·이해할 수 있다는 편견을 거부한다. 이로써 비판이론은 철학적 분석의 차원과 과학적·경험적 분석의 차원을 결합시켜야 한다고 주장한다. 그는 합리성 및 합리화 과정에 대한 충분한 이해에 바탕을 둔 포괄적 사회이론을 도모하려는 것이다.

이 같은 기본적 접근에서 하버마스는 체계와 생활세계 개념을 탐구한다. 이들 두 개념을 두고 볼 때 한 극의 체계론적 접근에서는 사회적 행위자의 역할이 갖는 의의를 축소시키며, 다른 한 극에서는 사회적 행위자의 창조적 역할과 그들 세계의 사회적 의미들을 구성하고, 협상하며, 재구성하는 방법에 우선성을 부여한다. 하버마스는 여기서 이들 경쟁적 지향들을 변증법적으로 종합하여 생활세계와 사회적 체계 간의 통합을 정당화시키고자 하며, 이들이 어떻게 서로를 전제하고 있는 지를 밝히고자 한다.[36] 그리고 체계지향과 생활세계 지향 간의 종합은 하버마스의 합리성 및 합리화의 서로 다른 형태들에 대한 개괄과 통합된다. 체계합리성은 일종의 목적합리적 합리성이고 생활세계의 합리성은 의사소통적 합리성이다.

하버마스는 합리화 과정의 '선별성'[37]에 착안하여 생활세계의 의사소통적 합리성을 증진시킬 필요를 개념상으로 밝혀주고, 더 나아가 체계적 합리화의 요구와 생활세계의 의사소통적 합리화 간의 적절한 균형을 이루도록 하는 일에 관심을 쏟고 있다. 그의 비판적 실천을 위한 사회이론은 의사소통이론의 관점에 의거하고 있으며, 그 자신 '이성의 옹호자'로서의 철학자의 역할을 고수하고자 애쓰면서 우리들 일상의 사회적 실천을 통해서 의사소통적 합리성을 구현하고 증대시켜가야 할 필요성을 역설하고 있다.

5. 맺는 말

1) 인식관심설은 실증주의 및 역사주의가 의거하고 있는 '객관주의적 환상'을 폭로하는 한편, 그것들로 말미암아 차단되어 온 '반성'의 길을 열고 인식이 삶에서 비롯한다는 사실을 해명함으로써 사회이론으로서의 인식론을 철저하게 하려는 기획이었다.

인식관심설은 '기술적 인식관심'의 해명을 통해 기술적 합리성과 기술적 지배논리의 보편화로부터 결과된 주체의 기형화를 지양하기 위해서는 과학을 지식의 한 범주로, 기술적 조정을 하나의 행위양식으로 보는 '반성적 이해'를 도모하고 기술적 합리성을 포괄적 합리성 이론 안으로 포섭해야 한다고 보았다. 기술적 관심이 일방적으로 지배하고 있는 상황으로부터 벗어나는 반성적 이해를 촉구하는 것이다. 해석학적 방법에 의거하는 '실천적 인식관심'의 해명은 인식자의 '전이해'에로, 그리고 행위지향적 상호 이해를 가능케 하는 '상호 주관성'에로 시선을 돌리도록 유도했다. 이 같은 노력과 더불어 하버마스는 '해방적 인식관심'을 중심으로 한 철학의 반성적 · 비판적 기능을 복원시키려는 기본 지향에 입각하여 비판적 사회이론을 개진하고자 하였다. 그는 해방적 자기 반성의 '망각된' 체험을 복원시키려는 비판적 사회과학을 의도했던 것이다.

2) 『인식과 관심』이 출간된 이후 하버마스는 많은 비판적 도전에 직면하여 자신의 논의를 수정 또는 보완하지 않을 수 없었다. 논의의 대표적 주제는 ① '반성' 또는 '자기 반성' 개념의 애매성, ② 인식구성

적 관심이 갖는 '준선험적' 성격, ③ 인식관심설이 의거하고 있는 인식론적 접근법, 즉 의식철학 또는 주체철학적 접근법의 한계, ④ 해방적 비판을 위한 사회이론이라는 과제 등이었다. 이들의 해소 또는 발전을 위해 하버마스는 ① '재구성적 과학'으로서 '보편적 화용론' 및 '의사소통행위론'을 전개하고, ② 의식철학 또는 주체철학의 시각으로부터 '언어학적 전환'을 통한 의사소통적 합리성을 추구하는 데로 나아갔으며, ③ 의사소통이론에 의거하여 해방적 비판을 위한 규범적 근거를 확립하는 한편, 체계의 합리화와 의사소통적 합리화 간의 적절한 균형을 도모하고자 노력하게 되었다. 이 같은 수정과 변화에도 불구하고 인식관심설이 의도했던 해방적 관심은 '이상적 대화상황'이 실현되는 사회를 향하여 부단히 강화되고 있음을 확인할 수 있다. 하버마스는 비판이론의 중심주제들로서 자유, 자율성, 연대성, 이데올로기 비판, 진정으로 합리적인 민주사회의 가능성 등에 관심을 집중시키고 있다.

3) 우리는 실증주의, 과학주의, 역사주의 등의 압도적 지배 하에서 인간의 자기 성찰과 비판을 통하여, 그리고 의사소통이론에 의거하여 인간성의 자율적 성숙과 해방된 사회를 이룩하고자 하는 하버마스의 철학적 입론에서 인간해방을 향한 유효한 방도를 만날 수 있다고 본다. 소크라테스를 따르는 자기 반성과 대화의 연결이 그 유효한 방도의 하나이다. 이 같은 우리의 기대는 그의 '공론장 이론', '민주적 법치국가론과 시민사회론' 등을 통하여 더욱 구체화되고 또 더욱 고무되고 있다고 평가할 수 있다.

주

1. J. Habermas, *Knowledge and Human Interests*, trans., by Jeremy J. Shapiro (London : Heinemann Educational Books, 1972), 311쪽. 이하 인용은 KHI로 함.
2. 위의 책, 308쪽.
3. 위의 책, 308–311쪽.
4. KHI., 서문 vii쪽.
5. 위의 책, 제1장.
6. 위의 책, 제2장.
7. 위의 책, 41–42쪽.
8. Karl R. Popper, *Objective Knowledge* (Oxford : The Clarendon Press, 1972), 342쪽.
9. 위의 책, 345쪽.
10. Thomas McCarthy, *The Critical Theory of Jürgen Habermas* (Massachusetts : MIT Press, 1985), 48–49쪽.
11. Thomas Kuhn, *The Structure of Scientific Revolution* (Chicago : The Univ. of Chicago Press, 1975), 205–206쪽.
12. Thomas McCarthy, 앞의 책, 52쪽.
13. KHI., 312–315쪽.
14. 위의 책, 특히 부록, 301–317쪽.
15. Richard J. Bernstein, ed., *J. Habermas and Modernity* (Massachusetts : The MIT Press, 1985), 10쪽.
16. KHI., 191쪽.
17. J. Habermas, *Towards Rational Society* (London : Heinemann, 1971), 90쪽.
18. 위의 책, 191쪽.

19. 위의 책, 176쪽.
20. 위의 책, 211쪽.
21. 위의 책, 310쪽.
22. J. Habermas, *The Theory of Communicative Action*, II trans., by Thomas MacCarthy(Boston : Beacon Press, 1984, 1987), 375쪽. 이하에서는 TCA로 함.
23. James Bohman, "Habermas, Marxism & Social Theory : The Case for Pluralism in Critical Social Science", in *Habermas, A Critical Reader* ed., by Peter Dews (Blackwell Publishers, 1999), 58쪽.
24. 위의 책, 61쪽.
25. TCA. I, 249쪽.
26. M. Horkheimer, *Critical Theory*(New York : Herder and Herder), 244쪽.
27. Richard J. Bernstein, 앞의 책, 12–25쪽.
28. KHI., 315쪽.
29. *Theory and Practice*, 22쪽.
30. KHI., 228쪽.
31. Richard J. Bernstein, 앞의 책, 14쪽.
32. 위의 책, 15쪽.
33. 위와 같은 곳.
34. J. Habermas, "Reconstruction and Interpretation in the Social Sciences", in *Moral Consciousness and Communicative Action*, trans, by Christian Lenhardt and Shierry Weber Nicholson (Messachusetts : The MIT Press, 1995), 21–42쪽.
35. J. Habermas, "What Is Universal Pragmatics?", in *Communication and the Evolution of Society*, trans., by Thomas McCarthy(Boston : Beacon Press, 1967).
36. TCA., 특히 제8장 제3절 참조.
37. TCA., 제2장.

참/고/문/헌

Habermas J., *Erkenntnis und Interesse*, Frankfurt am Main : Suhrkamp Verlag, 1968.

______, *Knowledge and Human Interests*, trans., by Jeremy J. Shapiro, London : Heinemann, 1972.

______, *The Theory of Communicative Action*, I, II. trans., by Thomas McCarthy, Boston : Beacon Press, 1984, 1985.

______, *Theorie und Praxis*, Frankfurt am Main : Suhrkamp Verlag, 1971.

______, *Theory and Practice*, trans., by Jeremy J. Shapiro, London : Heinemann, 1971.

______, *Hermeneutik und IdeologieKritik*, Frankfurt am Main : Suhrkamp Verlag, 1971.

______, *Moral Consciousness and Communicative Action*, trans., by Christian Lenhardt and Shierry Weber Nicholson, Messachusetts : The MIT Press, 1995.

______, *Communication and the Evolution of Society*, trans., by Thomas McCarthy, Boston : Beacon Press, 1976.

Arato, Andrew and Gebhardt, Eike, ed., *The Essential Frankfurt School Reader*, New York : Continuum, 1982.

Bernstein, Richard J., ed., *Habermas and Modernity*, Massachusetts : The MIT Press, 1985.

Dews, Peter, ed., *Habermas, A Critical Reader*, Oxford : Blackwell, 1999.

Held, D., *Introduction to Critical Theory*, Univ. of California Press, 1980.

Horkheimer, Max, *Critical Theory*, New York : Herder and Herder, 1972.

Kant, I., *Was ist Aufklärung?* Frankfurt am Main : Suhrkamp Verlag, 1977.

Kuhn, Thomas, *The Structure of Scientific Revolution*, Chicago : The Univ. of Chicago Press, 1985.

Lobkowicz, Nikolaus, "Interest and Objectivity : Review of Knowledge and Human Interest, by Jürgen Habermas", in *The Frankfurt School*, vol. V, ed., by Jay Bernstein, London : Routledge, 1994.

McCarthy, Thomas, *The Critical Theory of Jürgen Habermas*, Massachusetts : The MIT Press, 1985.

Popper, Karl R., *Objective Knowledge*, Oxford : The Clarendon Press, 1972.

10장
자연평가에 있어 동양은 서양을 도울 수 있는가?
– 환경윤리 서설 –

1. 환경윤리의 요청

최근 들어 우리는 '엘리뇨', '라니냐' 또는 '엘리뇨와 라니냐의 합작', '가이야 현상' 등의 용어들을 자주 접한다. 모두 기상이변, 그로 말미암은 자연재해와 생활환경의 파괴를 염려하면서 그 설명의 가설로서 등장·활용되고 있는 개념들이다. 우리는 지금 자연과 인간 또는 자연과 문명 간의 관계를 성찰하게 하는 엄숙한 계기를 맞고 있다.

문명의 진보와 개발은 언제나 자연에 대한 간섭이나 파괴와 더불어 진척되어 왔다. 땅을 개간하고 도시를 건설하며 전쟁을 치르고 교역을 도모하는 일들은 많든 적든 자연을 침해·파손하고 또 자연을 변형·이용함으로써만 가능했다. 이에서 비롯된 것이 경험과학이다. 경험과학, 즉 자연과학적 성격의 지식이란 자연에 대한 인간의 제어 또는 지배능력을 신장시키려는 노력의 결과였다. 이른바 '베이컨주의 프로그램(Baconian Program)[1)]이 바로 그것이다. 실증적 · 과학적 지식의 발전은 인간의 물질적 욕구충족에 부응하고 자연이용의 효율성을 증대시키는 한편, 그 자체에 대한 통제와 조정의 능력은 갖추지 못하였다. 결국 흄(D. Hume)식의 '사실과 가치의 이원화'가 역설되면서 '사실적 진리' 지향의 자연과학은 19세기에 이미 과학주의(Scientism)로, 그리고 오늘날에는 기술제일주의(Technicism)로 편향 · 경직화하였다.

분석과 기술과 논리를 일방적으로 옹호하는 나머지 종합적 전체와 인륜적 당위, 그리고 감성적 느낌을 경시 또는 간과하는 사태를 부채질한 것이다. 더욱이 대량생산과 대량소비의 생활양식이 보편화되면서 자연자원의 고갈, 물과 토지 및 공기의 오염, 생태계 파괴, 대규모 종의 돌연한 소멸, 자연이 지닌 심미적 가치의 탈락 등과 같은 자연위해 환경이 급속히 확대되었다. 소비주의에 대한 맹목적인 추종과 소유에 대한 갈망, 이 갈망을 채우기 위한 무자비한 자연착취, 이로 인한 환경오염의 악화가 초래된 것이다. 생태학,[2)] 슈바이처가 말하는 생명경외 윤리,[3)] 유기적 자연관,[4)] 동양사상 또는 동양의 자연관 등이 환경문제 · 환경윤리와 관련하여 논의의 중심으로 부상하게 된 것은 이 같은 맥락에서였다.

우리는 환경윤리의 확립과 실천이 초미의 관심사로 대두된 시대에 살고 있다. 인간의 생활환경이란 주변세계의 여건, 특히 자연환경을 위시한 사회환경, 기술환경 등을 포괄하는 개념이다. 사회환경이나 기술환경 역시 자연환경에 기반하고 있는 만큼 환경윤리의 중심은 인간과 자연과의 관계로 수렴된다. 환경윤리의 확립은 자연관에 대한 반성적 정리를 출발점으로 삼는다고 보겠다. "환경윤리의 주된 과제는 자연환경에 대한 인간의 태도, 행동 및 행위를 규율해 주는 규범적 지침들의 체계를 구축하는 일이다. 인간은 자연에 대해서 개인적으로나 또는 집단적으로 어떻게 행동하고 행위해야 하는가가 환경윤리의 중심문제이다"라는 포-궁 입(Po-Keung Ip)의 주장은 아주 옳다.[5)] 따라서 우리의 논의는 인간 중심의 윤리적 태도, 특히 서양의 자연지배적 성격의 세계관을 수정하여 인간 외의 다른 자연존재들에 대해서도 도덕적 성찰을 도모해야 한다는 믿음에서 시작한다. 이를 위하여 제2절에서는 과학적 사유의 기반을 이루고 있는 서구적 자연관을, 그 근간으로 여겨지는 대표적 관점들을 중심으로 하여 정리하게 될 것이며, 물론 그것이 갖는 환경윤리적 문제들을 지적하는 데 큰 비중을 둘 것이다. 제3절에서는 동양적 자연관을 살펴보면서 그것이 서구적 자연관의 취약점들을 보완 또는 대체할 수 있는 비전을 지니는 것인지를 검토하고자 한다. 제4절에서는 위에서 논의되는 두 관점들이 보완적 발전을 이룩할 수 있는 것인지를 살펴보고자 한다.

2. 과학적 사유의 기반

1) '자연'을 그 안에 인간이 살고 있는 비인위적인 환경을 가리키는 것이라고 볼 때 사실상의 환경윤리는 다음과 같은 세 가지 질문에 적절한 해답을 주어야 한다.

첫째, 자연의 본성은 무엇인가? 둘째, 자연에 대한 인간의 관계는 무엇인가? 셋째, 인간은 자연과 더불어 어떤 관계를 유지해야 하는가?[6)] 이 같은 관점들을 중심으로 하여 기존의 자연이해를 몇 가지 살펴보자.

우선 '자연' 개념에 대한 규정이 보다 뚜렷해져야 하겠다. '자연'

이라는 말은 복합다의한 내포를 지니는 것이기 때문이다. 간단하게 보면 자연이란 우리를 에워싸고 있는 외계, 즉 계량화할 수 있는 세계로서, 그 안에 인위적인 것이라고는 아무것도 포함하고 있지 않을 뿐만 아니라 "인간의 행위를 통해 수정되지 않은"[7] 주어져 있는 그대로의 세계를 가리킨다. 그러나 헤겔이 말하는 '제2의 자연'(Secunda Natura, die zweite Natur)을 고려하게 되면 이해는 훨씬 복잡해진다. 거기에는 인간의 습속, 문화, 예술, 도덕 따위가 귀속한다. '제2의 자연'은 일반적 의미의 자연에다 인위적 요소들을 첨가시킨 것으로서 이것은 전통적 의미의 자연과는 구분된다. 일반적 의미 = 전통적 의미의 자연을 '자연 1'이라고 부르고 '제2의 자연' = 인위적 요소가 첨가된 자연을 '자연 2'라 명명해 보자.[8] '자연 1'은 환경논의가 있기 이전의 자연으로서 자신의 자율성에 의해 스스로를 통제하고 또 스스로를 조직하는 유기적 자연인데 비해, '자연 2'는 우리의 환경논의가 있게 된 이후의 과학-기술 중심적 경향에 부흥하는 자연으로서 자기 통제 및 자체 조직에 문제가 따르고 있다. 그러므로 환경문제가 위기로 여겨지고 있는 심각한 상황하에서 '자연 2'가 '자연 1'로 된다는 것은 하나의 기대에 지나지 않는다. '자연 1'과 인공물들이 공존하는 자연은 더 이상 '자연 1'일 수 없다. 오늘날의 자연은 전통적 의미의 자연과 분명코 구별되며, 따라서 새로운 이해를 요구하고 있다. 페스모어(John Passmore)가 '자연'이라는 말이 매우 애매하기 때문에 그에 대해 언급하기가 어렵다[9]고 지적한 속뜻을 이해할 수 있다.

또한 자연은 관측시각에 따라 다른 성격을 드러낸다.[10] 합리적 또는 경험적 시각에서 보면 자연은 '가치'가 아니라 '사실'이다. 그러나 정신적 시각에서 보면 자연은 정신적 존재의 표현 또는 정신적 실재에 근거한 현상으로서 그것은 가치담지자가 된다. 이와 유사하게 자연을 원자론적-기계적 패러다임에 의거하여 파악하는 경우와 전체론적-유기적 패러다임에 의거하여 파악하는 경우로 나누어 볼 수도 있다. 흔히 앞의 것은 서양 자연관의 패러다임이고 뒤의 것은 동양 자연관의 패러다임으로 이해되고 있다. 더 나아가서 우리는 '자연'을 생물학적 의미의 것과 윤리적 의미의 것으로 구분해 볼 수도 있다.[11] 먼저 생물학적 의미에서 인간을 자연의 일부로 간주하고 보면 인위적으로 순치된 것과 자연적 · 야생적인 것으로 구분하는 환경론자들의 자연 개념 활용이 난관에 이른다. 우리 인간이 자연의 일부라면 우리가 수행하는 모든 것은 자연의 일부가 되고, 따라서 그 일차적 의미에서 자연스런 것이기 때문이다. 자연과 인간을 일체화시키려는 견해는 생물학적이기보다는 형이상학적 또는 윤리적인 것으로 평가해야 한다.

다른 한편 윤리적 의미에서는 자연을 다시 두 가지 뜻으로 이해할 수 있다. 하나는 "근본을 회복한다"(復其初)고 할 때의 '근본'과 '처음'을 가리키는 자연이 있을 수 있다. 다른 하나는 자연을 물질적 실재로서가 아니라 가치담지자로 상대하는 것이다. 자연을 가치담지자로 파악하는 경우에는 자연의 가치를 어떻게 이해하는가에 따라 인간의 태도가 구별되어 나타난다. 이를테면 자연의 가치를 인간을 위한 도구적인 것으로 간주하게 되면 '인간중심주의'(anthropocentrism)가 결과되고, 자연을 각양 각종의 존재들이 상호 의존적으로 존립해 있는 거대한 체계로 이해하면서 연속적이며 조화로운 가치를 중시하게 되면 '생태중심주의'(ecocentrism)가 되며, 자연을 하나의 유기적 생명체로 간주하여 그 생물적 고유가치를 중시하면 '생명중심주의(biocentrism)로 나아가고, 신유학에서처럼 자연을 무궁생생불식(無窮生生不息)하는 기(氣)의 유행으로 이해하면서 개별물의 가치를 기(氣)의 취산(聚散)에 입각하여 동등시하는 데서는 '기(氣)중심주의'(Chi-centrism)가 도출된다.

이상과 같은 자연 개념에서 우리의 논의는 '자연 1' 의 범위 내로, 그리고 '근본' 과 '처음' 을 뜻하는 것으로 한정시키면서 자연이 지니는 사실과 가치, 생명과 윤리의 두 차원을 아울러 승인하고자 한다. 따라서 여기서 논의하고자 하는 자연관에서는 다소의 논쟁을 불러일으킨 바 있는 '복구명제'(restoration thesis)[12]에 동의하지 않는다. 손상이나 파괴가 복원되면 원래의 '자연' 으로 간주될 수 있다는 이 명제는 의미와 가치와 생명의 연속성 따위를 고려하지 않기 때문이다.

2) 이제 그간의 자연과학적 사유의 기반을 이루고 있는 서구적 자연관을 정리해 보자. 많은 사람들이 공감하고 있는 바를 따라서 우리도 서구의 자연관은 '인간중심주의' 또는 '생명중심주의' 가 주축을 이루고 있으며 개인주의적 · 원자론적 · 기계론적 접근법에 의존해 있는 데 반해, 동양의 자연관은 '생태중심주의' 또는 '기(氣)중심주의' 의 관점에 입각해 있으면서 인간과 세계의 조화를 반영하는 전체론적 성격을 지니는 것으로 이해한다. 챙(Chung-ying Cheng)은 이런 차이를 '인과성' 의 이해에 따라 구분짓는다.[13] 즉 서양의 과학적 인과성 개념은 원자론적 · 외래적 · 기계론적인 데 비해, 중국의 인과성 모델은 반원자론적-전체론적 · 반외재적-내재적 · 반기계론적-유기적인 것으로 파악한다. 서양의 입장은 인간세계와 비인간세계의 대립에 근거한 인간과 환경 간의 외적 관계에 목적을 맞추고 있어서 세계 내의 모든 것은 그 자체 하나의 닫힌 세계로서의 실재에서 개별적으로 분리시켜 다룰 수 있는 것으로 전제하고 있기 때문이다.

이 점은 그리스적 사유전통에서도 수월하게 확인할 수 있다. 오르페우스 신화로부터 피타고라스와 플라톤을 거쳐 프로티노스에로 이어지는 사상체계에서는 기하학적이며 논리적이고 형상적(形相的)인 사고방식이 주축을 이루고 있으며, 이에서 원자론과 기계론 및 이원론이 산출되었다. 이 같은 흐름의 중심 또는 정점에 자리해 있는 플라톤의 입장에서 자연을 둘러보자. 그의 사유기점은 '초월적 형상론'(形相論, transcendental formism)이다. 예지계에 존재하는 기하학적 원형으로서의 형상을 분유해 있는 현상계의 존재들은 생성 · 소멸하는 무상한 운명의 소유자들이다. 따라서 자연은 실재가 아닌 가상, 기껏해야 실재의 유한한 표현으로서의 현상에 지나지 않는다. 관심의 초점은 영속적 실재로서의 형상에 모아지고 무상한 현상으로서의 자연은 상대적으로 폄하 · 경시된다.

현상적 자연의 크기와 내재적 구성 및 그 작용을 이해하려는 노력이 레우킵포스(Leukippos)와 데모크리토스(Demokritos)로부터 발아하여 근대의 브루노(G. Bruno), 갈릴레이(G. Galilei), 베이컨(F. Bacon) 등으로 발전해 온 원자론으로 체계화되었다. 데모크리토스에 따르면[14] ① 세계는 공허한 공간과 원자로 구성되어 있으며, 원자는 항상 자기 운동을 하고 있어서 모든 변화는 원자의 집합이산에 귀착한다. ② '무'에서는 아무것도 생겨날 수 없고 존재하는 것은 소멸하지 않는다. ③ 모든 현상은 필연적으로 일어나며 우연성이란 존재하지 않는다. 이 같은 원자론은 17세기에 이르러 공허한 공간과 불가분할의 원자는 인정하지 않으나 세계의 입자적 구조는 인정한다는 이른바 '입자론'(Corpuscular Theory)이 출현했는데, 그 대표자가 데카르트(R. Descartes)였다.

초월적 형상론이나 원자론 또는 입자론에 의거한 자연이해는 결국 자연이 지닌 물질적 운동법칙으로서의 기계적 · 필연적 성격을 파악하여 그것을 인간의 '진보와 발전'을 위해 활용하는 것을 최선의 가치로 수용하게 되었으며, 과학과 논리, 그리고 그것의 실천적 수행자로서의 이성을 숭상하는 방향으로 진행되었다. 지금의 수학화, 과학화, 합리화,

실증화의 추세는 그 같은 진행의 현실적 결과이다.

서양인들의 자연관 형성에 바탕을 제공해 준 것은 그리스적-기독교적 사상이다. 이는 위에서 본 플라톤 등으로부터 스토아 사상 및 아우구스티누스를 거쳐 데카르트에서 정점에 이른다. 데카르트는 특히 인간을 다른 동물과 구별짓는 일에 열정적이었다.[15] 그의 제자 말브랑슈(Nicolas de Malebranche)에 의하면 모든 고통은 '아담의 죄'의 결과이다. 그러한 죄에 연루되어 있지 않은 동물들은 고통을 느끼지 못한다. 인간의 행위결과로서 동물이 실제로 고통을 받는 것이 아니라, 그들은 다만 정확히 자신들이 괴로움을 받는 것처럼 행동하는 것일 뿐이다.

동물에 대한 잔인성은 인간에 대한 잔인성을 환기시킨다는 경험적 가정 하에서만 나쁜 짓이다. 만약 동물에 대한 잔인성이 본래부터 나쁜 것으로 여겨졌더라면 인간이 자연에 대해 어떻게 처신해야 하는가의 문제가 도덕적으로 아무렇게나 해도 상관 없는 것이 되지는 않았을 것이다. 달리 말해서 자연에 대한 인간의 관계는 순전한 인간의 이해관계에 대한 관심으로 환원시킬 수 없는 도덕적 숙고에 따르도록 되었을 것이다. 즉 타인에 대한 의무나 아니면 칸트가 생각한 것처럼 자기 자신에 대한 의무로 돌릴 수 없는 또 다른 도덕적 고려를 필요로 했을 것이라는 견해이다. 그러나 자연에 대한 인간의 관계를 위해 도덕적 고려가 요구되었던 것은 아니다. 자연은 인간의 필요에 자신을 내맡기는 이용 대상물에 지나지 않았다. 자연은 여하한 의미에서든 신성한 것이 아니다. 신은 예컨대 빵과 포도주처럼 특정 장소나 사물에다 필요에 따라 신성을 부여한다. 그러므로 자연은 인간중심주의의 시각에서 이용과 지배의 대상일 수 있었다.

데카르트에 의하면 인간이 자연의 지배자와 소유주가 되는 일이 인간의 과제이다. 그의 눈으로 볼 때 세계에 대한 인간의 적절한 태도는 대상들을 활용하고 이용하는 것이다. 그는 자신의 선배격인 베이컨과 마찬가지로 '실천과학'(과학에 바탕을 둔 기술)이라고 부르는 특별한 자연이용 방법을 제시했다. 이것은 서양의 과학을 지배해 온 자연에 대한 태도인데, 이를테면 법칙을 통한 이해, 기술에 입각한 변형 등이다. 소급해 보면 이러한 사상은 플라톤적이다. 플라톤에 있어 '이해'란 추상적으로 인식되는 과정과 구체적 대상들 간의 기능적 관계를 수학적으로 표현할 수 있게 되는 것이다. 기독교적 사유의 또 다른 특징은 세계란 완전한 구형으로 창조되었으며, 우리가 대하는 현재의 산과 계곡을 갖춘 자연은 음울한 폐허, 즉 '아담의 죄'의 우울한 흔적이라는 것이다. 데카르트학파의 말브랑슈는 자연에 직각적인 고형물들 외의 것들이 포함되어 있는 사실을 유감으로 여기기까지 한다.

헤겔과 마르크스에 있어서 자연은[16] 그 자체가 부정성이다. 자연은 단지 지양되고 인간화되기 위해 존재할 뿐이다. 인간이 그것을 인간적인 것으로 만듦으로써만 인간은 자연에다 자유를 부여하고 자연을 그 질곡으로부터 해방시킬 수 있다. 이것은 자연의 미를 예술작품보다 열등시하는 태도로 연결된다. 이와 동일한 연장선 위에서 스펜서(H. Spencer)는 세계를 거대한 인공적 정원으로 변형시키는 일이 인간의 주요 과제라고 보았다.

위의 논의들을 데카르트와 헤겔 중심으로 정리하면 데카르트에 있어 물질은 불활성의 수동적 존재이고, 그것에 대한 인간의 관계는 절대적 지배자의 관계이다. 인간은 자연을 재구성할 수 있고 변형할 수 있다. "자연은 인간의 수중에 있는 밀랍(Wax)이다."[17] 물질은 저항력을 지니고 있지 않으며, 여하한 작용도 없다. 헤겔에 있어서 자연은 잠세태로 존재할 뿐이다. 기예와 과학, 철학을 통하여 그것의 실현 · 현실화를 돕는 것이 인간의 해야 할 바다. 그것을 인간적인 것으로 전환시켜서 그 안에서 인간이 편안함을 느끼고, 어떤 의미에서든 간에 그에게 낯설고 소원한 것이 되지 않도록 하는 것이 인간의 과제이다. "자연은 그 안에서 인간이 자신의 얼굴을 비춰볼 수 있는 거울이다.[18]

3) 이상에서 개관해 본 바와 같은 자연관이 16세기의 종교개혁, 17세기의 과학혁명, 18세기의 계몽사상 따위와 결합되어 인간중심주의, 이성중심주의, 총체론적 사회인식, 해방과 진보의 역사관 등을 주축으로 하는 이른바 '모더니티의 기획'[19]을 약진시켰다. 희망과 기대에 부풀고 자신감에 도취한 인간은 낙관적 미래상을 그리면서 완성과 정점을 향해 달리는 듯 착각하기도 하였다. 그러나 그 결과는 너무나 배반적이었다. 오히려 인간을 물질의 노예로 전락시키고 능률을 빙자하여 관료주의적 철장 속에 얽매이게 하였다. 인간은 실증주의의 시녀가 되어 자연을 지배와 정복의 대상으로 간주함으로써 그것을 크게 훼손시켜 급기야는 인류의 생존 자체가 위협받기에 이르렀다. 나아가 과학과 기술의 강조는 자연뿐만 아니라 인간까지도 통제와 조종의 대상으로 여기게까지 되었다. 하그로브(Eugene C. Hargrove)가 전하는 바에 의하면,[20] 마쉬(George Perkins Marsh)가 지금부터 1세기 전에 그 사실을 지적하기 전까지는 서양인들은 결국 인간의 행위가 전반적으로 환경에 손상을 끼칠 수 있다는 사실을 인식하지 못했으며, 최근 1960년대 중반까지는 그 사실이 일반적으로 알려져 있지 않았다는 것이다.

현행의 과학적 사유의 기반을 이루고 있는 서양 자연관의 인간중심주의 성향과 자연에 대한 도구적 가치의식, 개인주의적·원자론적·기계론적 자연이해의 양식들은 반성과 보완과 수정을 요하는 지점에 이르렀다. 환경문제는 인간과 자연에 대한 새로운 접근법을 요구한다. 과연 동양의 자연관이 이 몫의 일부를 수행할 수 있는 것일까?

3. 동양의 자연관

1) '동양의 자연관' 이라면 대표적인 것만으로도 유가, 불가, 도가 등의 자연관을 포괄하는 것이어야 할 것이나 그들 간에도 존재론적 관측구조의 차이로 말미암는 자연철학의 내용이 각기 달리 구축되고 있기에 이들을 단일한 지평 내에서 취급하기가 어렵다. 따라서 필자는 '동양의 자연관' 의 한 실례로서 신유학의 근본입장을 살피는 것에 한정시키고자 한다. 신유학은 불교와 도가의 많은 진수들이 유입되어 있어서 동양적 사유 또는 자연관의 표본적 경우로 간주하더라도 별다른 무리는 없을 것이다.

우선 동양인과 서양인의 사물이해 양식의 기본적인 차이에 주목해 볼 필요가 있다. 사물이해 양식이 자연관의 차이를 낳을 수도 있고 자연관의 차이가 별개의 이해양식을 결과시킬 수도 있는 것이어서 삶과 자연과의 관련을 살펴볼 수 있는 요긴한 단서일 수 있기 때문이다. 이 같은 입장에서 동양인들은 삶을 과학보다도 예술로 보는 경향이 강하다고 말할 수 있고, 이와는 상대적으로 서양인들의 삶은 논리성 및 과학성을 중시한다고도 평할 수 있다. 논리적 구성에 있어서는 추상적인 것이 우선하는 반면에 예술적·심미적 융화에서는 구체적 특수(개별자)가 우선한다. 이 점을 필자는 아미즈(Roger T. Ames)의 '논리적 구성(logical construction)과 '심미적 융화(aesthetic composition) 개념에 의거하여 정리해 보기로 한다.

먼저 '논리적 구성' [21]은 다음과 같은 특성을 지닌다.

(1) 미리 규정되어 있는 관계구조(型), 즉 '청사진' 으로부터 출발하며, 그 안에서의 통일성이 구성요소들의 다양성에 앞선다.

(2) 이같이 미리 정해진 구조를 만족시키는 범위 내에서, 그리고 그것을 만족시키는 데 필요한 범위 내에서만 구체적 특수성을 수용하며, 이와 같은 류의 조건들을 충족시켜 줄 수 있는 것이라면 어떤 것이든(구체적 특수들 간의) 상호 대체가 가능하다.

(3) 오로지 주어진 일정한 구조를 해명하는 데 필요한 측면들까지만 구체적 특수들을 환원시키는 것이라면 그것은 기필코 구체적 특수로부터 보편으로 이행해 가는 형식적 추상화의 과정을 수반한다.

(4) 그것은 미리 규정되어 있는 명세서를 충족시키는 것과 같은 '폐쇄적' 활동이다. 따라서 완성의 정도를 계량적 용어로 기술할 수 있다.

(5) 필연성의 성격을 지님으로써 창조성보다는 순응성이 강조되고, 색다른 것은 결함으로 여겨진다.

(6) 이러한 맥락에서의 '올바름' 은 미리 정해져 있는 구조에 순응 · 일치하는 정도를 가리킨다.

이를 요약해 보면 '논리적 구성' 의 특징은 ① 구조(型), 통일성, 형상이 선행한다. ② 형상이 우선하는 것이기 때문에 구체적 특수, 즉 개별자들은 형상을 실현 또는 충족시키는 상대적이며 과정적인 내용물에 지나지 않는다. ③ 추상화, 개념화, 기하학적 도형화가 사유의 기본 성격으로 이해됨으로써 원리, 법칙, 규칙에 대한 탐구가 사유기능의 중심을 차지한다. 따라서 개체, 특수, 차이 같은 것들은 예외, 불규칙, 이단으로 폄하된다. ④ 본질이 구체적 현존에 앞서는 것이어서 현존하는 모든 것은 예정되어 있는 본질을 구현 또는 충족시켜 가는 점진적 과정으로 간주되며, 일체의 진전은 계량적 발전으로 평가된다. ⑤ 형식논리의 법칙들, 예컨대 동일률, 모순율, 배중률 등이 사유작용을 이끈다. 따라서 이질성과 차별성을 부단히 배격하면서 동일화 또는 보편화의 행진을 발전으로 평가한다. 서양사상에 있어서 근대 이전 시기에서는 형상과 이념이 사유를 자극하고 인도했으며, 근대 이후에는 귀납적 일반화가 과학적 탐구의 논리에 있어 중추를 이루었던 것은 동일한 성격의 것이다. ⑥ 사회 · 정치적 맥락 안에서 우리가 의무적인 규칙이나 이상들 또는 원리들, 즉 관련성의 객관적 형식들에 순응하는 만큼 우리들 자신이 '논리적 질서' 로 구성된다.

이 같은 '논리적 구성' 위주의 사물의 이해양식은 앞의 2절 2) 및 2절 3) 에서 논의했던 바와 같은 법칙적 · 물리적 · 기계론적 자연관으로 연결되거나 또는 그러한 자연관을 전제한다. 그리스 및 헤브루 정신에 바탕을 둔 서양 사상체계들은 자연으로부터 출발하여 그 속의 일부로서 인간을 파악하는 데로 나아간 것이 아니라, 그와는 반대로 인간으로부터 출발하여 자연이해에로 나아간 것이기 때문에 이들의 자연관에는 불가피하게 '인간중심주의', 즉 논리 · 정신 · 이성 · 이념 등이 우선시될 수 밖에 없었으며, 그들은 자연의 법칙적 측면을 탐구하여 인간의 지배의지를 강화시키는 방향을 지향하게 되었다.

이와는 달리 중국을 중심으로 한 동양인들의 성향은 '심미적 융화' 를 위주로 하는 데 그 특징이 있다. 그것의 두드러진 성격들을 다음과 같이 이해할 수 있다.[22)]

(1) 그것은 단일한 개별자가 지니는 독자성에서 출발하며, 다른 개체들과의 결합을 통해서 복합적인 연관구조를 출현시키고, 그럼으로써 개별자들 상호 간에 있어 여하한 대체도 허용치 않는다. 다양성이 통일에 앞서며, 분리가 결합에 선행한다.

(2) 그것은 스스로를 조화 또는 질서의 생산자로 드러내는 구체적 · 특수적 개별자의 고유한 관점을 중시하며, 조화 또는 질서는 그러한 개별자들의 상호 관련적 복합성에 의거해 표출된다.

(3) 조화를 위해 특수성이 온전하게 전개되도록 하는 데 관심을 갖기에 그것은 기필코 보편적 특성보다는 구체적 개별자를 우선시한다.

(4) 그것은 개방적 활동이다. 즉 개별자들의 고유성을 반영하는 새로운 유형들 속에서 구체적인 개별자들의 조정이 이루어진다. 따라서 그것은 풍요로움, 강도(强度) 등과 같은 질적 언어로 기술할 수 있다.

(5) 미리 정해져 있는 원리에 의해 규정되는 것이 아니라는 사실에서 그것은 근본적으로 무질서한 것이며, 우연적인 것이고, 그럼으로써 창조를 위한 최선의 바탕이 되는데, 여기서 말하는 창조성은 결정론과 대립되는 것으로 이해할 수 있다.

(6) 이러한 맥락에서의 '올바름' 은 개별자의 두드러진 특성이 이러한 구체적 개별자들의 결과적인 통일과 긴장을 빚으면서 얼마나 자연스럽게 심미적 즐거움을 줄 수 있는가의 정도를 가리킨다.

이들을 요약해 보면 '심미적 융화' 의 특성은 ① 개체를 우선시하며, 개체들 간의 상호 대체를 용납하지 않고 다양성을 중시한다. ② 구체적이며 특수한 개별자의 고유 관점을 중요시하며, 질서와 조화는 다양한 개별자들의 융화의 소산이다. ③ 구체적 개별자들이 보편적 특성에 선행한다. ④ 개체와 보편 간의 관계는 개방적이며 역동적이어서 개체들의 고유성이 보편적 구조나 유형을 산출시키며, 보편적 구조나 유형이 개별자들을 유별화시키고 정리한다. 또한 계량적 측면보다는 개별자들의 질적 차이를 우선시한다. ⑤ 자생자화(自生自化)하는 우연적 존재인 개별자들의 독자성과 개성을 높게 평가함으로써 이들이 서로 간의 조립이나 융화를 통해 부단히 창조성을 발휘할 수 있도록 용인한다. ⑥ 존재의 조직과 질서는 참여자들의 자발적인 조정으로부터 생겨나는 것이지 미리 정해져 있는 유형이나 구조는 없다. 심미적 융화의 대표적 사례가 예술작품이다.

심미적 융화의 특성은 '요리'의 기능적 성향을 통해서 더 잘 이해할 수 있다. 요리에 있어서 각각의 재료는 서로에 득이 되고 또 각각의 특이성과 개별적 고유성을 잃지 않게 하면서 전체의 맛을 고양시키는 방향으로 융합되어야 한다. 그러므로 우리가 자유롭게, 아무런 편견 없이 규칙이나 이상이나 원리 등에 의무적으로 구속됨이 없이 상호 작용해 가는 만큼, 그리고 우리를 규정하고 또 통일시키는 조직화가 개별자로서의 우리들 자신의 독자성의 결합에서 빚어지는 정도만큼 우리는 심미적 융화의 수행자가 된다.

심미적 융화의 태도를 자연관과 연결하여 이해하면 우선 자연은 이용과 지배를 위한 탐구와 정복의 대상이 아니고 미학적 완상의 대상이며, 다양한 개별자들이 조화와 균형을 이루고 있는 세계이며, 그 자체 내재적 생명력을 지닌 쉼 없는 운동과정으로 파악된다.

2) 동양 자연관의 대표적인 한 예가 기(氣)중심적 이해이다. 철학적으로 매우 정교화된 의미의 '기'(氣)는 "형이하(形而下)의 기(器)로서 물(物)을 생하는 자구(資具) (형질, 즉 재료)"이다.[23] 달리 말해서 '기'(氣)란 물심(物心)의 근원적 재료이다. 투 웨이 밍(Tu Wei-Ming)은 이를 '생명력'(vital force)임과 동시에 '원질'(basic staff)이라고 본다.[24] 따라서 기론적 세계 모델은 융(Jung)의 의미에 있어서 '정신물리적 구조'[25]를 갖는다. 이 같은 정신물리적 구성에는 사실상 정신과 물질이라는 이분법을 적용할 수가 없다. 우주를 이룩하는 원질은 전적으로 정신적인 것만도 또한 물

질적인 것만도 아닌 이들 양자 모두이다. 그것이 바로 생명력으로서의 기(氣)이다. 이 생명력을 물질로부터 분리된 정신으로나 또는 순수 질량으로 인식해서는 안 된다. 찬(Wing-tsit Chan)이 그의 영향력 있는 저작 『중국 철학 자료집』에서 지적하고 있는 바와 같이 중국 철학에서는 에너지와 질량이 구별되지 않고 있다.[26)]

중국인들의 세계관은 순환적인 것도 아니고 나선형 모델의 발전적·상황적인 것도 아니다. 그것은 생성·변화하는 유기적 생명과정이며 열린 체계이다. 우주는 부단한 확장의 길 위에 있다. 투 웨이 밍은 이러한 유기적 과정의 특색을 ① 연속성, ② 총체성, ③ 역동성으로 개념화하고 있다.[27)]

첫째로, 자연은 간단 없는 흐름의 과정이다. 생명력의 다양한 흐름들이 상응하면서 총체적 자연 안으로 수렴된다. 고정되어 있는 것이라고는 아무것도 없다. 화가 도기(1641-1767)의 눈에는 산이 강처럼 흐르고 있다. 그에 의하면 우리가 산을 강처럼 바라보는 적절한 방법은 그것을 시간 속에 얼어 있는 대양의 파도로 보는 것이다. 만물은 연속적 우주화생(宇宙化生, 변화) 과정의 통합적 부분들이다. 생명력의 쉼 없는 연속적 흐름에서 바라보면 「서명(西銘)에서 말하듯 "백성은 나의 동포이고 만물은 나의 짝이다."[28)]

둘째로, 자연은 전존재자들을 포괄하는 총체이다. 그것은 무엇 하나 배격하지 않고 자생자화하는 생명과정의 전체이다. 또한 그것은 존재의 모든 양상들에 대해 공평하여 결코 인간중심적이지 않다. 기가 응취하여 사물을 빚고 그것이 흩어져 응취 이전의 본래 기, 장재(張載)가 말하는 '태허(太虛)로 돌아가면 만유의 본원적 재료로서의 순수활력으로 복귀한다. 이 같은 순수활력으로서의 일원기(一元氣), 즉 태허(太虛)는 존재 또는 자연의 총체성의 바탕이다.

셋째로, 자연은 쉼 없는 활동, 즉 역동성으로 표상된다. 장재(張載)의 표현을 빌려보면 "태허(太虛)에는 기가 없을 수 없고, 기는 모여 만물이 되지 않을 수 없으며, 만물은 흩어져 태허가 되지 않을 수 없다. 이것에 따라서 출입하니, 이것은 부득이 하여 그러한 것이다."[29] 이것은 자연세계의 역동성에 관한 장재의 묘사이다. 만물은 모두 기가 '모여서' 이루어지고 기가 '흩어져서' 없어진다. 기는 비록 '무형'(無形)으로서 '태허'(太虛)라 일컬을 수 있지만 그 자체는 무(無)로 돌아갈 수 없다. 이로 인해서 기는 무 또는 허에서 생겨날 수 없다. 허자는 단지 기 자체의 '무형'(無形)을 묘사할 뿐이다. 이 같은 기중심적 관점에서 보면 기의 무궁생생불식하는 역동적 · 연속적 운동은 그 무엇이 시켜서가 아니고 기 자체의 기틀(幾)에 의거하여 굴신왕래(屈伸來往)하는 자연이다.

더 나아가 기론(氣論)의 관점에서는 인간과 자연이 '연속적' 일체를 이룬다. 우선, 우리가 자연을 심미적으로 감수하게 되면 "그것은 주체가 대상을 점유하는 것도 아니고 주체를 대상에 부과하는 것도 아니다. 그것은 화생(化生)과 참여를 통해 자아를 확대된 실재와 결합시키는 것이다. 이 같은 창조적 과정은 자연과 우리 사이에 분열이 일어나지 않기 때문에 '연속적'인 것이다. 우리는 귀가 아니라 마음으로 듣는다."[30] 이를 달리 설명하여 사람이 사의(私意)에 끌리지 않고 자연한 기의 유행으로서의 천리(天理)에 순응하게 되면 인간과 자연 간의 연속성 또는 통일성이 도모된다고 말할 수 있다. 다시 장재의 지적에 주목해 보자. "사람은 마땅히 만물과 나를 평등하게 여기며 안과 밖을 합하여야 한다. 만약에 자기 몸으로 사물을 비추어 보면 치우쳐 보는 것이다. 천리의 가운데서 비추어 보면 다른 사람과 자기가 모두 보인다. … 다만 천리가 항상 있게 되므로 자신과 만물이 다같이 보인다면 저절로 사사롭지 않다. 자기 역시 하나의 물이다. 사람이 항상 자신을 벗어버리게 되니 저절로 밝아진다."[31)]

또한 기중심적 자연관은 이원론을 배격하고 대대성(對待性)을 선호하는 입장을 낳는다. 이원론은 "무로부터의 창조"라는 교의에 내재되어 있는 것으로서, 그것에는 세계의 본질적인 의미와 질서를 규정해 주는 무규정적이며 비제약적인 힘이 전제되어 있다. 초월해 있고 따라서 독립적인 창조력과 피규정적이며 의존적인 피조물이 철저히 분리되어 있다. 예컨대 초자연적/자연적, 실재/현상, 존재/생성, 이성/경험, 사실/가치, 주체/객체 … 따위가 그것이다. 이원론의 시각에서 보면 자연은 언제나 초자연적 권능이나 창조주에 의존해 있는 피조물, 따라서 지배의 대상으로 된다. 이에 반해 '대대성'이란 두 개 또는 그 이상의 사태 사이에서 각기 현재의 자기 존재를 위해 필연코 타자를 요구하게 되는 그런 관계의 본성을 가리킨다. 각각의 존재는 대대관계에 있는 타자로 말미암아 지금의 자신일 수 있는 것이다. 대대관계의 존재자들은 공생관계에 있다. 만물은 무엇 하나 외딴 섬일 수 없다. 이를테면 음과 양, 하늘과 땅, 남과 여 … 등이 그러하다. 음은 양에 대한 존재이며, 하늘은 땅에 대한, 남은 여에 대한 존재이다. 이들 중의 일방이 없으면 다른 쪽 역시 존립할 수 없다. 대대성에 입각하는 자연관은 자연을 앞에서 지적하였던 바의 연속성, 총체성, 역동성을 한데 아우르는 유기적 생명과정으로, 따라서 자연 자체가 하나의 통합적 생명체로 기능하는 것으로 이해한다. 이에 관한 실례를 「태극도설(太極圖說)과 「서명(西銘)에서 읽을 수 있다.

3) 먼저 주돈이의 「태극도설」은 무극(無極), 즉 태극(太極)으로부터 음양 2기(氣)가 발생하고, 다시 음양 2기로부터 수화목금토(水火木金土)의 5기(五行)가 생겨나 "무극의 참과 이오(二五)(즉 음양과 오행)의 알맹이가

묘합하여 응결된다. 건도(乾道)는 남이 되고 곤도(坤道)는 여가 된다. 두 힘이 서로 감응하여 만물을 변화 생성(化生)케 한다. 만물을 낳고 또 낳고(生) 하여 변화가 끝이 없다"고 하여 만물 생성과 변화를 설명한다.

이어서 "오직 사람만이 빼어남을 얻어 가장 영특하다. 형체가 이미 생겨났으니 정신(神)이 앎(智)을 나타낸다. 오성(五性)이 감동하여 선악의 분별이 생기고 만사가 이루어진다"[32]고 일러줌으로써 천지와 인간이 어떻게 관계맺고 있는지를 말한다. "음양오행의 기질이 번갈아 운행하는데, 사람이 품수한 것은 홀로 그 빼어남을 받았으므로 그 마음이 가장 영특하다. 이 때문에 그 본성의 온전함을 잃지 않게 되었다. 이른바 천지의 마음은 사람의 극치이다"[33]라고 하여 인간도 천지와 만물을 조성한 기의 응취의 소산임을 밝히면서 그 중에서도 인간은 순수하고 맑은 기운을 받아 출생한 것임을 말해준다. "그러므로 성인은 천지와 더불어 그 덕이 합하고, 귀신과 더불어 그 길흉이 합한다. … 또 말하기를 '시(始)에서 원(原)하고 종(終)에서 반(反)하면 사생(死生)의 설을 안다' 고 한 것이니, 위대하도다 역이여!"[34]

이로써 보건대 인(人)과 물(物)을 포괄하는 자연 전체에 있어서 인간이 천부의 본성에 따르고 음양작용의 이치를 깨달으면 인간 그 자신의 생사는 물론 스스로 유행하는 우주 변역의 이법까지를 통관할 수 있다는 것이다. 이로써 인간은 "이(理)를 궁하고 성(性)을 다하여 명(命)에 이르며"[35](우주자연의 이치를 깨닫고 그 이치가 내 속에 품수되어 있는 인간의 본성을 다함으로써 천지와 더불어 나의 소임을 완수할 수 있으며), "신묘(神妙)를 다하고 조화를 알아 덕의 성자(盛者)"[36](신묘한 변화를 궁구하여 파악함으로써 천지와 더불어 조화하며 그 덕을 하나로 하게)가 되는 것이다. 여기에는 인간과 자연의 분리가 없다. 이것에 관한 보다 진전된 설명을 「서명(西銘)」에서 보자.

"하늘을 아버지라 부르고 땅을 어머니라 부른다. 나는 여기서 아득하게 작지만 하늘땅과 혼연하여 그 가운데 있다. 그러므로 천지간에 차 있는 것은 나의 형체요 천지를 이끄는 것은 나의 본성이다. 백성은 나의 동포요 만물은 나의 짝이다."[37] 이는 천지를 만물의 근본으로, 그리고 사람을 천지의 소생으로 본 것이다. 그러므로 사람은 천지의 '자료'를 몸으로 삼고 천지의 '활동방향'을 성(性)으로 삼는다.

사람은 이미 천지만물과 자기를 한몸으로 보았으니, 곧 개별적인 형체의 사적인 뜻을 초월할 수 있으며, 타인과 나의 경쟁이라든가 사람과 다른 물들과의 다툼을 해소하고, 득실을 계산하지 않고 생사를 걱정하지 않으므로 "부유하고 귀함과 복스럽고 윤택함은 나의 삶을 두텁게 한다. 가난하고 천함과 근심스럽고 슬픔은 너를 고스란히 잘 이루게 한다." 인간의 관심사는 자기의 본분(命)을 다하는 것이다. 본분을 다함으로써, 즉 자신의 명에 충실함으로써 나는 "살아 있는 동안에는 일을 따르고 죽을 때는 편안히 돌아가는"[38] 것이다. 이 같은 「서명」(西銘)의 기본 입장 역시 만물은 모두가 기가 모여서 이루어지고 기가 흩어져서 없어진다는 것이다. 그리고 앞에서도 언급했던 것처럼 흩어짐은 단지 구체적인 대상이 없어짐을 표시할 뿐 무에로 돌아가는 것은 아니다.

이상에서 필자는 동양인의 사물이해 양식의 기본 특성으로서 '심미적 융화'의 태도를 살피는 일로부터 출발하여 연속성과 총체성, 그리고 역동성을 중심원리로 삼고 있는 기중심적 자연관을 개관하였다. 그 같은 자연관을 우주발생론에 적용한 경우를 「태극도설」에서, 그리고 윤리적 이해를 「서명」에서 만날 수 있음도 지적하였다. 지금까지의 논의에 의거해 볼 때 자연평가에 있어 과연 동양은 서양을 도울 수 있는 것일까?

4. 상호 보완의 시각

우선 이 문제에 관한 서양인들의 생각을 들어보자.

(1) 서양의 환경철학에 대해 동양사상이 결정적인 영향력을 발휘하고 있다는 주장에 대해 말도 안 된다는 식의 격앙된 반응을 보이고 있는 오스트리아의 명망 높은 철학자이며 사상가인 페스모어(John Passmore)의 견해부터 듣자.[39] 그의 전체적 견해는 동양사상은 신비적 성격의 것이어서 서양인들이 그것을 수용하게 되면 서양의 과학과 기술을 약화시키며 서양문명 전체의 장래를 위험스럽게 만들 것이라는 예상이다. 서양사회들이 앞으로 보다 풍요롭게 될 수 있을 것인지를 따지는 것과 "서양인들이 자신들의 독보적 영예인 분석적·비판적 접근방법을 포기하고 새로운 윤리, 새로운 형이상학, 새로운 종교를 찾아나설 때만 자신들의 환경문제를 해결할 수 있다고 주장하는 것은 별개의 문제"[40]라는 것의 그의 인식이다. 그리고는 동양의 영향을 허용하는 것은 서양인들을 다시금 서양문명이 추종해 온 가장 위험한 환상들 중 하나인 신비적·총체론적 환상에 노정시키게 될 것이라고 주장한다. 환경문제와 관련하여 동양사상이 추정상으로는 생태학적으로 적절한 태도와 가치를 제공해 준다고 인정할 수 있다고 해도 사실상 그것이 동양에서의 환경악화를 예방하는 데는 효과적이지 못했다고도 지적한다.

페스모어의 입장은 "새로운 윤리를 필요로 하는 것은 새로운 코우트를 필요로 하는 것과 같지 않다. 새로운 윤리는 현재의 태도로부터 나온다. 현재의 태도로부터 기대할 수 없는 것이라면 그런 것은 있을 수도 없다"[41]는 것이다. 그러니까 현재의 서양문명에 부정적 측면이 있다면 그 자체의 내재적 교정을 통해 극복해 갈 수 있다는 시각이다.

(2) 중국계 미국인이며 지질학자인 투안(Yi-Fu Tuan) 역시 페스모어와 유사한 생각을 토로한다.[42] 중국인들이 그들의 전통사상의 내용들에서 운위되고 있는 것처럼 그렇게 환경문제에 대해 생태학적으로 유효한 태도를 견지해 왔다고 믿는 것은 어리석은 환상이라는 것이다. 그에 따르면 서양의 인문학자들은 중국의 도교와 불교전통에 대해 호의적인 편견을 갖고 있다는 것이다. 소수 은자들의 관점은 자연친화적이었다고 평할 수 있지만 대부분의 일상적 중국인들은 자연훼손과 자연이용에 적극적이었다는 것이다. 그러면서 그는 서양문명과의 교류가 있기 이전의 고대 중국인들에 있어서 이미 전반적인 토지악용이 허다했음을 여러 사례를 들어 지적한다.

(3) 오늘의 많은 사람들에게 환경윤리 의식을 일깨워 주지 못한 부분적인, 그러나 매우 중요한 책임의 일단은 형이상학적 · 가치론적 기반을 위축시킨 실용주의/공리주의에 있다고 보는 도이취(Elliot Deutsch)는 그러한 바탕 위에서는 환경윤리의 발전이 어렵다고 주장한다.[43] 그러면서 그는 환경윤리를 위하여 '자연존중'(natural reverence)을 역설한다. "내가 말하는 '자연존중' 없이는 자연환경과의 실제적인 활동 연관에 있어서 일시적이며 임기응변식의 적응 이상의 일을 할 수 있다고 보지 않는다"는 것이다.

그의 관찰에 의하면 오늘날의 이른바 생태학적 위기는 일부 사람들이 믿고 있는 것처럼 서양의 현상만은 아니다. 일본을 위시해서 아시아 나라들의 도시와 농촌을 잠깐만 여행해 보면 그들 역시 기술남용과 상상력 및 창의성의 결핍, 즉 자연존중의 결여로 말미암아 심한 고통을 겪고 있음을 볼 수 있다. 그러나 생태학적 위기의 상당 부분은 서양에서 전개된 기술과 그러한 기술을 유지·발전시켜 온 서양의 형이상학과 가치론에 기인한 것임도 또한 명백하다. 따라서 우리가 형이상학과 가치론의 새로운 영감을 위해 동양으로 고개를 돌려야 한다는 주장은 결코 부적절한 것이 아니다. 그러면서 도이취는 "우리가 자연을 보다 과학적으로 이해하기 위해 동양으로 시선을 돌리는 것이 아니라(물론 아시아의 많은 과학자들이 개별적으로 그 같은 이해에 기여해 왔지만), 우리 자신의 사고에 영향을 끼칠 수 있을 다른 존재론적 관점과 도덕적 이상들을 위해 동양으로 고개를 돌린다"고 말한다. 도이취에 있어 동양은 어디까지나 서양의 보충물이었다.

(4) 롤스튼 3세(Holmes Rolston III)는 「자연평가에 있어서 동양은 서양을 도울 수 있는가?」[44]라는 논문을 통해 자연을 이해하고 평가하는 데 있어 개방적 자세를 취하고 동양의 사상내용들을 수용하는 것을 긍정적으로 고려한다고 하더라도 "어떻게 정확히 그 일을 도모할 수 있겠는가?"라는 의문이 일게 된다고 말한다. 결론적인 지적은 서양인들을 그들의 인식근원으로부터 절단시켜 다른 인식근거에로 접목시킬 수는 없다는 것이다. 이는 "기독교가 서양인의 체험에 의해 제약되어 있듯이 선(禪)은 아시아의 역사에 의해 깊게 제약되어 있어서 나는 우리들 속에서 그것이 지니는 활력을 의심한다"[45]는 린 화이트(Lynn Whire)의 견해와 보조를 같이 하는 것이다.

(5) 콜리카트와 아미즈(J. Baird Callicott, Roger T. Ames)의 믿음도 위의 사람들과 크게 다르지 않다.[46] 이들은 다른 마음의 틀을 통해서 세계를 보고자 노력하는 것은 바로 자기 자신의 믿음의 틀을 드러내는 것일 수 있다고 생각한다. 이러한 입장에서 볼 때 자연을 이해하고 평가하는 데 있어 동양이 서양을 도울 수 있는 한 가지 명백한 방법은 서양인의 세계관 속에 자리해 있는 어떤 전제와 가정들을 해명하는 일이라고 본다.

달리 말해서 아시아의 사상전통은 서양인들의 자기 비판 과정을 좇아서 다른 입장, 즉 국외자의 관점을 제시해 줌으로써 그것에 의거하여 서양인들이 자신들이 전승해 온 지적 편견과 가정들의 보다 깊은 지층을 보다 명료하게 살펴볼 수 있도록 도울 수 있다는 것이다.

다른 한편에서 이들은 동양의 사상전통이 지닌 자연에 관한 일부의 통찰들에 있어 현대의 서양과학과 공유하는 것이 있음을 시인한다. 그러나 동양사상은 이들 통찰을 현대의 서양과학과는 달리 풍부한 상상, 상징, 은유 등의 어휘들로 표현한다. 그러므로 자연의 본성에 대한 공통된 이해에 관해 전통적인 동양철학과 현대의 서양과학과의 수렴이 가능하다면, 동양인들은 자신들의 새로운 자연철학을(그것의 새로운 자연적 가치들과 더불어) 서양과학의 전형을 이루고 있는 무미건조한 공식보다는 대중에게 보다 수월하게 받아들여질 수 있는 어휘들로 표현함으로써 서양을 도울 수 있을 것이라고 평한다. 달리 설명해 보자면, 서양은 그들의 기술이 지닌 거대한 이익을 최대화시키면서 동시에 동양의 조력을 얻어 생태계의 활력을 고양시켜 줄 수 있을 어떤 복합적 형태의 태도를 발전시킬 수 있지 않겠는가라는 전망이다.

이상에서 본 바와 같이 서양 환경론자들의 주류는 어디까지나 동양사상으로부터 서양에 대한 보완책을 기대하는 정도이지, 동양측의 일부 필자들이 주장하고 있듯이 동양의 자연관에 의거하여 서양의 그것을 전면적으로 수정 또는 대체해야 할 것이라고는 결코 생각지 않는다. 오히려 그들은 수은에 오염된 물 속의 생선을 먹어 건강을 해치기도 하고 또한 무자비한 고래사냥을 그치지 않는 일본, 동남아의 쉼 없는 우림(雨林) 벌목, 중국 내의 시베리아 두루미 겨울 서식지가 관개 및 농경화로 인해 위협받고 있으며, 또한 중국이 많은 토질오염으로 고통을 겪고 있는 일 등을 들면서[47] 동양이 서양의 지적 식민지로 전락되어 있음을 안타까워하는 상황이다.

2) 그뿐만 아니라 서양 근대 이래의 과학발달과 산업화의 추진에서 자연파괴가 초래되었다는 일반적 추정에 대해서도 적잖은 서양 지식인들은 동의하지 않는다. 하나의 실례로 위에서 소개한 콜리카트와 아미즈의 지적을 들 수 있다. 이들은 "우리의 자연적(및 사회적) 태도와 가치가 우리의 행위를 이끌어 가는가? 아니면 반대로 그런 것은 일종의 마음의 배경음악이고, 즉 단순한 뇌의 광택에 지나지 않고 환경(및 사회적) 행위는 보다 근원적인 내장의 요구로부터 나오는 것인가?"[48]를 묻는다. 이에 대한 그들의 답변은 유럽적 사고에 감염되기 이전에 인간이 자연을 남용 · 오용해 왔다는 부인할 수 없는 증거가 북미 및 남미의 화석들에서 발견되고 있을 뿐만 아니라, 인간의 자연침탈과 환경파괴에 대한 고대 기록에 대한 반성은 우리의 생태학적 위기의 근원이 지성사의 다양한 표층토를 넘어서 동양이든 서양이든 간에 인간본성의 공통적인 기층 자체에로 나아감을 가리킨다는 것이다.

이들의 관찰을 보다 자세히 들어보자. 인간의 행동이 전적으로 태도와 가치로부터 나오는 것은 아니다. 그렇다고 하여 태도와 가치가 사람들이 행하는 것이나 그들이 사는 방법과 전적으로 무관한 것도 아니다. 모든 형태의 삶, 그것이 식물의 생존이든 동물의 생존이든 간에 그것은 그들의 환경을 개변시킨다. 인간과 원인(原人)의 조상들의 삶도 마찬가지이다. 삶과 환경은 상호 작용한다는 것이다.

호모사피엔스가 대초원에 살던 전인류(前人類)의 잡식성 영장류로부터 유전된 본유적 공격성은 문화적 세계관의 하나하나에 의해 강화되거나 아니면 길들여지는 것이지 전반적으로 중단될 수 있는 것은 아니다. 달리 말해서 하나의 세계관이 환경의 (사회적) 활용과 착취를 고무하거나 아니면 약화시킬 수 있다.[49] 이렇게 볼 때 최근에 실행되어 온 서양의 세계관 속에 자연이 표상되는 방법—신의 피조물—과, 동일한 전통 내에서 인류가 표상되고 있는 방법—지상에 있는 신의 부왕(副王)—은 본유한 인간의 공격성을 강화시켰으며, 자연에 대한 인간의 착취를 고무해 왔다.

여기서 우리는 세계관은 자연도태라는 시련을 통해서 검증된다는 사실[50]에 주목하고자 한다. 세계관은 삶이라는 과업을 통해서 그것을 지지하는 사람들을 도울 수도 있고 방해할 수도 있다. 따라서 그것은 많은 영향력을 발휘할 수도 있고 위축될 수도 있다. 세계관은 실천적인 성패에 따라서 성장하고 변하거나 아니면 화석화되고 사멸한다. 이 같은 이해에 의거해 볼 때 그리스-로마 및 유대-기독교로부터 상속받은 세계관은 세계에 관한, 세계 내에 있는 인간존재로서의 우리가 누구인가에 관한, 그리고 세계 내에 있는 것들 중에서 무엇이 소유하고 또 유지할 만한 가치가 있는가에 관한 설명과 이념체계로서의 역할을 심각히 반성해야 할 상황에 이른 것이 아닌가. 필자의 판단으로는 서양사회에 있어서 지금까지 주도적이었던 세계관 및 자연관의 수정과 보완이 시급히 요구되고 있다는 것이다. 생태계의 개량과 보존을 통해 인간의 생존을 보장하기 위해서도 우리는 이 과제를 성실하게 이행해야 할 때이다.

참으로 인간중심적이지 않는 형이상학이 필요하다. 우리가 고려해야 할 것은 인간의 복지만이 아니며, 설령 인간의 복지만을 욕구한다고 하더라도 불구화된 자연과 오염 투성이의 환경 속에서는 그러한 목표의 달성을 기대할 수 없는 것이다. 페스모어의 지적처럼[51] 다른 모든 종들과 마찬가지로 인간은 다른 종들을 희생시키고서만 생존할 수 있다는 것은 100% 사실이다. 그러나 인간은 현재 무슨 일이 일어나고 있는

지를 알 수 있다. 또한 많은 종들의 소멸을 목격하기도 한다. 더 나아가 그러한 소멸의 결과가 어떠하리라는 것도 족히 짐작할 수 있다. 인간은 최소한 자신들의 사고와 행동을 수정하여 현행의 추세가 보다 덜 파국적일 수 있도록 방안을 강구해야 한다. 이 점에 있어 근본적인 것은 인간만이 이 세상의 유일한 존재가 '아니' 라는 사실이 새로운 형이상학과 자연관을 위한 출발점으로 되어야 한다는 것이다. 우선 '인간중심주의' 의 탈각이 요구되고 있다.

인간이 활용할 수 있는 자원으로서의 가치 외의 다른 이유에서 종들이나 생태계가 보존되어야 한다는 믿음에서 환경론의 문제가 파생한다. 생태계는 영양, 의학, 놀이 등의 이득을 말할 수 없는 경우에도 그 자체로 보존해야 할 가치가 있는 것이다. 이를 위해서는 다른 어떤 것보다도 인간의 윤리지평의 확대가 긴요하다.

3) 우리는 인간 중심의 윤리적 태도와 서양의 '지배하고 이용하는' 성격의 자연관을 수정하여 인간 외의 자연존재들에 대해 도덕적 성찰을 해야 한다. 이러한 견지에서 필자는 위에서의 논의 내용들과 관련하여 환경윤리를 위한 기반으로서 다음의 과제들을 제시하고자 한다.

(1) 앞에서도 잠시 언급했던 것처럼 자연관의 변화 또는 새로운 형이상학을 필요로 한다. 이 점에서 동양은 '기(氣) 중심의 환경윤리' 를 통해 서양을 도울 수 있다. 동양은 우선 인간과 그 환경 간의 내적 관계, 즉 상호 의존과 조화에 바탕을 두고 있어서 주체와 객체의 이원적 대립에 바탕을 둔 서양 자연관의 반성적 수정을 고무할 수 있다. 양자역학의 혁명적 패러다임에 따르면 아원자적 입자들은 고립된 존재들로서는 아무런 의미도 갖지 못하며, 우리는 다만 관찰자와 사물 간의 상

호 작용에 의거해서 사물의 속성을 이해할 수 있다. 현대의 생태학에 따르면 현대 물리학과 생태학에 대한 형이상학적 해석들과 양립할 수 있고, 또 동양의 사고에 의해 지지받을 수 있는 전반적으로 새로운 가치론의 제시가 필요하며 또 가능한데, 그것을 '기중심적 환경윤리'[52]에서 도모할 수 있다. 이것에 따르면 자연 또는 생태계는 그 안에서 기가 유행하는 모태이다. 이 같은 기의 유행에 따라 만물이 나고 죽는다. 자연 속에 흐르고 있는 것은 기이고 인간의 몸도 '생태적 기'이다. 따라서 생태적 기가 모든 생명의 근원이다. 우리가 모든 생명을 중시한다면 기의 순환 역시 중시해야 한다. 기를 중시한다는 것은 생명 에너지의 흐름을 존중한다는 것을 의미한다. 생명 에너지의 흐름으로서 기의 유행을 중시한다면 자연은 그 자체의 가치를 지니게 된다.

(2) 윤리적 사고의 표준 및 도덕 적용의 대상을 확대시켜야 한다. 예컨대 미즐리(Mary Midgley)는 우리가 도덕적 고려의 대상으로 삼아야 할 예로 죽은 것, 노쇠한 것, 일시적으로 건강하지 못한 것, 또는 영구히 건강하지 못한 것, 인공물, 집단들, 마을들, 풍경들, 나라들, 신 등을 포함시킨다. "단순히 수로만 보더라도 이들은 우리가 취급해야 할 존재들 중의 소수가 아니다. 우리가 그들 중의 적은 일부이다."[53]

모든 도덕이론들은 성년의 건전한 인간을 권리소유자의 표준적인 예로 간주하면서 그들에게만 우리가 도덕적 의무를 갖는다고 본다. 철두철미 인간중심적이다. 여기서 자연에 대한 도구적 시각이 빚어짐은 말할 것도 없다. 이제 우리는 자신을 포함하여 다른 모든 존재자들까지를 포괄하는 '지구공동체'의 성원들이며, 우리들 각자가 인간공동체의 다른 성원들에 대해 의무를 지니는 것과 마찬가지로 이 공동체의 다른 성원들에 대해 의무를 갖는다.[54] 특히 모든 생명체는 복합적인 생태적 구성체의 일부분이다. 모든 존재가 생태적 구성체의 부분을 이루며 생태적 구성체가 가치를 지닌 것이라면 그 부분들 역시 저마다의 가치를 갖는다고 보아야 한다. "어떤 것이 본래적으로 가치를 지닌다면 모든 도덕행위자는 그것이 존재하도록, 또는 그것이 이미 존재하고 있다면 그것을 보존하도록 애쓸 도덕적 이유를 지닌다."[55)]

(3) 가치의 중심을 인간공동체로부터 전 공동체, 즉 지구가족으로 이행시켜야 한다. 그 때에 우리는 '지구생태계' 라는 '생태적 공동체' (Ecological Community)를 만난다. 생태적 공동체는 다음과 같은 생태학적 통찰[56)]에 입각한다.

- 모든 개별자들이 소속되어 있는 보다 대규모의 생명공동체는 진정한 상호 관계 하에 있는 식물과 동물들로 구성되어 있다.
- 모든 생명공동체는 불가피하게 다른 공동체들과 어떤 관련을 맺고 있다.
- 각 공동체에는 안정 속에서 스스로를 유지해 가는 지속지향의 경향이 있다. 이 같은 지속적 유지 현상은 생명영역의 총체적 형태에서도 감지할 수 있다.
- 어떤 생명공동체든 무기적 자원 없이는 유지될 수 없다. 생명공동체와 무기적 환경 간의 결합으로 인식되는 생태계는 그 자체 적절한 가치의 중심이 될 수 있다.
- 전반적인 지구 생태계는 우리가 그 속에 살며 또한 그 일부를 이루고 있는 하나의 체계로 간주할 수 있다.
- 생명공동체들 및 전반적 생명영역이 안정된 다양화로의 경향을 그려내고 있는 것과 마찬가지로 전체로서의 지구 생태계 역시 자기 유지적인 다양성과 안정성의 상태를 지향하고 있는 것으로 이해할 수 있다.

지금까지의 논의를 통해 환경윤리를 위한 새로운 형이상학 및 자연관의 확립, 인간의 도덕적 고려의 지평을 확대시키는 것, 지구 생태계의 자연스런 기능과 지속적 보존을 담보하는 일들에 있어 동양의 기중심적 자연관, 자연존중, 유기적 세계관 등이 유효한 기여를 할 수 있으리라는 기대를 갖게 된다.

5. 맺는 말

환경악화의 주요 발단은 자연훼손이고, 자연파괴의 근원은 산업화라고 볼 수 있으며, 더 나아가 산업화는 인간이 지닌 욕구를 충족시키려는 노력의 소산이라 할 것이다. 환경문제의 치유책을 강구함에 있어 산업화에 따른 폐해로서의 자연훼손에만 주목하는 것은 일면적 관찰이다. 보다 근원적인 것으로서 인간의 욕구에까지 소급할 필요가 있다.

인간의 욕구와 관련해서는 그것을 자극하고 강화시키는 세계관 및 환경요인과 반대로 그것을 제어하고 조정하는 세계관 및 환경요인으로 나누어 이해할 수 있다. 이 경우 우리는 지금까지 서양인들이 지녀온 중심적 믿음은 욕구실현 또는 욕구충족의 외향적 방향을 추구하는 것인데 비해 동양에서는 유가, 불교, 도가 등이 한결같이 욕구를 제어하고 순치시키는 내면적 자기 조정 위주의 방향을 취해온 것이라고 평가할 수 있다. 앞의 것을 원심적 운동성향이라 명명한다면 뒤의 것은 구심적 운동성향이라 불러도 좋을 것이다. 앞의 것이 자연 및 외부 환경과의 관계에 있어 인간의 주체적 지배의지를 강화·확산시키는 발전과 진보의 성과를 결과한 것이라면 뒤의 것은 외재적 환경 또는 대내외적 자연과의 조화와 일치를 도모하고자 하는 노력의 과정이었다고도 볼 수 있다. 19세기 이래 세계인의 생활양식이 일원화되면서 동양 역시 서양식 발전 모델, 향외적 · 원심적인 추구방식을 지향해 온 것은 말할 여지가 없지만.

이러한 이해에 의거하여 필자는 서양의 합리적 발전지향과 동양의 욕구관리 능력의 도야를 접목시키는 방법을 통해 환경윤리를 위한 동서 간의 상보적 만남을 기대할 수 있으리라고 본다. 서양의 '논리' 에다 동양의 '마음' 을 융화시킴으로써 인간의 안과 밖, 인간과 자연과의 공존을 도모하는 한편 인위적 욕구, 거짓 욕구, 과잉욕구를 기본욕구, 참된 욕구, 필수적 욕구로 전환시켜 내적 안정과 상호 인애의 정을 지닌 '자족존재'(自足存在)로의 고양이 가능할 것이라는 소망이다. 서양의 과학과 기술과 생산성에 대한 강조가 간과해 온, 예컨대 '내성'(內省), '치심'(治心), '거경'(居敬), '존심양성'(存心養性), '내관정사'(內觀靜思) … 등의 보충적 수혈을 동양사상으로부터 기대할 수 있을 것이다. 이를 달리 표현해 보면 "근본을 회복한다", "처음으로 되돌아간다"고 할 때의 '근본' 과 '처음' 으로서의 자연을 복원하는 일, 인간의 마음 바탕을 살려내는 일에서 동양은 서양을 도울 수 있다는 뜻이기도 하다.

구체적 자연이해의 수준에서는 동양의 '기중심적 자연관' 을 통해 기계적 자연 또는 대상적 자연이해에서 벗어나 유기적 우주 내에서 자연과 인간이 윤리적 단일체, 즉 생태적 공동체를 이루고 있음을 자각케 함으로써 자연사랑 및 자연존중을 실천하도록 하는 일에서도 동양은 서양을 도울 수 있다. 기중심적 자연관은 '기' , 즉 무궁히 생생불식하는 생명력의 흐름에 대한 존중의 감정, 슈바이처가 말하는 '생명경외' 의 에토스를 확산시켜 줄 수 있을 것이기 때문이다.

동서 간의 상보적 만남 또는 자연평가에 있어서 서양에 대한 동양의 조력을 위해서는 우선적으로 접촉과 대화의 지속적 과정이 필요하다. 기본적 사유구조와 세계관이 지닌 자기 중심적 경향에서 벗어나 낯설고 이질적인 것을 서로 접촉하면서 이해해 가는 과정을 거친 뒤라야 보다 향상된 차원에서의 상호 지양이 가능할 수 있다. 현재의 우리는 자연평가에 관한 한 접촉의 초기 단계에 있는 것으로 느껴진다.

지금으로서는 내실 없는 형식으로 치우치기 쉬운, 일반적인 일치나 합의에 도달하려는 성급함보다는 다양한 종교적 및 문화적 관점들을 어느 것도 가볍게 간과하는 일이 없도록 적극적으로 관여시킴으로써 살아 있는 전통들로부터 환경윤리를 위한 규범과 가치들을 끌어내는 노력이 필요한 때이다. 동양과 서양은 대립적 차이를 넘어서서 대화를 통하여 지구 생태계의 보존과 유지를 위한 일련의 구속력 있는 규범과 규칙들을 마련하는 일부터 착수해야 한다. 작은 규모의 실천사항들을 공동으로 이행해 가는 일로부터 종교적 및 문화적 차이를 지양하는 일도 기대할 수 있는 것이 아니겠는가!

주

1. Kah Kyung Cho, "Philosophy of Organism and Immanentist Ethics", 한국과학기술원 인문·사회과학연구소 편, *Environmental Ethics and The Changing Conceptions of Nature*(1998. 9. 1).
2. Ecology라는 말은 1866년에 이미 에른스트 헤켈(Ernst Haeckel)에 의해 사용되기 시작하였다.
3. John B. Cobb, Jr., *Is It Too Late? A Theology of Ecology*(Boston : Beacon Press, 1994) 참고.
4. Chung-Ying Cheng, "Model of Causality in Chines Philosophy : A Comparative Study", *Philosophy East and West* 26(1976) 참고.
5. Po-Keung Ip, "Taoism and the Foundations of Environmental Ethics", *Environmental Ethics* 5(1983), 335쪽.
6. Po-Keung Ip, 위와 같은 곳.
7. Robert Elliot, "Faking Nature", *Environmental Ethics*, edited by robert Elliot (Oxford Univ. Press, 1995), 79-80쪽.
8. Eun-Jin Park, "Nature, Environment and on Some Emerging Concepts of Nature", 한국과학기술원 인문·사회과학연구소 편, op. cit., 70쪽 및 이강수, "장자의 자연과 인간의 문제", 고려대학교 박사학위논문(1982), 44쪽 참고.
9. John Passmore, "Attitudes to Nature", Robert Elliot, ed., op. cit., 129쪽.
10. Eliot Deutsch, "A Metaphysical Grounding for Natural Reverence : East-West", in edited by J. Baird Callicott and Roger T. Ames, *NATURE in Asian Traditions of Thought*(State Univ. of N. Y. Press, 1989), 264쪽. 이하 *NATURE*로 약칭.
11. Kenneth K. Inada, "Environmental Problematics", in *NATURE*, 234쪽.
12. '복구명제'란 로버트 엘리엇(Robert Elliot)이 고안한 용어인데, 폐광촌의 자

연복구 노력처럼 자연이용에서 빚어진 훼손을 치유하여 원상을 복원시키면 본래의 상태와 다를 바가 없다는 주장으로서 건설·발전을 지지하는 입장의 신념이다. Robert Elliot, ed., op. cit., 76쪽.

13. Chung-Ying Cheng, "Model of Causality in Chinese Philosophy : A Comparative Study", *Philosophy East and West 26*(1976), 18쪽.
14. 요한네스 힐쉬베르거 지음, 강성위 옮김, 『서양철학사』 상권(서울 : 이문출판사, 1983), 82-84쪽 및 『철학대사전』(서울 : 학원사, 1974), 829쪽.
15. John Passmore, op. cit., 133-134쪽.
16. 위의 책, 135쪽.
17. 위의 책, 136쪽
18. 위의 책, 136쪽.
19. J. Habermas, "Modernity versus Postmodernity", *New German Critique* 22(1981), 3-14쪽.
20. Eugene C. Hargrove, "Foreword", in *NATURE*, XiX.
21. Roger T. Ames, "Putting The Te Back into Taosim", in *NATURE*, 116쪽.
22. 위의 책, 117쪽.
23. 『주자대전』(朱子大全) 권58, 답황도부(答黃道夫).
24. Tu Wei-Ming, "The Continuity of Being : Chinese Vision of Nature", *NATURE*, 68쪽.
25. 위와 같은 곳.
26. Wing-tsit Chan, Trans. and Comp, *A Source Book in Chinese Phjilosophy*(Princeton Univ. Press, 1969), 783-784쪽.
27. Tu Wei-Ming, op. cit., 69쪽.
28. 『장자전서』(張子全書) 권1, 「서명」(西銘).
29. 위의 책, 권1, 「서명」.
30. Tu Wei-Ming, op. cit., 77쪽.
31. 『장자전서』(張子全書) 권7, 「이굴」(理窟) 學大原下.
32. 『주렴계집(周濂溪集) 권1. 「태극도설」(太極圖說).
33. 『태극도설』(太極圖說) 뒷 부분에 붙어 있는 주희(朱熹)의 「태극도설」(太極圖說).
34. 『태극도설』.
35. 「窮理盡性以至於命」, 『周易』, 說卦傳.

36. 「窮神知化 德之盛者」, 『周易』, 繫辭傳.
37. 『장자전서』(張子全書) 권1, 「서명」(西銘).
38. 위의 책.
39. John Passmore, *Man's Responsibility for Nature : Ecological Problems and Western Traditions*(London : Duckworth, 1980), 특히 1-3쪽 및 마지막 장.
40. 위의 책, 1쪽.
41. 위의 책, 128쪽.
42. Yi-Fu Tuan, "Discrepancies Between Environmental Attitude and Behavior : Examples from Europe and China", *The Canadian Geographer* 12(1968), 176-191쪽.
43. Elliot Deutsch, "A Metaphysical Grounding for Natural Reverence : East and West", *NATURE*, 259-260쪽.
44. Holmes Rolston, III, "Can The East Help The West To Value Nature?" *Philosophy East and West* 37(1987), 172-190쪽.
45. Lynn White, Jr., "The Historical Roots of Our Ecologic Crisis", *Science* 155(1967), 1206쪽.
46. J. Baird Callicott and Roger T. Ames, ed., *NATURE*, 16-17쪽, 288-289쪽.
47. 위의 책, 279쪽.
48. 위의 책, 285쪽.
49. 위의 책, 287쪽.
50. 위의 책, 286쪽.
51. John Passmore, op. cit., 139쪽.
52. Han, Myun Hee, "Chi-centric Environmental Ethics and The Onn Calue of Nature", 한국과학기술원 인문·사회과학연구소, op. cit., 5-10쪽 참고.
53. Mary Midgley, "Duties Concerning Islands", Robert Elliot, ed., op. cit., 97쪽.
54. '보존의 의무'에 관한 정당화의 논의를 위해서는 Donald H. Regan, "Duties of Preservation", in Robert E. Goodin, ed., *The Politics of the Environment*(Cambridge Univ. Press, 1994), 195-220쪽 참고.
55. 위의 책, 200쪽.
56. Andrew A. Brennan, "Ecological Theory and Value in Nature", Robert Elliot, ed., op. cit, 193쪽.

참/고/문/헌

요한네스 힐쉬베르거 지음, 강성위 옮김, 『서양철학사』 상권, 서울 : 이문출판사 1983.
이강수, "장자의 자연과 인간의 문제", 고려대학교 박사학위 논문, 1982.
『장자전서』(張子全書).
『주렴계집』(周濂溪集).
『주역』(周易).
『주자전서』(朱子全書).
한국과학기술원 인문·사회과학연구소 편, *Environmental Ethics and The Changing Conceptions of Nature*, 1998.
Callicott, J. Baird and Ames, Roger T., ed., NATURE in *Asian Traditions of Thought*, State Univ. of N.Y. Press, 1989.
Cobb, John B. Jr., *Is it Too Late? A Theology of Ecology*, Boston : Beacon Press, 1994.
Ellot, Robert, ed., *Environmental Ethics*, Oxford Univ. Press, 1995.
Goodwin, Robert E., ed., *The Politics of The Environment*, Combridge Univ. Press, 1994.
Passmore, John, *Man's Responsibility forNature : Ecological Problems and Western Traditions*, London : Duckworth, 1980.
Wing-tsit Chan, Trans. and Comp, *A Source Book in Chinese Philosophy*, Princeton Univ. Press, 1969.
Canadian Geographer 12(1968).
Environmental Ethics 5(1983).
New German Critique 22(1976).
Philosophy East and West 26(1976).
Philosophy East and West 37(1987).

Science 155 (1967).

색인

[ㅇ]

[ㅈ]

[ㅊ]

[ㅋ]

[ㅌ]

[ㅍ]

[ㅎ]

| 조태훈

연세대학교 문리대학 철학과 졸업
동대학원 철학과 석사 및 박사
뉴욕 주립대학교(UB) 연구교수
1978년 충북대학교 사범대학 사회교육과 교수
1981~현재 충북대학교 사범대학 윤리교육과 교수

세계화의 과제들

초판1쇄 / 2010년 8월 15일

지은이 **조태훈**
펴낸이 **여국동**
펴낸곳 **도서출판 인간사랑**
인 쇄 **백왕인쇄**

출판등록 1983. 1. 26. / 제일 3호

정가 19,000원

ISBN 978-89-7418-008-9 93340

※ 잘못된 책은 교환해 드립니다.

(411-815) 경기도 고양시 일산구 백석동 1178-1
TEL (031)901-8144, 907-2003
FAX (031)905-5815
e-mail/igsr@yahoo.co.kr / igsr@naver.com